생각, 예측이 되다!

이 책을 쓰신 분들

나태영   국어전문저자
김보라   영동일고등학교
박석재   중앙대학교 사범대학 부속고등학교
서경원   창현고등학교
이경호   중동고등학교
정송희   고려대학교 사범대학 부속중학교

디딤돌 수능독해 [고등 국어] III

펴낸날 [초판 1쇄] 2023년 1월 5일
펴낸이 이기열
펴낸곳 (주)디딤돌 교육
주소 (03972) 서울특별시 마포구 월드컵북로 122 청원선와이즈타워
대표전화 02-3142-9000
구입문의 02-322-8451
내용문의 02-325-6800
팩시밀리 02-338-3231
홈페이지 www.didimdol.co.kr
등록번호 제10-718호
구입한 후에는 철회되지 않으며 잘못 인쇄된 책은 바꾸어 드립니다.
이 책에 실린 모든 삽화 및 편집 형태에 대한 저작권은
(주)디딤돌 교육에 있으므로 무단으로 복사 복제할 수 없습니다.
Copyright ⓒ Didimdol Co. [2201880]

※ (주)디딤돌 교육은 이 책에 실린 모든 글의 출처를 찾기 위해
　최선의 노력을 기울였습니다.
　저작권자를 찾지 못해 허락을 받지 못한 글은 저작권자가 확인되는 대로
　통상의 사용료를 지불하겠습니다.

디딤돌력 향상

생각, 예측이 되다!

수능독해 III

디딤돌

출제 의도가 딱! 보여야
진짜 수능독해!

국어 수업도 어렵지 않고 문제집을
여러 권 풀었더니 독해도 술술 풀리네?
이 분위기 수능까지 쭉~

초등

국어가 점점 어려워지네?
이제는 실전! 슬슬 달려 볼까?
지금까지 해 왔던 대로만 하면 되겠지?

중등

단기간에 국어 성적을 올리기란 쉽지 않다는 데에 많은 이들이 공감할 것입니다.
고등학교에 와서 첫 모의고사를 치르고 등급이 적힌 성적표를 받아 든 친구들이라면 더욱 공감하겠죠?
게다가 수능에서 국어영역은, 특히 독서(비문학)는 수능 승패의 가늠자가 되기도 합니다.

일반적으로 학습자들은 문제를 많이 풀면 점수가 오를 거라고 생각합니다.
하지만 많이 푼다고 해서 점수가 오를까요? 그러한 공부법이 새로운 지문을 만날 때도 효과가 있을까요?
수능국어에서 가장 중요한 것은 "글쓴이의 생각을 읽고, 출제자를 예측하는 것"입니다.
글의 구조를 파악하며 글쓴이의 생각을 읽어 내고, 이 과정에서 출제자의 의도를 예측할 수 있어야
주어진 시간 안에 정답을 찾을 수 있습니다.

국어만 생각하면 가슴이 답답해지는 친구들, 토씨 하나 놓치지 않으려고 하지만 정작 글 전체는 못 보는 친구들,
출제자의 의도와는 상관 없이 자기 방식대로 문제를 풀었던 친구들은 주목하세요!
수능국어, 이제는 얼마나 공부할까보다는 어떻게 공부할까가 중요한 시점입니다.
글쓴이와 출제자를 꿰뚫어 볼 수 있다면 어떤 지문을 만나도 두렵지 않을 것입니다.

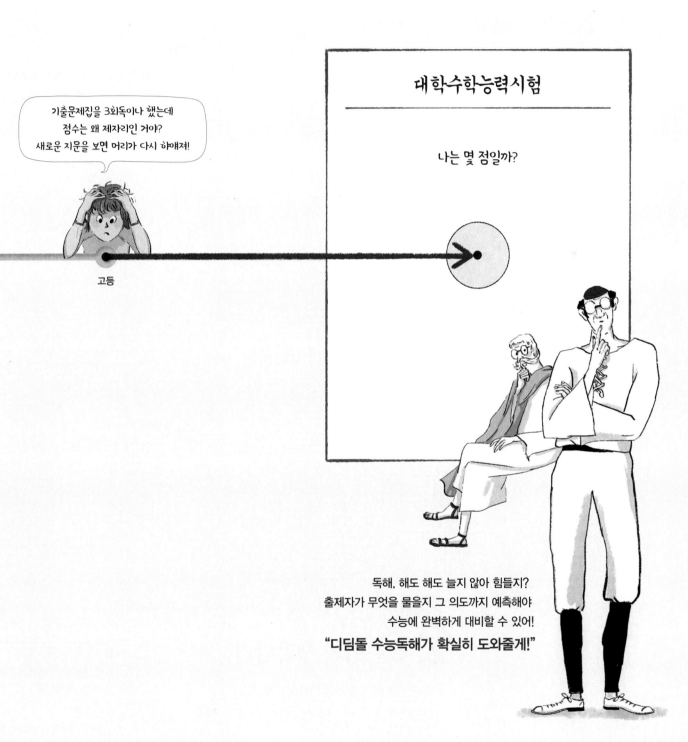

수능독해, 글쓴이의 생각을 읽고

1 수능기출 이슈읽기

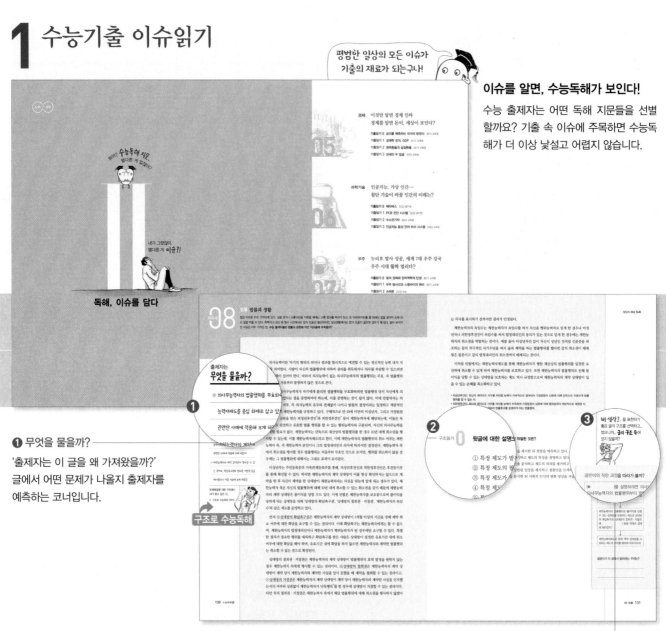

이슈를 알면, 수능독해가 보인다!

수능 출제자는 어떤 독해 지문들을 선별할까요? 기출 속 이슈에 주목하면 수능독해가 더 이상 낯설고 어렵지 않습니다.

❶ 무엇을 물을까?

'출제자는 이 글을 왜 가져왔을까?' 글에서 어떤 문제가 나올지 출제자를 예측하는 코너입니다.

2 글쓴이의 생각읽기

글의 구조를 알면, 글쓴이의 생각이 보인다!

글쓴이의 작문 과정까지 추론할 수 있어야 글의 구조는 물론, 글쓴이의 생각도 알 수 있습니다.

❷ 0번 문제-구조읽기

글의 내용 전개 방식과 구조를 파악하는 문제입니다.

❸ 내 생각?

'글쓴이는 이 글을 어떻게 썼을까?' 작문 과정을 통해 글쓴이의 생각을 읽는 코너입니다.

출제자의 의도를 간파한다!

3 출제자의 의도읽기

출제자의 의도를 알면, 답이 보인다!

수능에 완벽하게 대비할 수 있는 방법, 출제자의 눈으로 글을 읽으면 문제가 보이고, 출제자의 의도를 알면 답이 보입니다.

내가 어떤 의도로 출제했는지 궁금해?
내 말이 곧 힌트가 될 거야!

특별한 부록⁺ 출제자의 의도가 궁금해!

+

글쓴이 너머 출제자를 보다!

기출 분석만으로는 결코 수능에 대비할 수 없습니다. 글쓴이의 생각을 읽고, 출제자의 의도를 파악하는 진짜 독해가 실전에 필요한 수능 독해력입니다.

독해, 이슈를 담다 (인문) (예술)

독해, 이슈를 담다 (사회) (과학)

독해, 이슈를 담다

인문 인간에 대한 관심

ISSUE 01

큰 위기나 혼란에 빠졌을 때 우리는 인간의 본성에 대해 생각해 보게 된다. 인간은 선한 본성을 지녔을까? 아니면 위기가 닥쳤을 때 보이는 악한 모습이 진짜 본성인 것일까? 그렇다면 인간에 대한 통제는 필요할까? 인간을 바라보는 관점과 이에 대한 관심은 우리 사회에 큰 영향을 끼친다. 그렇기 때문에 수능 출제자들도 인성론에 주목하고 있는 게 아닐까?

기출읽기

2013학년도 10월 고3 학력평가 B형

정답률 86%
난이도 중하
제한시간 5분

출제자는
무엇을 물을까?

● 기존 사상과 차별되는 정약용 유학 사상의 특

징을 묻지 않을까?

● 정약용이 주장한 인간 마음의 세 가지 차원을

구체적으로 설명하고 있으니, 이를 구분하고

상황에 적용할 수 있는지를 묻겠지?

1인 견해형 지문 구조에서
내가 묻고 싶은 건...

► 구조로 수능독해 13쪽

정약용 유학 사상의 핵심은 ⓐ주체의 자유의지를 도입했다는 것이다. 하지만 그가 측은지심(惻隱之心)처럼 인간이 선천적으로 지니고 있는 ㉠도덕 감정을 부정한 것은 아니다. 다만 주체의 자율적 의지나 결단을 통해서만 도덕 감정도 의미를 지닐 수 있다는 점을 지적한 것이다.

선천적인 도덕 감정을 긍정한다는 점에서 정약용은 주희의 논의를 수용한다고 볼 수 있지만, 그것 자체를 선이라고 보지 않는다는 점에서 그는 주희로부터 벗어나 있다. 어린아이가 우물에 빠지려고 할 때 인간에게는 항상 측은지심이라는 동정심이 생기는데, 주희는 이 측은지심이 인간 본성의 실현이라고 강조한다. ⓑ따라서 그에게는 측은지심이 마지막 결과이고 인간 본성이 원인이 되는 셈이다. ⓒ이와 달리 정약용은 측은지심을 결과라고 생각하지 않는다. 오히려 인간의 윤리적 행위의 처음 원인이라고 생각한다. 그가 주희로부터 근본적으로 달라지는 부분이 바로 ⓓ이 지점이다.

정약용은 인간의 마음을 세 가지 차원에서 볼 수 있다고 주장한다. 본성, 권형, 행사가 그것이다. 우선 본성은 인간만이 가진 도덕 감정으로 천명지성(天命之性), 즉 '선을 즐거워하고 악을 부끄러워하는' 윤리적 경향을 말한다. 권형은 마치 소용돌이치는 물과 같이 선과 악이 섞여 있는 갈등상태에서, 주체적 선택과 결단을 할 수 있는 자유의지를 말한다. 행사는 주체가 직접 몸을 움직여서 자신의 선택을 행하는 것이다. 즉 선을 좋아하는 경향에 따른 실천을 말한다. 그러나 인간은 육체의 제약을 가지고 살아가는 유한한 존재이고 욕망에 흔들리기 쉽기 때문에, 본성이 아무리 선을 좋아하더라도, 실제로 선을 행하는 것이 그리 쉽지 않다.

ⓔ가령 우물에 빠진 아이를 구하기 위해 내가 죽을 수도 있는 상황에서 아이를 구하려는 의지를 포기하지 않을 수 있을까? 과연 내가 죽는다면 선과 악이 무슨 의미가 있느냐고 하면서, 아이를 구하는 것을 포기할 수도 있지 않을까? 정약용은 이런 상황에서도 아이를 구하고자 하는 마음을 도덕 감정으로서의 본성이 그대로 기능하는 '도심(道心)'이라 부르고, 그렇지 않은 마음을 자신의 육체적 안위를 우선시하는 '인심(人心)'이라 부른다. 이와 같은 도심과 인심 중에서 주체는 확고하게 도심을 따라야 한다고 그는 강조한다.

정약용은 측은지심과 같은 도덕 감정 자체를 문제 삼지는 않았다. 다만 그 감정은 윤리적으로 선을 행할 수 있도록 한다는 데 의미가 있으며, 그 도덕 감정이 실천에까지 이어져야 한다는 것을 강조한 것이다. 그러므로 유학 전통에서 정약용이 차지하고 있는 위상은 주체의 실천과 관련된 자유의지를 강조했다는 데에서 찾을 수 있다. 그는 이를 통해 주희가 강조한 내면적 수양을 넘어, 유학을 실천적 책임의 윤리학으로 바꿀 수 있었던 것이다.

구조읽기 **0**

윗글의 문맥과 독서 표지의 성격을 고려할 때, ⓐ~ⓔ를 활용한 독서 방안으로 적절하지 않은 것은?

- ⓐ는 문맥상 이 글의 핵심어로 볼 수 있으므로, ⓐ가 이 글에서 어떻게 설명되고 있는지에 주목하면서 읽어야겠어. ─────── ①
- ⓑ는 앞의 내용이 뒤의 내용의 원인, 이유, 근거가 됨을 보여 주는 표지이므로, ⓑ의 앞뒤의 내용이 논리적으로 어떻게 연결되는지 판단해 보아야겠어. ─────── ②
- ⓒ는 서로 상반된 내용을 연결하는 표지이므로, ⓒ의 앞뒤의 내용에 어떤 차이가 있는지 살펴보아야겠어. ─────── ③
- ⓓ는 앞에 나온 내용을 대신하는 지시어이므로, ⓓ가 앞의 내용 중에서 무엇을 가리키고 있는지 찾아보아야겠어. ─────── ④
- ⓔ는 뒤에 가정된 상황을 제시한다는 표지이므로, ⓔ의 뒤에 나오는 내용 중 가정된 상황과 실제 사실을 잘 구분해서 읽어야겠어. ─────── ⑤

내 생각?... 을 표현하기 좋은 글의 구조를 선택하고... 썼으니까... **글의 구조 속**에 있지 않을까?

글쓴이의 작문 과정을 따라가 볼까?

정약용의 유학 사상에서 핵심은 주체의 (❶)에 있다는 걸 소개하면서 글을 시작할까?

↓

정약용과 (❷)의 사상을 비교해 설명하면 독자들이 더 쉽게 이해할 수 있을 거야.

↓

정약용은 인간의 마음을 본성, 권형, 행사의 세 가지 차원에서 볼 수 있다고 주장했는데, 예를 들어 설명하는 게 좋겠지?

↓

유학 전통에서 정약용이 차지하는 위상과 그 의미를 언급하면서 글을 마무리하자.

글쓴이가 이 글에서 말하려는 주제는?

_____

_____

주희와 차별되는 정약용의 견해

진짜 궁금한 건 견해 차이

↓

두 견해의 차이점을 파악했는지 묻는 문제야. '도덕 감정'(㉠)에 대한 정약용과 주희의 견해 차이에 주목해 보자.

1 ㉠에 대해, 주희와 차별되는 정약용의 견해로 옳은 것은?

① 선천적으로 타고나는 것이다.
② 주체가 자유의지를 갖게 만든다.
③ 주체의 실천으로 이어질 때 의미가 있다.
④ 선과 악 사이에서 항상 선을 택하게 한다.
⑤ 선을 즐거워하고 악을 부끄러워하는 마음이다.

|보기|의 상황에 대해 해석

정약용의 관점을 구체적 상황에 적용

정약용의 유학 사상을 단적으로 드러내는 핵심 부분에 나름대로 표시를 해 두고 |보기|에 정약용의 관점을 적용해 봐!

2 정약용의 관점에서 |보기|의 상황에 대해 해석한 내용으로 적절하지 <u>않은</u> 것은?

┤보 기├

화재로 건물 전체가 붕괴될 상황에서 대피하던 '갑', '을'은 무너진 건물 잔해에서 부상당한 '병'을 발견한다. 두 사람은 '병'을 보고 안타까운 마음이 들지만, 잠시 후 건물 붕괴를 알리는 사이렌이 울리자 갈등에 빠진다. '갑'은 결국 생존자를 구하는 것이 불가능하다고 판단하여 대피하고, '을'만이 생존자를 구하기 위해 남는다.

① '갑'과 '을'이 대피하던 중에 부상당한 '병'을 발견한 것은 도덕 감정에 따른 '행사'가 이루어진 것으로 볼 수 있다.
② '갑'과 '을'이 부상당한 '병'을 보고 안타까운 마음이 든 것은 본성적으로 선을 좋아하는 경향이 나타난 것이다.
③ '갑'과 '을'이 사이렌을 듣고 난 후, 갈등 속에서 결단에 이르는 과정은 '권형'의 차원과 관련된다고 볼 수 있다.
④ '을'이 자기 생명을 우선시하게 되는 육체의 제약을 극복하고 생존자를 구하기 위해 남은 것은 '도심'에 따른 선한 행위이다.
⑤ '갑'이 자신의 생명을 더 중요하게 생각하고 대피한 것은 '인심'에 따른 행위로 볼 수 있다.

1인 견해형 지문 구조

"주장이 나오면 반드시 그 근거가 따라나온다."

수능 독서영역에 나오는 지문 구조 중에서 글쓴이의 견해를 피력한 글이나 다른 사람의 견해나 이론 등을 소개하는 글 등이 일방형이야. 그래서 실제로는 주장하는 글이라 하더라도 일방형 즉, 1인 견해형 지문 구조에서는 한 사람의 이론이나 사상, 견해 등을 소개해야 하니까 설명적인 특징이 강할 수밖에 없지. **이런 지문을 읽을 때 가장 먼저 해야 할 일은 주장과 그 근거를 찾는 거야! 그러니 주장이 무엇이며, 그 근거가 타당하고 적합한지 따져 가며 읽어야겠지?** 만약 다른 한 사람의 견해를 다룬 글이라면 마지막 문단에서 글쓴이의 평가가 드러나 있을 가능성이 높으니 끝까지 집중해야 해!

무엇을, 왜, 그렇게 생각하지?

| 화제 소개 | 주장 제시 | 근거 제시 | 결론 제시 |

한 사람의 견해가 일방적으로 제시될 때는
주장과 근거의 타당성을 중심으로 분석해야 돼!

하나의 견해에 집중한다고 해서 글에 반드시 한 가지 주장만 나와 있는 것은 아니야. 잘못된 통념, 혹은 반대 주장이 먼저 나오고 그다음 글쓴이의 의견이 나온다면, 앞에 제시된 주장이나 내용보다 뒤에 나오는 글쓴이의 의견에 당연히 더 주목해야겠지?

출제자가 노리는 부분도 바로 이 대목이야. 실제 시험에서 속도를 낼 수 있는 부분에서는 속도를 내야 해. 글쓴이의 일방적인 주장이 담긴 글에서는 글쓴이가 무엇을, 왜, 그렇게 생각하는지를 파악하면 독해가 빨라지니까.

1인 견해에 집중하는 구조로 전 영역에 걸쳐 핵심 이슈에 대한 하나의 견해를 다룰 때 주로 출제돼!

기 출 읽 기

2009학년도 3월 고2 학력평가

정답률 69%
난이도 중상
제한시간 7분

무엇을 물을까?

● '페르소나'와 같은 낯선 용어가 나올 땐 그 의

미를 제대로 파악했는지부터 물을 거야.

●

모든 사회에는 그 사회에서 요구하는 '도리, 의무, 본분* 등의 행동 규범이 있다. 이것을 융 (C. G. Jung)은 그의 분석 심리학에서 '페르소나(persona)'라고 불렀다. 이 말은 본래 고대 그리스의 가면극에서 배우들이 역할에 따라 썼다 벗었다 하는 가면을 가리키던 말이다. 이러한 의미가 전용(轉用)*되어 사회적 역할을 뜻하게 되었는데, 여기에는 연극에서의 가면이 배우의 본모습이 아니듯이, 페르소나 역시 개인의 본모습이 아니라 사회로부터 인정받기 위한 겉모습이라는 의미가 숨겨져 있다.

페르소나는 어릴 때부터 가정 교육이나 사회 교육을 통해서 형성되고 강화된다. 모든 인간은 '사람 된 도리'로서, '직장인의 의무'로서, '학생의 본분'으로서, '부모'로서, '자식'으로서 수행해야 할 책임과 역할 등을 끊임없이 요구받게 되고, 그러면서 페르소나는 강화되어 간다. 페르소나는 어떤 집단이 그 구성원들에게 만들어 준 틀과 같은 것이기 때문에 화폐처럼 특정 집단에 한해서만 유효하고 그 밖의 집단에서는 그 의미를 상실하게 된다. 예를 들어 어른 앞에서 담배를 피운다든가, 대화할 때 상대방의 눈을 똑바로 쳐다본다든가 하면 한국 사회에서는 버릇없는 행동이라고 비난하지만, 서양 사회에서는 그렇게 보지 않는다. 사회마다 형성되어 있는 페르소나가 각기 다르기 때문이다.

[A] 한 사회의 구성원들은 그 사회에 형성되어 있는 페르소나를 바탕으로, 입장과 시각이 다른 사람들도 포용해 가며 원만한 사회 생활을 유지하게 된다. 즉 페르소나는 개인의 본모습과 사회가 요구하는 역할을 절충해 나감으로써 개인이 그 사회에 잘 적응할 수 있게 하는 밑바탕이 되는 것이다.

[B] 그러나 페르소나를 상황에 맞게 적절히 조절하지 못하면 오히려 유해할 수도 있다. 개인이 자신의 삶의 목표와 사회가 요구하는 페르소나를 동일시하여 그에 의존하여 살아가다 보면, 자기의 본모습을 잃게 되고, 그것이 극단적인 상태에 이르면 여러 가지 신체적, 정신적인 문제들이 생긴다. 융은 이러한 현상을 '페르소나의 팽창'이라고 불렀다. 페르소나가 팽창된 사람들은 심한 열등감과 자책감에 빠져 소외감을 느끼기 쉽다. '○○ 체면에 어떻게 그것을……'과 같은 심리가 강조되면서 페르소나가 하나의 속박*이 되고, 거기에서 노이로제의 씨앗이 싹트게 된다.

[C] 그러므로 페르소나의 팽창을 겪는 사람들에게는, 본성으로서의 삶과 페르소나로서의 삶을 구별하고 페르소나에 가려서 보이지 않던 진정한 자기 자신을 찾는 노력이 필요하다. 그러한 노력을 융은 '자기실현'이라고 표현했다. 자기실현은 인간의 본모습을 짓누르는 사회적 역할에서 벗어나 그 본성이 살아 숨 쉴 때 가능해진다.

인간은 사회적 존재일 수밖에 없고, 사회적 존재로 살아가기 위해서는 그 사회가 요구하는 페르소나가 필요하다. 특히 인격 형성 과정에 있는 청소년 시절에는 페르소나가 좀 더 적극적으로 형성되어야 한다. 다만, 그것이 절대적인 것은 아니라는 점을 인식하고, 사회 집단이 요구하는 규격화된 태도와 역할에 지나치게 빠져 자기의 본모습을 잃는 일이 없도록 노력해야 할 것이다.

* 본분: 의무적으로 마땅히 지켜 행하여야 할 직분.
* 전용: 예정되어 있는 곳에 쓰지 아니하고 다른 데로 돌려서 씀.
* 속박: 어떤 행위나 권리의 행사를 자유로이 하지 못하도록 강압적으로 얽어매거나 제한함.

[A]~[C]의 관계를 도식화한 것으로 가장 적절한 것은?

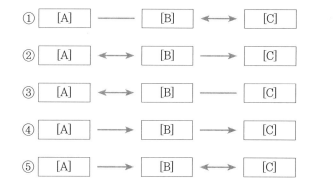

① [A] —— [B] ←→ [C]

② [A] ←→ [B] —→ [C]

③ [A] ←→ [B] —— [C]

④ [A] —→ [B] —→ [C]

⑤ [A] —→ [B] ←→ [C]

←→	대립 관계
—→	해결 관계
——	나열 관계

내 생각?

글쓴이의 작문 과정을 따라가 볼까?

(❶)라는 말이 생소할 수 있으니 먼저 그 의미부터 소개해야겠지?

↓

페르소나가 어떻게 형성되고 강화되며 왜 필요한지를 밝히고, 페르소나 조절에 실패할 경우 생기는 문제점과 그 해결 방안도 같이 언급하는 게 좋겠어.

↓

글의 마지막엔 인간은 사회적 존재니까 그 사회가 요구하는 페르소나도 필요하지만, 자기의 (❷)을 잃지 않도록 노력하는 것도 필요하다는 점을 언급하는 게 좋겠어.

글쓴이가 이 글에서 말하려는 주제는?

_____

_____

1 **윗글의 내용과 일치하지 않는 것은?**

① 인간은 상황에 따라 페르소나를 적절히 조절해야 한다.
② 사회마다 형성되어 있는 페르소나는 각기 다를 수 있다.
③ '자기실현'을 위해서는 페르소나와 본모습이 일치해야 한다.
④ 페르소나는 개인이 사회에 잘 적응하도록 돕는 역할을 한다.
⑤ 한 사회의 페르소나가 다른 사회에서는 통하지 않을 수도 있다.

|보기|를 읽고 보인 반응

핵심 개념을 구체적 사례에 적용

철호와 영호가 대립하는 지점인 '양심, 윤리, 관습, 법률'이 지문의 핵심 개념인 '페르소나'임을 파악할 수만 있다면, 선지의 적절성을 쉽게 판단할 수 있어.

2 **윗글을 바탕으로 |보기|를 읽고 보인 반응으로 적절하지 않은 것은?**

─| 보 기 |─

"양심이고, 윤리고, 관습이고, 법률이고, 다 벗어 던지고 말입니다."
"양심이고, 윤리고, 관습이고, 법률이고?"
"……".
"너는, 너는……."
영호는 아무 대답도 하지 않았다. 그러나 눈만은 똑바로 형 철호를 쳐다보고 있었다.
"그렇게나 살자면 이 형도 벌써 잘 살 수 있었다."
철호의 목소리는 떨리고 있었다.
"그렇게나라니요?"
"양심을 버리고, 윤리와 관습을 무시하고, 법률까지도 범하고?"
흥분한 철호의 큰 목소리에 영호는 지금까지 철호의 얼굴에 주었던 시선을 앞으로 죽 뻗치고 앉은 자기의 발끝으로 떨구었다.
"저도 형님을 존경하고 있어요. 고생하시는 형님을. 용케 이 고생을 참고 견디는 형님을. 그렇지만 형님은 약한 사람이야요. 용기가 없는 거지요. 너무 양심이 강해요. 아니 어쩌면 사람이 약하면 약한 만치, 그만치 반대로 양심이란 가시는 여물고 굳어지는 것인지도 모르죠."
                                                    – 이범선, 「오발탄」

① 영호는 철호가 페르소나에 지나치게 의존하고 있다고 본다.
② 영호는 사회가 요구하는 페르소나에 정면으로 도전하고 있다.
③ 철호는 영호에게 동생으로서의 페르소나를 요구하고 있다.
④ 철호가 형으로서의 페르소나를 드러낸다면 영호를 질책하거나 포용하게 될 것이다.
⑤ 철호와 영호는 형제인데도 페르소나를 다르게 받아들이고 있다.

3 윗글의 관점에서 |보기|의 디오게네스를 평가할 수 있는 말로 가장 적절한 것은?

윗글의 관점에서 평가

세부 내용의 적용
↓
|보기|를 보면, 디오게네스는 사회적 역할보다 개인의 자유로운 삶을 중시하는 인물이잖아? 그렇다면 이 글의 관점에서 디오게네스는 어떤 평가를 받을 수 있을까?

―| 보 기 |―

① 페르소나를 의식하지 않고 살아가는군.

② 페르소나의 팽창으로 문제를 겪고 있군.

③ 본모습과 페르소나를 잘 절충하고 있군.

④ 자신의 사회적 역할을 중요하게 여기는군.

⑤ 페르소나를 통해 사회에 잘 적응할 수 있겠군.

기 출 읽 기

2019학년도 6월 고1 학력평가

정답률 74%
난이도 중
제한시간 7분

무엇을 물을까?

- 인성론의 세 가지 학설을 설명했으니, 세 학설

  을 비교하거나 사례에 적용해 보게 하겠지?

-

중국 역사에서 전국 시대는 전쟁으로 점철*된 시대였다. 여러 사상가들이 혼란한 정국을 수습하고 백성들을 고통에서 벗어나게 하기 위한 대안을 마련하였는데, 이 과정에서 그들의 이론을 뒷받침할 형이상학*적 체계로서의 인성론이 대두되었다. 인성론은, 인간의 본성은 선하다는 성선설, 인간의 본성이 악하다는 성악설, 인간의 본성에는 애초에 선과 악이라는 구분이 전혀 없다는 성무선악설 등으로 분류될 수 있다. 맹자와 순자를 비롯한 사상가들은 인간 본성에 대한 이론적 탐구에서 더 나아가 사회적·정치적 관점으로 인성론을 구성하고 변형시켜 왔다.

[A]
맹자의 성선설이 국가 공권력에 저항하기 위해 호족들 및 지주들이 선한 본성을 갖춘 자신들을 간섭하지 말라는 이념적 논거로 사용되었다면, 순자나 법가의 성악설은 군주가 국가 공권력을 정당화할 때 그 논거로서 사용되었다. 즉 선악이란 윤리적 개념이 정치적 개념과 불가분의 관계에 놓여 있다는 사실을 확인할 수 있다. 성선설에서는 개체가 외부의 강제적인 간섭 없이도 '정치적 질서'를 낳고 유지할 수 있다고 본 반면, 성악설에서는 외부의 간섭이 없을 경우 개체는 '정치적 무질서'를 초래할 뿐인 존재라고 본 것이다.

한편 ㉠고자는 성무선악설을 통해 인간이 가지고 있는 식욕과 같은 자연적인 욕구가 본성이므로 이를 정치적이면서 동시에 윤리적인 범주로서의 선과 악의 개념으로 다룰 수 없다고 주장했다. 그는 인간의 본성을 '소용돌이치는 물'로 비유했는데, 이러한 관점은 소용돌이처럼 역동적인 삶의 의지를 지닌 인간을 규격화*함으로써 그 역동성을 마비시키려는 일체의 외적 간섭에 저항하는 입장을 취하도록 하였다.

㉡맹자는, 인간의 본성을 역동적인 것으로 간주한 고자의 인성론을 비판하였다. 맹자는 살아 있는 버드나무와 그것으로 만들어진 나무 술잔의 비유를 통해, 나무 술잔으로 쓰일 수 있는 본성이 이미 버드나무 안에 있다고 보았다. 맹자는 인간이 선천적으로 지닌 이러한 본성을 인의예지 네 가지로 규정하였다. 고통에 빠진 타인을 측은히 여기는 동정심, 즉 측은지심은 인간이라면 누구나 갖고 있다고 보고, 측은한 마음은 인간의 의식적 노력에서 나온 것이 아니라 불쌍한 타인을 목격할 때 저절로 내면 깊은 곳에서 흘러나온다고 본 것이 맹자의 관점이었다. 다시 말해 인간은 스스로의 노력으로 본성을 실현할 수 있는 존재, 즉 타인의 힘이 아닌 자력으로 수양할 수 있는 존재라고 보았다. 이것이 바로 맹자 수양론의 기본 전제이다.

모든 인간은 선한 본성을 지니고 있고, 이 선한 본성의 실현은 주체 자신의 노력에 의해서만 가능하다는 맹자의 성선설을 순자는 사변적*이고 낙관적이며 현실 감각이 결여된 주장으로 보았다. 선한 인간이 되기 위해서 인간은 국가 질서, 학문, 관습 등과 같은 외적인 것에 의존할 필요가 없다고 본 맹자의 논리는 현실 사회에서 국가 공권력과 사회 규범의 역할을 전적으로 부정하는 논거로도 사용될 수 있었기 때문이다. ㉢순자의 견해처럼 인간의 본성이 악하다고 전제할 때 그것을 교정하고 순치*할 수 있는 외적인 강제력, 다시 말해 국가 권력이나 전통적인 제도들이 부각될 수 있다. 국가 질서와 사회 규범을 정당화하기 위한 순자의 견해는 성악설뿐만 아니라 현실주의적 인간관에서 비롯되었다.

순자는 인간의 욕망이 무한하지만 그것을 충족시켜 줄 재화는 매우 한정되어 있다고 보고 이런 모순을 해결하기 위해서 국가에 의해 예(禮)가 만들어졌다는 입장을 견지하였다. 만약 인간에게 외적인 공권력과 사회 규범이 없는 경우를 가정한다면 인간들은 자신들의 욕망 충족에 있어 턱없이 부족한 재화를 놓고 일종의 전쟁 상태에 빠지게 될 것이고, 그 결과 사회는 걷잡을 수 없는 무질서 상태로 전락하게 될 것이다. 맹자의 성선설이 비현실적일 뿐만 아니라 정치적 질서를 해칠 가능성이 있다고 본 순자의 비판은, 바로 인간과 사회에 대한 이와 같은 견해로부터 나온 것이다.

* 점철: 관련이 있는 상황이나 사실 따위가 서로 이어짐.
* 형이상학: 사물의 본질, 존재의 근본 원리를 사유나 직관에 의하여 탐구하는 학문.
* 규격화: 어떤 사물이나 사상, 여론 따위를 일정한 방향이나 틀에 맞도록 함.
* 사변적: 경험에 의하지 않고 순수한 이성에 의하여 인식하고 설명하는 것.
* 순치: 점차로 어떤 목표로 하는 상태에 이르게 함.

윗글에 대한 설명으로 가장 적절한 것은?

① 인성에 대한 세 견해의 장단점을 비교하고 있다.
② 인성론의 등장 배경과 다양한 견해를 소개하고 있다.
③ 인성론의 역사적 의의와 한계에 대해 분석하고 있다.
④ 인성론이 등장한 시대적 상황을 구체적 자료를 통해 제시하고 있다.
⑤ 인성에 대한 두 견해를 제시하며 이를 절충한 이론을 소개하고 있다.

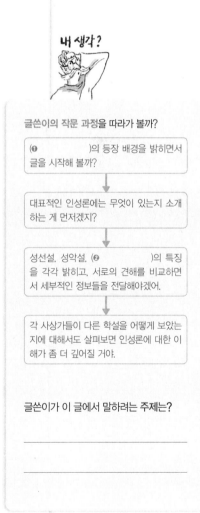

내 생각?

글쓴이의 작문 과정을 따라가 볼까?

(❶　　　　　)의 등장 배경을 밝히면서 글을 시작해 볼까?

⬇

대표적인 인성론에는 무엇이 있는지 소개하는 게 먼저겠지?

⬇

성선설, 성악설, (❷　　　　　)의 특징을 각각 밝히고, 서로의 견해를 비교하면서 세부적인 정보들을 전달해야겠어.

⬇

각 사상가들이 다른 학설을 어떻게 보았는지에 대해서도 살펴보면 인성론에 대한 이해가 좀 더 깊어질 거야.

글쓴이가 이 글에서 말하려는 주제는?

_____

_____

'인성론'에 대해 이해

성선설과 성악설의 공통점 찾기

1 [A]를 통해 '인성론'에 대해 이해한 내용으로 가장 적절한 것은?

① 사회의 발전을 위한 갈등 유지의 당위성을 인정하였다.
② 권력자의 윤리 의식과 통치력이 상반된다고 판단하였다.
③ 정치적 입장을 정당화하는 이념적인 수단으로 사용되었다.
④ 초자연적 존재와 대비되는 인간 본성의 우위를 추구하였다.
⑤ 인간의 타고난 본성을 거스르는 인위적 노력을 배격하였다.

모두 동의할 만한 진술

견해 간의 공통점 찾기

2 윗글의 '순자'와 |보기|의 '홉스'가 모두 동의할 만한 진술로 가장 적절한 것은?

┤보 기├

홉스의 『리바이어던』에 따르면, 인간은 본성이 이기적이므로 자신의 이익을 극대화하기 위해 '자연 상태'에서 '만인의 만인에 대한 투쟁' 상태로 비참하게 살아갈 수밖에 없다. 이를 극복하기 위해 공동의 권력을 만들었는데 이것이 바로 리바이어던이다. 이는 공동의 평화와 방어를 위해 필요한 모든 힘과 수단을 이용할 수 있는 절대 권력이다. 사람들은 리바이어던 같은 절대 통치자에게 복종을 약속하고 대신 통치자는 사람들의 안전을 보장해 주는데, 국가는 바로 이러한 계약에 따라 만들어졌다.

① 인간의 이기적 본성이 사회의 혼란과 무질서를 초래함을 인정해야 한다.
② 인간은 공동의 평화를 위해 국가 권력에 대해 비판적 태도를 지녀야 한다.
③ 통치자는 권력을 유지하기 위해 한정된 재화의 균등한 분배에 힘써야 한다.
④ 대립적 상황의 해결을 위하여 인간의 본성이 발현되는 자연 상태로 돌아가야 한다.
⑤ 사회의 질서를 유지하기 위한 제도와 규범은 구성원들의 계약에 의해 마련되어야 한다.

3 ⊙~©의 관점에서 |보기|를 이해한 것으로 적절하지 <u>않은</u> 것은?

─────| 보 기 |─────

가난과 배고픔 때문에 빵을 훔친 장발장은 체포되어 19년 동안 감옥 생활을 한다. 출소한 장발장은 신분증에 전과가 적혀 있어 잠잘 곳도, 일자리도 구할 수 없게 된다. 오직 미리엘 주교만은 이런 그를 따뜻하게 맞아주었으나, 장발장은 은촛대를 훔치다가 경관에게 붙잡힌다. 하지만 미리엘 주교는 은촛대는 장발장이 훔친 것이 아니라 선물로 준 것이라고 말하며 사랑을 베풀어 주었고, 이에 감동받은 장발장은 정체를 숨기고 선행을 베풀며 살아간다.

① ⊙: 장발장이 배가 고파 빵을 먹고 싶은 것은 인간의 자연스러운 욕구에서 비롯된 것으로 이해할 수 있다.

② ⊙: 미리엘 주교가 은촛대를 장발장에게 준 선물이라고 말한 것은 역동적 삶의 의지를 규격화하려는 행위로 볼 수 있다.

③ ©: 미리엘 주교가 장발장에게 편히 쉴 곳을 마련해 준 것은 불쌍한 사람을 측은히 여기는 마음에 따른 것으로 이해할 수 있다.

④ ©: 장발장이 선행을 베풀며 살아가는 모습은 스스로의 노력으로 선한 본성을 실현하는 것으로 볼 수 있다.

⑤ ©: 장발장이 체포되어 수감된 것은 본성을 바로잡기 위한 사회 규범에 의거한 것으로 볼 수 있다.

⊙~©의 관점에서 |보기|를 이해

관점을 구체적 사례에 적용
↓
고자(⊙), 맹자(©), 순자(©)는 |보기|에 드러난 상황을 어떻게 해석할까? 인간의 행동과 본성에 대한 각 사상가들의 관점을 제대로 이해했는지 확인하는 문제야.

기 출 읽 기

3

2015학년도 11월 고1 학력평가

정답률 78%
난이도 중
제한시간 7분

무엇을 물을까?

⦿ _____

_____

⦿ _____

_____

20세기 초 막스 셸러는 이전의 경험과학*이 인간에 대해서 창출*한 개별적인 과학적 지식들만으로는 '인간이란 무엇인가'라는 질문에 대해 충분히 답할 수 없다고 보았다. 그래서 그는 인간에 대한 총체적인 이해의 기틀을 마련하기 위해 '철학적 인간학'을 탄생시켰다. 철학적 인간학은 경험과학적 연구 성과와의 밀접한 관련성을 바탕으로 다른 생명체와 차별화된 인간의 본질을 규명하고자 한 학문으로, 대표적인 학자로는 셸러 이외에 헬무트 플레스너, 아놀드 겔렌 등이 있다.

㉠셸러는 동물학자 쾰러의 연구 결과를 바탕으로 인간과 동물 사이에 본질적인 차이가 있음을 밝히고자 하였다. 그는 인간이 동물과 달리 '정신'을 가지고 있고, '정신' 작용의 하나인 '자아의식'에 의해 외부 대상뿐만 아니라 자신의 내면까지도 대상화할 수 있다고 보았다. 그는 '자아의식'이라는 것이 인간이 보고 듣고 생각한다는 것을 스스로 의식하는 '정신' 작용이며, 이런 '자아의식'에 의해서 인간은 충동적인 욕구에 따라 행동하지 않고 스스로를 반성할 수도 있다고 보았다.

한편 플레스너는 생명체가 자신을 둘러싼 환경과 상호 작용하는 방법을 중심으로 인간의 본질을 규명하고자 했다. 그에 의하면 독립성이 없어 주변 환경에 대해 능동적으로 적응할 수 없는 식물과 달리, 독립성이 있는 인간과 동물은 자신의 상황에 따라 환경에 적응해 갈 수 있다고 보았다. 그런데 플레스너는 동물이 자신만을 중심으로 환경에 적응해 간다면, 인간은 자기중심적인 삶과 일정한 거리를 둘 수 있는 '탈중심성'을 가진다고 강조했다. 그리고 이러한 '탈중심성'이라는 인간만의 특성으로 인해 인간은 스스로를 반성하고 항상 새로운 자신을 발견하고 변화시킬 수도 있다고 보았다.

철학적 인간학의 또 다른 학자인 ㉡겔렌은 동물학자 포르트만의 이론에 근거를 두고 인간의 본질을 밝히고자 했다. 그는 인간을 동물과 달리 신체적인 한계를 갖고 태어나 자연에 적응하기 어려운 결핍된 존재로 보았다. 이러한 결핍을 보완하기 위해 인간은 일정한 '행위'를 하게 되며, 나아가 그런 '행위'를 통해 자신의 생존에 적합한 문화를 창조한다고 보았다. 그에 따르면 인간은 자신이 창조한 문화에 다시 영향을 받아 특정한 '행위'를 하기도 한다. 예를 들면, 문화의 한 형태인 여러 가지 사회적 제도의 영향으로 인간은 충동을 억제하는 '행위'를 하고, 인간다운 삶을 보장받기 위해 자신이 만든 제도의 틀 안에서 어느 정도 타율적* 삶을 감수하는 '행위'를 하기도 하는 것이다.

이와 같이 셸러는 인간이 '자아의식'을 통해 자신을 대상화할 수 있다는 점에서, 플레스너는 인간이 '탈중심성'을 가지고 있어 스스로를 반성할 수 있다는 점에서, 겔렌은 인간이 여러 '행위'를 통해 결핍된 부분을 보완한다는 점에서 다른 생명체와 차별화된 인간의 본질을 규명하고자 했다. 결국 그들이 말하는 인간이라는 존재는 끊임없이 외부 환경이나 자기 스스로를 변화시키며 나아가는 존재라고 볼 수 있다.

* 경험과학: 경험적 사실을 연구 대상으로 하는 실증적 학문.
* 창출: 전에 없던 것을 처음으로 생각하여 지어내거나 만들어 냄.
* 타율적: 자신의 의지와 관계없이 정해진 원칙이나 규율에 따라 움직이는 것.

0 **윗글의 내용 전개 방식으로 가장 적절한 것은?**

① 구체적 사례를 제시하며 이론의 한계를 설명하고 있다.
② 다양한 관점들을 절충하며 새로운 대안을 제시하고 있다.
③ 핵심 개념을 정의하며 이론의 발전 가능성을 언급하고 있다.
④ 세 이론의 우열을 가리며 특정 이론을 구체적으로 서술하고 있다.
⑤ 새로운 이론의 등장 배경을 소개하며 학자들의 견해를 밝히고 있다.

내 생각?

글쓴이의 작문 과정을 따라가 볼까?

'(❶   )'의 등장 배경과 개념을 밝히면서 글을 시작해 볼까?

↓

우선, '철학적 인간학'을 대표하는 학자인 셸러, 플레스너, 겔렌이 주장하는 (❷   )에 대한 견해를 차례로 소개해야겠어.

↓

세 학자의 견해를 요약하고 그들이 인간 존재에 대해 공통되게 생각하는 바를 언급하면서 글을 마무리해야겠어.

글쓴이가 이 글에서 말하려는 주제는?

_____

_____

㉠과 ㉡에 대한 설명

내용 일치 여부를 묻지만 견해 비교

1 **㉠과 ㉡에 대한 설명으로 적절하지 않은 것은?**

① ㉠과 ㉡의 연구 내용은 모두 경험과학적 지식과 무관하지 않다.

② ㉠과 ㉡은 모두 인간과 동물이 본질적인 차이를 가지고 있다고 보았다.

③ ㉠은 ㉡과 달리 대상화할 수 있는 능력은 인간만이 갖고 있다는 점에 주목했다.

④ ㉡은 ㉠과 달리 인간의 '자아의식'과 '행위'가 충동적 욕구의 결과임에 주목했다.

⑤ ㉡은 ㉠과 달리 인간이 자연에 적응하기에는 신체적인 한계를 가지고 태어났다는 점에 주목했다.

다른 견해와 비교

2 플레스너와 |보기|의 '카시러'를 이해한 내용으로 가장 적절한 것은?

┤보 기├

카시러에 따르면 인간과 동물은 바깥 세계를 받아들이는 '수용 체계'와 바깥 세계에 반응해 가는 '운동 체계'를 통해 환경에 적응하며 살아간다. 그런데 바깥 세계에 즉각적으로 반응하는 동물과 달리, 인간은 두 체계 사이에 '상징 체계'라는 것을 가지고 있어 여유를 가지고 생각한 후 반응할 수 있다고 보았다.

① 플레스너는 탈중심성의 유무를, '카시러'는 상징 체계의 유무를 인간과 동물을 구분 짓는 기준으로 보았다.

② 플레스너는 인간만이 환경에 대해 독립적이라고, '카시러'는 인간만이 환경에 여유를 두고 반응한다고 보았다.

③ 플레스너와 '카시러'는 모두 인간만이 환경을 받아들이고 그에 맞게 반응해 갈 수 있다고 보았다.

④ 플레스너와 '카시러'는 모두 동물은 환경에 즉각적으로 반응한 후 반성적 사유를 한다고 보았다.

⑤ 플레스너와 '카시러'는 모두 인간이 환경에 적응하는 것보다 환경을 변화시키는 것이 더 중요하다고 보았다.

3 윗글을 바탕으로 |보기|를 이해한 내용으로 적절하지 **않은** 것은?

┤ 보 기 ├

희수는 습관처럼 학교 앞 횡단보도에서 신호를 무시하고 건넜다. 희수가 건너고 나서 뒤를 돌아보니 유치원 아이들이 안전하게 길을 건너기 위해 신호를 지켜 손을 들고 횡단보도를 건너고 있었다. 그 순간 희수는 아이들보다도 못한 자신의 모습에 부끄러움을 느꼈고, 그날 이후부터 무단 횡단을 하지 않기 위해 교통 규칙을 잘 지키려고 노력하고 있다.

① 셸러의 입장에서는 희수가 부끄러움을 느낀 것은 무단 횡단했던 자신의 모습을 스스로 의식할 수 있었기 때문이라고 볼 수 있겠군.

② 셸러의 입장에서는 희수가 무단 횡단을 한 것과 아이들이 신호를 지킨 것의 차이는 '자아의식'의 존재 유무 때문이라고 볼 수 있겠군.

③ 플레스너의 입장에서는 희수가 무단 횡단을 하지 않으려고 노력하게 된 것은 스스로 자기 자신을 반성하는 것이 가능했기 때문이라고 볼 수 있겠군.

④ 겔렌의 입장에서는 교통 규칙이 인간다운 삶을 보장받기 위해 인간들이 만든 사회적 제도라고 볼 수 있겠군.

⑤ 겔렌의 입장에서는 유치원 아이들이 교통 신호를 잘 지키는 행위는 인간이 스스로 만든 문화에 다시 영향을 받은 것으로 볼 수 있겠군.

미학 아름다움에 대한 고찰

"먹고사는 데 아무 상관없을지라도 아름다운 것을 보고 감동할 때 내가 인간이라는 것을 알게 돼요." 한 유명 소설가의 말이다. 흔히 '미학'이라고 하면, '아름다움'에 관해 철학적인 관점에서 다루는 학문 정도로 이해할 뿐, 그것이 정확히 무엇에 관한 학문인지 잘 떠오르지 않는다. 아름다움이란 무엇이고, 우리는 왜 특정 대상을 아름답다고 느끼는가? 그게 바로 **수능 출제자들이 미학을 다룬 지문을 가져와 던지는 질문들이다.**

기출읽기

2015학년도 11월 **고2** 학력평가

정답률 80%
난이도 중하
제한시간 7분

출제자는
무엇을 물을까?

● 뒤프렌이 '현전-표상-반성'이라는 미적 지각
의 단계가 있다고 했으니, 각 단계별 특징을
구분할 수 있는지 확인하겠군.

● 미적 지각의 단계를 실제 예술 작품 감상에
적용해 보게 하겠지?

우리가 미술관에 전시된 그림 하나를 무심히 지나쳤다면, 이 그림은 미적 대상이라고 볼 수 있을까? 이에 대해 미학자 뒤프렌은 그 그림은 예술 작품이긴 하지만 우리에게 미적 대상이 되지는 못한다고 말한다. 예술 작품은 감상자의 미적 지각이 시작될 때 비로소 미적 대상이 된다는 것이다. 그는 이러한 미적 지각과 미적 대상의 관계에 주목하여, 감상자가 현전(現前), 표상(表象), 반성(反省)이라는 미적 지각의 단계를 거치면서 미적 대상을 점점 더 심오하게 이해한다고 보았다.

뒤프렌에 따르면 현전은 감상자가 작품의 감각적 특징에 신체적으로 반응하면서 주목하는 단계이다. 즉 색채, 명암, 질감 등에 매료되어 눈이 커지거나 고개를 내미는 등의 신체적 자세를 ⊙취하는 상태를 의미한다. 이렇듯 현전은 감상자가 예술 작품을 '감각적 소재'로 인식하게 한다. 그런 의미에서 현전은 미적 대상의 의미를 막연하게 파악하는 수준에 머무른다.

현전의 막연함은 표상을 통해 해소되기 시작한다고 그는 말한다. 표상은 작품을 상상력으로 지각하는 단계이다. 상상력은 감상자가 현전에서 파악한 것에 시공간적 내용과 구체적 상황을 추가해 풍부한 이미지를 떠올리는 것이다. 이러한 지각은 감상자가 작품을 특정 대상이나 현실이 묘사된 '재현된 세계'로 이해하게 한다. 예를 들어 푸른색이라는 감각물에 눈동자가 커지면서 주목하는 것이 현전이라면, 푸른색을 보고 '가을날 오후 한적한 시골의 맑고 넓은 창공'이라는 세계를 떠올리는 것이 표상이다. 하지만 표상은 환상을 만들게 된다.

표상이 만든 환상은 반성을 통해 극복된다고 뒤프렌은 생각했다. 반성에는 비평적 반성과 공감적 반성이 있다. 비평적 반성은 구도, 원근법, 형태 묘사와 같은 기법, 예술가의 제작 의도 등을 객관적으로 분석하여 상상력이 만든 감상자의 표상이 타당한 것인지를 검증하는 것이다. 비평적 반성을 통해 감상자는 작품의 의미를 표상의 단계보다 더 잘 이해할 수 있게 된다. 그러나 뒤프렌은 비평적 반성만으로는 작품에 대한 이해가 피상적* 수준에 그친다고 보았다. 객관적인 분석만을 하다 보면 작품 속에 담긴 내면적 의미까지는 이해하지 못한다는 것이다. 따라서 그는 감상자의 미적 지각은 공감적 반성을 통해 완성된다고 하였다. 공감적 반성은 작품이 자아내는 내면적 의미를 감상자가 정서적으로 느끼면서 감동을 얻는 단계이다. 이 감동은 작품의 내면적 의미가 진실하다는 것을 확신하면서 정서적으로 공감하는 것이기도 하다. 이는 감상자가 예술가의 감정이 '표현된 세계'를 파악하는 것이면서, 그 세계와 자신의 내면세계가 일치함을 느끼는 것이다. 이를 두고 뒤프렌은 감상자가 작품의 의미를 진심으로 받아들이면서 비로소 작품 속에 직접 참여하는 것이라고 설명했다.

* 피상적: 질적인 현상은 추구하지 아니하고 겉으로 드러나 보이는 현상에만 관계하는. 또는 그런 것.

─────── 구조읽기 **0**

윗글의 표제와 부제로 가장 적절한 것은?

> ① 미적 대상은 어떤 특성을 가질까?
>   – 미적 지각의 역할을 중심으로
> ② 미적 지각은 어떤 단계를 거칠까?
>   – 미적 대상과의 관계를 중심으로
> ③ 미적 체험은 어떻게 형성되는가?
>   – 미적 지각의 효용성을 중심으로
> ④ 미적 지각과 미적 대상은 어떤 관계일까?
>   – 감상자의 감정을 중심으로
> ⑤ 미적 대상의 역동성은 어떻게 드러나는가?
>   – 공감적 반성을 중심으로

내 생각?... 을 표현하기
좋은 글의 구조를 선택하고...
썼으니까... **글의 구조 속**에
있지 않을까?

글쓴이의 작문 과정을 따라가 볼까?

> 일상 경험과 관련된 질문을 던져 미적 지각 과 (❶   )의 관계에 대한 독자 의 관심을 유도하며 화제를 제시해 볼까?

> 뒤프렌이 말한 미적 지각의 세 단계를 각 각 한 문단씩 나누어서 설명하되, 먼저 (❷   ) 단계부터 설명해야겠어.

> 표상의 단계는 현전과의 관련성을 바탕으 로 그 특징을 설명하고, 한계도 언급하자.

> 반성의 단계는 두 종류로 나누어 설명하 되, 예술 작품 감상의 완성은 공감적 반성 을 통해 이루어짐을 밝히자.

글쓴이가 이 글에서 말하려는 주제는?

_____

_____

1 윗글에 대한 이해로 적절하지 않은 것은?

① 감상자가 신체적으로 반응하면서부터 예술 작품은 미적 대상이 된다.

② 감상자가 작품의 의미를 진심으로 받아들일 때 감동을 얻을 수 있다.

③ 상상력이 만든 환상은 객관적인 작품 분석을 통해 그 타당성이 검증된다.

④ 시공간적인 내용을 덧붙임으로써 감상자는 작품 속에 직접 참여하게 된다.

⑤ 예술가의 제작 의도에 대한 파악만으로는 작품에 담긴 내면적 의미를 이해할 수 없다.

2 윗글을 바탕으로 |보기1|을 감상한다고 할 때, 이에 대한 설명으로 적절한 것만을 |보기2|에서 있는 대로 고른 것은?

┤보 기1├

이 그림은 에드가 드가의 「압생트 한 잔」으로, 여인의 흰옷과 남자의 검은 옷이 뚜렷하게 대비를 이룬다. 또한 두 남녀의 표정은 다소 침울하게 묘사되어 있다.

┤보 기2├

ㄱ. 두 남녀의 의상에 드러난 명암의 차이가 눈에 띄어서 시선이 갔다면 현전 단계의 감상으로 볼 수 있군.

ㄴ. 명암의 차이를 통해 두 남녀가 심리적으로 불편한 관계에 있는 상황을 떠올렸다면 표상 단계의 감상으로 볼 수 있군.

ㄷ. 유럽의 작은 도시의 카페에서 두 인물이 누군가를 기다리는 모습이라고 생각했다면 비평적 반성 단계의 감상으로 볼 수 있군.

ㄹ. 두 인물의 침울한 표정에서 느낀 도시인의 고독감이 자신의 고독감과 일치한다고 생각했다면 공감적 반성 단계의 감상으로 볼 수 있군.

① ㄱ, ㄴ   ② ㄱ, ㄹ   ③ ㄱ, ㄴ, ㄹ

④ ㄱ, ㄷ, ㄹ   ⑤ ㄴ, ㄷ, ㄹ

3 ㉠과 문맥적 의미가 유사한 것은?

① 그는 모자라는 돈을 친구에게서 <u>취했다</u>.

② 그는 사진을 찍기 위해 포즈를 <u>취하고</u> 있었다.

③ 수술 후에 어머니는 병실에서 휴식을 <u>취하고</u> 계신다.

④ 물질적 이익만을 <u>취하는</u> 오류를 범하지 말아야 한다.

⑤ 그가 제시한 조건들 가운데서 마음에 드는 것만을 <u>취했다</u>.

문맥적 의미가 유사

문맥의 유사성 고려

단어가 쓰인 문맥이 유사한지 먼저 파악해야 해. 특히 '취하다'의 대상, 즉 목적어가 무엇인지를 확인해 봐.

기 출 읽 기

2022학년도 3월 고1 학력평가

정답률 52%
난이도 상
제한시간 8분

무엇을 물을까?

● 두 지문을 함께 제시한 이유가 있을 거야.

(가) 플라톤과 (나) 아리스토텔레스의 견해를

비교해 보게 하겠지?

●

가 플라톤은 초월 세계인 이데아계와 감각 세계인 현상계를 구분했다. 영원불변의 이데아계는 현상계에 나타난 모든 사물의 근본이 되는 보편자, 즉 형상(form)이 존재하는 곳으로 이성으로만 인식될 수 있는 관념의 세계이다. 반면 현상계는 이데아계의 형상을 바탕으로 만들어진 세계로 끊임없이 변화하는 사물이 감각에 의해 지각된다. 플라톤에 따르면 ㉠현상계의 모든 사물은 형상을 본뜬 그림자에 불과하다.

이러한 관점에서 플라톤은 예술을 감각 가능한 현상의 모방이라고 보았다. 예를 들어 목수는 이성을 통해 침대의 형상을 인식하고 그것을 모방하여 침대를 만든다. 그리고 화가는 감각을 통해 이 침대를 보고 그림을 그린다. 결국 침대 그림은 보편자*에서 두 단계 떨어져 있는 열등한 것이며, 형상에 대한 참된 인식을 방해하는 허구의 허구에 불과하다. 이데아계의 형상을 모방하여 생겨난 것이 현상인데, 예술은 현상을 다시 모방한 것이기 때문이다.

플라톤은 시가 회화와 다르다고 보았다. 고대 그리스에서 음유시인*은 허구의 허구인 서사시나 비극을 창작하고, 이를 작품 속 등장인물의 성격에 어울리는 말투, 몸짓 같은 감각 가능한 현상으로 연기함으로써 다시 허구를 만들어 냈다. 이 과정에서 음유시인의 연기는 인물의 성격을 드러내는데, 이는 감각 가능한 외적 특성을 모방해 감각으로 파악될 수 없는 내적 특성을 드러내는 것이다.

플라톤은 음유시인이 용기나 절제 같은 덕성을 갖춘 인간이 아닌 저급한 인간의 면모를 모방할 수밖에 없다고 주장했다. 가령 화를 잘 내는 인물은 목소리가 거칠어지고 안색이 붉어지는 등 다양한 감각 가능한 현상들을 모방함으로써 쉽게 표현할 수 있지만, 용기나 절제력이 있는 인물에 수반되는 감각 가능한 현상은 표현하기 어렵기 때문이다. 따라서 플라톤은 음유시인의 연기를 보는 관객들이 이성이 아닌 감정이나 욕구와 같은 비이성적인 것들에 지배되어 타락하게 된다고 보았다.

나 아리스토텔레스는 이데아계가 존재한다고 보지 않았다. 예컨대 사람은 나이가 들며 늙는데, 만약 이데아계의 변하지 않는 어린아이의 형상과 성인의 형상을 바탕으로 각각 현상계의 어린아이와 성인이 생겨났다면, 현상계에서 어린아이가 성인으로 성장하는 것을 설명할 수 없기 때문이다.

아리스토텔레스는 형상 이 항상 사물의 생성과 변화의 바탕이 되는 질료 에 내재한다고 보고, 이를 가능태와 현실태라는 개념을 통해 설명하였다. 가능태란 형상을 실현시킬 수 있는 가능적 힘이자 질료를 의미하며, 현실태란 가능태에 형상이 실현된 어떤 상태이다. 가령 도토리는 떡갈나무가 되기 위한 가능태라면, 도토리가 떡갈나무가 된 상태가 현실태이다. 이처럼 생성·변화하는 모든 것은 목적을 향해 움직이므로 가능태에 있는 것은 형상이 완전히 실현된 상태인 '완전 현실태'를 향해 나아가는데, 이 이행 과정이 운동이다. 즉 운동의 원인은 외부가 아닌 가능태 자체에 내재한다.

아리스토텔레스에게 있어 예술의 목적은 개개의 사물에 내재하고 있는 보편자, 즉 형상을 표현해 내는 것이다. 이런 점에서 그는 시가 역사보다 우월하다고 주장했다. 역사는 개별적 사건들의 기록일 뿐이지만 시는 개별적 사건에 깃들어 있는 보편자를 표현한 것이기 때문이다.

아리스토텔레스는 인간이 예술을 통해 쾌감을 느낄 수 있다고 보았다. 특히 비극시는 파멸하는 주인공을 통해 인간의 근본적 한계를 다루기 때문에, 시를 창작하면 인간 존재의 본질을 인식하는 앎의 쾌감을 느낄 수 있다고 하였다. 비극시 속 이야기는 음유시인이 경험 세계의 개별자들 속에서 보편자를 인식해 내어, 그것을 다시 허구의 개별자로 표현한 결과물인 것이다. 또한 관객은 음유시인의 연기를 통해 앎의 쾌감을 느낄 수 있을 뿐 아니라 그와 다른 종류의 쾌감도 경험할 수 있다. 관객은 고통을 받는 인물의 이야기를 통해 그에 대한 연민과 함께, 자신도 유사한 고통을 겪을 수 있다는 공포를 느낀다. 이러한 과정에서 감정이 고조됐다가 해소되면서 얻게 되는 쾌감, 즉 카타르시스를 경험한다.

* 보편자: 개별 사물들이 공통적으로 지니고 있는 본질적 특성을 이르는 말.
* 음유시인: 중세 유럽에서 여러 지방을 떠돌아다니면서 시를 읊었던 시인.

(가)와 (나)에 대한 설명으로 가장 적절한 것은?

① (가)와 (나)는 모두 특정 사상가의 예술을 바라보는 관점이 변화하게 된 이유를 설명하고 있다.
② (가)와 (나)는 모두 특정 사상가가 예술을 평가하는 데 바탕이 된 철학적 관점을 설명하고 있다.
③ (가)와 달리 (나)는 특정 사상가가 생각하는 예술의 불완전성을 설명하고 있다.
④ (나)와 달리 (가)는 특정 사상가의 예술관에 내재한 장점과 단점을 제시하고 있다.
⑤ (가)는 특정 사상가의 예술관이 보이는 한계를, (나)는 특정 사상가의 예술관이 주는 의의를 제시하고 있다.

내 생각?

글쓴이의 작문 과정을 따라가 볼까?

> 가 에서는 (❶　　　　) 철학의 핵심 개념인 이데아계와 현상계에 대한 관점을 중심으로 그의 예술관을 소개해야겠어.

> 플라톤의 예술관은 음유시인의 연기에 대한 내용을 중심으로 설명하되, 독자의 이해를 도울 수 있게 예시를 활용해야겠어.

> 나 에서는 플라톤과 자주 비교되는 철학자인 (❷　　　　)의 철학적 관점과 예술관을 제시하여 플라톤과 어떤 견해 차이가 있는지 알려 줘야겠어.

> 가 에서 음유시인의 연기에 대한 내용을 다루었으니, 나 에서도 이를 다루어 플라톤과 아리스토텔레스의 견해 차이를 명확하게 보여 주는 것이 좋겠군.

글쓴이가 이 글에서 말하려는 주제는?

_____

_____

'플라톤'의 사상 이해

(가)의 세부 내용 이해

1 (가)의 '플라톤'의 사상을 이해한 내용으로 적절하지 <u>않은</u> 것은?

① 예술은 형상에 대한 참된 인식을 방해한다.
② 형상은 감각이 아닌 이성을 통해서만 인식할 수 있다.
③ 현상계의 사물을 모방한 예술은 형상보다 열등한 것이다.
④ 예술의 표현 대상은 사물이 아니라 사물 안에 존재하는 형상이다.
⑤ 이데아계는 현상계에 나타난 모든 사물의 형상이 존재하는 곳이다.

형상과 질료에 대해 이해

개념 간의 관계 파악

형상과 질료의 관계에 대한 아리스토
텔레스의 관점을 확인하며 선지 내용
과 일치 여부를 판단해 봐.

2 (나)의 '아리스토텔레스'의 관점에서 형상과 질료에 대해 이해한 내용으로 적절하지 <u>않은</u> 것은?

① 형상은 질료와 분리되어 존재할 수 없다.
② 질료는 형상을 실현시킬 수 있는 가능적 힘이다.
③ 형상이 질료에 실현되는 원인은 가능태 자체에 내재한다.
④ 형상과 질료 사이의 관계는 현실태와 가능태 사이의 관계와 같다.
⑤ 생성·변화하는 것은 형상이 질료에 완전히 실현된 상태인 완전 현실태를 향한다.

3 (가)와 (나)를 참고할 때, '아리스토텔레스'의 입장에서 ㉠을 비판한 것으로 가장 적절한 것은?

① 현상계의 사물이 형상을 본뜬 것이라면 현상계의 사물이 생성 · 변화하는 이유를 설명할 수 없다.

② 형상이 변하지 않는 것이라면 현상계에 존재하는 사물들이 모두 제각기 다른 이유를 설명할 수 없다.

③ 형상과 현상계의 사물이 서로 독립적이라면 현상계에서 사물이 시시각각 변화하는 현상을 설명할 수 없다.

④ 형상이 현상계를 초월하여 존재하는 것이라면 형상을 포함하지 않는 사물을 감각으로 느끼는 것은 불가능하다.

⑤ 현상계의 모든 사물이 형상의 그림자에 불과하다면 그림자만 볼 수 있는 인간이 형상을 인식하는 것은 불가능하다.

> '아리스토텔레스'의 입장뿐만 아니라 '플라톤'이 주장한 내용인지 아닌지도 확인해야겠어. 만약 '플라톤'의 주장에 해당하지 않는다면 굳이 비판할 필요가 없을 테니까.

4 (가)의 '플라톤'과 (나)의 '아리스토텔레스'가 |보기|에 대해 보일 반응으로 적절하지 **않은** 것은?

─|보 기|─

고대 그리스의 비극시 『오이디푸스 왕』의 주인공 오이디푸스는 자신에게 주어진 숙명에 의해 파멸당하는 인물이다. 비극시를 공연하는 음유시인은 목소리, 몸짓으로 작품 속 오이디푸스를 관객 앞에서 연기한다. 음유시인의 연기에 몰입한 관객은 덕성을 갖춘 주인공이 특별한 잘못이 없는데도 불행해지는 모습을 보고 연민과 공포를 느낀다.

① 플라톤: 오이디푸스는 덕성을 갖춘 현상 속 인물을 본떠 만든 허구의 허구이며, 그에 대한 음유시인의 연기는 이를 다시 본뜬 허구이다.

② 플라톤: 음유시인은 오이디푸스의 덕성을 연기하는 데 주력하겠지만, 관객은 이를 감각으로 파악할 수 없기 때문에 감정과 욕구에 지배되어 타락하게 된다.

③ 플라톤: 음유시인의 목소리와 몸짓을 통해 오이디푸스의 성격이 드러난다면, 감각 가능한 외적 특성을 모방하는 과정에서 감각되지 않는 내적 특성이 표현된 것이다.

④ 아리스토텔레스: 음유시인이 현상 속 인간의 개별적 모습들에서 보편자를 인식해 내어, 이를 다시 오이디푸스라는 허구의 개별자로 표현한 것이다.

⑤ 아리스토텔레스: 오이디푸스가 숙명에 의해 파멸당하는 것을 본 관객들은 인간 존재의 본질을 이해하는 쾌감을 느낄 뿐 아니라 카타르시스를 경험할 수 있다.

'아리스토텔레스'의 입장에서 ㉠을 비판

두 사상가의 관점 차이 이해

> 아리스토텔레스가 ㉠을 비판한다는 것은, ㉠이 무엇인가를 제대로 설명하지 못하기 때문이겠지?

두 사상가의 관점 비교 · 적용

(가)의 플라톤과 (나)의 아리스토텔레스는 각각 음유시인이 무엇을 연기한다고 보았을까? 그렇게 본 이유까지 파악해야지!

기 출 읽 기

2012학년도 3월 고3 학력평가

정답률 73%
난이도 중
제한시간 7분

무엇을 물을까?

● 기존의 동일시 이론과 칸트의 '무관심성'에

기반한 유희적 동일시 이론을 다루었으니, 이

두 이론을 구분할 수 있는지 묻겠지?

●

관객은 영화를 보면서 영상의 흐름을 어떻게 지각하는 것일까? 그토록 빠르게 변화하는 앵글[*], 인물, 공간, 시간 등을 어떻게 별 어려움 없이 흥미진진하게 따라가는 것일까? 흔히 영화의 수용에 대해 설명할 때 관객의 눈과 카메라의 시선 사이에 일어나는 동일시 과정을 내세운다. 그러나 동일시 이론은 어떠한 조건을 기반으로, 어떠한 과정을 거쳐서 동일시가 일어나는지, 영상의 흐름을 지각할 때 일어나는 동일시의 고유한 방식이 어떤 것인지에 대해 의미 있는 설명을 제시하지 못하고 있다.

칸트의 '무관심성'에 대한 논의에서 이에 대한 단서를 ⓐ얻을 수 있다. 칸트는 미적 경험의 주체가 '객체[*]가 존재한다'는 사실성 자체로부터 거리를 둔다고 주장한다. 이에 따르면, 영화관에서 관객은 영상의 존재 자체에 대해 '무관심한' 상태에 있다. 영상의 흐름을 냉정하고 분석적인 태도로 받아들이는 것이 아니라, 영상의 흐름이 자신에게 말을 걸어오는 듯이, 자신이 미적 경험의 유희[*]에 초대된 듯이 공감하며 체험하고 있다. 미적 거리 두기와 공감적 참여의 상태를 경험하는 것이다. 주체와 객체가 엄격하게 분리되거나 완전히 겹쳐지는 것으로 이해하는 통상적인 동일시 이론과 달리, 칸트는 미적 지각을 지각 주체와 지각 대상 사이의 분리와 융합의 긴장감 넘치는 '중간 상태'로 본 것이다. 이러한 유희적 동일시 이론은 영화만이 아니라 다른 예술의 수용에도 적용될 수 있다. 그러나 이러한 미적·유희적 동일시만으로 영화의 수용에서 나타나는 동적인 체험 양상을 온전히 이해하기는 어렵다.

관객이 영상의 흐름을 생동감 있게 체험할 수 있는 이유는, 영화 속의 공간이 단순한 장소로서의 공간이라기보다는 '방향 공간'이기 때문이다. 카메라의 다양한 앵글 선택과 움직임, 자유로운 시점 선택이 방향 공간적 표현을 용이하게 해 준다. 두 사람의 대화 장면을 보여 주는 장면을 생각해 보자. 관객은 단지 대화에 참여한 두 사람의 존재와 위치만 확인하는 것이 아니라, 두 사람의 시선 자체가 지닌 방향성의 암시, 즉 두 사람의 얼굴과 상반신이 서로를 향하고 있는 방향 공간적 상황을 함께 지각하고 있는 것이다.

영화의 매체적 강점은 방향 공간적 표현이라는 데에만 그치지 않는다. 영상의 흐름에 대한 지각은 언제나 생생한 느낌을 동반한다. 관객은 영화 속 공간과 인물의 독특한 감정에서 비롯된 분위기의 힘을 늘 느끼고 있다. 따라서 영화 속 공간은 근본적으로 이러한 분위기의 힘을 느끼도록 해 주는 '감정 공간'이라 할 수 있다.

이렇게 볼 때 영화 관객은 자신의 눈을 단순히 카메라의 시선과 직접적으로 동일시하는 것이 아니다. 관객은 영화를 보면서 영화 속 공간, 운동의 양상 등을 유희적으로 동일시하며, 장소 공간이나 방향 공간 등 ㉠다양한 공간의 층들을 동시에 인지할 뿐만 아니라 감정 공간에서 나오는 독특한 분위기의 힘을 감지하고, 이를 통해 영화 속의 공간과 공감하며 소통하고 있는 것이다.

---

* 앵글: 사진 렌즈로 촬영할 수 있는 범위가 렌즈 중심에 이루는 각도.
* 객체: 작용의 대상이 되는 쪽.
* 유희: 즐겁게 놀며 장난함. 또는 그런 행위.

보기는 글쓴이가 윗글을 쓰기 위해 생각한 단상들이다. 이를 바탕으로 윗글의 논지 흐름을 정리한 내용으로 적절하지 <u>않은</u> 것은?

|보 기|

ㄱ. 관객은 자신의 눈과 카메라의 시선을 동일시한다.
ㄴ. 관객은 자신을 영상의 흐름과 미적·유희적으로 동일시한다.
ㄷ. 영화 속 공간은 방향 공간이다.
ㄹ. 영화 속 공간은 감정 공간이다.

화제: 관객은 영상의 흐름을 어떻게 지각하는가?

↓

ㄱ의 설명에 어떤 문제점이 있는지 지적한다. ······················· ①

↓

ㄴ을 통해 ㄱ의 한계를 지적하고 화제에 대해 설명한다. ·········· ②

↓

ㄷ을 통해 ㄴ의 한계를 보충하며 화제에 대해 설명한다. ·········· ③

↓

ㄹ을 근거로 하여 ㄴ, ㄷ의 설명이 타당함을 뒷받침한다. ········ ④

↓

ㄴ, ㄷ, ㄹ을 종합하여 화제에 대해 설명한다. ····················· ⑤

내 생각?

글쓴이의 작문 과정을 따라가 볼까?

영화 관객이 영상의 흐름을 어떻게 지각하는지 질문을 던지며 화제를 제시하고, (❶   )으로는 질문에 답할 수 없음을 지적하자.

↓

칸트의 '무관심성'에 대한 논의를 바탕으로 유희적 동일시 이론을 설명하고, 이 이론으로도 질문에 대한 온전한 대답이 될 수 없음을 밝히자.

↓

유희적 동일시 이론만으로는 부족하니 영화 속 (❷   )의 특징들을 방향 공간과 감정 공간으로 나누어 설명하자.

↓

앞에서 다룬 내용을 요약하여 도입부 질문에 대한 대답을 제시하면서 글을 마무리하자.

글쓴이가 이 글에서 말하려는 주제는?

_____

_____

세부 내용 파악

지문에서 다룬 동일시 이론과 유희적 동일시 이론은 서로 다른 이론이야. 어떤 차이가 있는지 파악해야겠지?

1 **윗글의 내용과 일치하지 않는 것은?**

① 영상의 흐름을 분석적으로 지각하지 않아도 영화의 수용이 가능하다.

② 칸트의 '중간 상태'는 다양한 예술 형식의 수용에서 경험할 수 있다.

③ 유희적 동일시는 미적 거리 두기와 공감적 참여의 상태를 통해 가능하다.

④ 동일시 이론은 관객의 눈이 카메라 시선과 동일시되어 영상의 흐름을 지각한다고 설명한다.

⑤ 유희적 동일시 이론은 미적 주체가 객체와의 융합을 통해 미적 유희를 경험한다고 설명한다.

문맥적 의미가 ⓐ와 유사

목적어의 성격이 유사한 어휘

2 **문맥적 의미가 ⓐ와 가장 유사한 것은?**

① 이번 여행에서 삶의 지혜를 <u>얻을</u> 수 있었다.

② 이웃에게 <u>얻은</u> 책상 하나를 동생에게 주었다.

③ 요즈음은 농촌에서 일할 사람을 <u>얻는</u> 일이 쉽지가 않다.

④ 부모님에게 허락을 <u>얻을</u> 수 있어서 이번 여행이 가능했다.

⑤ 회의 참가자는 사회자에게 발언권을 <u>얻어</u> 자기 의견을 말해야 한다.

3 **다음은 영화의 한 장면이다. 이에 대한 관객의 반응 중, ㉠이 가장 잘 나타나 있는 것은?**

진짜 궁금한 건 ㉠이 적용된 반응

─┤ 보 기 ├─

A: 한밤 고요한 참호 속에 있는 소대장과 병사
B: "전쟁터에 있으니 어머님 얼굴이 떠오릅니다."
C: "어머님은 자네를 자랑스러워하실 걸세."

① 전쟁터에서 겪을 수 있는 상황이 사실적으로 묘사되어 있어서 장면 속에 깊이 몰입할 수 있었어.
② 카메라의 다양한 앵글이 영상의 흐름을 역동적으로 만들어 전쟁터의 긴박함을 생생하게 표현하고 있었어.
③ 한밤의 고요한 참호를 배경으로 병사와 상관 사이의 대화 장면을 배치하여 전쟁의 참혹함을 잘 드러내고 있었어.
④ 천천히 흘러가는 영상은 인물들의 내면에 초점이 맞춰진 듯했고, 전쟁에서 벗어나고 싶어 하는 그들의 고뇌에 공감하게 되었어.
⑤ 참호를 배경으로 인물들의 시선을 교차시키는 화면 전환에서 공간적 생동감이 느껴졌고, 힘겨워하는 병사를 위로하는 상관의 모습에서 눈물이 나올 뻔했어.

기 출 읽 기

3

2021학년도 3월 고2 학력평가

정답률 56%
난이도 상
제한시간 9분

무엇을 물을까?

●
_____
_____
_____

●
_____

미의 본질에 대한 최초의 연구는 고대 그리스 피타고라스 학파에 의해서 이루어졌는데, 이들은 미가 물질적인 대상의 형식적인 구조 속에 표현되는 객관적인 법칙이라고 생각하였다. 피타고라스는 수를 이 세상의 근원으로 보았기 때문에 아름다움은 그 대상을 구성하는 여러 요소들 간의 수적인 비례에 의한 것이라는 균제 이론을 내세웠다. 피타고라스의 철학은 그 후 플라톤, 아리스토텔레스 등 서양 철학사를 주도한 이들에게 수용되어 균제 이론은 서양 미학의 하나의 전통이 되었다.

플로티노스는 몇 가지 이유를 들어 미의 본질은 균제로 대표되는 수적 비례에 있는 것이 아니라고 주장한다. 균제 이론은 부분과 부분, 또는 부분과 전체의 관계 속에서 아름다움을 찾는 것이다. 플로티노스는 균제를 이루고 있는 대상이라 하더라도 아름답지 않은 경우가 있을 수 있으며, 균제를 이루지 않는 단순한 색이나 소리도 아름다울 수 있음을 내세운다. 또한 그는 품위 있는 행동이나 훌륭한 법률과 같은 것들도 아름다울 수 있는데, 그러한 비물질적인 특질에 어떻게 균제를 적용할 수 있는지 반문한다.

미의 본질에 대한 전통적인 견해를 부정한 플로티노스는 균제를 대체할 수 있는 미의 본질을 정신에서 찾았다. 플라톤은 이 세계를 이데아계와 현상계로 나누고, 현상계는 이데아계를 본떠서 생겨난 것이라고 생각했는데, 플로티노스도 플라톤과 마찬가지로 세상을 이데아계인 예지계와 감각 세계인 현상계로 구분했다. 그러나 두 세계가 근본적으로 단절되어 있다고 본 플라톤과는 달리 플로티노스는 '유출(流出)'과 '테오리아(theōria)'의 개념을 통해 이 둘이 연결되어 있다고 주장했다. 플로티노스에 의하면 세상의 근원인 '일자(一者)'는 가장 완전하고 충만한 원천으로 마치 광원(光源)*과도 같아서 만물은 일자의 빛이 흘러넘침, 즉 유출에 의해 순차적으로 생성된다. 일자로부터 가장 먼저 나온 것은 절대적이며 초개별적인 '정신'이고, 정신으로부터 우주 영혼과 개별 영혼들이 산출된다. 일자, 정신, 영혼 이 세 가지 존재자들이 비물질적인 예지계를 구성한다. 이를 뒤이어 감각적 존재자들의 현상계가 출현하는데, 먼저 영혼으로부터 실재하는 감각 대상들의 세계인 자연이 유출되며, 다시 자연으로부터 가장 낮은 단계의 존재자들인 아무런 형상이 없는 질료*들이 유출된다.

ⓐ일자에서 ⓑ정신, ⓒ영혼, ⓓ자연, ⓔ질료로의 유출은 존재의 완전성 정도에 따라 순차적으로 이루어지는 것으로 자기 동일성의 타자적 발현이라 할 수 있다. 따라서 유출로 연결된 존재 간에는 어떤 동일성이 유지되어 있으며, 위계질서를 가진다. 이처럼 예지계와 현상계는 분리되어 있는 것처럼 보이나 질적으로는 서로 연결되어 있다는 것이 플로티노스의 주장이다. 이런 생각에 의거하여 미(美)는 마치 빛이 그 광원에서 멀어질수록 밝기가 약해지듯이, 일자에서 질료로 내려갈수록 점차 추(醜)에 가까워지게 된다.

미에 대한 플로티노스의 이런 생각으로 인해 그는 예술의 가치에 대해 플라톤과 다른 입장을 취했다. 플라톤은 예술이 이데아계를 모방한 현상계를 다시 모방하는 것에 불과하다고 폄하했다. 하지만 아름다움이 실질적으로 정신에서 비롯된 것으로 보고 질적이고 정신적인 미의 중요성을 높이 평가한 플로티노스에게 예술은 모방의 모방이 아니라 정신의 아름다움과 진리를 물질화하는 것이 된다. 플로티노스에게 있어 미의 형상은 본래 정신에 있는 것이지만 예술가의 영혼에도 정신의 속성인 미의 형상이 내재해 있다. 이때 영혼 안에 있는 미의 형상을 질료에 실현시키는 것이 바로 예술이다. 그러므로 예술이란 ㉠귀납적* 표상으로 형성되는 관념상을 그리는 행위가 아니라 선험적* 관념상, 즉 ㉡연역적* 표상을 현상계의 감각적인 것으로 유출시키는 행위인 것이다. 예술가는 이렇게 질료에 미의 형상을 부여함으로써 자연이 부족하게 가지고 있는 것을 보완한다. 그런 의미에서 플로티노스는 플라톤처럼 예술을 예지계와 현상계 다음에 위치시키지 않는다. 그에게 있어 예술은 예지계와 현상계 중간에 있는 것이다.

플로티노스는 예술을 우리 영혼이 현상계에서 일자로 올라가기 위해 딛고 서야 할 디딤돌이라고 보았다. 영혼은 근원인 일자의 속성을 지니고 있지만 동일한 근원이 다른 모습으로 나타났기에 근원에서 벗어난 것이기도 하다. 그래서 우리 인간은 자신의 영혼이 일자와 동일한 것을 공유한다는 것을 잊고 물질세계의 감각적인 것에 매몰되어 있다. 우리의 영혼이 일자와 합일해야 한다고 본 플로티노스는 영혼이 내면을 관조함으로써 자신의 근원인 일자를 상기할 수 있으며, 일자로 돌아갈 수 있다고 했다. 이렇게 일자로부터의 유출로 생성된 각 단계의 존재들이 거꾸로 예지계의 일자에게로 회귀하는 상승 운동이 '테오리아'이다. 테오리아를 위해서는 자신의 영혼에 정신의 미가 존재하고 있다는 사실부터 깨달아야 하는데, 이것을 깨닫게 해 주는 것이 바로 감각적인 미이다. 플로티노스가 예술을 중시하는 것은 예술이 미적 경험을 환기하여 테오리아를 일으키는 강력한 추동력을 갖고 있기 때문이다.

이처럼 예술가의 내면, 나아가 그 원형인 정신세계의 아름다움을 담은 예술의 가치를 높이 평가한 플로티노스의 미 이론은 인간의 영혼과 초월적인 존재의 신성함을 표현하려 했던 중세의 비잔틴 예술을 탄생하게 했다. 또한 가시적인 외부 세계의 재현을 부정하고 현실 세계에서 벗어난 예술을 이해할 수 있는 단초를 제공하였다는 점에서 그의 미 이론은 낭만주의와 현대 추상 회화의 근본을 마련하였다는 평가를 받는다.

---

* 광원: 제 스스로 빛을 내는 물체. 태양, 별 따위가 있다.
* 질료: 물체의 생성과 변화의 바탕이 되는 재료.
* 귀납적: 귀납(개별적인 특수한 사실이나 원리로부터 일반적이고 보편적인 명제 및 법칙을 유도해 내는 일)의 방법으로 추리하는. 또는 그런 것.
* 선험적: 경험에 앞서서 인식의 주관적 형식이 인간에게 있다고 주장하는. 또는 그런 것.
* 연역적: 연역(일반적인 사실이나 원리를 전제로 하여 개별적인 사실이나 보다 특수한 다른 원리를 이끌어 내는 추리)에 의하여 논리를 전개하여 나가는. 또는 그런 것.

윗글의 서술 방식에 대한 설명으로 가장 적절한 것은?

① 예술이 인간에게 미치는 영향을 중심으로 그 중요성을 부각하고 있다.
② 미의 본질을 연구하는 이론의 변화 과정을 통시적 관점에서 고찰하고 있다.
③ 예술을 규정하는 상반되는 두 이론을 제시하고 절충 방안을 모색하고 있다.
④ 미의 본질과 예술을 탐구하는 학자들이 등장하게 된 배경을 제시하고 있다.
⑤ 미의 본질을 설명한 이론가의 견해를 다른 학자와의 견해 차이를 바탕으로 설명하고 있다.

내 생각?

글쓴이의 작문 과정을 따라가 볼까?

미의 본질에 대한 서양 미학의 전통인 균제 이론을 살펴보며 글을 시작하자.

↓

균제 이론을 부정한 (❶　　　　)의 이론을 제시하며 본격적으로 그의 미 이론을 다루어야겠어.

↓

플로티노스가 제시한 유출, (❷　　　　)의 개념을 중심으로 미 이론을 설명하되, 플라톤과의 비교를 통해 독자의 이해를 도와야겠어.

↓

플로티노스의 미 이론이 지닌 의의를 제시하며 글을 마무리하자.

글쓴이가 이 글에서 말하려는 주제는?

_____

언급된 내용

세부 정보 파악

1 윗글에서 언급된 내용이 <u>아닌</u> 것은?

① 미에 대한 피타고라스 학파의 인식
② 플로티노스가 분류한 예술의 유형
③ 균제 이론에 대한 플로티노스의 시각
④ 플라톤과 플로티노스 예술관의 차이
⑤ 플로티노스의 미 이론이 지니는 의의

ⓐ~ⓔ에 대한 플로티노스의 생각

개념 간의 관계 파악

2 ⓐ~ⓔ에 대한 플로티노스의 생각으로 적절하지 <u>않은</u> 것은?

① ⓐ의 속성은 위계적 차등에 따라 ⓑ, ⓒ, ⓓ, ⓔ로 전해진다.
② ⓐ에 가까운 정도를 기준으로 하여 미, 추를 판단할 수 있다.
③ ⓐ~ⓔ는 동일성을 함유하면서 질적으로 서로 연결되어 있다.
④ 유출은 ⓐ에서 ⓔ로, 테오리아는 ⓔ에서 ⓐ로 향하는 방향성을 갖는다.
⑤ ⓐ, ⓑ, ⓒ의 예지계와 ⓓ, ⓔ의 현상계는 정신에 의해 상호 보완적 관계를 유지한다.

3 윗글의 '피타고라스', '플라톤', '플라티노스'가 |보기|에 대해 보일 수 있는 반응으로 적절하지 않은 것은?

─────| 보 기 |─────

　　기원전 1~2세기경에 만들어진 것으로 알려진 「밀로의 비너스」 석상은 양팔이 잘려 있는 모습으로 발견되었는데, 이데아계에 존재하는 비너스 여신의 모습을 키가 머리 길이의 8배를 이루는 황금비율로 형상화하였다.

① 피타고라스는 비너스 석상이 황금비율이라는 수적 비례를 지켰기에 미의 본질을 구현했다고 평가했겠군.

② 플라톤은 이데아계와 현상계는 단절되었기 때문에 이데아계의 여신을 비너스 석상과 동일시할 수 없다고 보았겠군.

③ 플라톤은 비너스 석상은 이데아계를 직접 모방한 것으로 인간에게 이데아계를 지향하게 하는 작품이라고 인정했겠군.

④ 플로티노스는 비너스 석상이 감상자로 하여금 일자로 회귀하는 테오리아를 일으킨다는 점에서 높게 평가했겠군.

⑤ 플로티노스는 돌을 질료로 하여 예술가가 자신의 영혼에 내재된 미를 비너스 석상으로 형상화한 것으로 인식했겠군.

4 다음은 윗글의 ㉠, ㉡과 관련된 독서 활동 과정이다. 〈과제 해결〉의 빈칸에 들어갈 말로 적절한 것을 〈의미 구성〉에서 찾아 순서대로 묶은 것은?

〈과제 설정〉	글의 맥락을 고려할 때 ㉠, ㉡의 의미는 무엇일까?

↓

〈자료 조사〉	백과사전에서 '귀납', '연역', '표상'의 의미 찾기 귀납: 개개의 현상으로부터 보편적 원리를 도출하는 것 연역: 보편적 원리로부터 개개의 현상을 이끌어 내는 것 표상: 마음이나 의식에 나타나는 것

↓

〈의미 구성〉	조사 내용을 바탕으로 의미 구성해 보기 ㄱ. 현상계의 경험에서 도출한 보편적 미를 형상화하는 행위 ㄴ. 일자에서 비롯된 미의 형상을 발견해 질료에 담는 행위 ㄷ. 질료의 형식적 구조에서 비물질적 특성을 도출하는 행위 ㄹ. 영혼이 내면을 관조하여 자연에 존재하는 미를 발견하는 행위

↓

〈과제 해결〉	구성 내용 중 적절한 것을 골라 과제 해결하기 → ㉠은 (　　　　)이고, ㉡은 (　　　　)이다.

	㉠	㉡
①	ㄱ	ㄴ
②	ㄱ	ㄷ
③	ㄴ	ㄷ
④	ㄴ	ㄹ
⑤	ㄷ	ㄹ

5 윗글의 '플로티노스'와 |보기|의 '칸딘스키'의 공통된 예술관으로 가장 적절한 것은?

┤보 기├

　칸딘스키의 추상은 세잔, 입체파, 몬드리안 식의 그것과는 다르다. 그의 추상은 사물의 단계적 단순화로 시작하여 종국에 그 본원적 모습을 밝히는 것이 아니라 직관적인 방법으로 정신이나 초월적인 것을 구현해 내기 위한 것이었다. 그에게 있어 예술은 형이상학적 관념을 구현하는 것으로 예술가는 그것의 발견자 내지 전달자이다.

① 정신의 아름다움과 진리를 질료를 통해 물질화할 수 없다고 본 점
② 예술이 바람직한 삶의 자세에 대한 형이상학적 깨달음을 줄 수 있다고 본 점
③ 객관적인 법칙이 형식적인 구조 속에 표현될 때 미적 가치가 구현될 수 있다고 본 점
④ 초월적인 존재의 미적 가치를 드러내기 위해서는 감각적 미를 탈피해야 한다고 본 점
⑤ 예술의 본질이 현실 세계에서 감각적으로 지각되지 않는 관념을 표현하는 데 있다고 본 점

ISSUE 03

디자인 디자인과 예술

현대 사회에서 디자인은 대중과 아주 밀접한 예술의 영역이자 개성을 드러내는 하나의 표현 방법으로 자리 잡고 있다. 사람들은 펜 하나를 소비할 때에도 같은 가격이라면 예쁘고 사용하기 편리하게 디자인된 것을 선택한다. 디자인은 평범한 것을 특별하게 만들고 우리의 생활까지 변화시키는 영향력을 지녔다. 디자인이 곧 예술인 시대에 살고 있는 지금, 수능 출제자들은 어떤 관점으로 디자인과 예술을 바라볼까?

기출 읽기

2009학년도 10월 고3 학력평가

정답률 90%
난이도 하
제한시간 5분

출제자는
무엇을 물을까?

● 디자인 원리 중 강조의 방법 세 가지를 나열

하여 설명하고 있으니 각각의 특징을 묻겠지?

● 강조를 위한 세 가지 방법을 잘 구분할 수 있

는지 실제 사례를 통해 확인하는 문제가 출

제되겠지?

나열병렬형 지문 구조에서
내가 묻고 싶은 건...
► 구조로 수능독해 47쪽

사람들의 시선을 사로잡고, 그 시선을 더 오래 머무르게 하여 시각적 의미를 강화하기 위해서는 한 단위 안에 있는 어느 한곳이 다른 곳에 비해 더 돋보이도록 해야 한다. 이러한 미적 원리를 디자인에 적용한 것을 '강조'라고 하는데, 이러한 강조를 위해 디자인에서는 ㉠'대비', ㉡'집중', ㉢'우세' 등의 방법이 주로 사용된다.

대비(對比)는 서로 다른 두 요소가 공간적 또는 시간적으로 접근할 때 일어나는 현상이다. 따라서 현저하게 차이가 나는 두 요소를 나란히 배치하여 어떤 특징이 더욱 두드러지도록 하는 방법인 대비는 디자인에서도 대단히 유용하다. 대비는 사람의 주의를 집중시키거나 유지하며, 시선을 특정 부분으로 유도하기 때문에 이 방법을 통해 정보를 구성하는 것은 좋은 디자인이 될 수 있다. 예를 들어 직선을 곡선과 함께 배치하면 직선이 지닌 특징이 곡선에 대비되어 더욱 두드러져 보이게 될 것이다. 일반적으로 수직과 수평, 굵은 것과 가는 것, 큰 것과 작은 것, 매끄러운 것과 거친 것, 먼 것과 가까운 것, 높은 것과 낮은 것, 밝은 것과 어두운 것 등은 디자인에서 모두 좋은 대비를 이루는 요소들이 된다. 그런데 강조는 이러한 질적인 대비뿐만 아니라 양적인 대비를 통해서도 일어나게 된다. 무수한 직선의 집단에 단 하나의 곡선이 배치되면 형태적 대비와 함께 수량적인 대비도 생겨나 강조의 효과는 더 커지게 되는 것이다.

강조하고자 하는 하나의 요소를 위해 모든 요소들을 어느 한곳으로 모이도록 하는 집중(集中)도 강조를 위한 방법 중의 하나이다. 즉, 집중은 시선을 중심이나 초점으로 유도하는 것으로, 리듬의 요소인 방사(放射)* 또는 점이(漸移)*와 함께 사용되면 더욱 효과적이다. 그런데 시선을 어느 중심으로 모은다고 했을 때, 그 중심은 무게의 중심이나 기하학적인 중심과는 개념이 다르다. 여기서 말하는 중심은 미적 요인과 관계된 것으로 미적 흥미의 중심이 되는 곳이다. 따라서 그 중심의 위치를 어디에 두느냐에 따라 미적인 느낌과 효과가 달라질 수 있다. 대개는 평면 작품의 중심 근처나 그보다 약간 위쪽에 어떤 형상을 배치하면 그곳으로 시선이 집중되는 효과를 쉽게 얻을 수 있다.

또한, 중심이 되는 대상 주위에 주변 요소를 종속적으로 배치하는 기법도 있는데 이것이 바로 우세(優勢)이다. 이것은 어느 한 범위에서 중심이 되는 것을 정하여 이것에 지배적인 역할을 부여하고, 다른 것을 여기에 종속시켜 주가 되는 것을 더욱 강조하는 방법이다. 비유적으로 말하면 연극이나 영화에서 중심적인 역할을 하는 주연 배우와 보조적인 역할을 하는 조연 배우의 관계와 같다고 할 수 있다. 그런데 어느 한쪽을 지배적인 입장에 놓이게 하려면 대비나 집중의 방법을 고려하지 않을 수가 없다. 이런 의미에서 앞서 말한 대비와 집중은 모두 우세 속에 포함된다고 할 수 있다. 대비는 대비된 것 중 더 중심이 되는 어느 하나를 강조하게 되고, 집중은 어느 하나의 중심점만을 강조하는 것이기 때문에 모두 우세의 방법이 적용된 셈이라고 할 수 있다.

그런데, 어떠한 경우에도 흥미와 관심을 끌게 하는 강조의 중심점은 하나여야 하며 둘 이상이 되어서는 안 된다. 디자인의 요소들이 각각 비슷한 정도, 비슷한 비중으로 공존할 때는 우리의 시선이 디자인에서 중심점을 찾지 못해 방황하게 되고, 그 디자인은 긴장감을 잃게 된다. 그러므로 강조를 위해서는 하나의 중심점이 초점의 역할을 하고 나머지 부분은 이 초점을 보완하고 보충하는 종속적인 역할을 해야 하는 것이다.

* 방사: 중심점 또는 중심이 되는 부분에서 여러 방향으로 퍼져 나가거나 안으로 모이면서 생겨나는 시각적인 율동.
* 점이: 양이나 크기, 밀도나 강도 등 단계적으로 커지거나 작아지면서 생겨나는 시각적인 율동.

구조읽기 **0**

다음은 윗글의 글쓴이가 작성한 글쓰기 계획이다. 윗글에서 확인할 수 있는 내용이 아닌 것은?

항목	세부 계획
목표	디자인의 원리 소개: 디자인에 적용된 구성 원리 중 하나를 체계적으로 설명한다. ········· ①
예상 독자	일반 독자로 설정: 전공자들이 아니므로 전문적인 용어는 쉽게 풀어 설명한다. ········· ②
세부 내용	강조와 관련된 내용 선정: 디자인에서 강조를 위해 사용되는 방법들을 열거하여 내용을 구성한다. ········· ③
자료 활용	중심 제재를 뒷받침할 수 있는 자료 활용: 강조의 원리가 잘 반영된 구체적인 디자인 작품을 제시한다. ········· ④
내용 전개	효과적인 전달을 위한 전개 방식 사용: 대상의 개념을 병렬적으로 설명하고, 필요에 따라 구분과 예시, 비유의 방법을 사용한다. ········· ⑤

내 생각?... 을 표현하기 좋은 글의 구조를 선택하고... 썼으니까... **글의 구조 속**에 있지 않을까?

글쓴이의 작문 과정을 따라가 볼까?

디자인의 미적 원리 중 하나인 (❶) 에 대해 알려 주어야지. 이때 강조의 방법들을 간단히 언급하는 게 좋겠지?

↓

강조를 위해 디자인에서 사용하는 세 가지 방법 중 '대비'부터 설명해야겠어!

↓

그다음 '집중'의 방법을 설명해야지. 그리고 이 방법을 더 효과적으로 사용할 수 있는 구체적인 방법도 제시할 거야.

↓

앞서 설명한 대비와 집중이 모두 적용되는 (❷)의 방법을 인과적으로 설명하면 독자들의 이해를 도울 수 있겠지?

↓

강조의 원리를 적용할 때 유의해야 할 점을 언급하며 글을 마무리하자.

글쓴이가 이 글에서 말하려는 주제는?

_____

윗글을 읽은 독자의 반응

내용의 이해

독자의 반응을 묻는 것은 지문을 이해했는지 묻는 것과 같다는 것을 잊지 마. 이때 정보 확인만 해도 되는 선지가 있고 추론적 사고가 필요한 선지도 있어.

1 **윗글을 읽은 독자의 반응으로 적절한 것은?**

① 양적인 대비는 질적인 대비에 비해 강조의 효과가 훨씬 강하게 나타나겠군.

② 리듬을 만드는 방사나 점이를 이용하지 않으면 집중의 효과를 얻을 수 없겠군.

③ 강조는 중심적인 대상뿐 아니라 주변에 있는 대상들에까지 시선이 머물도록 하는 것이군.

④ 우세의 방법이 사용된 디자인을 볼 때는 그 속에서 대비나 집중의 방법도 찾아볼 수 있겠군.

⑤ 한 단위 안에서 강조해야 할 대상의 수는 디자이너가 가지고 있는 흥미의 중심에 따라 결정되겠군.

시각 자료에 적용

대비(㉠), 집중(㉡), 우세(㉢)의 특징을 먼저 떠올려 봐. 그리고 선지에서 형식상, 의미상 세 가지 방법이 모두 사용된 디자인을 찾아보자.

2 **㉠, ㉡, ㉢이 모두 포함된 디자인으로 가장 적절한 것은?**

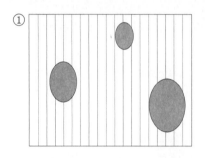

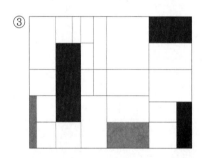

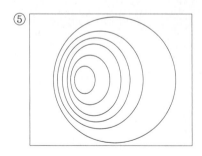

나열병렬형 지문 구조

"대상을 나열하는 글은 각 문단의 정보에 주목하자."

수능 독서영역에 나오는 지문 구조 중에서 표면상으로는 가장 쉽고 단순해 보이지만 독해하기가 생각보다 어려운 지문 구조야. 대상의 다양한 특징이나 여러 관점과 견해들을 나열하며 계속 확장되는 나열형 즉, 나열병렬형 지문 구조에서 그 방대한 정보들을 놓치지 않고 이해하기란 여간 어려운 일이 아니기 때문이지. 이런 지문 구조에서는 각 문단에서 다양하게 다루고 있는 대상이나 견해에 대해 정확히 파악했는지, 열거된 세부 내용의 시작점인 주제에 대해서도 꼭 물어볼 테니 대비해야 해!

| 화제 소개 | 대상 나열 | 대상 나열 | 내용 정리 |

대상의 특징, 견해를 나열하는 글에서는
갈라져 흩어지는 각 문단에 주목해야 돼!

집중형과 달리 나열형은 대부분 머리말에서 주제를 제시하고, 각 문단마다 화제의 다른 측면이나 다양한 견해들을 대등·병렬식으로 설명해. 대개의 지문은 앞 문단을 읽으면 뒤에 이어질 내용이 어느 정도는 예측이 되는데, 이 지문 구조는 예측이 어려워. 매 문단마다 새로운 정보가 제시되거나 이해의 대상이 달라지기 때문이지.

독서 영역 중 까다롭기로 소문난 과학, 기술 그리고 경제 파트에서 주로 많이 보이는 지문 구조라서 독해하기 더 어렵게 느끼는 경우가 많아. 이해의 대상인 정보들이 여기저기 문단마다 흩어져 있기 때문에 각 문단의 중심 내용을 파악하며 정확히 읽어 나가는 것이 필요해.

대상을 나열하는 지문 구조로 주로 화제의 다양한 측면을 설명할 때 자주 출제돼!

기 출 읽 기 1

2006학년도 4월 고3 학력평가

정답률 88%
난이도 중하
제한시간 7분

무엇을 물을까?

● 신라인들의 금제 허리띠가 지닌 가치를 보여

주고자 한 것이 이 글의 핵심이니 이에 대해

묻겠지?

●

우리나라 금속 공예 역사의 시작은 청동기가 사용되기 시작한 기원전 약 10세기 즈음으로 보고 있다. 그 후 철기 시대를 거쳐 삼국 시대로 들어오면서 기술이 절정에 이르게 되는데, 특히 금으로 된 신라의 장신구들은 문양이 정밀하게 새겨져 예술적 가치를 지닌 것으로 평가된다.

『일본서기』에는 신라를 '눈부신 황금의 나라'로 표현하고 있다. 이 표현에 딱 맞는 유물이 바로 금으로 만든 허리띠이다. 이 허리띠는 금관보다도 두세 배나 많은 금을 ㉠들여 만들었는데, 풀잎 무늬를 새겨 넣고 그 아래로 여러 줄의 드리개*를 길게 늘어뜨렸다. 드리개 끝에는 약통이나 물고기, 숫돌, 족집게, 굽은옥, 손칼, 살포* 등의 도안이 사실적으로 표현되어 있다.

원래 허리띠에 물건을 주렁주렁 매달고 생활하는 방식은 북방 유목 민족의 풍습이었다. 그들은 손칼이나 약통 등 평소 즐겨 사용하던 물건을 매달고 다녔는데, 중국의 남북조 시대부터 우리나라에 전래되었다. 그 후 원래 가지고 있던 실용성은 사라지고 비실용품으로 전환되면서 여러 가지 상징적인 의미를 지닌 장식품들이 부착된다. 이 장식품들 가운데 약통은 질병의 치료를, 굽은옥은 생명의 존귀함을, 물고기는 식량을, 살포는 농사를 나타내며, 숫돌과 족집게는 칠기를 만들 때 사용하는 도구를 나타낸다. 허리띠의 주인공들이 당시의 왕이나 제사장들이었다는 사실을 감안한다면, 이들 장식품들에는 그들이 관장했던 많은 일들이 상징적으로 나타나 있음을 알 수 있다.

많은 장식품들이 부착된 허리띠는 평소에 사용할 수 없을 정도로 구조적으로 약하다. 이들 허리띠를 의식용이나 장례용품으로 간주하는 이유도 여기에 있다. 실제로 금으로 만든 허리띠의 경우 신라 고분에서 발견될 때는 왕이나 왕비의 허리춤에서 마치 황금빛 스커트를 입은 것처럼 화려하게 착장된 채 출토된다. 이 금제 허리띠는 얇게 금판을 오리고, 좌우 대칭으로 문양을 꾸미거나 풀잎 무늬를 뚫어 장식하여 매우 정교하고 화려하다. 이는 현세의 삶이 내세까지 이어진다는 사실을 굳게 믿고 사후의 안식처인 무덤 속으로 자신의 권세와 부를 그대로 가져가려 한 신라인들의 모습을 잘 보여 준다.

[A] 『삼국사기』에 따르면 신라인들은 신분에 따라 각기 다른 재질의 허리띠를 착용했다고 한다. 주로 가죽이나 천으로 만들었는데, 고분에서 출토될 때에는 천과 가죽 부분은 모두 썩어 없어지고, 표면에 부착하였던 금속품인 허리띠 장식들만 출토된다. 허리띠 장식을 금속으로 꾸며 사용한 시기는 내물왕 때부터인데, 북쪽의 고구려나 선비족의 영향을 받은 것으로 알려져 있다. 처음 시작은 고구려나 선비족의 디자인을 모방하는 수준이었지만 차츰 신라화 되어 매우 화려해진다. 5세기에는 주로 인동초를 간략화한 풀잎 무늬를 표현하였고, 이 장식은 약 100여 년간 널리 유행하다가 6세기 초 신라의 사회 변화와 함께 점차 소멸되어 간다. 율령 반포를 계기로, 국가 제도와 관리들의 의복 제도가 정비되면서 복잡하고 화려한 장식이 대거 생략되고, 실용적이면서 간소한 구조의 허리띠 장식만 남게 된다. 그 후, 허리띠 장식은 왕족의 전유물로만 쓰이지 않고, 관리들까지로 그 범위가 확대되는 경향을 보인다.

이렇듯 금제 허리띠 하나에서도 신라인들의 화려한 문화를 읽을 수 있다. 따라서 ㉡금제 허리띠는 신라 고분군에서 출토되는 다른 황금 유물들과 함께 신라의 찬란한 문화의 실상을 유감없이 보여 주는 사료라고 할 수 있다.

* 드리개: 매달아서 길게 늘이는 물건.
* 살포: 논에 물꼬를 트거나 막을 때 쓰는 삽 모양의 농기구.

0 **윗글의 전개 방식에 대한 설명으로 가장 적절한 것은?**

① 다른 대상과 비교하여 상호 보완점을 제시하고 있다.
② 대상의 특성을 분석하여 대상의 장단점을 설명하고 있다.
③ 통시적 방법을 사용하면서 대상의 범위를 확장하고 있다.
④ 구체적인 사례를 통하여 대상의 원리를 이끌어 내고 있다.
⑤ 대상의 특징을 서술하면서 대상이 지닌 가치를 드러내고 있다.

내 생각?

글쓴이의 작문 과정을 따라가 볼까?

금으로 된 신라의 장신구들이 지닌 예술적 가치를 언급하며 화제에 대한 관심을 유도해 볼까?

↓

금으로 된 신라 장신구들 중 (❶   ) 에 대해 이야기해 보자! 먼저 금제 허리띠의 특징부터 설명해 볼까?

↓

금제 허리띠에 달린 장식과 관련된 상징적 의미나 신라인의 의식 세계 및 장식의 변화 과정을 제시하면 신라의 금제 허리띠에 대해 폭넓게 이해할 수 있겠지?

↓

금제 허리띠 하나만 봐도 신라의 찬란한 문화의 실상을 엿볼 수 있다고 언급하며 (❷   )로서의 문화 예술적 가치를 강조해야겠어.

글쓴이가 이 글에서 말하려는 주제는?

_____

_____

[A]에서 언급한 내용과 |보기|의 사례를 비교해야겠지? 시간의 흐름에 따라 허리띠 장식이 어떻게 변화했는지 떠올려 보자.

1 **[A]를 바탕으로 |보기|를 평가한 내용으로 적절하지 <u>않은</u> 것은?**

┤ 보 기 ├

(가)		5세기 후반 금제 허리띠의 띠고리 및 띠꾸미개
(나)		6세기 초반 은제 허리띠의 띠고리 및 띠꾸미개
(다)		7세기 초반 동제 허리띠의 띠고리 및 띠꾸미개

① (가)와 (나)의 무늬가 다른 것으로 보아 화려했던 허리띠 장식의 문양이 단순화되었음을 알 수 있겠군.

② (가)와 (다)의 형태가 다른 것으로 보아 실용적인 것에서 의식용으로 변화됨을 알 수 있겠군.

③ (가)와 (다)의 구조가 다른 것으로 보아 허리띠 구조가 복잡한 것에서 간소화되었음을 알 수 있겠군.

④ (나)와 (다)는 띠고리와 띠꾸미개가 떨어진 것으로 보아 허리띠 주요 재질인 가죽이나 천이 썩어 없어진 것으로 짐작되는군.

⑤ (가)에서 (다)로 재질이 달라진 것으로 보아 허리띠 장식의 사용자층이 관리까지로 범위가 확대되었음을 알 수 있겠군.

2 ㉠의 문맥적 의미와 가장 유사한 것은?

① 누님은 손톱에 봉숭아 물을 곱게 들였다.
② 나는 정원에 있던 화분을 거실로 들여 놓았다.
③ 고모님께서는 많은 비용을 들여 집을 수리하셨다.
④ 집 안에 볕을 잘 들이기 위해 정원의 나무들을 잘라 냈다.
⑤ 선배들은 신입생을 자기 동아리에 들이려고 홍보를 하고 다녔다.

어휘의 문맥적 의미
│
앞뒤 문맥을 통한 의미 파악
↓
앞뒤 문맥을 살피며 ㉠이 어떤 의미로
쓰인 것인지를 파악해야 해.

3 ㉡에 드러난 글쓴이의 의도로 가장 적절한 것은?

① 권세와 부에 초연한 신라인들의 독특한 정신세계를 보여 주려고
② 금제 허리띠를 만든 신라인들의 자부심이 비교적 컸음을 보여 주려고
③ 신라인들의 금제 허리띠가 문화 예술적인 의의를 지니고 있음을 보여 주려고
④ 허리띠 장식의 화려한 풀잎 무늬를 통해 신라인들의 자연 친화 사상을 보여 주려고
⑤ 신라인들의 디자인 장식은 고구려나 선비족의 수준을 모방하는 정도였음을 보여 주려고

글쓴이의 의도
│
주제 파악

기 출 읽 기

2016학년도 6월 고2 학력평가

정답률 58%
난이도 상
제한시간 7분

무엇을 물을까?

● 가로 경관의 시각적 효과와 관련된 척도 세

가지를 나열하고 있으니까 각각의 특징을 비

교하는 문제가 나오겠군.

●

가 도시에서 도로, 도로변의 건물, 가로수, 조성물 등 '가로(街路, street)'의 구성 요소들이 어울려 이루어 내는 종합적 이미지를 '가로 경관'이라고 한다. 가로 경관은 시각적인 연속성과 복합성을 갖는데, 도시 설계나 경관 디자인을 할 때에는 가로 경관의 시각적 효과와 관련되는 몇 가지 척도를 고려해야 한다.

나 첫째, 가로 경관을 디자인할 때는 도로의 폭과 도로변 건물 높이의 비율에 따른 시각적 효과를 고려해야 한다. 〈그림〉에서 보는 것처럼 도로 폭을 D, 도로변 건물 높이를 H라 할 때, 그 비율인 D/H가 1일 때 균형 잡힌 느낌을 준다. 도로 폭에 비해 높은 건물이 많아 D/H가 1보다 작으면 폐쇄성이 강한 공간이 된다. 반면, D/H가 1보다 커지면 개방적인 공간이 된다. D/H가 3 이상 되면 너무 널

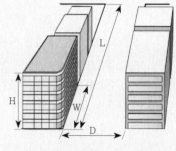

〈그림〉

찍한 느낌이 들 수 있으므로 가로수로 공간을 나누거나 랜드마크*가 되는 공간에 시선을 유도하여 공간을 시각적으로 좁힐 수 있게 설계해야 한다.

다 둘째, 도로 폭과 도로 길이의 비율에 따른 시각적인 효과도 따져 보아야 한다. 도로 폭(D)과 길이(L)의 비율(D/L)은 가로 경관의 정리된 느낌과 관련된 척도이다. 폭이 길이에 비해 상대적으로 커지면 ㉠광장 이미지의 공간이 된다. 이런 가로는 축제와 같은 큰 행사를 치르기에 적합하다. 반대로 도로 폭이 좁고 길게 이어지는 가로는 ㉡산책로 이미지의 공간이 된다. 이런 가로는 보행자가 중심이 되고, 이를 대표하는 번화가는 적절한 위요감*과 친밀감을 형성한다. 가로가 하나의 공간으로 인식되기 위해서는 길이를 일정하게 제한하여 구분하는 것이 좋다. 광장 이미지가 강한 가로는 2km, 산책로 이미지가 강한 가로는 1km를 넘지 않도록 설계해야 시각적으로 정리된 느낌을 얻게 된다.

라 셋째, 도로 폭(D)과 이 도로에 접하고 있는 건물의 정면 폭(W)의 비율인 W/D도 고려해야 한다. W/D는 도로의 진행 방향에 대한 가로의 리듬과 관련이 되는데, 사람이 도로변 상점들에 눈길을 주며 걷는 상황을 염두에 두고 이해하면 된다. 건물의 정면 폭이 도로 폭보다 작아 W/D가 1 이하인 건물이 연속되면, 보행자가 지루하지 않게 거닐 수 있으므로 가로는 활기에 넘치게 된다. 반면에 폭이 좁은 도로에 정면 폭이 큰 건축물들이 입지하게 된다면, 가로의 분위기는 단조로워지고 활기를 잃고 만다. 따라서 정면 폭이 큰 건물이 입지하는 경우에는 W/D가 1보다 작아 보이도록 건물의 정면을 분절하거나 변화를 주어 가로 경관에 활기를 불어넣는 것이 좋다.

마 도시 경관이 도시의 경쟁력으로 각인되면서 가로 경관으로 대표되는 도시 경관의 개선이 최근 도시의 과제 중 하나가 되었다. 그래서 시각적 효과와 관련되는 척도들과 함께 도로변에 있는 건축물의 색채, 간판, 가로수 등을 고려한 도시 설계와 경관 디자인에 대한 요구가 증대되고 있다.

* 랜드마크(landmark): 주위의 경관 중에서 두드러져 어떤 지역을 식별할 때 목표물로서 적당한 사물.
* 위요감: 둘러싸인 느낌.

0 **윗글의 구조를 도식화한 것으로 적절한 것은?**

①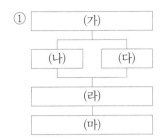

②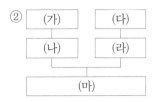

③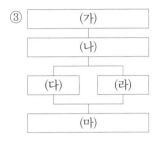

④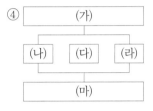

⑤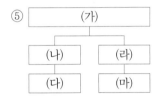

내 생각?

글쓴이의 작문 과정을 따라가 볼까?

(❶   )이 무엇인지부터 설명한 다음 가로 경관 디자인에서 무엇을 고려해야 하는지를 언급하며 글을 시작해야겠어.

가로 경관을 디자인할 때 고려해야 할 척도로 (❷   )과 도로변 건물 높이의 비율, 도로 폭과 도로 길이의 비율, 도로 폭과 도로에 접한 건물의 정면 폭의 비율을 차례로 설명해 볼까? 이때 각각의 척도와 관련해 다양한 경우를 제시하여 비교해 볼 수 있도록 하면 이해하기 쉽겠지?

도시 설계와 도시 경관 디자인의 중요성을 강조하며 글을 마무리해야겠어.

글쓴이가 이 글에서 말하려는 주제는?

_____

_____

윗글을 읽고 답할 수 있는 질문

|

세부 내용 파악

1 윗글을 읽고 답할 수 있는 질문이 <u>아닌</u> 것은?

① 도시 설계와 경관 디자인에서 고려해야 할 것은?

② 도로변 건물의 특성 중 가로 경관에 영향을 미치는 것은?

③ 최근 도시 경관 개선이 이전보다 주목받는 이유는 무엇인가?

④ 가로 경관의 시각적 효과와 관련된 척도 중 가장 중요한 것은?

⑤ 널찍한 느낌의 가로를 시각적으로 좁힐 수 있는 방법은 무엇인가?

㉠과 ㉡에 대한 설명

|

공간의 특성 비교

2 ㉠과 ㉡에 대한 설명으로 적절하지 <u>않은</u> 것은?

① D/L이 1/60인 가로는 1/20인 가로보다 ㉠의 성격이 더 강하다.

② 길이가 일정할 때 도로 폭을 줄이면 ㉡의 성격이 강해진다.

③ 적절한 위요감과 친밀감 형성이 강조되는 가로는 ㉡이다.

④ 정리된 느낌을 주는 제한 길이는 ㉠보다 ㉡이 더 짧다.

⑤ 대규모 행사를 치르기에 더 적합한 가로는 ㉠이다.

3

윗글을 바탕으로 할 때, |보기|에 대한 반응으로 적절한 것은?

정답과 해설 26쪽

가로 경관 디자인의 척도 적용

|보 기|

○○시에서는 새로운 도시 경관 디자인을 위해 주요 가로에 대해 기초 조사를 실시하여 다음과 같은 결과를 얻었다. (단, 각 가로의 도로 폭은 같고, 각 가로마다 건물 높이의 편차는 작았음.)

가로	A	B	C
D/H(평균)	0.8	2.0	1.2
W/D(평균)	0.9	1.4	1.6

① A는 정면 폭이 도로 폭보다 큰 건물이 많은 가로일 것이다.
② B는 도로 폭과 도로변 건물들의 높이가 같은 가로일 것이다.
③ C는 개방성보다 폐쇄성이 강한 가로일 것이다.
④ A는 B보다 단조롭고 활기가 없는 가로일 것이다.
⑤ B는 C보다 낮은 건물들이 많은 가로일 것이다.

|보기|에서 A의 'D/H=0.8'은 8/10로 D(도로 폭)에 비해 H(건물 높이)가 큰 거야. 이렇게 수치들의 의미를 이해한 뒤 지문 내용과 관련지어 봐.

ISSUE 03 디자인

기 출 읽 기

3

2011학년도 10월 고3 학력평가

정답률 76%
난이도 중
제한시간 7분

무엇을 물을까?

●

●

3D 프린팅은 대상이 되는 3차원 물체의 형상을 실제로 ⓐ재현하는 기술이며, 3D 프린팅을 실현하는 프린터를 3D 프린터라고 부른다. 3D 프린팅을 위해서는 물체의 표면을 3차원 공간에 표현한 데이터가 필요하다. 이러한 데이터를 얻기 위해서는 기본적으로 모형 제작을 위한 컴퓨터와 3D 소프트웨어가 필수적이다. 물론 3D 스캐너를 활용하여 실제 존재하는 물체의 데이터를 얻는다면 이를 3D 프린팅의 데이터로 사용할 수도 있다.

3D 소프트웨어를 이용하여 얻게 되는 데이터는 물체의 표면을 일반적으로 폴리곤 메시(polygon mesh)로 나타낸다. 폴리곤 메시는 ㉠다각형을 서로 이어 붙인 형태로 면을 나타내는데, 기본 도형으로 삼각형이나 사각형을 주로 사용한다. 이러한 폴리곤 메시로 나누어진 다각형들의 꼭짓점을 X, Y, Z ㉡세 방향의 공간 좌푯값으로 나타내는 방식으로 데이터가 만들어진다. 좌푯값을 매겨야 할 꼭짓점의 수가 많아지면, 데이터의 양은 늘어난다. 폴리곤 메시 데이터는 다시 물체를 얇은 층의 적층물 형태로 표현하는 데이터로 ⓑ변환하여야 한다. 폴리곤 메시의 좌푯값을 이용하여 아래층부터 위층으로 순서대로 각 층의 데이터를 만들어 낸다.

㉢데이터를 만든 후에는 이를 3D 프린터에 전송하여 결과물을 만들어 내는데, 물체를 어떤 재료로 어떤 방식에 의해 만들어 내느냐에 따라 여러 가지 3D 프린팅을 ⓒ구현할 수 있다. 이 중에는 액체 상태에서 빛을 받으면 딱딱하게 굳는 광경화성수지를 사용하여 층을 만들어 내는 방식이 있는가 하면, ㉣고체의 재료를 사용해서 조각하듯이 재료를 레이저로 녹이는 3D 프린터도 있다.

이 중에서 광경화성수지를 사용하는 3D 프린터는 잉크젯 프린터처럼 액체를 이용하는 방식이다. 액체 상태의 광경화성수지를 프린터 내부에 있는 판에 머리카락의 십분의 일 정도의 두께로 미세하게 ⓓ도포하여 물체의 층을 만든다. 프린터 헤드에서 분사된 액체 상태의 원료는 헤드 양옆에 달려 있는 자외선 램프에 의해 ⓔ분사 직후 굳는다. ㉤이렇게 굳은 층 위에 또다시 원료를 분사해 다른 층을 쌓아 올린다.

최근에는 조형 예술가들도 3D 프린팅을 이용해 작품의 모양을 미리 보기도 한다. 산업체에서는 소프트웨어로 디자인한 제품을 완성품과 거의 흡사하게 만들어 볼 수 있다. 또한 컴퓨터 통신망을 이용하면 거리와 관계없이 아주 짧은 시간에 견본품을 전송해 상품에 대한 의견을 교환할 수도 있다. 3D 프린팅을 이용하는 분야는 점점 넓어지고 있는데, 일상생활 용품의 제조부터 자동차, 우주항공, 예술, 의료 분야에 걸쳐 다양하게 이용될 수 있다.

윗글에서 언급하고 있지 <u>않은</u> 내용은?

① 3D 프린팅의 개념
② 3D 프린팅의 방식
③ 3D 프린팅의 재료
④ 3D 프린팅의 용도
⑤ 3D 프린팅의 발전 단계

내 생각?

글쓴이의 작문 과정을 따라가 볼까?

글을 본격적으로 시작하기 전 중심 화제에 대한 기본적인 이해가 있어야 하니 (❶   )이 무엇인지, 3D 프린팅을 하려면 무엇이 필요한지부터 알려 주자.

↓

3D 프린팅에 필요한 데이터는 뭐가 다른 걸까? 그 제작 과정을 설명해야겠어.

↓

3D 프린팅은 사용되는 (❷   )와 방식에 따라 여러 가지가 있음을 보여 주고, 그중 광경화성수지를 이용한 3D 프린팅의 과정을 설명해야겠어.

↓

3D 프린팅이 어느 분야에서 활용되고 있는지 설명하고 앞으로도 다양하게 이용될 수 있다는 전망을 언급하면 글을 잘 마무리할 수 있겠지?

글쓴이가 이 글에서 말하려는 주제는?

_____

_____

1 ㉠~㉤ 중 |보기|와 가장 관련 깊은 것은?

┤보 기├

1890년대 블랜더(Blanther)는 왁스 평판에 등고선을 각인하고 잘라 내어 한 장 한 장 적층하여 3차원 입체 모형 지도를 만들었다. 비슷한 원리로 1930년대 페레라(Perera)는 마분지를 잘라 적층 후 압착하여 3차원 모형 지도를 만들었다.

① ㉠   ② ㉡   ③ ㉢   ④ ㉣   ⑤ ㉤

2 ⓐ~ⓔ의 사전적 의미로 적절하지 <u>않은</u> 것은?

① ⓐ재현(再現): 다시 나타냄.
② ⓑ변환(變換): 다르게 하여 바꿈.
③ ⓒ구현(具現): 어떤 내용이 구체적인 사실로 나타나게 함.
④ ⓓ도포(塗布): 약 따위를 겉에 바름.
⑤ ⓔ분사(噴射): 물기나 습기를 말려서 없앰.

3 |보기|는 '3D 프린팅'의 과정을 그림으로 나타낸 것이다. 이에 대한 설명으로 적절하지 <u>않은</u> 것은?

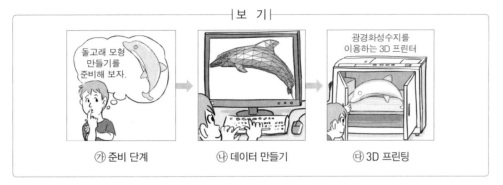

㉮ 준비 단계　　㉯ 데이터 만들기　　㉰ 3D 프린팅

① ㉮ 단계에서는 모형 제작을 위한 3D 소프트웨어와 컴퓨터, 3D 프린터를 준비한다.

② ㉯ 단계에서는 3D 프린팅의 재료 상태가 고체인지 액체인지를 고려하여 데이터를 만든다.

③ ㉯ 단계에서 데이터 표면을 표현하는 도형의 한 개당 크기를 작게 만들수록 데이터의 양이 많아진다.

④ ㉯ 단계에서는 3D 프린터에서 물체를 얇은 층의 적층물 형태로 표현하는 데이터로 변환해야 한다.

⑤ ㉰ 단계에서는 액체를 고체로 굳히는 데 자외선을 이용하여야 한다.

논리 논리와 사고

'논리'는 변호사에게만 필요한 것이 아니다. 우리가 용돈을 협상할 때, 프로 야구팀의 승패를 예측할 때, 스마트폰의 앱(APP)을 실행할 때도 논리가 필요하다. 특히 논리는 사고와 언어의 관계를 명확하게 표현해 준다는 점에서, 인간을 이해하는 방법이기도 하다. 그래서 수능 출제자들은 논리와 사고 그리고 언어의 관계를 꾸준히 묻고 있다.

기 출 읽 기

2020학년도 6월 고1 학력평가

정답률 68%
난이도 중상
제한시간 8분

출제자는
무엇을 물을까?

● 네 가지 기본 명제와 이에 대한 표준 형식을

구체적으로 설명했으니 이를 정확히 이해했

는지 물을 거야.

● 논리적 의미가 불분명한 예문을 표준 형식으로

바꾸는 방법을 설명했으니, 이와 관련된 다른

사례에 적용해 보게 하겠군.

아리스토텔레스의 고전 논리학에서는 기본 명제[*]를 네 가지로 분류하고 이를 각각 '전체 긍정 명제', '전체 부정 명제', '부분 긍정 명제', '부분 부정 명제'라고 이름을 붙였다. 삼단 논법에 이용되는 명제는 어떤 것이든 이 네 가지 기본 명제 중 어느 하나의 형식을 가져야 하며, 이 명제들은 그 뜻이 애매하다거나 모호하지 않아야 하므로 표준 형식으로 고쳐 주어야 한다.

먼저, 전체 긍정을 뜻하는 명제의 표준 형식은 "모든 철학자는 이상주의자이다."와 같이 '모든 ~는 ~이다.'로 하면 된다. 전체 부정을 뜻하는 명제의 표준 형식의 경우, "모든 철학자는 이상주의자가 아니다."라는 말은 애매하다. 왜냐하면 "철학자는 한 사람도 이상주의자가 아니다."를 뜻하는 것인지, 아니면 "철학자 중에는 이상주의자가 아닌 사람도 있다."를 뜻하는 것인지 분명하지 않기 때문이다. 그러므로 '모든 ~는 ~가 아니다.'라는 형식은 전체 부정 명제의 표준 형식이 될수 없다. 전체 부정의 뜻을 분명하게 나타내어 줄 수 있는 표준 형식은 "어느 철학자도 이상주의자가 아니다."와 같이 '어느 ~도 ~가 아니다.'로 하면 된다. 부분 긍정을 뜻하는 명제의 표준 형식은 "어떤 철학자는 염세주의자이다."와 같이 '어떤 ~는 ~이다.'라는 형식이면 된다. '어떤'이란 말이 '어떤 낯선 사람'이라고 할 때처럼 불확정적인 대상이라는 뜻을 가질 수도 있으나 그것은 부분 긍정을 뜻하는 데는 별 문제가 되지 않는다. 마지막으로, 부분 부정을 뜻하는 명제의 표준 형식은 "어떤 철학자는 도덕주의자가 아니다."에서와 같이 '어떤 ~는 ~가 아니다.'라는 형식이면 된다.

"고래는 포유동물이다."라는 일상 언어의 문장은 모든 고래에 대한 긍정을 뜻하는 것이므로 이것을 표준 형식의 명제로 고치면 "모든 고래는 포유동물이다."가 된다. 그러나 "칼을 쓰는 자는 칼로 망한다."라는 말은 전체 긍정의 뜻으로 받아들일 수도 있고 부분 긍정의 뜻으로 받아들일 수도 있다. 이것을 "칼을 쓰는 모든 사람은 칼로 망하는 사람이다."라고 한다면 전체 긍정이 되지만, "칼을 쓰는 어떤 사람은 칼로 망하는 사람이다."라고 한다면 부분 긍정이 된다. ㉠<u>어느 쪽 해석이 옳은가라는 문제는 논리학의 관심 문제가 아니다.</u> 그것을 사실의 서술로 보는 사람은 칼을 쓰는 사람들 중 일부분의 사람만 칼로 망하게 된다는 사실을 긍정하는 것으로 이해하는 것이며, 그 반면 그것을 하나의 교훈적인 말로 받아들이는 사람은 그것이 하나의 보편적인 법칙 같은 것을 뜻하는 것으로 이해하기 때문에 전체 긍정으로 읽게 되는 것이다.

"대부분의 젊은이들은 현실 부정적이다."에서 '대부분'은 전체가 아니라는 뜻이므로 이런 경우는 '어떤'으로, 즉 부분 긍정이나 부분 부정으로 이해할 수밖에 없다. 전체 중에서 단 한 사람에 대한 긍정을 한 것도 부분 긍정으로 일반화시킬 수밖에 없으며, 한 사람만 제외한 다른 모든 사람들에 대한 긍정도 부분 긍정으로 간주할 수밖에 없다. 명제의 양을 전체와 부분으로만 나누어 두었기 때문에 전체에 관한 것이 아닌 것은 모두 부분에 관한 것으로 표현되어야 한다는 뜻이다. 부분에 관한 명제들 중에서 그 양의 정도가 다른 것을 나타낼 수 있는 방법은 없다. 이것은 곧 모든 명제를 네 가지 기본 형식으로만 나누어야 하는 고전 논리의 한계점이 된다. 그러므로 위의 명제도 "어떤 젊은이들은 현실 부정적인 사람이다."라고 고칠 수밖에 없다.

"미국 흑인들 외에는 아무도 흑인 영가[*]의 참뜻을 느낄 수 없다." 이 문장에는 흑인 영가의 참뜻을 느낄 수 있는 미국 흑인에 대한 것과 그것을 느낄 수 없는 다른 사람들에 대한 것이 포함되어 있다. 따라서 "모든 미국 흑인들은 흑인 영가의 참뜻을 느낄 수 있는 사람이다."라는 명제와 "미국 흑인이 아닌 모든 사람은 흑인 영가의 참뜻을 느낄 수 없는 사람이다."라는 명제로 고쳐야 한다. 그리고 둘째 명제는 다음과 같이 전체 부정 명제로 고쳐 쓸 수 있다. "미국 흑인이 아닌 어느 사람도 흑인 영가의 참뜻을 느낄 수 있는 사람이 아니다."

일상 언어의 문장은 그것이 어떤 사실을 긍정하는 것일지라도 위에서 검토해 본 예문들처럼 그것의 논리적 의미가 분명치 못한 것이 많다. 그것이 이용되는 경우에 따라서, 또 내용에 따라서 그 의미가 다르게 이해되어야 할 때가 많다. 이러한 문제는 논리학의 범위에 속하지 않는 것이므로 그것을 사용하는 사람이 자기대로 타당한 이해를 할 수밖에 없는 것이다. 그러한 문장을 표준 형식의 명제로 고치고자 할 때는 먼저 적절한 해석을 한 후 그것이 이해되는 뜻에 따라서 그것에 맞는 형식으로 고쳐 주면 된다.

* 명제: 어떤 문제에 대한 하나의 논리적 판단 내용과 주장을 언어 또는 기호로 표시한 것. 참과 거짓을 판단할 수 있는 내용이라는 점이 특징이다. 이를테면, '고래는 포유류이다.' 따위이다.
* 영가(靈歌): 미국의 흑인들이 부르는 일종의 종교적인 노래.

구조읽기 **0**

윗글에 대한 설명으로 가장 적절한 것은?

① 고전 논리학의 한계를 지적하며 새로운 이론을 소개하고 있다.
② 구체적인 예시를 통해 고전 논리학의 명제 표현 방식을 설명하고 있다.
③ 대표적인 철학자를 제시하여 고전 논리학의 발전 과정을 규명하고 있다.
④ 고전 논리학의 특성을 바탕으로 명제의 표준 형식에 대한 상반된 견해를 제시하고 있다.
⑤ 일상 언어의 문장이 지닌 문제점을 제시하며 논리학을 통해 옳은 해석을 이끌어 내야 함을 강조하고 있다.

내 생각?… 을 표현하기 좋은 글의 구조를 선택하고… 썼으니까… **글의 구조 속에** 있지 않을까?

글쓴이의 작문 과정을 따라가 볼까?

삼단 논법에 이용되는 명제는 그 뜻이 분명해야 하므로 (❶   )으로 고쳐 주어야 한다는 점을 밝히며 화제를 제시하자.

↓

먼저 네 가지 기본 명제의 표준 형식을 알려 주고 (❷   )의 문장을 표준 형식으로 바꾸는 방법을 예시를 활용해 설명해야겠어.

↓

앞에서 다룬 내용을 요약하고 표준 형식의 명제로 고치는 방법을 언급하면서 글을 마무리해야겠어.

글쓴이가 이 글에서 말하려는 주제는?

_____

윗글의 내용과 일치

세부 내용 파악

지문에서 제시한 예문들이 선지에 나와 있네. 그렇다면 그 예문이 있는 앞뒤 문맥을 잘 살펴봐야겠지?

1 **윗글의 내용과 일치하는 것은?**

① "미국 흑인이 아닌 모든 사람은 흑인 영가의 참뜻을 느낄 수 없는 사람이다."는 다른 명제로 고칠 수 없다.

② "칼을 쓰는 모든 사람은 칼로 망하는 사람이다."를 교훈의 말로 받아들이는 사람은 부분 긍정으로 이해한다.

③ "모든 철학자는 이상주의자가 아니다."라는 말의 표준 형식은 "모든 ～는 ～가 아니다."라는 형식이 될 수 있다.

④ 부분 명제 중에서 그 양의 정도가 다른 것을 나타낼 수 있는 방법이 없다는 점은 고전 논리의 한계로 볼 수 있다.

⑤ 일상 언어의 문장은 어떤 사실을 긍정할 경우에만 그것의 논리적 의미가 분명해진다고 볼 수 있다.

㉠의 이유

글의 맥락 이해

㉠의 이유를 추론하려면 앞뒤의 내용을 함께 살펴봐야 해. 특히 바로 앞의 내용을 눈여겨보자.

2 **㉠의 이유로 가장 적절한 것은?**

① 일상 언어는 논리학의 표준 명제로 고칠 수 없기 때문이다.

② 논리학은 명제의 형식에 대해서는 문제로 삼지 않기 때문이다.

③ 일상 언어의 문장과 논리학의 문장은 본질적으로 다르기 때문이다.

④ 논리학은 일상 언어의 문장을 우선 네 가지 기본 명제의 형식으로 고친 후 해석해야 하기 때문이다.

⑤ 일상 언어의 문장들은 읽는 사람에 따라서 혹은 그것이 쓰이는 상황에 따라서 그것의 논리적 의미가 다르기 때문이다.

3 윗글을 참고하여 |보기|에 대해 판단한 내용으로 적절하지 <u>않은</u> 것은?

윗글을 참고하여 |보기|에 대해 판단

─────────|보 기|─────────
"문제의식이 투철한 사람만 참석했다."

① '참석한 모든 사람은 문제의식이 투철한 사람이었다.'라는 뜻이군.
② '문제의식이 투철한 사람은 누구나 다 참석했다.'는 것을 뜻하지는 않는군.
③ '문제의식이 투철한 사람의 일부분이 참석했다.'라는 것을 긍정하지도 않는군.
④ 참석한 사람들만이 문제의식이 투철한 사람들인지 어떤지에 대한 긍정은 없군.
⑤ '문제의식이 투철한 사람만 참석했다.'는 하나의 표준 형식으로서 분명한 뜻을 지니는군.

지문의 내용을 바탕으로 한 추론

↓

|보기의 예문에 조사 '만'이 사용되었다는 것에 주목할 필요가 있어. 조사 '만'은 전체나 부분 중 어느 것을 표현하는지 먼저 판단해 봐.

4 윗글을 바탕으로, |보기|의 문장들을 표준 형식의 명제로 고친 것으로 적절하지 <u>않은</u> 것은?

표준 형식의 명제로 고친 것

─────────|보 기|─────────
㉮ 원숭이도 나무에서 떨어진다.
㉯ 소수의 사람들만이 특혜를 받았다.
㉰ 경마에 미친 사람은 경마만 좋아한다.
㉱ 비가 오는 날이면 언제나 그는 택시를 탄다.
㉲ 이번 여름은 피서지마다 초만원을 이루었다.

① ㉮: 어떤 원숭이는 나무에서 떨어지는 원숭이이다.
② ㉯: 어떤 사람은 특혜를 받은 사람이다.
③ ㉰: 경마에 미친 모든 사람은 경마를 좋아한다.
④ ㉱: 비가 오는 모든 날은 그가 택시를 타는 날이다.
⑤ ㉲: 이번 여름의 모든 피서지는 초만원을 이루는 곳이다.

지문에 설명된 표준 형식에의 적용

↓

힌트는 ㉮~㉲에 사용된 조사와 어미에 있어!! 선지의 '어떤', '모든'의 표현이 ㉮~㉲의 의미와 적절히 연결되는지 판단해 봐.

무엇을 물을까?

● 가설연역법의 논증 절차를 설명하고 있으니

이를 구체적 사례에 적용하는 문제가 나오겠

지?

●

우리가 알고 있는 학문적 이론들은 대체로 가설연역법으로 확립*된 것이다. 가설연역법은 귀납과 연역의 원리를 활용하여 학문적 진리를 탐구하는 대표적인 추론* 방법이다. 귀납은 이미 알고 있는 개별적인 사실들에서 그러한 사실들을 포함하는 일반적인 명제를 이끌어 내는 추론이므로, 개별적인 사실들이 모두 옳을지라도 결론이 반드시 옳지는 않은 속성이 있다. 반면 연역은 이미 알고 있는 일반적인 명제를 전제로 삼아 구체적인 사실을 이끌어 내는 추론이므로, 전제가 옳다면 결론은 반드시 옳은 속성이 있다.

가설연역법은 귀납과 연역을 연계하여 가설을 ㉠설정하고 검증하는 절차를 거친다. 예를 들어, '한국, 일본, 중국에 서식하는 까마귀는 검다.'라는 사실에서 연구자가 '세상의 모든 까마귀는 검다.'라는 결론을 얻었다고 하자. 이것은 구체적인 '사례들'에서 일반적인 명제를 이끌어 낸 귀납 추론이다. 이 명제는 참일 수도 있고 거짓일 수도 있다. 왜냐하면 세상의 모든 까마귀를 관찰하여 결론에 이른 것이 아니기 때문이다. 연구자는 이 명제가 참인지 더 알아볼

필요가 있을 것이다. 그래서 이 명제를 '가설'로 설정하고, 이를 전제로 삼아 '미국에 서식하는 까마귀는 검다.'라는 좀 더 구체적인 '예측'을 연역 추론으로 이끌어 낸다. 가설은 일반적인 명제이므로 진위를 확인하기가 어렵지만 예측은 그에 비해 구체적인 사실이므로 진위를 알아내기가 더 쉽기 때문이다. 연구자가 관찰, 실험과 같은 경험적인 방법으로 예측의 진위를 알아보는 것을 '검증'이라고 한다. 미국에 서식하는 까마귀를 검증한 결과 흰 까마귀가 존재한다면, '모든 까마귀는 검다.'라는 가설에 포함되지 않는 사실이 발견된 것이므로 연역의 속성상 가설은 논리적으로 거짓일 수밖에 없다. 이를 가설이 '반증'되었다고 하는데, 이 경우 가설은 틀린 것이므로 연구자는 새로운 가설을 설정하는 일부터 다시 시작해야 한다.

한편, 예측을 검증한 결과가 참이라면 가설은 더욱 믿을 만한 것이 된다. 이를 가설이 '확증'되었다고 하는데, 확증은 가설이 옳다는 것을 절대적으로 뒷받침하지는 못하고 단지 가설이 옳을 확률이 높다는 사실을 알려 준다. 왜냐하면 확증은 가설의 일부분, 즉 예측만이 참이라는 것을 확인해 주기 때문이다. 연구자는 가설의 나머지 부분도 참이라는 사실을 확인해야 보편타당한 지식을 얻었다고 말할 수 있을 것이다. 그래서 확증이 된 가설을 전제로 삼아 가능한 많은 예측들을 하고 다양한 조건 속에서 검증을 한다. 이것들이 전부 참으로 확증되어야 가설은 비로소 학문적인 진리성을 지닌 '이론'이 된다.

가설연역법은 구체적인 사례들을 일반화하고 그것을 체계화하는 탐구 방법이다. 대부분의 자연과학 이론은 이러한 가설연역법을 바탕으로 성립했으며, 오늘날에는 사회과학에서도 유용한 학문적 탐구 방법으로 쓰이고 있다. 하지만 가설을 도출*한 추론 원리 자체에 이미 오류의 가능성이 있어서, 그 가설에서 이끌어 낸 학문적인 이론은 본질적인 한계를 지니게 된다. 그러므로 우리는 현재의 이론이 절대적으로 옳다는 생각에서 벗어나 사물과 현상을 대할 필요가 있다.

---

* 확립: 체계나 견해, 조직 따위가 굳게 섬. 또는 그렇게 함.
* 추론: 어떠한 판단을 근거로 삼아 다른 판단을 이끌어 냄.
* 도출: 판단이나 결론 따위를 이끌어 냄.

0 윗글의 표제와 부제로 가장 적절한 것은?

① 가설연역법의 개념은 무엇인가?
 – 귀납과 연역의 어원을 중심으로
② 가설연역법은 어떻게 발전해 왔는가?
 – 귀납과 연역의 발달 과정을 중심으로
③ 가설연역법은 어떤 점에서 유용한가?
 – 귀납과 연역의 성과를 중심으로
④ 가설연역법의 논증 과정은 어떠한가?
 – 귀납과 연역의 추론 원리를 중심으로
⑤ 가설연역법의 한계를 극복할 대안은 무엇인가?
 – 귀납과 연역의 절충 방안을 중심으로

내 생각?

글쓴이의 작문 과정을 따라가 볼까?

가설연역법을 소개하고, 이 추론 방법에 활용되는 귀납과 연역의 개념과 특징을 설명해야겠어.

↓

구체적 사례들로부터 귀납의 원리를 적용해 이끌어 낸 명제를 (❶   )로 설정하고 '예측'과 '검증'의 과정을 거쳐 '반증' 또는 '확증'에 이르는 과정을 순서대로 설명해야지. 그리고 이 과정을 거쳐 '이론'이 성립함을 알려 줘야겠어.

↓

가설연역법이 학문적 진리 탐구에는 유용하지만 (❷   )도 있음을 지적하고, 이론을 대할 때 필요한 태도를 알려 주며 글을 마무리해야겠어.

글쓴이가 이 글에서 말하려는 주제는?

_____

_____

ⓐ~ⓓ에 대한 해석

'가설연역법'의 적용

↓

|보기|는 가설연역법에 따라 쓰인 글
이라고 했으니까, ⓐ~ⓓ가 가설연역
법의 절차 가운데 어느 단계와 관련되
는지 먼저 살펴봐야 해.

1 |보기|가 '가설연역법'에 따라 쓰인 글이라고 할 때, ⓐ~ⓓ에 대한 해석으로 적절하지 않은 것은?

┤보 기├

　우리 반에는 중국과 일본에서 살다 온 아이들이 많다. ⓐ그 아이들은 모두 자신이 살았던 나라의 언어를 유창하게 구사한다. ⓑ외국에서 살다 온 아이들은 자신이 살았던 나라의 언어에 능숙한 것 같다. ⓒ따라서 프랑스에서 살다 온 옆 반 아이들은 불어를 잘할 것이다. ⓓ내일은 그 아이들을 만나서 그 친구들의 불어 실력을 알아봐야겠다.

① ⓐ가 참이라도 ⓑ가 참이 아닐 수 있겠군.
② ⓑ가 참이면 ⓒ는 반드시 참이겠군.
③ ⓑ를 확증하기 위해서는 ⓒ부터 검증해야겠군.
④ ⓒ가 거짓이라면 ⓐ가 반증되는 것이겠군.
⑤ ⓓ는 경험적인 방법으로 예측의 진위를 알아보는 과정이군.

|보기|의 질문에 대한 대답

↓

세부 내용 추론

2 윗글을 바탕으로 할 때, |보기|의 질문에 대한 대답으로 가장 적절한 것은?

┤보 기├

　가설연역법을 사용하여 추론을 할 때, 어떻게 하면 가설 설정의 단계에서 오류를 최소화할 수 있을까?

① 다양한 예측을 하고 그것을 모두 참으로 확증해 본다.
② 가능한 많은 사례들을 근거로 삼아 가설을 설정한다.
③ 가설을 반증할 만한 구체적인 사례를 찾아본다.
④ 가설을 바탕으로 명확한 예측을 한다.
⑤ 예측에 대한 검증을 정확하게 한다.

|보기|는 가설 설정 단계에서의 할 일을 묻는다는 것에 주목해!

선지의 내용이 어느 단계와 관련되는지 확인해 봐야겠군.

3 ㉠의 사전적 의미로 가장 적절한 것은?

① 널리 베풀어 줌.

② 뜻을 풀어서 밝힘.

③ 새로 만들어 정해 둠.

④ 예전의 일을 다시 들추어냄.

⑤ 있어야 할 것을 빠짐없이 모두 갖춤.

기 출 읽 기

2019학년도 11월 고1 학력평가

정답률 65%
난이도 중상
제한시간 8분

무엇을 물을까?

● 비트겐슈타인이 기존 철학의 문제를 지적했

으니, 종래의 철학이나 철학자의 주장과 관련

지어 관점을 비교할 수 있겠군.

●

비트겐슈타인은 철학의 관심사가 사람이 '생각하는 바'가 아닌 사람이 '생각하는 바를 표현하는 것'이어야 한다고 주장했다. 그는 정신이나 이성에 관심을 가졌던 종래*의 철학이 명제와 사실의 관계를 간과*했다고 지적하며, 새로운 철학은 '말할 수 있는 것'과 '말할 수 없는 것'의 한계를 명확하게 설정할 수 있어야 한다고 보았다.

이를 위해 비트겐슈타인은 먼저 명제와 사실의 관계를 분명히 했다. 그에 의하면 명제는 사실과 대응한다. 그래서 그는 명제와 사실을 비교해서 명제가 사실과 일치하면 참, 사실과 일치하지 않으면 거짓이라고 보았다. 이를테면 '지구는 태양 주위를 돈다.'라는 명제는 지구가 태양 주위를 돌고 있다는 실제 경험할 수 있는 사실과 비교할 때 사실과 일치하기 때문에 참이 된다. 반면 '태양은 지구 주위를 돈다.'라는 명제는 사실과 비교할 때 거짓이 된다. 이처럼 비트겐슈타인은 하나의 명제는 하나의 사실과 대응하여 참 또는 거짓으로 판단할 수 있다고 보았다.

그렇다면 '지구는 태양 주위를 돌고, 달은 지구 주위를 돈다.'와 같은 명제도 하나의 사실에 대응하는 것일까? 비트겐슈타인은 진리함수이론을 통해 이 같은 고민을 해결하고자 했다. 그는 어떤 명제는 그 안에 좀 더 단순한 형태의 명제들을 포함할 수 있다고 생각했다. 그래서 명제와 사실의 관계에 있어 논리적 기초가 되는 ㉠'요소명제'라는 언어 단위를 도입하였다. 그에 따르면 요소명제는 더 이상 분석할 수 없는 최소의 언어 단위로, 최소의 사실 단위인 '원자사실'에 대응한다. 그래서 그는 요소명제가 원자사실과 일치하면 '참(T)'이라는 진리값을, 일치하지 않으면 '거짓(F)'이라는 진리값을 갖는다고 보았으며, 명제의 진리값이 나올 수 있는 경우의 수를 진리가능성이라고 불렀다. 그에 의하면 요소명제의 진리가능성은 언제나 참과 거짓, 2개가 된다. 또한 그는 두 개 혹은 그 이상의 요소명제들로 구성된 명제를 '복합명제'라고 불렀는데, 복합명제를 구성하는 각각의 요소명제는 각각 하나의 원자사실과 대응하기 때문에 여기서 나올 수 있는 진리값을 조합한 모든 경우의 수가 복합명제의 진리가능성이 된다고 보았다. 결국 복합명제가 몇 개의 요소명제들로 이루어지느냐에 따라 요소명제의 수를 n이라고 보면, 복합명제의 진리가능성은 2^n개가 된다.

그리고 비트겐슈타인은 복합명제의 진리값은 복합명제를 구성하는 각각의 요소명제들의 진리값에 대한 진리연산을 통해 얻을 수 있다고 보았다. 이때 진리연산은 요소명제들로부터 진리함수가 만들어져 나오는 방법이며, 진리연산의 결과는 복합명제가 참이 되거나 거짓이 되는 조건을 말해 주는 진리조건이 된다. 그래서 '지구는 태양 주위를 돌고, 달은 지구 주위를 돈다.'라는 복합명제의 경우에는 '지구는 태양 주위를 돈다.'라는 요소명제 p와 '달은 지구 주위를 돈다.'라는 요소명제 q가 '그리고'에 의해 결합되어 있으므로, 이 복합명제는 p와 q의 진리값에 대해 '그리고'라는 진리연산이 적용된 진리함수 p∧q로 표현할 수 있다. 진리함수 p∧q는 '지구는 태양 주위를 돈다.'가 참이고, '달은 지구 주위를 돈다.'도 참이 될 때에만 진리값이 참이 된다. 이를 비트겐슈타인이 고안한 진리표로 만들면, 〈표〉와 같이 p와 q의 진리가능성은 TT, FT, TF, FF가 되고, p∧q의 진리조건은 TFFF가 된다.

p	q	p∧q
T	T	T
F	T	F
T	F	F
F	F	F

〈표〉

비트겐슈타인은 이렇게 복합명제를 진리표로 만들었을 때, 진리조건에 T와 F가 함께 표기되는 명제, 즉 사실과 비교함으로써 참 또는 거짓을 판단할 수 있는 명제를 '의미 있는 명제'라고 불렀다. 그리고 그는 의미 있는 명제가 바로 우리가 '말할 수 있는 것'의 영역에 포함된다고 보았다. 반면에 그는 우리가 '말할 수 없는 것'의 영역에 포함되는 명제로 '무의미한 명제'와 '의미를 결여*한 명제'를 제시했다. 무의미한 명제는 그 명제에 대응하는 사실이 없어서 참과 거짓을 가려낼 수 없는 명제이다. 그리고 의미를 결여한 명제는 그 명제에 대응하는 사실은 없지만, 언제나 참이거나 언제나 거짓인 명제이다. 만약 의미를 결여한 명제를 진리표로 만든다면 그 진리조건은 언제나 모두 참이거나 모두 거짓으로 표기되겠지만, 이는 진리연산의 결과와 상관없는 표기이다. 결국 비트겐슈타인은 진리함수이론을 통해 우리가 말할 수 있는 것의 영역에는 참 또는 거짓으로 판단할 수 있는 의미 있는 명제밖에 없다는 것을 보여 줄 수 있었다.

* 종래: 일정한 시점을 기준으로 이전부터 지금까지에 이름. 또는 그런 동안.
* 간과: 큰 관심 없이 대강 보아 넘김.
* 결여: 마땅히 있어야 할 것이 빠져서 없거나 모자람.

윗글에 대한 설명으로 가장 적절한 것은?

① 명제와 사실이 갖는 한계를 지적하고, 이를 극복할 수 있는 방법을 소개하고 있다.
② 명제와 사실의 공통점을 사례를 중심으로 보여 주고, 특정 이론을 통해 이를 점검하고 있다.
③ 명제에 대한 통념을 비판하고, 다양한 철학자의 견해를 비교하여 새로운 주장을 내세우고 있다.
④ 명제와 사실의 관계를 밝히고, 이와 관련된 특정 이론을 구체적인 예시를 사용하여 설명하고 있다.
⑤ 명제에 대한 특정 철학자의 관점을 시대순으로 정리하고, 이에 대한 비판적 견해를 제시하고 있다.

내 생각?

글쓴이의 작문 과정을 따라가 볼까?

종래의 철학이 간과한 부분을 지적하며 (❶   )이 주장한 내용은 무엇인지 알려 주고 글을 시작해야겠어.

↓

먼저 비트겐슈타인이 주장한 명제와 사실의 관계를 밝히고 이를 복합명제와 관련하여 구체화해야겠어.

↓

요소명제와 원자사실의 관계를 바탕으로 복합명제의 진리가능성과 진리값을 구하는 방식을 제시하며 (❷   )을 설명해야겠어.

↓

비트겐슈타인이 진리함수이론을 통해 말하고자 한 것을 밝히며 글을 마무리하자.

글쓴이가 이 글에서 말하려는 주제는?

_____

_____

1 비트겐슈타인의 관점에서 ㉠을 이해한 내용으로 적절하지 <u>않은</u> 것은?

① 요소명제는 더 이상 쪼갤 수 없는 언어 단위이다.

② 두 개 이상의 요소명제가 결합하여 복합명제를 만들 수 있다.

③ 원자사실과의 일치 여부에 따라 요소명제의 진리값이 정해진다.

④ 요소명제의 진리값이 나올 수 있는 경우의 수는 언제나 2개이다.

⑤ 요소명제는 '무의미한 명제'를 '의미를 결여한 명제'와 구분하는 기준이다.

[2-3] |보기|는 윗글을 참고하여, 임의의 두 명제를 각각 진리표로 만든 것이다. 2번과 3번 물음에 답하시오.

┤보 기├

p	q	p∨q
T	T	T
F	T	T
T	F	T
F	F	F

[진리표 1]

p	q	p→(q→p)
T	T	T
F	T	T
T	F	T
F	F	T

[진리표 2]

|보기|의 [진리표 1]을 이해

지문의 내용 〈표〉에 적용

↓

|보기|의 [진리표 1]은 지문의 〈표〉와 비슷하면서도 다르네. 기호나 문자는 [진리표 1]의 것을 따르되 진리함수에 적용하는 것은 지문의 내용을 그대로 따르면 되니까 어렵게 생각하지 말고, 차근히 적용해 봐.

2 윗글을 바탕으로 |보기|의 [진리표 1]을 이해한 내용으로 적절하지 <u>않은</u> 것은?

① 진리연산의 결과인 진리조건은 TTTF이다.

② 복합명제의 진리값이 F일 때는 p와 q에 대응하는 원자사실이 없는 경우이다.

③ 진리조건에 T와 F가 함께 표기되어 있으므로 이 복합명제는 '의미 있는 명제'이다.

④ p와 q의 진리가능성이 TT, FT, TF일 때에 진리함수 p∨q의 진리값은 참이 된다.

⑤ 복합명제를 구성하는 요소명제가 하나 더 추가되면 이 복합명제의 진리가능성은 2^3개가 된다.

3 윗글을 읽은 학생이 |보기|의 [진리표 1]과 [진리표 2]에 대해 보인 반응으로 가장 적절한 것은?

① [진리표 1]과 [진리표 2]의 진리함수는 서로 같겠군.

② [진리표 1]과 달리 [진리표 2]는 '의미를 결여한 명제'를 진리표로 만든 것이겠군.

③ [진리표 1]과 달리 [진리표 2]의 복합명제는 '말할 수 있는 것'의 영역에 속하겠군.

④ [진리표 1]의 복합명제와 [진리표 2]의 복합명제에 적용된 진리연산은 서로 같겠군.

⑤ 원자사실과 대응하는 요소명제의 수는 [진리표 1]에는 1개, [진리표 2]에는 2개이겠군.

4 윗글을 이해한 학생이 비트겐슈타인의 입장에서 |보기|의 ⓐ에 대해 보인 반응으로 가장 적절한 것은?

─────| 보 기 |─────

플라톤은 정신을 통해서만 이데아를 인식할 수 있다고 보았으며 ⓐ"이데아란 영원하고 불변하는 사물의 본질적인 원형이다."라고 했다. 즉 그에 의하면 이데아는 육안이 아니라 마음의 눈으로 통찰되는 사물의 순수하고 완전한 형태를 가리킨다.

① ⓐ는 철학의 관심사로 삼아야 할 내용을 담은 명제라고 할 수 있겠군.

② ⓐ는 '생각하는 바를 표현한 것'이므로 '의미 있는 명제'라고 할 수 있겠군.

③ ⓐ는 '말할 수 있는 것'과 '말할 수 없는 것'의 경계를 표현한 명제라고 할 수 있겠군.

④ ⓐ는 실제 경험할 수 있으므로 진리조건이 언제나 '거짓'으로 표기되는 명제라고 할 수 있겠군.

⑤ ⓐ는 대응하는 사실이 없어, '참'과 '거짓'을 판단할 수 없기에 '무의미한 명제'라고 할 수 있겠군.

|보기|는 플라톤의 견해를 다루고 있네. 플라톤은 고대 그리스 철학자로 비트겐슈타인 이전 사람이야. 비트겐슈타인은 이전의 철학에 대해 어떻게 생각했지?

플라톤은 '종래의 철학'과 관련되겠군. 비트겐슈타인이 종래의 철학을 어떻게 생각했는지도 지문에서 찾아봐야겠어.

기 출 읽 기

3

2022학년도 수능

정답률 63%
난이도 중상
제한시간 8분

무엇을 물을까?

●
_____
_____
_____
●

가 ㉠정립-반정립-종합. 변증법의 논리적 구조를 일컫는 말이다. 변증법에 따라 철학적 논증을 수행한 인물로는 단연 헤겔이 거명*된다. 변증법은 대등한 위상을 지니는 세 범주의 병렬이 아니라, 대립적인 두 범주가 조화로운 통일을 이루어 가는 수렴*적 상향성을 구조적 특징으로 한다. 헤겔에게서 변증법은 논증의 방식임을 넘어, 논증 대상 자체의 존재 방식이기도 하다. 즉 세계의 근원적 질서인 '이념'의 내적 구조도, 이념이 시·공간적 현실로서 드러나는 방식도 변증법적이기에, 이념과 현실은 하나의 체계를 이루며, 이 두 차원의 원리를 밝히는 철학적 논증도 변증법적 체계성을 지녀야 한다.

헤겔은 미학도 철저히 변증법적으로 구성된 체계 안에서 다루고자 한다. 그에게서 미학의 대상인 예술은 종교, 철학과 마찬가지로 '절대정신'의 한 형태이다. 절대정신은 절대적 진리인 '이념'을 인식하는 인간 정신의 영역을 가리킨다. 예술·종교·철학은 절대적 진리를 동일한 내용으로 하며, 다만 인식 형식의 차이에 따라 구분된다. 절대정신의 세 형태에 각각 대응하는 형식은 <u>직관·표상·사유</u>이다. '직관'은 주어진 물질적 대상을 감각적으로 지각하는 지성이고, '표상'은 물질적 대상의 유무와 무관하게 내면에서 심상을 떠올리는 지성이며, '사유'는 대상을 개념을 통해 파악하는 순수한 논리적 지성이다. 이에 세 형태는 각각 '직관하는 절대정신', '표상하는 절대정신', '사유하는 절대정신'으로 규정된다. 헤겔에 따르면 직관의 외면성과 표상의 내면성은 사유에서 종합되고, 이에 맞춰 예술의 객관성과 종교의 주관성은 철학에서 종합된다.

형식 간의 차이로 인해 내용의 인식 수준에는 중대한 차이가 발생한다. 헤겔에게서 절대정신의 내용인 절대적 진리는 본질적으로 논리적이고 이성적인 것이다. 이러한 내용을 예술은 직관하고 종교는 표상하며 철학은 사유하기에, 이 세 형태 간에는 단계적 등급이 매겨진다. 즉 예술은 초보 단계의, 종교는 성장 단계의, 철학은 완숙 단계의 절대정신이다. 이에 따라 ㉡예술-종교-철학 순의 진행에서 명실상부한 절대정신은 최고의 지성에 의거하는 것, 즉 철학뿐이며, 예술이 절대정신으로 기능할 수 있는 것은 인류의 보편적 지성이 미발달된 머나먼 과거로 한정된다.

나 변증법의 매력은 '종합'에 있다. 종합의 범주는 두 대립적 범주 중 하나의 일방적 승리로 끝나도 안 되고, 두 범주의 고유한 본질적 규정이 소멸되는 중화* 상태로 나타나도 안 된다. 종합은 양자의 본질적 규정이 유기적 조화를 이루어 질적으로 고양*된 최상의 범주가 생성됨으로써 성립하는 것이다.

헤겔이 강조한 변증법의 탁월성도 바로 이것이다. 그러기에 변증법의 원칙에 최적화된 엄밀하고도 정합*적인 학문 체계를 조탁*하는 것이 바로 그의 철학적 기획이 아니었던가. 그런데 그가 내놓은 성과물들은 과연 그 기획을 어떤 흠결도 없이 완수한 것으로 평가될 수 있을까? 미학에 관한 한 '그렇다'는 답변은 쉽지 않을 것이다. 지성의 형식을 직관-표상-사유 순으로 구성하고 이에 맞춰 절대정신을 예술-종교-철학 순으로 편성한 전략은 외관상으로는 변증법 모델에 따른 전형적 구성으로 보인다. 그러나 실질적 내용을 보면 직관으로부터 사유에 이르는 과정에서는 외면성이 점차 지워지고 내면성이 점증적으로 강화·완성되고 있음이, 예술로부터 철학에 이르는 과정에서는 객관성이 점차 지워지고 주관성이 점증적으로 강화·완성되고 있음이 확연히 드러날 뿐, 진정한 변증법적 종합은 이루어지지 않는다. 직관의 외면성 및 예술의 객관성의 본질은 무엇보다도 감각적 지각성인데, 이러한 핵심 요소가 그가 말하는 종합의 단계에서는 완전히 소거되고 만다.

변증법에 충실하려면 헤겔은 철학에서 성취된 완전한 주관성이 재객관화되는 단계의 절대정신을 추가했어야 할 것이다. 예술은 '철학 이후'의 자리를 차지할 수 있는 유력한 후보이다. 실제로 많은 예술 작품은 '사유'를 매개로 해서만 설명되지 않는가. 게다가 이는 누구보다도 풍부한 예술적 체험을 한 헤겔 스스로가 잘 알고 있지 않은가. 이 때문에 방법과 철학 체계 간의 이러한 불일치는 더욱 아쉬움을 준다.

* 거명: 어떤 사람의 이름을 입에 올려 말함.
* 수렴: 의견이나 사상 따위가 여럿으로 나뉘어 있는 것을 하나로 모아 정리함.
* 중화: 서로 다른 성질을 가진 것이 섞여 각각의 성질을 잃거나 그 중간의 성질을 띠게 함. 또는 그런 상태.
* 고양: 정신이나 기분 따위를 북돋워서 높임.
* 정합: 이론의 내부에 모순이 없음.
* 조탁: 문장이나 글 따위를 매끄럽게 다듬음.

(가)와 (나)에 대한 설명으로 가장 적절한 것은?

① (가)와 (나)는 모두 특정한 철학적 방법에 기반한 체계를 바탕으로 예술의 상대적 위상을 제시하고 있다.

② (가)와 (나)는 모두 특정한 철학적 방법에 대한 상반된 평가를 바탕으로 더 설득력 있는 미학 이론을 모색하고 있다.

③ (가)와 달리 (나)는 특정한 철학적 방법의 시대적 한계를 지적하고 이에 맞서는 혁신적 방법을 제안하고 있다.

④ (가)와 달리 (나)는 특정한 철학적 방법에서 파생된 미학 이론을 바탕으로 예술 장르를 범주적으로 유형화하고 있다.

⑤ (나)와 달리 (가)는 특정한 철학적 방법의 통시적인 변화 과정을 적용하여 철학사를 단계적으로 설명하고 있다.

내 생각?

글쓴이의 작문 과정을 따라가 볼까?

가 에서는 (❶)의 논리 구조를 먼저 제시하면서 헤겔이 주장한 변증법에 대한 관심을 유도해야겠어.

↓

헤겔이 변증법적 체계 안에서 다룬 미학을 예술, 종교, 철학과 관련지어 설명해야겠어.

↓

나 에서는 변증법의 매력이 (❷)에 있음을 강조하되, 헤겔의 변증법은 탁월했지만 미학에 관해서는 그렇지 못하다고 제시해야겠어.

↓

미학 중에서도 특히 헤겔이 변증법적 체계에 따라 제시한 예술의 위상을 비판하는 견해를 드러내면 가 와 비교가 되겠지?

글쓴이가 이 글에서 말하려는 주제는?

_____

_____

(가)에서 알 수 있는 헤겔의 생각

세부 내용 파악

1 **(가)에서 알 수 있는 헤겔의 생각으로 적절하지 않은 것은?**

① 예술·종교·철학 간에는 인식 내용의 동일성과 인식 형식의 상이성이 존재한다.

② 세계의 근원적 질서와 시·공간적 현실은 하나의 변증법적 체계를 이룬다.

③ 절대정신의 세 가지 형태는 지성의 세 가지 형식이 인식하는 대상이다.

④ 변증법은 철학적 논증의 방법이자 논증 대상의 존재 방식이다.

⑤ 절대정신의 내용은 본질적으로 논리적이고 이성적인 것이다.

개념을 적용한 것

구체적 사례에 개념 적용

2 **(가)에 따라 직관·표상·사유 의 개념을 적용한 것으로 적절하지 않은 것은?**

① 먼 타향에서 밤하늘의 별들을 바라보는 것은 직관을 통해, 같은 곳에서 고향의 하늘을 상기하는 것은 표상을 통해 이루어지겠군.

② 타임머신을 타고 미래로 가는 자신의 모습을 상상하는 것과, 그 후 판타지 영화의 장면을 떠올려 보는 것은 모두 표상을 통해 이루어지겠군.

③ 초현실적 세계가 묘사된 그림을 보는 것은 직관을 통해, 그 작품을 상상력 개념에 의거한 이론에 따라 분석하는 것은 사유를 통해 이루어지겠군.

④ 예술의 새로운 개념을 설정하는 것은 사유를 통해, 이를 바탕으로 새로운 감각을 일깨우는 작품의 창작을 기획하는 것은 직관을 통해 이루어지겠군.

⑤ 도덕적 배려의 대상을 생물학적 상이성 개념에 따라 규정하는 것과, 이에 맞서 감수성 소유 여부를 새로운 기준으로 제시하는 것은 모두 사유를 통해 이루어지겠군.

3 (나)의 글쓴이의 관점에서 ㉠과 ㉡에 대한 헤겔의 이론을 분석한 것으로 적절하지 <u>않은</u> 것은?

① ㉠과 ㉡ 모두에서 첫 번째와 두 번째의 범주는 서로 대립한다.
② ㉠과 ㉡ 모두에서 두 번째와 세 번째 범주 간에는 수준상의 차이가 존재한다.
③ ㉠과 달리 ㉡에서는 범주 간 이행에서 첫 번째 범주의 특성이 갈수록 강해진다.
④ ㉡과 달리 ㉠에서는 세 번째 범주에서 첫 번째와 두 번째 범주의 조화로운 통일이 이루어진다.
⑤ ㉡과 달리 ㉠에서는 범주 간 이행에서 수렴적 상향성이 드러난다

글쓴이의 관점에서 분석

진짜 궁금한 건 글쓴이의 견해

4 |보기는 헤겔과 (나)의 글쓴이가 나누는 가상의 대화의 일부이다. ㉮에 들어갈 내용으로 가장 적절한 것은?

|보 기|

헤겔: 괴테와 실러의 문학 작품을 읽을 때 놓치지 않아야 할 점이 있네. 이 두 천재도 인생의 완숙기에 이르러서야 비로소 최고의 지성적 통찰을 진정한 예술미로 승화시킬 수 있었네. 그에 비해 초기의 작품들은 미적으로 세련되지 못해 결코 수준급이라 할 수 없었는데, 이는 그들이 아직 지적으로 미성숙했기 때문이었네.

(나)의 글쓴이: 방금 그 말씀과 선생님의 기본 논증 방법을 연결하면 ㉮ 는 말이 됩니다.

① 이론에서는 대립적 범주들의 종합을 이루어야 하는 세 번째 단계가 현실에서는 그 범주들을 중화한다
② 이론에서는 외면성에 대응하는 예술이 현실에서는 내면성을 바탕으로 하는 절대정신일 수 있다
③ 이론에서는 반정립 단계에 위치하는 예술이 현실에서는 정립 단계에 있는 것으로 나타난다
④ 이론에서는 객관성을 본질로 하는 예술이 현실에서는 객관성이 사라진 주관성을 지닌다
⑤ 이론에서는 절대정신으로 규정되는 예술이 현실에서는 진리의 인식을 수행할 수 없다

㉮에 들어갈 내용

글쓴이의 주장

'비판'
왜 자꾸 나올까?

글쓴이는 왜 '비판'하는 글을 썼을까?

관점에 따라 다양한 견해가 나올 수 있는 주제라면, 의문을 던지거나 반론 혹은 비판하는 것이 수월해. 만약 일방적으로 비난만 하게 되면 오히려 설득력이 떨어지게 되니 주의해야겠지? 좋은 비판이 되기 위해서는 나와 다른 견해 자체를 비판하기보다는 그 견해를 뒷받침하는 근거의 모순을 밝히는 것이 필요해. 그래서 나와 다른 견해의 긍정적인 면을 일부 인정한 뒤 그 한계점을 밝히며 반박을 시작하는 순으로 글을 쓰는 경우가 많아.

2022학년도 3월 고1 학력평가

(가)

플라톤은 초월 세계인 이데아계와 감각 세계인 현상계를 구분했다. 영원불변의 이데아계는 현상계에 나타난 모든 사물의 근본이 되는 보편자, 즉 형상(form)이 존재하는 곳으로 이성으로만 인식될 수 있는 관념의 세계이다. 반면 현상계는 이데아계의 형상을 바탕으로 만들어진 세계로 끊임없이 변화하는 사물이 감각에 의해 지각된다. 플라톤에 따르면 ㉠현상계의 모든 사물은 형상을 본뜬 그림자에 불과하다. 이러한 관점에서 플라톤은 예술을 감각 가능한 현상의 모방이라고 보았다. 예를 들어 목수는 이성을 통해 침대의 형상을 인식하고 그것을 모방하여 침대를 만든다. 그리고 화가는 감각을 통해 이 침대를 보고 그림을 그린다. 결국 침대 그림은 보편자에서 두 단계 떨어져 있는 열등한 것이며, 형상에 대한 참된 인식을 방해하는 허구의 허구에 불과하다. 이데아계의 형상을 모방하여 생겨난 것이 현상인데, 예술은 현상을 다시 모방한 것이기 때문이다.

플라톤은 시가 회화와 다르다고 보았다. 고대 그리스에서 음유시인은 허구의 허구인 서사시나 비극을 창작하고, 이를 작품 속 등장인물의 성격에 어울리는 말투, 몸짓 같은 감각 가능한 현상으로 연기함으로써 다시 허구를 만들어 냈다. 이 과정에서 음유시인의 연기는 인물의 성격을 드러내는데, 이는 감각 가능한 외적 특성을 모방해 감각으로 파악될 수 없는 내적 특성을 드러내는 것이다.

플라톤은 음유시인이 용기나 절제 같은 덕성을 갖춘 인간이 아닌 저급한 인간의 면모를 모방할 수밖에 없다고 주장했다. 가령 화를 잘 내는 인물은 목소리가 거칠어지고 안색이 붉어지는 등 다양한 감각 가능한 현상들을 모방함으로써 쉽게 표현할 수 있지만, 용기나 절제력이 있는 인물에 수반되는 감각 가능한 현상은 표현하기 어렵기 때문이다. 따라서 플라톤은 음유시인의 연기를 보는 관객들이 이성이 아닌 감정이나 욕구와 같은 비이성적인 것들에 지배되어 타락하게 된다고 보았다.

(나)

아리스토텔레스는 이데아계가 존재한다고 보지 않았다. 예컨대 사람은 나이가 들며 늙는데, 만약 이데아계의 변하지 않는 어린아이의 형상과 성인의 형상을 바탕으로 각각 현상계의 어린아이와 성인이 생겨났다면, 현상계에서 어린아이가 성인으로 성장하는 것을 [ ]할 수 없기 때문이다.

아리스토텔레스는 | 형상 | 이 항상 사물의 생성과 변화의 바탕이

관점을 파악해야 비판도 가능하니까!

출제자는 왜 '비판'을 물을까?

3 (가)와 (나)를 참고할 때, '아리스토텔레스'의 입장에서 ㉠을 비판한 것으로 가장 적절한 것은?

① 현상계의 사물이 형상을 본뜬 것이라면 현상계의 사물이 생성·변화하는 이유를 설명할 수 없다.

② 형상이 변하지 않는 것이라면 현상계에 존재하는 사물들이 모두 제각기 다른 이유를 설명할 수 없다.

③ 형상과 현상계의 사물이 서로 독립적이라면 현상계에서 사물이 시시각각 변화하는 현상을 설명할 수 없다.

④ 형상이 현상계를 초월하여 존재하는 것이라면 형상을 포함하지 않는 사물을 감각으로 느끼는 것은 불가능하다.

⑤ 현상계의 모든 사물이 형상의 그림자에 불과하다면 그림자만 볼 수 있는 인간이 형상을 인식하는 것은 불가능하다.

수능에 엉터리 내용이 나오진 않을 테니 일단 사실이 아닌 내용은 없을 거야. 그래도 관점에 따라 타당성이 의심되는 내용이 있을 수 있고, 또 그런 내용에 대해 반론을 제기할 수도 있겠지? **특정 관점을 제시하고 그 관점을 바탕으로 다른 관점이나 대상을 비판하도록 하면서** 학습자의 독해력과 분석력, 논증력 등을 평가하는 거야.

> '아리스토텔레스'의 입장뿐만 아니라 '플라톤'이 주장한 내용인지 아닌지도 확인해야겠어. 만약 '플라톤'의 주장에 해당하지 않는다면 굳이 비판할 필요가 없을 테니까.

학습자는 '비판 문제'에 어떻게 답할까?

* 이 글을 읽고 제기할 수 있는 비판은?
* 글쓴이의 입장에서 <보기>를 평가한 것은?

혁!

비판 문제에서 우리가 놓치지 말아야 할 것은 '관점 파악'이구나. 동일한 대상을 놓고 쓴 글이라도 관점에 따라 글의 논지와 성격이 달라지니까 무엇보다 글쓴이의 관점을 정확히 파악하는 것이 문제 해결의 핵심이라고 할 수 있겠어. 특히 관점이 나뉘는 기준이나 초점을 파악하는 것만으로도 비판의 절반은 성공한 셈이야. 비판 대상의 단점이나 한계를 지적하면서 비판 주체의 장점이 제시된다는 것도 기억해야지!

경제 **경제의 흐름**

주식, 가상 화폐, 통화, 금리, 무역… 뉴스에 자주 등장하는 이러한 말들이 그저 어른들만의 이야기라고 생각한다면 큰 오산이다. 이 어려운 경제 용어들이 국어 시간에도 등장하니 말이다. 경제를 알면 세상이 보인다는 말이 있듯이 경제는 우리 사회에서 언제나 뜨거운 화두이다. 그래서 **수능 출제자들**도 우리가 알아야 할 경제 개념이나 경제의 흐름에 대해 꾸준히 질문하고 있는 것이 아닐까?

돈을 빌린 사람은 빌린 돈에 대한 대가를 지급하는데, 이를 이자라 하고, 원금에 대한 이자의 비율을 금리(金利) 또는 이자율이라고 한다. 금리의 흐름을 제대로 파악할 수 있다면 사람들은 보다 합리적으로 저축이나 소비, 투자를 할 수 있을 것이다. 그렇다면 금리의 흐름을 예측할 수 있는 방법은 없을까?

금리는 자금에 대한 수요와 공급이 일치되는 지점에서 결정된다. 자금 수요가 공급보다 많으면 금리가 올라가고, 자금 공급이 수요보다 많으면 금리가 내려간다.

그런데 물가가 변하면 같은 돈으로 재화*와 서비스*를 살 수 있는 구매력이 달라지고, 실질적인 금리도 달라진다. 이로 인해 명목적인 금리와 실질적인 금리를 구분해야 할 필요성이 생겼고, 경제학자 어빙 피셔는 다음과 같은 방정식을 수립했다.

㉠명목 금리(i) ≒ 물가 상승률(π) + 실질 금리(r)

명목 금리는 우리가 접할 수 있는 표면상의 금리이며, 각종 금융 기관이 제시하는 일반적인 예금과 대출의 금리가 여기에 해당한다. 실질 금리는 명목 금리에서 물가 상승률을 차감한 값이다.

명목 금리는 물가 상승률과 실질 금리의 합과 같으므로, 두 지표*의 변동을 알 수 있다면 명목 금리의 흐름도 예측해 볼 수 있게 된다. 명목 금리의 흐름을 파악하기 위해서는 먼저 물가 변동을 예상할 수 있어야 한다. 물가 상승률이 높아지면 명목 금리도 오르는데, 이는 화폐 가치가 떨어진 만큼 금리를 올려 보상받으려는 경향이 있기 때문이다.

실질 금리는 사전에 관측되기 어려우므로 이를 간접적으로라도 알려 줄 지표가 필요하다. 화폐가 없던 시절의 상황을 가정해 보자. 씨앗이나 농기구와 같은 실물을 빌리고 나중에 생산물 일부를 이자로 지급한다면, 어느 정도의 이자를 지급하는 것이 좋겠는가? 아마도 실물을 투자해서 얻게 될 추가적 생산물의 양 이내에서 이자를 지급할 것이다. 즉 실질 금리는 실물 투자에 따라 늘어나는 추가적 생산물이 결정한다. 이와 마찬가지로 경제가 잘 돌아가 경제 성장률이 높을 때는 일반적으로 기업의 투자 성과도 높아진다. 따라서 실질 금리는 경제 성장률이 높으면 오르고 떨어지면 낮아진다. 결국 금리의 흐름은 물가와 경제 성장률에 큰 영향을 받는다.

현실 세계에서 우리가 접하는 금리는 종류도 많고 그 구조도 복잡해 보인다. 예금 금리와 대출 금리가 다르고, 대출 금리라도 은행에 따라 다르고 빌리는 기간이나 빌리는 사람의 신용도에 따라 다르다. 이런 상황에서 다양한 금리가 결정되는 기초가 되는 정책 금리를 주목할 만하다. 정책 금리는 각국 중앙은행이 시중에 자금을 공급할 때 기준이 되는 금리이며, 기준 금리라고도 한다. 시중 은행은 정책 금리에 수수료와 이윤 등을 감안하여 금리를 책정하므로, 정책 금리를 올리거나 내리면 시중 금리 역시 오르거나 내리는 전반적 변화가 생긴다.

　중앙은행이 정책 금리를 결정할 때 우선적으로 고려하는 것은 물가 상승률과 경제 성장률이다. 물가 상승률이 높다 판단되면 금리를 올리고, 경기가 부진하다 싶으면 금리를 내리는데, 결정된 금리는 다시 시장에 영향을 미친다. 금리를 올려서 물가 안정을 도모한다든지, 금리를 내려서 경기 활성화를 유도하는 것은 모두 정책 금리를 통해서 경제 전반에 영향을 미치고자 하는 중앙은행의 의도를 보여 주는 것이다.

* 재화: 사람이 바라는 바를 충족시켜 주는 모든 물건. 이것을 획득하는 데에 대가가 필요한 것을 경제재라고 하며, 필요하지 않은 것을 자유재라고 한다.
* 서비스: 생산된 재화를 운반·배급하거나 생산·소비에 필요한 노무를 제공함.
* 지표: 방향이나 목적, 기준 따위를 나타내는 표지.

구조읽기 **0**

윗글에 대한 설명으로 적절하지 <u>않은</u> 것은?

① 실질 금리를 분류하는 몇 가지 기준을 제시하고 있다.
② 상황을 가정하여 실질 금리에 대한 이해를 돕고 있다.
③ 명목 금리의 흐름 예측에 유용한 정보를 제시하고 있다.
④ 금리를 중앙은행의 정책 금리와 연관하여 설명하고 있다.
⑤ 질문을 통해 금리의 흐름에 대한 독자의 호기심을 환기하고 있다.

내 생각?... 을 표현하기 좋은 글의 구조를 선택하고... 썼으니까... **글의 구조 속**에 있지 않을까?

글쓴이의 작문 과정을 따라가 볼까?

금리(이자율)의 흐름을 예측할 수 있는 방법에 대한 질문을 던져 독자의 관심을 유발하며 글을 시작해 볼까?

↓

금리를 (❶　　　　)와 (❷　　　　)로 나누어 설명하고 금리 흐름 예측에 활용되는 어빙 피셔의 방정식을 소개해야겠어.

↓

명목 금리와 물가 상승률의 관계, 실질 금리와 경제 성장률의 관계를 제시하여 금리의 흐름은 물가와 경제 성장률에 큰 영향을 받는다고 설명해야지.

↓

정책 금리가 시중 금리에 미치는 영향을 언급한 뒤 중앙은행이 정책 금리를 결정할 때 우선적으로 고려하는 것은 물가 상승률과 경제 성장률임을 설명하면서 글을 마무리하자.

글쓴이가 이 글에서 말하려는 주제는?

윗글의 내용과 일치

세부 정보 파악

각 선지에 서술된 대상이 나와 있는 문단부터 찾은 후 그 내용을 선지와 대조해 봐.

1 **윗글의 내용과 일치하는 것은?**

① 경제 성장률이 높으면 실질 금리가 오른다.

② 자금 수요가 공급보다 적어지면 금리가 오른다.

③ 대출 금리는 각 개인의 신용도와 무관하게 적용된다.

④ 정책 금리는 시중 금리에 별다른 영향을 미치지 않는다.

⑤ 물가가 떨어지면 명목 금리를 올려 보상을 받으려는 경향이 있다.

㉠을 활용하여 |보기|를 이해

공식의 구체적 적용

피셔의 방정식(㉠)에 대입해 예금 가입 시점의 '명목 금리≒물가 상승률+실질 금리'와 1년 후의 '명목 금리≒물가 상승률+실질 금리'를 계산해 봐!

2 **㉠을 활용하여 |보기|를 이해한 내용으로 적절한 것은?**

─┤보 기├─

　알뜰한 춘향이는 광한루은행에서 판매하는 1년 만기 예금 상품에 가입했다. 예금의 금리는 고정 금리 3%였다. 춘향이는 가입 시점 1년 후 물가 상승률을 2%로 예상하고 예금의 실질 금리를 계산했다. 1년 후 돈을 찾았을 때, 물가 상승률은 전년 같은 시기 대비 4%였다.

① 광한루은행은 명목 금리를 제시하지 않았다.

② 실제 돈을 찾는 시점에 예금의 실질 금리는 1%였다.

③ 예금의 실질 금리가 춘향이의 예상치보다 낮아졌다.

④ 광한루은행은 춘향이에게 높은 실질 금리를 보장했다.

⑤ 광한루은행은 예금 상품의 명목 금리를 중도에 바꾸었다.

3 윗글로 볼 때, |보기|의 ⓐ와 ⓑ의 정책 금리 결정에 대한 반응으로 적절하지 <u>않은</u> 것은?

정책 금리 결정에 대한 반응

정책 금리 인상과 인하의 의도 이해

ⓐ에서는 정책 금리가 인상되었고, ⓑ
에서는 정책 금리가 인하되었지? 지문
의 마지막 부분에서 중앙은행의 정책
금리 결정 방식과 그 의도를 확인해 봐.

|보 기|

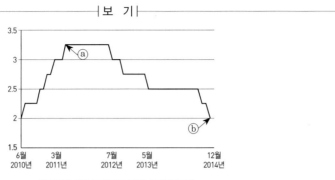

한국은행 정책 금리(기준 금리) 추이(단위: %)

ⓐ (정책 금리를 3.00%에서 3.25%로 인상함.): 경제 성장 측면에서 수출 부문은 양호하나 내수 부문이 부진하며, 해외 각국의 경기가 침체됨. 물가 상승률은 전년 대비 4%대로 물가 상승 압력이 높았음.

ⓑ (정책 금리를 2.25%에서 2.00%로 인하함.): 경제 성장 측면에서 수출 부문은 양호하나 내수 부문의 부진이 지속되고 있음. 석유 가격의 꾸준한 하락에 힘입어 물가 상승률은 전년 대비 1.1%로 낮아짐.

① ⓐ의 결정에 물가 상승에 대한 우려가 큰 영향을 미쳤겠군.

② ⓐ에서 금리를 물가 상승률보다 낮게 책정한 것은 내수 부문의 부진을 감안했기 때문이겠군.

③ ⓐ의 결정으로 시중 금리가 이전보다 전반적으로 올랐겠군.

④ ⓑ의 결정에 내수 부문의 부진과 물가 상승률의 하락이 큰 영향을 미쳤겠군.

⑤ ⓑ의 결정에는 물가를 안정시키려는 중앙은행의 의도가 담겼겠군.

기 출 읽 기

2017학년도 6월 고2 학력평가

정답률 71%
난이도 중
제한시간 8분

무엇을 물을까?

● 여러 경제 지표들을 설명하고 있으니까 각 개

   념들을 활용하는 문제가 나오겠지?

●

한 나라의 경제 활동 또는 경제적 성과를 알아보기 위해서는 생산과 관련된 여러 지표들을 비교해 보아야 한다. 이러한 지표들은 한 국가의 경제 규모뿐만 아니라 경제의 특성, 장·단기적 발전 가능성 등을 보여 주기 때문이다. 비교 가능한 지표들 중 한 국가의 생산량을 잘 보여 주는 것이 국내총생산, 국내순생산, 국민총생산이다.

[A]
'국내총생산(GDP, gross domestic product)'은 일정 기간 동안 한 나라 안에서 생산된 재화 및 용역*의 금전적 가치를 합한 것으로, 기간은 보통 1년으로 한다. 국내총생산의 '생산(P, product)'이란 생산량의 '부가 가치'의 총합을 말한다. 부가 가치란 각 생산자의 최종 생산량에서 중간에 쓰인 투입량을 뺀 가치이다. 빵을 파는 제과점의 1년 매출액이 3,000만 원이라고 가정해 보자. 이때 빵을 만들기 위해서는 밀가루, 달걀 등 각종 재료와 연료, 전기 등이 필요하다. 이러한 중간 투입물을 사는 데에 2,000만 원이 들었다면 제과점은 결국 1,000만 원의 가치만 부가적으로 생산한 것이다. 중간 투입물의 가치를 빼지 않고 각 생산자의 최종 생산량을 더하면 어떤 부분은 중복 계산되어 실제 생산량이 크게 부풀려진다. 제과점 주인이 방앗간에서 생산한 밀가루를 샀으므로 제과점과 방앗간의 생산량을 그대로 더하면 밀가루 가격이 두 번 계산되는 셈이다. 또 방앗간 주인이 농부에게서 밀을 샀으므로 제과점, 방앗간의 생산량에 농부의 생산량까지 보태면 밀의 가격은 세 번 계산된다. 그래서 부가된 가치만을 더해야 제대로 된 생산량이 나오는 것이다.

국내총생산의 '총(G, gross)'은 무슨 뜻일까? 생산량을 계산할 때, 생산하는 과정에서 자본재가 소비되면서 하락한 가치까지 모두 포함하고 있다는 의미다. 다시 제과점을 예로 들면 오븐, 반죽기 등이 자본재*에 해당되는데, 이러한 기계는 밀가루와 달리 생산물에 직접 들어가지는 않지만 계속 사용함에 따라 마모되어 경제적 가치가 ⓐ떨어진다. 이를 가리켜 감가상각이라 한다. 국내총생산에서 자본재의 감가상각을 뺀 것을 '국내순생산(NDP, net domestic product)'이라고 부른다. 국내순생산은 생산에 필요한 중간 투입물과 감가상각을 모두 빼고 계산한 수치이기 때문에 한 나라의 경제적 성과를 국내총생산보다 더 정확하게 알려 준다. 그러나 보통 국내순생산보다 국내총생산을 더 많이 쓰는 이유는 감가상각을 계산하는 방법에 대한 의견 일치가 이루어지지 않았기 때문이다.

그렇다면 국내총생산의 '국내(D, domestic)'는 무슨 뜻일까? 여기서 국내는 한 나라의 국경 안을 의미한다. 그런데 한 나라의 국경 안에 있는 생산자가 그 나라의 국민이나 기업이 아닐 수도 있다. 뒤집어 생각하면 모든 생산자가 자국에서 생산 활동을 하는 것은 아니라는 의미도 된다. 외국에 공장을 지어 생산하는 기업도 많고, 외국에서 일자리를 얻어 일하는 사람도 많다. 한 나라의 국경 안에서 나오는 생산량이 아니라, 한 나라의 국민과 그 나라의 기업이 생산한 생산량 전체는 '국민총생산(GNP, gross national product)'이라고 한다. 예를 들어, 외국 기업이 많이 들어와 있지만 자국 기업은 외국에 많이 진출하지 않은 캐나다, 브라질, 인도의 경우는 국내총생산이 국민총생산보다 더 크다. 반면 국내에서 영업하는 외국 기업보다 외국에 진출한 자국 기업이 더 많은 스웨덴, 스위스는 국민총생산이 국내총생산보다 더 크다.

보통 국내총생산(GDP)이 국민총생산(GNP)보다 더 자주 쓰인다. 단기적으로 볼 때 한 나라 안의 생산 활동 수준을 더 정확히 알려 주는 지표이기 때문이다. 그러나 한 나라의 경제가 갖는 장기적 저력을 측정하기에는 국민총생산이 더 효과적이다. 자국민과 자국 기업의 생산량이 그 나라의 지속적인 생산 능력을 나타내기 때문이다. 그런데 어떤 나라가 이웃 나라보다 국민총생산이나 국내총생산이 더 크다고 할 때, 단순히 인구가 더 많기 때문에 그러한 결과가 나타날 수도 있다. 따라서 한 나라의 경제가 얼마나 생산적인지를 알고 싶다면 국내총생산이나 국민총생산을 1인당 생산량으로 환산하여 살펴보는 것이 더 정확할 것이다.

그런데 국내총생산과 국민총생산은 일부의 생산량을 포함하지 못한다는 한계가 있다. ㉠시장에서 거래되지 않거나 돈으로 계산하기 어려운 재화나 용역은 제외될 수밖에 없다는 것이다. 개발도상국의 영세한 자급농이나 주부의 가사 노동이 그 사례에 해당한다. 개발도상국의 영세한 자급농은 자기가 생산한 농산물 대부분을 자체 소비하고 시장에 내다팔지 않아서 그들의 농산물은 총생산량에 포함되지 않는다. 또한 주부의 가사 노동은 시장 밖에서 생산될 뿐만 아니라 돈으로 계산하기도 어렵기 때문에 국내총생산이나 국민총생산 어디에도 포함되지 않는다. 그래서 최근에는 이러한 부분도 반영하여 경제 활동을 살피려는 움직임을 보이고 있다.

* 용역: 물질적 재화의 형태를 취하지 아니하고 생산과 소비에 필요한 노무를 제공하는 일.
* 자본재: 생산 기계나 원자재 따위의 생산 수단.

다음은 글쓴이가 윗글을 쓰기 전 작성한 작문 노트이다. 윗글에 반영되지 않은 것은?

글에서 다룰 내용들…

- '감가상각'을 산출하는 다양한 방법 ················· ①
- '국민 1인당 생산량'을 살펴야 하는 이유 ············· ②
- '국내총생산(GDP)'에서 '생산'의 구체적 의미 ·········· ③
- '국민총생산(GNP)'과 '국내총생산(GDP)'의 한계 ········· ④
- '국민총생산(GNP)'과 '국내총생산(GDP)'의 차이점 ········ ⑤

글쓴이의 작문 과정을 따라가 볼까?

한 나라의 경제 활동이나 경제적 성과를 파악하려면 생산과 관련된 경제 지표들에 대해 알아야겠지? 여러 지표들 중 국내총생산, 국내순생산, 국민총생산에 대해 알려 줘야겠어.

먼저 '국내총생산'의 의미를 제시한 뒤, 여기서 '생산'이란 생산량의 부가 가치의 총합임을 예를 들어 설명하면 이해가 쉽겠지?

이번엔 '국내총생산'에서 '총'의 의미를 설명해 볼까? 국내총생산에서 자본재의 (❶   )을 뺀 것이 '국내순생산'이라는 것을 제시해야겠어.

'국내총생산'과 대조하여 (❷   )의 의미를 설명해야지. 이때 자국 기업이 외국에 진출한 국가들을 예로 들어 국내총생산과 국민총생산의 크기를 비교하면 그 의미를 확실히 알겠지?

보통 국내총생산보다는 국민총생산이 더 자주 쓰이지만, 둘 다 한계가 있음을 밝힌 뒤 그 개선 움직임까지 언급하며 글을 마무리하자.

글쓴이가 이 글에서 말하려는 주제는?

[A]를 바탕으로 |보기|를 이해

구체적 사례에 핵심 개념 적용

'부가 가치', '국내총생산'의 개념을 지
문에서 확인하고 |보기|의 사례에 적
용하여 계산해 봐.

1 [A]를 바탕으로 |보기|를 이해한 내용으로 가장 적절한 것은?

┤ 보 기 ├

'가' 국가는 빵 한 가지만을 최종 생산물로 하는 나라로, 각 생산자의 최종 생산량을 매출액
으로 나타내면 다음과 같다.

생산 단계	1단계	2단계	3단계
생산자	농부 (밀) ➡	방앗간 주인 (밀가루) ➡	제과점 주인 (빵)
매출액	7억 원	12억 원	20억 원

※ 단, 농부는 중간 투입물 없이 밀을 생산하고, 빵을 만드는 데 필요한 중간 투입물은 밀가루 하나라고 가정한다.

	부가 가치를 가장 많이 창출한 생산자	국내총생산
①	농부	20억 원
②	방앗간 주인	39억 원
③	방앗간 주인	13억 원
④	제과점 주인	20억 원
⑤	제과점 주인	39억 원

㉠의 이유

문맥을 고려해 ㉠의 근거 추론

2 문맥을 고려할 때, ㉠의 이유로 가장 적절한 것은?

① 생산물을 소비할 수 있는 시장이 한정되어 있기 때문에
② 생산량의 가치는 시장 가격으로만 계산하기 때문에
③ 생산량이 일정하지 않고 수시로 변하기 때문에
④ 생산물이 거래되는 구조가 복잡하기 때문에
⑤ 생산량이 매우 미미한 수준이기 때문에

3 윗글을 바탕으로 |보기|를 이해한 내용으로 적절하지 **않은** 것은?

─| 보 기 |─

〈지표 산출 기간: 1년〉

	A국	B국
국내총생산(GDP)	180조 원	210조 원
국내순생산(NDP)	170조 원	180조 원
국민총생산(GNP)	210조 원	180조 원

※ 단, A국과 B국의 인구 및 국경 내 자국민과 자국 기업의 생산량은 모두 동일하다고 가정한다.

① 자본재의 감가상각은 B국이 더 크다.
② 국민총생산의 1인당 생산량은 A국이 더 많다.
③ 한 나라 국경 안의 부가 가치 총합은 B국이 더 크다.
④ 장기적인 관점에서 국가의 저력이 더 높게 평가되는 국가는 B국이다.
⑤ 외국에 사는 자국민과 외국에 있는 자국 기업의 생산량이 더 많은 국가는 A국이다.

4 ⓐ의 문맥적 의미와 가장 가까운 것은?

① 그는 타락의 길로 떨어졌다.
② 연일 주가가 떨어져서 큰일이다.
③ 감기가 떨어지지 않아 고생을 하였다.
④ 식당과 본관 건물은 서로 떨어져 있다.
⑤ 드디어 우리에게도 출동 명령이 떨어졌다.

무엇을 물을까?

● 대표적인 국제 가격인 명목환율과 실질환율

　의 개념을 설명한 글이니까 개념을 잘 이해했

　는지를 묻겠지?

●

─────────

─────────

─────────

가격이 시장에서 수요자와 공급자들의 의사 결정을 ⊙조절하는 기능을 수행하듯이 국제 가격도 국제 거래에서 수요자와 공급자들의 의사 결정을 조절하는 역할을 한다. 여러 국제 가격 중에서 대표적인 것으로 명목환율과 실질환율을 들 수 있다.

명목환율은 한 나라의 통화*와 다른 나라 통화 사이의 교환 비율이다. 그런데 미국의 달러화가 기축통화*이기 때문에 많은 나라에서 1달러와 교환되는 자국 화폐 단위를 표시하는 방법을 채택하는 ⓒ경향이 있다. 가령, 1달러가 우리나라 원화* 1,000원과 교환된다면 '원/달러 명목환율'은 '1,000원/달러'로 표시한다. 만일 1달러와 교환되는 원화가 1,100원이 되어 원/달러 명목환율이 상승하면, 상대적으로 원화의 가치는 하락한다. 같은 원리로 원/달러 명목환율이 하락하면 상대적으로 원화의 가치는 상승한다. 이러한 명목환율은 한 나라의 통화가 가지는 대외적 가치를 보여 준다는 점에서 유용하다.

실질환율은 두 나라 사이의 재화나 서비스 교환 비율로, 외국 상품 한 단위와 교환되는 국내 상품 단위수로 표시한다. '원/달러 실질환율'은 '원/달러 명목환율 $\left[\dfrac{원}{달러}\right]$'과 '각 나라의 통화 단위로 표시된 두 나라 물건 값 $\left[\dfrac{미국\ 가격}{우리나라\ 가격}\right]$'의 곱으로 구한다. 원/달러 명목환율이 1,000원/달러이고 우리나라 쌀 1kg의 값이 2,000원, 미국 쌀 1kg의 값이 1달러라고 하자. 두 나라 쌀 사이의 원/달러 실질환율은 $\left(\dfrac{1,000원}{1달러} \times \dfrac{1달러}{2,000원} = \dfrac{1}{2}\right)$이 된다. 이는 미국 쌀 1kg과 우리나라 쌀 0.5kg이 같은 값으로 교환된다는 의미이므로, 우리나라 쌀값이 미국 쌀값의 2배라고 볼 수 있다. 만일 우리나라 쌀값이 미국 쌀값보다 상승폭이 크면 $\left[\dfrac{미국\ 가격}{우리나라\ 가격}\right]$이 작아지게 되므로, 원/달러 실질환율이 하락하게 된다. 이것은 우리나라 쌀의 국제적인 가격경쟁력이 하락하는 것을 의미한다. 반대로 미국 쌀값이 우리나라 쌀값보다 상승폭이 크면 원/달러 실질환율이 상승하게 되어 우리나라 쌀의 국제적인 가격경쟁력도 상승한다. 실질환율은 외국 통화에 대한 자국 통화의 상대적인 구매력이 ⓒ반영된 것이므로 한 나라 상품의 국제적인 가격경쟁력을 측정하는 데 널리 이용된다.

한 나라의 실질환율은 재화나 서비스의 수출과 수입에 영향을 미치는 중요한 변수이므로 실질환율의 변화는 국내외 경제에 큰 영향을 미친다. 우리나라의 실질환율이 상승하면 우리나라 제품의 값이 외국 제품에 비해 더 싸지므로 수출이 증가하고 수입이 감소하여 국내 경기가 활성화된다. 반면에 우리나라의 실질환율이 하락하면 우리나라 제품의 값이 외국 제품에 비해 더 비싸지므로 수출이 감소하고 수입이 증가하여 국내 경기가 ②침체될 수 있다. 따라서 우리나라와 같이 수출 의존도가 높은 나라는 실질환율 하락으로 큰 ⑩타격을 입을 수 있다.

─────────────────────

* 통화: 유통 수단이나 지불 수단으로서 기능하는 화폐. 본위 화폐, 은행권, 보조 화폐, 정부 지폐, 예금 통화 따위가 있다.
* 기축통화: 국제 거래에서 주된 교환 수단으로 쓰이는 특정 나라의 통화(화폐).
* 원화: 원을 화폐 단위로 하는 한국의 화폐.

윗글의 서술상 특징으로 가장 적절한 것은?

① 대상의 특성을 다양한 관점에서 살피고 있다.
② 대상의 장점과 단점을 비교하여 설명하고 있다.
③ 잘 알려진 대상에 새로운 의미를 부여하고 있다.
④ 대상의 개념을 설명하고 구체적인 예를 들고 있다.
⑤ 대상의 변화 과정을 제시하고 이유를 분석하고 있다.

내 생각?

글쓴이의 작문 과정을 따라가 볼까?

(❶   ) 중에서 가장 대표적인 명목환율과 실질환율에 대해 이야기해 보자.

명목환율과 실질환율에 대해 잘 모를 수 있으니, 개념을 이해하기 쉽게 예를 들어 주자. 이때 명목환율과 실질환율의 역할도 함께 언급하면 좋겠지?

(❷   )의 상승과 하락이 우리나라 국내외 경제에도 큰 영향을 미침을 언급하며 마무리하자.

글쓴이가 이 글에서 말하려는 주제는?

_____

_____

일치하지 않는 것

세부 내용 파악

1 **윗글의 내용과 일치하지 않는 것은?**

① 명목환율은 두 나라 통화 사이의 교환 비율이다.

② 명목환율을 대체하기 위해 만든 국제 가격이 실질환율이다.

③ 실질환율이 하락하면 수출은 감소하고 수입은 증가하게 된다.

④ 명목환율과 실질환율은 국제 거래에서 의사 결정을 조절하는 역할을 한다.

⑤ 실질환율은 외국 통화에 대한 자국 통화의 상대적인 구매력을 반영한 교환 비율이다.

윗글을 바탕으로 |보기|를 이해

핵심 개념을 바탕으로 한 자료 이해

1월과 7월의 환율 변화에 초점을 두어 자료를 이해한 후, 선지에서 명목환율과 실질환율의 개념을 적용해 봐.

2 **윗글을 바탕으로 |보기|를 이해한 내용으로 적절하지 않은 것은?**

|보 기|

구분	우리나라(원화)		미국(달러화)	
	1월	7월	1월	7월
명목환율 (원/달러)	1,000원/달러	1,100원/달러	–	
A상품 가격 (kg당)	3,000원	8,800원	3달러	4달러

① 원/달러 명목환율은 달러화를 기준으로 삼고 있군.

② 1월과 비교할 때 7월에 원화의 가치는 하락하였군.

③ 1월에는 두 나라의 A상품에 대한 상대적인 구매력이 같다고 볼 수 있군.

④ 7월 원/달러 실질환율을 볼 때 우리나라 A상품은 미국보다 2배 비싸군.

⑤ 1월과 비교할 때 7월에 우리나라 A상품의 원/달러 실질환율은 상승하였군.

3 **㉠~㉤의 사전적 의미로 적절하지 <u>않은</u> 것은?**

① ㉠: 균형이 맞게 바로잡거나 적당하게 맞추어 나감.

② ㉡: 어떤 일이나 현상을 앞장서서 이끌거나 안내함.

③ ㉢: 다른 것에 영향을 받아 어떤 현상이 나타남.

④ ㉣: 어떤 현상이나 사물이 진전하지 못하고 제자리에 머무름.

⑤ ㉤: 어떤 영향을 받아 기운이 크게 꺾이거나 손해를 봄.

무엇을 물을까?

●

●

최근 수입품에 높은 관세를 부과하여 국제 무역 분쟁이 발생하면서 관세에 대한 관심이 높아지고 있다. 관세란 수입되는 재화에 부과되는 조세로, 정부는 조세 수입을 늘리거나 국내 산업을 보호하기 위한 목적으로 관세를 부과한다. 그런데 관세를 부과하면 국내 경기 및 국제 교역에 영향을 미치게 된다.

관세가 국내 경기에 미치는 영향을 살펴보기 위해서는 시장에서의 수요와 공급의 원리를 알아야 한다. 〈그림〉은 가격에 따른 수요량과 공급량의 변화를 나타내는 그래프이다. 여기서 수요 곡선은 재화의 가격에 따른 수요량의 변화를 나타내는데, 그래프에서 가격은 재화 1단위 추가 소비를 위한 소비자의 지불 용의* 가격을 나타내기도 한다. 공급 곡선은 재화의 가격에 따른 공급

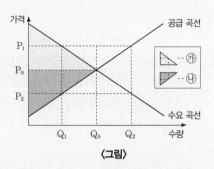
〈그림〉

량의 변화를 나타내는데, 그래프에서 가격은 재화 1단위 추가 생산을 위한 생산자의 판매 용의 가격을 나타내기도 한다. 수요와 공급의 원리에 따르면 재화의 균형 가격은 수요 곡선과 공급 곡선이 만나는 P_0에서 형성된다. 재화의 가격이 P_1로 올라가면 수요량은 Q_1로 줄어들고 공급량은 Q_2로 증가하지만, 재화의 가격이 P_2로 내려가면 수요량은 Q_2로 증가하고 공급량은 Q_1로 줄어든다.

이처럼 재화의 가격 변화로 수요량과 공급량이 달라지면 소비자 잉여와 생산자 잉여에도 변화가 생기게 된다. 여기서 잉여란 제품을 소비하거나 판매함으로써 얻는 이득으로, 소비자 잉여는 소비자가 어떤 재화를 구입할 때 지불할 용의가 있는 가격과 실제 지불한 가격의 차이이고, 생산자 잉여는 생산자가 어떤 재화를 판매할 때 실제 판매한 가격과 판매할 용의가 있는 가격의 차이이다. 〈그림〉에서 수요 곡선과 실제 재화의 가격의 차이에 해당하는 ㉮는 소비자 잉여를, 실제 재화의 가격과 공급 곡선의 차이에 해당하는 ㉯는 생산자 잉여를 나타낸다. 만일 재화의 가격이 P_0에서 P_1로 올라가면 소비자 잉여는 줄어들고 생산자 잉여는 늘어나는 반면, 재화의 가격이 P_2로 내려가면 소비자 잉여는 늘어나고 생산자 잉여는 줄어들게 된다.

이를 바탕으로 관세가 국내 경기에 미치는 영향을 살펴보자. 밀가루 수입 전에 형성된 K국의 밀가루 가격이 500원/kg이고, 국제 시장에서 형성된 밀가루의 가격이 300원/kg이라고 가정해 보자. K국이 자유 무역을 통해 관세 없이 밀가루를 수입하면 국산 밀가루 가격은 수입 가격 수준인 300원/kg까지 내려가게 된다. 그 결과 국산 밀가루 공급량은 줄어들지만 오히려 수요량은 늘어나기 때문에, 국내 수요량에서 국내 공급량을 뺀 나머지 부분만큼 밀가루를 수입하게 된다. 밀가루 수입으로 국산 밀가루 가격이 하락하면 결과적으로 생산자 잉여가 감소하지만 소비자 잉여는 증가하게 된다. 증가한 소비자 잉여가 감소한 생산자 잉여보다 크기 때문에 소비자 잉여와 생산자 잉여의 총합인 사회적 잉여는 밀가루를 수입하기 전에 비해 커지게 된다.

그런데 K국이 수입 밀가루에 100원/kg의 관세를 부과할 경우, 수입 밀가루의 국내 판매 가격은 400원/kg으로 올라가게 된다. 그렇게 되면 국산 밀가루 생산자는 관세 부과 전보다 100원/kg 오른 가격에 밀가루를 판매할 수 있으므로 국산 밀가루의 공급량이 늘어 관세를 부과하기 전보다 생산자 잉여가 증가하게 된다. 반대로 소비자 입장에서는 가격이 올라가면 그만큼 수요량이 줄어들게 되므로 소비자 잉여는 감소하게 된다. 하지만 증가한 생산자 잉여가 감소한 소비자 잉여보다 작기 때문에 소비자 잉여와 생산자 잉여의 총합인 사회적 잉여는 수입 밀가루에 관세를 부과하기 전에 비해 작아지게 된다.

그런데 관세 정책이 장기화될 경우, 국내 경기가 침체에 빠질 수 있다. 예컨대 K국 정부가 국내 밀가루 산업을 보호하기 위하여 수입 밀가루에 높은 관세를 부과할 경우, 단기적으로는 국내 밀가

루 생산자의 이익을 늘려 자국의 밀가루 산업을 보호할 수 있다. 하지만 높은 관세로 국내 밀가루 가격이 상승하면 밀가루를 원료로 하는 제품들의 가격이 줄줄이 상승하게 되어, 국내 소비자들은 밀가루를 이용하여 만든 제품들의 소비를 줄이게 된다. 이러한 과정이 장기화된다면 K국의 경기는 결국 침체에 빠질 수도 있다. 실제로 1930년대 국내 산업을 보호할 목적으로 시행된 각국의 관세 정책으로 인해 오히려 경제 대공황*이 심화된 사례가 이를 잘 보여 주고 있다.

이렇게 볼 때 국내 산업을 보호할 목적으로 부과된 ㉠관세는 사회적 잉여를 감소시키고, 해당 제품에 대한 국내 소비를 줄어들게 한다. 그리고 그와 관련된 다른 산업에까지 악영향을 미칠 수 있다. 또한 과도한 관세는 국제 교역을 감소시켜 국제 무역 시장을 침체시킬 뿐만 아니라, 국제 무역 분쟁을 야기할 소지도 있다. 이러한 이유로 대다수의 경제학자들은 과도한 관세에 대한 우려를 드러내고 있다.

* 지불 용의: 어떤 재화나 서비스에 대하여 소비자가 지불하려는 최대 금액.
* 대공황: 세계적으로 일어나는 큰 규모의 경제 공황(상품의 생산과 소비의 균형이 깨지고 산업이 침체하고 금융 상태가 좋지 않으며 파산이 속출하여 인심이 안정되지 못하는 상태가 지속되는 등의 경제 혼란 현상). 흔히 1929년에 있었던 세계적인 공황을 이른다.

01 윗글에 대한 설명으로 가장 적절한 것은?

① 상반된 두 입장을 제시한 후 이를 절충하고 있다.
② 문제 상황을 언급한 후 해결책을 구체화하고 있다.
③ 이론의 한계를 단계적인 순서에 따라 설명하고 있다.
④ 학설이 나타난 배경과 그 학문적 성과를 분석하고 있다.
⑤ 원리를 설명한 후 구체적 사례를 들어 이해를 돕고 있다.

내 생각?

글쓴이의 작문 과정을 따라가 볼까?

(❶　　　　　)가 국내 경기 및 국제 교역에 영향을 미침을 간략히 언급하며 글을 시작해 볼까?

⬇

우선, 관세가 국내 경기에 미치는 영향을 설명하려면 시장에서의 (❷　　　　)의 원리부터 설명해야겠어. 이때 생산자 잉여와 소비자 잉여의 개념도 함께 제시해야겠지?

⬇

관세가 국내 경기에 미치는 영향을 알리려면 관세 없이 수입한 경우와 관세를 부과하는 경우를 비교해 보고, 관세 정책이 장기화될 경우 나타나는 문제점까지 살펴봐야겠어.

⬇

관세가 국내 경기 및 국제 교역에 미치는 영향을 요약하면서 글을 마무리해야지.

글쓴이가 이 글에서 말하려는 주제는?

1 **윗글에 대한 이해로 적절하지 <u>않은</u> 것은?**

① 소비자의 지불 용의 가격은 균형 가격보다 항상 높다.
② 균형 가격에서는 재화의 수요량과 공급량이 동일하다.
③ 원료의 가격은 이에 기반한 제품의 가격에 영향을 미친다.
④ 관세는 국가 간의 무역 분쟁의 원인으로 작용하기도 한다.
⑤ 대다수의 경제학자들은 과도한 관세에 대해 부정적 입장을 취한다.

2 **윗글을 바탕으로 |보기|를 설명한 내용으로 적절하지 <u>않은</u> 것은?**

┤ 보 기 ├

P국에서는 국산 바나나만을 소비하다 값싼 수입산 바나나를 관세 없이 수입하면서 국산 바나나 가격이 국제 시장 가격 수준으로 하락했다. 이에 정부에서는 국내 바나나 산업 보호를 위하여 관세를 부과하였다.

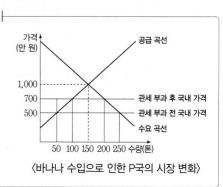

〈바나나 수입으로 인한 P국의 시장 변화〉

① 바나나를 수입하기 전 바나나의 국내 균형 가격은 톤당 1,000만 원이었다.
② 관세를 부과하기 이전에는 수입되는 바나나의 수량이 200톤이었다.
③ 관세를 부과하기 이전과 이후의 가격을 비교해 보니 톤당 200만 원만큼의 관세가 부과되었다.
④ 관세를 부과한 결과 국내 생산자는 바나나의 공급량을 50톤에서 100톤으로 늘리게 된다.
⑤ 관세를 부과한 결과 수입되는 바나나의 수량은 이전보다 50톤이 줄어드는 효과가 발생한다

3 ㉠의 이유로 적절한 것은?

① 소비자 잉여 감소분이 생산자 잉여 증가분과 같기 때문에
② 소비자 잉여 감소분이 생산자 잉여 증가분보다 크기 때문에
③ 소비자 잉여 증가분이 생산자 잉여 증가분보다 크기 때문에
④ 소비자 잉여 감소분이 생산자 잉여 감소분보다 작기 때문에
⑤ 소비자 잉여 증가분이 생산자 잉여 감소분보다 작기 때문에

㉠의 이유 파악

지문에서 근거 찾기

4 윗글의 '관세(A)'와 |보기|의 '수입 할당제(B)'에 대해 이해한 내용으로 적절하지 <u>않은</u> 것은?

─────| 보 기 |─────

'수입 할당제'는 일정 기간 특정 재화를 수입할 수 있는 양을 제한하여 제한된 할당량까지는 자유 무역 상태에서 수입하고 그 할당량이 채워지면 수입을 전면적으로 금지하는 비관세 정책이다. 수입 할당제는 수입되는 재화의 양을 제한함으로써 그 재화의 국내 가격을 자연적으로 상승시켜 국내 생산자를 보호하는 기능을 한다.

① A는 수입품의 가격을 상승시키는 원인으로 작용하겠군.
② B는 수량을 기준으로 수입되는 재화의 양을 제한하겠군.
③ A는 B와 달리 정책 시행 시의 혜택을 국내 생산자가 보겠군.
④ B는 A와 달리 수입품에 대한 정부의 조세 수입이 없겠군.
⑤ A와 B 모두 국제 무역 규모의 감소를 유발할 수 있겠군.

관세(A)와 수입 할당제(B)의 비교

정책의 공통점과 차이점 파악

바야흐로 비대면 시대, 가치를 창출할 수 있는 새로운 세상으로 메타버스가 주목받고 있다. 컴퓨터나 TV 모니터를 보며 즐기던 2차원 방식에서 이제는 3차원 체험형 가상 현실, 증강 현실, 혼합 현실로 형태가 급속도로 진화하면서 관련 기술도 나날이 발전하고 있다. 교육, 헬스케어, 전자 상거래 등 다양한 영역으로 기술이 확장되어 우리의 삶과 더욱 밀접해지는 상황 속에서 **수능 출제자들은 또 어떤 첨단 기술에 주목할까?**

기출 읽기

2022학년도 9월 고3 모의평가

정답률 43%
난이도 최상
제한시간 8분

출제자는
무엇을 물을까?

● 생소한 기술 관련 용어들이 등장하므로 지문에 제시된 개념이나 기술의 특성을 이해했는지 묻는 문제가 출제되겠지?

● 메타버스 관련 기술에는 어떠한 것들이 있는지 묻겠지? 특히 [A]에 제시된 공간 이동 장치의 기능은 무엇인지 물을 거야.

'메타버스(metaverse)'는 '초월'이라는 의미의 '메타(meta)'와 '세계'를 뜻하는 '유니버스(universe)'의 합성어로, 현실 세계와 가상 공간이 적극적으로 상호 작용하는 공간을 의미한다. 감각 전달 장치는 메타버스 속에서 사용자를 대신하는 아바타가 보고 만지는 것으로 설정된 감각을 사용자에게 전달하는 장치이다. 사용자는 이를 통하여 가상 공간을 현실감 있게 체험하면서 메타버스에 몰입하게 된다.

시각을 전달하는 장치인 HMD*는 사용자의 양쪽 눈에 가상 공간을 표현하는, 시차*가 있는 영상을 전달한다. 전달된 영상을 뇌에서 조합하는 과정에서 사용자는 공간과 물체의 입체감을 느낄 수 있다. 가상 공간에서 물체를 접촉하는 것처럼 사용자의 손에 감각 반응을 직접 전달하는 장치로는 가상 현실 장갑이 있다. 가상 현실 장갑은 가상 공간에서 아바타가 만지는 가상 물체의 크기, 형태, 온도 등을 사용자가 느낄 수 있도록 설계되어 있다. 이 외에도 가상 현실 장갑은 사용자의 손가락 및 팔의 움직임에 따라 아바타를 움직이게 할 수 있다.

한편 사용자의 움직임을 아바타에게 전달하는 공간 이동 장치를 이용하면, 사용자는 몰입도 높은 메타버스 체험을 할 수 있다. 공간 이동 장치인 가상 현실 트레드밀은 일정한 공간에 설치되어 360도 방향으로 사용자의 이동이 가능하도록 바닥의 움직임을 지원한다.

[A]

가상 현실 트레드밀과 함께 사용되는 모션 트래킹 시스템은 사용자의 동작에 따라 아바타가 동일하게 움직일 수 있도록 동기화*하는 시스템으로, 동작 추적 센서, 관성* 측정 센서, 압력 센서 등으로 구성된다. 동작 추적 센서는 사용자의 동작을 파악하며, 관성 측정 센서는 사용자의 이동 속도 변화율 및 회전 속도를 측정한다. 압력 센서는 서로 다른 물체 간에 작용하는 압력을 측정한다. 만약 바닥에 압력 센서가 부착된 신발을 사용자가 신고 뛰면, 압력 센서는 지면과 발바닥 사이의 압력을 감지하여 사용자가 뛰는 힘을 파악할 수 있다. 모션 트래킹 시스템이 사용자의 동작 정보를 컴퓨터에 전달하면, 컴퓨터는 사용자가 움직이는 방향과 속도에 ⓐ맞춰 트레드밀의 바닥을 제어한다. 이와 같이 사용자의 이동 동작에 따라 트레드밀의 움직임이 변경되기도 하지만, 아바타가 존재하는 가상 공간의 환경 변화에 따라 트레드밀 바닥의 진행 속도 및 방향, 기울기 등이 변경되기도 한다. 또한 사용자의 움직임이나 트레드밀의 작동 변화에 따라 HMD에 표시되는 가상 공간의 장면이 변경되어 사용자는 더욱 현실감 높은 체험을 할 수 있다.

* HMD: 머리에 쓰는 3D 디스플레이의 한 종류.
* 시차: 한 물체를 서로 다른 두 지점에서 보았을 때 방향의 차이.
* 동기화: 작업들 사이의 수행 시기를 맞추는 것. 사건이 동시에 일어나거나, 일정한 간격을 두고 일어나도록 시간의 간격을 조정하는 것을 이른다.
* 관성: 물체가 밖의 힘을 받지 않는 한 정지 또는 등속도 운동의 상태를 지속하려는 성질.

구조읽기 **0**

윗글에 대한 설명으로 가장 적절한 것은?

① 메타버스에 대한 평가가 시대에 따라 달라진 원인을 분석하고 있다.

② 메타버스 관련 기술의 발전을 설명하면서 각 기술의 특징을 살펴보고 있다.

③ 메타버스 관련 기술을 종류별로 나눠 각 기술의 개념과 기능을 설명하고 있다.

④ 메타버스의 특성을 바탕으로 메타버스 관련 기술이 지닌 한계를 지적하고 있다.

⑤ 메타버스의 특성에 기초하여 메타버스 관련 기술에 대한 상반된 시각을 제시하고 있다.

내 생각?... 을 표현하기 좋은 글의 구조를 선택하고... 썼으니까... **글의 구조 속**에 있지 않을까?

글쓴이의 작문 과정을 따라가 볼까?

(❶)의 어원과 그 의미를 밝히면서 글을 시작해 볼까?

↓

메타버스에 사용되는 기술을 감각 전달 장치와 공간 이동 장치로 나누어 설명하면 이해가 더 쉽겠지?

↓

먼저, 감각 전달 장치인 HMD와 가상 현실 장갑에 대해 설명해야겠어. 이때 둘의 차이가 잘 드러나도록 그 기능을 구체적으로 제시해야지.

↓

다음으로, 공간 이동 장치인 가상 현실 트레드밀과 (❷)에 대해 설명해야겠어. 이때 모션 트래킹 시스템은 센서로 사용자의 정보를 파악하고, 이에 따라 트레드밀과 HMD의 장면이 변경되기도 한다는 점을 제시해야지.

글쓴이가 이 글에서 말하려는 주제는?

_____

_____

윗글의 내용과 일치

핵심 내용 파악

기술 제재는 특히 지문에 제시된 핵심 정보나 대상 간의 관계를 잘 파악해야 해. 각 선지에 언급된 기술의 기능을 지문에서 꼼꼼히 확인해 봐.

1 **윗글의 내용과 일치하지 <u>않는</u> 것은?**

① 감각 전달 장치와 공간 이동 장치는 사용자가 메타버스에 몰입할 수 있게 한다.

② 공간 이동 장치는 현실 세계 사용자의 움직임을 메타버스의 아바타에게 전달한다.

③ HMD는 사용자가 시각을 통해 메타버스의 공간과 물체의 입체감을 느끼도록 한다.

④ 감각 전달 장치는 아바타가 느끼는 것으로 설정된 감각을 사용자에게 전달하는 장치이다.

⑤ 가상 현실 장갑을 착용하면 사용자와 아바타는 상호 간에 감각 반응을 주고받을 수 있다.

[A]에 대한 이해

'모션 트래킹 시스템'의 기능 파악

모션 트래킹 시스템이 어떤 장치인지 파악해야겠지? 이때 이 장치가 가상 현실 트레드밀과 함께 사용되어 어떤 작용을 하는지도 살펴야 해.

2 **[A]에 대한 이해로 적절한 것은?**

① 관성 측정 센서는 사용자의 이동 속도와 뛰는 힘을 측정할 수 있다.

② HMD에 표시되는 가상 공간 장면의 변경에 따라 HMD는 가상 현실 트레드밀을 제어한다.

③ 가상 공간에서 아바타가 경사로를 만나면 가상 현실 트레드밀 바닥의 기울기가 변경될 수 있다.

④ 모션 트래킹 시스템은 아바타의 동작에 따라 사용자가 동일하게 움직일 수 있도록 동기화한다.

⑤ 아바타가 이동 방향을 바꾸면 가상 현실 트레드밀 바닥의 진행 방향이 변경되어 사용자의 이동 방향이 바뀌게 된다.

3 윗글을 바탕으로 |보기|를 이해한 내용으로 적절하지 <u>않은</u> 것은?

윗글을 바탕으로 |보기|를 이해

구체적 사례에 적용
↓
지문의 동작 추적 센서에 대한 설명을 근거로 자료를 해석해 봐. 이때 이 센서에만 국한하지 말고 모션 트래킹 시스템에 관한 정보까지 확인하도록!

|보 기|

동작 추적 센서의 하나인 키넥트 센서는 적외선 카메라와 RGB 카메라 등으로 구성된다. 적외선 카메라는 광원에서 발산된 적외선이 피사체의 표면에서 반사되어 수신되기까지 걸리는 시간을 측정하여, 피사체의 입체 정보를 포함하는 저해상도 단색 이미지를 제공한다. 반면 RGB 카메라는 피사체의 고해상도 컬러 이미지를 제공한다. 키넥트 센서는 저해상도 입체 이미지를 고해상도 컬러 이미지에 투영하여 사용자가 검출되는 경우, 〈그림〉과 같이 신체 부위에 대응되는 25개의 연결점을 선으로 이은 3D 골격 이미지를 제공한다.

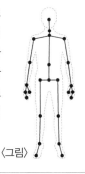

〈그림〉

① 키넥트 센서는 가상 공간에 있는 물체들 간의 거리를 측정하여 입체감을 구현할 수 있다.
② 키넥트 센서가 확보한, 사용자의 춤추는 동작 정보를 바탕으로 아바타의 춤추는 동작이 구현될 수 있다.
③ 키넥트 센서와 관성 측정 센서를 이용하여 사용자의 걷는 자세 및 이동 속도 변화율을 파악할 수 있다.
④ 연결점의 수와 위치의 제약 때문에 사용자의 골격 이미지로는 사용자의 얼굴 표정 변화를 아바타에게 전달할 수 없다.
⑤ 적외선 카메라의 입체 이미지와 RGB 카메라의 컬러 이미지 정보로부터 생성된 골격 이미지가 사용자의 동작 정보를 파악하는 데 사용된다.

4 문맥상 의미가 ⓐ와 가장 가까운 것은?

다의어의 문맥적 의미 파악

'맞추다'는 다의어야. 다의어는 문맥에 따라서 다양한 의미로 쓰이니까 ⓐ가 포함된 문장의 문맥부터 살펴보자.

① 그 연주자는 피아노를 언니의 노래에 정확히 <u>맞추어</u> 쳤다.
② 아내는 집 안에 있는 물건들의 색깔을 조화롭게 <u>맞추었다</u>.
③ 우리는 다음 주까지 손발을 <u>맞추어</u> 작업을 마치기로 했다.
④ 그 동아리는 신입 회원을 한 명 더 뽑아 인원을 <u>맞추었다</u>.
⑤ 동생은 중간고사를 보고 나서 친구와 답을 <u>맞추어</u> 보았다.

기 출 읽 기

1

2022학년도 6월 고3 모의평가

정답률 36%
난이도 최상
제한시간 8분

무엇을 물을까?

● '전통적인 PCR'와 '실시간 PCR'를 비교하고

있으니까 둘의 공통점과 차이점, 장점과 단점

에 대해 묻겠지?

●

1993년 노벨 화학상은 중합 효소* 연쇄 반응(PCR)을 개발한 멀리스에게 수여된다. 염기 서열을 아는 DNA가 한 분자라도 있으면 이를 다량으로 증폭*할 수 있는 길을 열었기 때문이다. PCR는 주형 DNA, 프라이머, DNA 중합 효소, 4종의 뉴클레오타이드가 필요하다. 주형 DNA란 시료*로부터 추출하여 PCR에서 DNA 증폭의 바탕이 되는 이중 가닥 DNA를 말하며, 주형 DNA에서 증폭하고자 하는 부위를 표적 DNA라 한다. 프라이머는 표적 DNA의 일부분과 동일한 염기 서열로 이루어진 짧은 단일 가닥 DNA로, 2종의 프라이머가 표적 DNA의 시작과 끝에 각각 결합한다. DNA 중합 효소는 DNA를 복제하는데, 단일 가닥 DNA의 각 염기 서열에 대응하는 뉴클레오타이드를 순서대로 결합시켜 이중 가닥 DNA를 생성한다.

PCR 과정은 우선 열을 가해 이중 가닥의 DNA를 2개의 단일 가닥으로 분리하는 것으로 시작한다. 이후 각각의 단일 가닥 DNA에 프라이머가 결합하면, DNA 중합 효소에 의해 복제되어 2개의 이중 가닥 DNA가 생긴다. 일정한 시간 동안 진행되는 이러한 DNA 복제 과정이 한 사이클을 이루며, 사이클마다 표적 DNA의 양은 2배씩 증가한다. 그리고 DNA의 양이 더 이상 증폭되지 않을 정도로 충분히 사이클을 수행한 후 PCR를 종료한다. 전통적인 PCR는 PCR의 최종 산물에 형광 물질을 결합시켜 발색을 통해 표적 DNA의 증폭 여부를 확인한다.

PCR는 시료의 표적 DNA 양도 알 수 있는 실시간 PCR라는 획기적인 개발로 이어졌다. 실시간 PCR는 전통적인 PCR와 동일하게 PCR를 실시하지만, 사이클마다 발색 반응이 일어나도록 하여 누적되는 발색을 통해 표적 DNA의 증폭을 실시간으로 확인할 수 있다. 이를 위해 실시간 PCR에서는 PCR 과정에 발색 물질이 추가로 필요한데, '이중 가닥 DNA 특이 염료' 또는 '형광 표식 탐침'이 이에 이용된다. ㉠이중 가닥 DNA 특이 염료는 이중 가닥 DNA에 결합하여 발색하는 형광 물질로, 새로 생성된 이중 가닥 표적 DNA에 결합하여 발색하므로 표적 DNA의 증폭을 알 수 있게 한다. 다만, 이중 가닥 DNA 특이 염료는 모든 이중 가닥 DNA에 결합할 수 있기 때문에 2개의 프라이머끼리 결합하여 이중 가닥의 이합체(二合體)*를 형성한 경우에는 이와 결합하여 의도치 않은 발색이 일어난다.

㉡형광 표식 탐침은 형광 물질과 이 형광 물질을 억제하는 소광 물질이 붙어 있는 단일 가닥 DNA 단편으로, 표적 DNA에서 프라이머가 결합하지 않는 부위에 특이적으로 결합하도록 설계된다. PCR 과정에서 이중 가닥 DNA가 단일 가닥으로 되면, 형광 표식 탐침은 프라이머와 마찬가지로 표적 DNA에 결합한다. 이후 DNA 중합 효소에 의해 이중 가닥 DNA가 형성되는 과정 중에 탐침은 표적 DNA와의 결합이 끊어지고 분해된다. 탐침이 분해되어 형광 물질과 소광 물질의 분리가 일어나면 비로소 형광 물질이 발색되며, 이로써 표적 DNA가 증폭되었음을 알 수 있다. 형광 표식 탐침은 표적 DNA에 특이적으로 결합하는 장점을 지니나 상대적으로 비용이 비싸다.

[A]
실시간 PCR에서 발색도는 증폭된 이중 가닥 표적 DNA의 양에 비례하며, 일정 수준의 발색도에 도달하는 데 필요한 사이클은 표적 DNA의 초기 양에 따라 달라진다. 사이클의 진행에 따른 발색도의 변화가 연속적인 선으로 표시되며, 표적 DNA를 검출했다고 판단하는 발색도에 도달하는 데 소요된 사이클을 Ct값이라 한다. 표적 DNA의 농도를 알지 못하는 미지 시료의 Ct값과 표적 DNA의 농도를 알고 있는 표준 시료의 Ct값을 비교하면 미지 시료에 포함된 표적 DNA의 농도를 계산할 수 있다.

PCR는 시료로부터 얻은 DNA를 가지고 유전자 복제, 유전병 진단, 친자 감별, 암 및 감염성 질병 진단 등에 광범위하게 활용된다. 특히 실시간 PCR를 이용하면 바이러스의 감염 여부를 초기에 정확하고 빠르게 진단할 수 있다.

* 중합 효소: 핵산의 중합 반응을 돕는 물질. 이때 디엔에이(DNA)는 알엔에이 중합 효소에 의한 알엔에이 합성의 주형을 형성한다.
* 증폭: 사물의 범위가 늘어나 커짐. 또는 사물의 범위를 넓혀 크게 함.
* 시료: 시험, 검사, 분석 따위에 쓰는 물질이나 생물.
* 이합체: 단량체(화학 반응으로 고분자 화합물을 만들 때 단위가 되는 물질) 두 개가 결합하여 만들어진 화합물.

0 **윗글에 대한 설명으로 가장 적절한 것은?**

① 대상의 변화 과정을 통시적으로 고찰하여 제시하고 있다.
② 스스로 묻고 대답하는 방식을 통해 내용을 전달하고 있다.
③ 가정적 상황을 설정하여 대상을 알기 쉽게 설명하고 있다.
④ 서로 다른 두 대상을 비교 · 대조하며 대상에 대한 이해를 돕고 있다.
⑤ 중심 제재에 대한 통념을 제시하고 이를 반박하며 논지를 전개하고 있다.

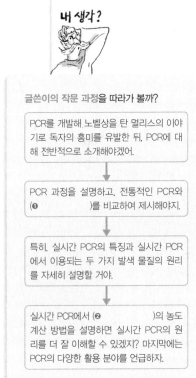

내 생각?

글쓴이의 작문 과정을 따라가 볼까?

PCR를 개발해 노벨상을 탄 멀리스의 이야기로 독자의 흥미를 유발한 뒤, PCR에 대해 전반적으로 소개해야겠어.

↓

PCR 과정을 설명하고, 전통적인 PCR와 (❶   )를 비교하여 제시해야지.

↓

특히, 실시간 PCR의 특징과 실시간 PCR에서 이용되는 두 가지 발색 물질의 원리를 자세히 설명할 거야.

↓

실시간 PCR에서 (❷   )의 농도 계산 방법을 설명하면 실시간 PCR의 원리를 더 잘 이해할 수 있겠지? 마지막에는 PCR의 다양한 활용 분야를 언급하자.

글쓴이가 이 글에서 말하려는 주제는?

_____

_____

1 윗글에서 알 수 있는 내용으로 적절하지 <u>않은</u> 것은?

① 2종의 프라이머 각각의 염기 서열과 정확히 일치하는 염기 서열을 주형 DNA에서 찾을 수 없다.

② PCR에서 표적 DNA 양이 초기 양을 기준으로 처음의 2배가 되는 시간과 4배에서 8배가 되는 시간은 같다.

③ 전통적인 PCR는 표적 DNA 농도를 아는 표준 시료가 있어도 미지 시료의 표적 DNA 농도를 PCR 과정 중에 알 수 없다.

④ 실시간 PCR는 가열 과정을 거쳐야 시료에 포함된 표적 DNA의 양을 증폭할 수 있다.

⑤ 실시간 PCR를 실시할 때에 표적 DNA의 증폭이 일어나려면 DNA 중합 효소와 프라이머가 필요하다.

윗글을 읽고 이해한 반응

방안에 대한 적절성 판단

지문에서 단서가 될 만한 내용을 찾아 추론을 통해 선지의 적절성을 판단해 봐. 그리고 지문에서 PCR의 구성 요소를 설명한 부분까지 꼼꼼히 읽어 봐!

2 어느 바이러스 감염증의 진단 검사에 PCR를 이용하려고 한다. 윗글을 읽고 이해한 반응으로 가장 적절한 것은?

① 전통적인 PCR로 진단 검사를 할 때, 시료에 바이러스의 양이 적은 감염 초기에는 감염 여부를 진단할 수 없겠군.

② 전통적인 PCR로 진단 검사를 할 때, DNA 증폭 여부 확인에 발색 물질이 필요 없으니 비용이 상대적으로 싸겠군.

③ 전통적인 PCR로 진단 검사를 할 때, 실시간 증폭 여부를 확인할 필요가 없어 진단에 걸리는 시간을 줄일 수 있겠군.

④ 실시간 PCR로 진단 검사를 할 때, 표적 DNA의 염기 서열이 알려져 있어야 감염 여부를 분석할 수 있겠군.

⑤ 실시간 PCR로 진단 검사를 할 때, 감염 여부는 PCR가 끝난 후에야 알 수 있지만 실시간 증폭은 확인할 수 있겠군.

3 ㉠과 ㉡에 대한 설명으로 가장 적절한 것은?

① ㉠은 ㉡과 달리 프라이머와 결합하여 이합체를 이룬다.
② ㉠은 ㉡과 달리 표적 DNA에 붙은 채 발색 반응이 일어난다.
③ ㉡은 ㉠과 달리 형광 물질과 결합하여 이합체를 이룬다.
④ ㉡은 ㉠과 달리 한 사이클의 시작 시점에 발색 반응이 일어난다.
⑤ ㉠과 ㉡은 모두 이중 가닥 표적 DNA에 결합하는 물질이다.

㉠과 ㉡에 대한 설명

대상 간 비교

4 [A]를 바탕으로 |보기 1|의 실험 상황을 가정하고 |보기 2|와 같이 예상 결과를 추론하였다. ㉮~㉰에 들어갈 말로 적절한 것은?

─────────| 보 기 1 |─────────

표적 DNA의 농도를 알지 못하는 ⓐ미지 시료와, 이와 동일한 표적 DNA를 포함하지만 그 농도를 알고 있는 ⓑ표준 시료가 있다. 각 시료의 DNA를 주형 DNA로 하여 같은 양의 시료로 동일한 조건에서 실시간 PCR을 실시한다.

─────────| 보 기 2 |─────────

만약 ⓐ가 ⓑ보다 표적 DNA의 초기 농도가 높다면,

⬇

표적 DNA가 증폭되는 동안, 사이클이 진행됨에 따라
시간당 시료의 표적 DNA의 증가량은 ⓐ가 (㉮   ).

⬇

실시간 PCR의 Ct값에서의 발색도는 ⓐ가 (㉯   ).

⬇

따라서 실시간 PCR의 Ct값은 ⓐ가 (㉰   ).

	㉮	㉯	㉰
①	ⓑ보다 많겠군	ⓑ보다 높겠군	ⓑ보다 크겠군
②	ⓑ보다 많겠군	ⓑ와 같겠군	ⓑ보다 작겠군
③	ⓑ와 같겠군	ⓑ보다 높겠군	ⓑ보다 작겠군
④	ⓑ와 같겠군	ⓑ와 같겠군	ⓑ보다 작겠군
⑤	ⓑ와 같겠군	ⓑ보다 높겠군	ⓑ보다 크겠군

㉮~㉰에 들어갈 말

가상의 상황 예측

↓

|보기 2|의 핵심어인 표적 DNA의 초기 농도, 시간당 시료의 표적 DNA의 증가량, Ct값에서의 발색도, 실시간 PCR의 Ct값 등에 대한 설명을 지문에서 찾아 |보기 2|에 적용해 봐.

ISSUE 06 과학기술

기 출 읽 기

2021학년도 9월 고1 학력평가

정답률 65%
난이도 중
제한시간 8분

무엇을 물을까?

● 전기차, 수소전기차, 하이브리드차, 내연기관

차 등의 구동 방식은 어떻게 다른지 묻는 문

제가 출제될 거야!

●

자동차에서 배출되는 오염 물질로 인한 대기 오염 및 기후 변화 문제가 심각해지면서 세계 각국은 온실가스의 배출 억제를 위해 자동차 분야 규제를 강화하고 있어 오염 물질의 배출이 적은 친환경차가 주목을 ㉮받고 있다.

친환경차에는 전기차, 수소전기차, 하이브리드차가 있는데 이 중 ㉠전기차와 수소전기차는 전기에너지를 운동에너지로 변환하여 주는 모터만으로 구동[*]되고, ㉡하이브리드차는 모터와 함께 ㉢내연기관차[*]처럼 연료를 연소시킬 때 발생하는 열에너지를 운동에너지로 바꿔 주는 엔진을 사용하여 구동된다. 내연기관차는 마찰 제동장치[*]를 사용하므로 차가 감속할 때 운동에너지가 열에너지로 변환된 후 사라지는 반면, 친환경차는 감속 시 운동에너지를 전기에너지로 변환하여 배터리에 충전해 다시 사용할 수 있게 하는 회생 제동장치도 사용해 에너지 효율을 높이고 있다.

하이브리드차는 출발할 때에는 전기에너지를 이용하여 모터를 구동하고 주행 시에는 주행 상황에 따라 모터와 엔진을 적절히 이용하므로 일반 내연기관차보다 연비[*]가 좋고 배기가스가 저감되는 효과가 있다. 전기차와 수소전기차는 엔진 없이 모터를 사용해 전기에너지만으로 달리는 차라 할 수 있다. 전기차는 고전압 배터리에 충전을 해 전기에너지를 모터로 공급하여 움직이고, 수소전기차는 연료 탱크에 저장된 수소를 연료전지[*]를 통해 전기에너지로 변환하여 동력원으로 사용한다. 연료전지는 차량 구동에 필요한 수준의 전기에너지를 발전시키기 위해 다수의 연료전지를 직렬로 연결하여 가로로 쌓아 만드는데 이를 스택(stack)이라 한다. 연료전지는 저장된 수소와 외부로부터 공급되는 공기 속 산소가 만나 일어나는 산화 · 환원 반응 과정을 통해 전기에너지를 생성하는데, 산화란 어떤 물질이 전자를 내어 주는 것을, 환원이란 전자를 받아들이는 것을 의미한다. 이렇게 물질이 전자를 얻거나 잃는 것을 이온화라고도 하는데 물질이 전자를 얻으면 음이온이, 전자를 잃으면 양이온이 된다.

수소전기차에는 백금을 넣은 촉매[*]와 고분자전해질막을 지닌 연료전지를 많이 사용하는데 다른 연료전지에 비해 출력이 크고 저온에서도 작동이 되며 구조도 간단하다. 연료전지의 −극과 +극에 사용되는 촉매 속에 들어 있는 백금은 −극에서는 수소의 산화 반응을, +극에서는 산소의 환원 반응을 활성화한다. 그리고 두 극 사이에 있는 고분자전해질막은 양이온의 이동은 돕고 음이온과 전자의 이동은 억제하는 역할을 한다.

연료전지에서 전기에너지가 생성되는 과정은 수소를 저장한 연료 탱크로부터 수소가 −극으로, 공기공급기로 유입되는 외부의 공기 속 산소가 +극으로 공급되며 시작된다. −극에 공급된 수소는 촉매 속 백금에 의해 수소 양이온(H^+)과 전자(e^-)로 분리되고, 수소 양이온은 고분자전해질막을 통과해 +극으로, 전자는 외부 회로를 통해 +극으로 이동한다. 이렇게 전자가 외부 회로로 흐르며 전기에너지가 발생하는데, 생성된 전기에너지는 모터로 전해져 동력원이 되고 일부는 배터리에 축전된다. +극에서는 공급된 산소가 외부 회로를 통해 이동해 온 전자(e^-)와 결합해 산소 음이온(O^-)이 된 후, 수소 양이온(H^+)과 만나 물(H_2O)이 되어 외부로 배출된다.

수소전기차에 사용되는 수소는 가솔린의 세 배나 되는 단위 질량당 에너지 밀도를 지니고 있어 에너지 효율이 높다. 그리고 수소와 산소의 반응을 이용하므로 오염 물질이나 온실가스의 배출이 적고 외부로부터 공급되는 공기를 필터로 정화하여 사용한 후 배출하므로 공기를 정화하는 기능도 한다. 그러나 고가인 백금과 고분자전해질막을 사용해 연료전지를 제작해 가격이 비싸다는 점, 수소는 고압으로 압축해야 하므로 폭발할 위험성이 커 보관과 이동에 어려움이 있다는 점 등 해결해야 할 문제들이 남아 있다.

* 구동: 동력을 가하여 움직임.
* 내연기관차: 내연기관(실린더 속에 연료를 집어넣고 연소 폭발시켜서 생긴 가스의 팽창력으로 피스톤을 움직이게 하는 원동기)을 원동기로 하는 기관차.
* 제동장치: 기차 · 전차 · 자동차 따위의 차량이나 기계 장치의 운전 속도를 조절하고 제어하기 위한 장치. 브레이크
* 연비: 자동차가 단위 주행 거리 또는 단위 시간당 소비하는 연료의 양. 연료 소비율
* 연료전지: 연료의 연소 에너지를 열로 바꾸지 않고 직접 전기에너지로 바꾸는 전지.
* 촉매: 자신은 변화하지 아니하면서 다른 물질의 화학 반응을 매개하여 반응 속도를 빠르게 하거나 늦추는 일. 또는 그런 물질.

윗글에 대한 설명으로 가장 적절한 것은?

① 친환경차와 내연기관차의 영향 관계를 조명하고 그 공통점과 차이점을 비교하고 있다.

② 친환경차의 기원을 검토하여 이를 바탕으로 친환경차의 의의와 한계를 평가하고 있다.

③ 친환경차의 구동 방식과 특징을 제시하며 수소전기차로의 발전 과정을 설명하고 있다.

④ 친환경차의 종류와 특성을 설명한 후, 그중 수소전기차의 원리와 장단점을 상세히 밝히고 있다.

⑤ 친환경차의 구동 방식에 관한 이론을 소개하여 전기차, 수소전기차, 하이브리드차의 특징을 부각하고 있다.

내 생각?

글쓴이의 작문 과정을 따라가 볼까?

최근 친환경차가 주목받고 있는 배경을 언급하며 글을 시작해 볼까?

↓

친환경차인 전기차, 수소전기차, 하이브리드차의 구동 방식을 (❶   )와 비교하며 설명해야겠어.

↓

하이브리드차, 전기차, 수소전기차의 구동 원리를 제시한 후 수소전기차의 연료전지에서 (❷   )가 생성되는 과정을 자세하게 설명해야겠어.

↓

수소전기차의 장점 및 한계를 언급하며 글을 마무리해야겠어.

글쓴이가 이 글에서 말하려는 주제는?

_____

_____

윗글에 대해 이해한 내용

수소전기차에 대한 세부 정보

선지에서 수소전기차의 어떤 정보를 다루고 있는지 파악한 후 그 내용이 언급된 문단에서 선지의 내용을 확인해 봐.

1 **윗글에 대해 이해한 내용으로 적절하지 않은 것은?**

① 고압으로 압축한 수소는 폭발할 위험이 크니 보관이나 이동에 어려움이 많겠군.

② 수소전기차는 공급되는 외부 공기를 필터로 걸러 사용하므로 정화된 공기가 배출되겠군.

③ 수소가 연료로 쓰이는 이유는 가솔린보다 에너지 효율은 낮지만 친환경적이기 때문이겠군.

④ 백금과 고분자전해질막을 대신할 저가의 원료를 개발한다면 연료전지의 가격을 낮출 수 있겠군.

⑤ 수소전기차를 구동할 수준의 전기에너지를 만들어 내려면 다수의 연료전지를 직렬로 연결해 만들어야겠군.

과정을 도식화

도식을 활용한 내용 이해

2 **|보기|는 수소전기차의 연료전지에서 전기에너지가 생성되는 과정을 도식화한 것이다. 윗글을 바탕으로 |보기|를 이해한 내용으로 적절하지 않은 것은?**

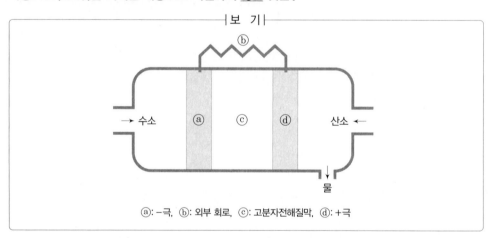

ⓐ: −극, ⓑ: 외부 회로, ⓒ: 고분자전해질막, ⓓ: +극

① ⓐ와 ⓓ에 들어 있는 금속은 각각 수소와 산소의 이온화를 촉진하겠군.

② ⓑ를 통해 전자가 흘러가는 이유는 ⓒ가 전자의 이동을 억제하기 때문이겠군.

③ ⓒ를 통과하여 ⓓ로 이동하는 수소 양이온은 ⓐ에서 전자를 잃은 수소이겠군.

④ ⓐ와 ⓓ에서 분리된 전자는 ⓑ에서 만나 전기에너지를 생성하겠군.

⑤ ⓓ에서는 수소 양이온과 산소 음이온이 결합하여 물이 생성되겠군.

3 ㉠~㉢에 대한 이해로 적절하지 <u>않은</u> 것은?

① ㉠은 ㉡, ㉢과 달리 연료 탱크를 제작할 필요가 없다.

② ㉡은 ㉠에 쓰이는 모터와 ㉢에 쓰이는 엔진을 주행 상황에 따라 이용한다.

③ ㉢은 ㉠, ㉡과 달리 감속할 때 발생하는 에너지를 자동차의 주행에 활용하지 못한다.

④ ㉠, ㉡은 ㉢에 비해 배출되는 오염 물질과 온실가스의 양이 적다.

⑤ ㉠, ㉡은 ㉢과 달리 전기에너지를 운동에너지로 변환하여 출발한다.

㉠~㉢에 대한 이해

전기차와 수소전기차, 하이브리드차, 내연기관차의 비교

비교 기준인 '연료 탱크', '모터와 엔진 이용', '감속할 때 에너지 사용 여부', '오염 물질과 온실가스의 양', '에너지 변화'와 관련된 내용을 지문에서 찾아 선지의 적절성을 따져 보자.

4 문맥상 ㉮와 가장 가까운 의미로 쓰인 것은?

① 회사의 미래를 위해 신입 사원을 <u>받아야</u> 하겠군.

② 네가 원하는 요구 조건은 무엇이든지 <u>받아</u> 주겠다.

③ 그 아이는 막내로 태어나 집에서 귀염을 <u>받고</u> 자랐다.

④ 그는 좌회전 신호를 <u>받고</u> 천천히 차의 속도를 높였다.

⑤ 예전에는 빗물을 큰 물통에 <u>받아</u> 빨래하는 데 쓰기도 했다.

문장 내 단어의 쓰임 파악

무엇을 물을까?

●

●

가 최근 스마트폰이나 자동차 등에서 인공지능 음성 언어 비서 시스템이 사용되고 있다. 이 시스템이 제대로 작동하기 위해서는 사용자의 음성이 올바르게 인식되어야 한다. 그런데 불분명하게 발음하거나 여러 단어를 쉼 없이 발음하는 경우 시스템이 어떻게 이를 올바른 문장으로 인식할 수 있을까? 이럴 때는 입력된 음성 언어를 문자 언어로 변환한 다음, 통계 데이터를 활용하여 단어나 문장의 오류를 보정*하는 자연어 처리 기술이 사용된다. 이러한 기술에는 철자 오류 보정 방식과 띄어쓰기 오류 보정 방식이 있다.

나 철자 오류 보정 방식은 교정 사전과 어휘별 통계 데이터를 ㉠기반으로 잘못된 문자열*을 올바른 문자열로 바꿔 주는 방식이다. 철자 오류 보정은 '전처리, 오류 문자열 판단, 교정 후보 집합 생성, 최종 교정 문자열 탐색' 과정을 거친다. 먼저 '전처리'는 입력 문장에서 사용자의 발음이 불분명하게 입력되어 시스템에서 처리가 불가능한 문자열을 처리가 가능한 문자열로 바꿔 주는 과정이다. 가령, '실크'가 '싫'으로 인식될 경우, '싫'이라는 음절이 국어에 쓰이지 않으므로 '실크'로 바꿔 준다. 이렇게 전처리가 끝나면 다음 단계인 '오류 문자열 판단' 단계로 넘어간다. 이 단계에서는 입력된 문장을 어절 단위의 문자열로 ㉡구분하여, 각 문자열이 교정 사전의 오류 문자열에 존재하는지 여부를 확인한다. 교정 사전이란 오류 문자열과 이를 수정한 교정 문자열이 쌍을 이루어 구축*되어 있는 사전이다. 예를 들어 사람들이 자주 틀리는 어휘인 '할려고'의 경우, 교정 사전의 오류 문자열에 '할려고', 이를 수정한 교정 문자열에 '하려고'가 들어가 있다.

다 처리된 문자열이 교정 사전의 오류 문자열에 존재하지 않을 경우 바로 결과 문장으로 도출되지만, 존재할 경우 '교정 후보 집합 생성' 단계로 넘어간다. 이 단계에서는 오류 문자열과 교정 문자열 모두를 교정 후보로 하는 교정 후보 집합을 ㉢생성한다. 예컨대 처리된 문자열이 '할려고'일 경우, '할려고'와 '하려고' 모두를 교정 후보로 하는 교정 후보 집합을 생성한다. 그런 다음 '최종 교정 문자열 탐색' 단계로 넘어간다. 여기서는 철자 오류가 거의 없는 교과서나 신문 기사와 같은 자료에서 어휘들의 사용 빈도를 추출한 어휘별 통계 데이터를 활용하여, 교정 후보 중 사용 빈도가 높은 문자열을 최종 교정 문자열로 선택하여 결과 문장을 도출한다. 만일 통계 데이터에서 '할려고'의 사용 빈도가 1회, '하려고'의 사용 빈도가 100회라면 '하려고'를 최종 교정 문자열로 선택하는 것이다.

라 띄어쓰기 오류 보정 방식은 잘못된 띄어쓰기를 통계 데이터와 비교하여 올바른 띄어쓰기로 바꿔 주는 방식이다. 이를 위해서는 입력된 문장의 띄어쓰기를 시스템에서 처리할 수 있도록 이진법*으로 변환하는 과정이 요구된다. 이 과정에서 음절의 좌나 우, 혹은 음절의 사이에 공백이 있을 때 1, 공백이 없을 때 0으로 표기한다. 가령 '동생이 밥 을 먹었다'라는 문장에서 '밥'은 음절의 좌, 우에 모두 공백이 있으므로 이를 이진법으로 나타내 '1밥1'이 되는데, 이를 편의상 '밥(11)'로 나타낸다. 같은 방법으로 '밥 을'은 두 음절의 좌, 사이, 우에 모두 공백이 있으므로 '밥을(111)'이 되고, '밥 을 먹'은 '밥을먹(1110)'이 된다. 이때 문장의 처음과 끝은 공백이 있는 것으로 처리한다. 이렇게 띄어쓰기를 이진법으로 변환한 다음, 올바르게 띄어쓰기가 구현된 문장에서 ㉣추출한 통계 데이터와 비교한다. 그 결과 빈도수가 높은 띄어쓰기 결과에 맞춰 띄어쓰기 오류를 보정한다. 만약 통계 데이터에서 '밥을(111)'의 빈도수가 낮고 '밥을(101)'의 빈도수가 높을 경우, 이에 따라 '밥 을'은 '밥을'로 띄어쓰기가 보정된다.

[마] 이러한 방법들은 모두 올바른 단어나 문장에서 추출된 통계 데이터를 기반으로 보정이 이루어진다는 공통점이 있다. 보정의 정확도를 ⓜ<u>향상시키기</u> 위해서는 통계 데이터의 양을 늘리는 것이 요구되지만, 이 경우 데이터 처리 속도가 감소하게 된다는 단점이 있다. 이러한 문제점을 해결하기 위해 최근 보정의 정확도와 데이터의 처리 속도를 모두 향상시키기 위한 방안이 지속적으로 연구되고 있다.

* 보정: 부족한 부분을 보태어 바르게 함.
* 문자열: 데이터로 다루는 일련의 문자.
* 구축: 체제, 체계 따위의 기초를 닦아 세움.
* 이진법: 숫자 0과 1만을 사용하여, 둘씩 묶어서 윗자리로 올려 가는 표기법. 십진법의 0, 1, 2, 3, 4는 이진법에서는 0, 1, 10, 11, 100이 된다.

윗글의 구조를 도식화한 것으로 적절한 것은?

①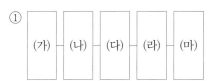

②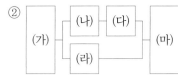

③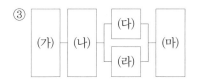

④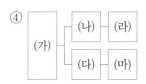

⑤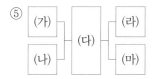

내 생각?

글쓴이의 작문 과정을 따라가 볼까?

자연어 처리 기술을 활용한 (❶)을 소개하며 글을 시작할까?

우선, 자연어 처리 기술 중 (❷)의 개념과 과정에 대해 설명해야지.

다음으로, 띄어쓰기 오류 보정 방식의 개념과 과정에 대해 설명해야겠어.

자연어 처리 기술의 한계점에 대해 언급하면서 글을 마무리하자.

글쓴이가 이 글에서 말하려는 주제는?

_____

_____

1 윗글에서 알 수 있는 내용으로 적절하지 <u>않은</u> 것은?

① 잘못 입력된 문장이 보정되지 않으면 음성 언어 비서 시스템이 제 기능을 발휘하지 못한다.

② 음성 인식 오류를 보정할 때는 사용자의 음성 언어를 문자 언어로 변환하는 과정이 선행된다.

③ 철자 오류 보정 방식은 각 단계마다 입력된 문장을 음절 단위로 구분하여 데이터를 처리한다.

④ 띄어쓰기 오류 보정 방식에서 입력된 문장의 처음과 끝은 공백이 있는 것으로 처리된다.

⑤ 통계 데이터에 포함된 데이터의 양을 늘리면 보정의 정확도는 증가하지만 처리 속도는 감소한다.

|보기|의 ㉮~㉱를 설명

원리를 구체적 상황에 적용

2 (나), (다)를 참고로 하여 |보기|의 ㉮~㉱를 설명한 내용으로 적절하지 <u>않은</u> 것은?

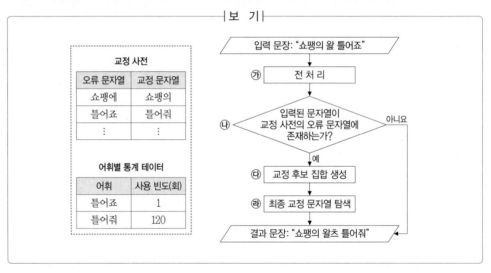

① ㉮: '왈ㅊ'를 '왈츠'로 교정하여 처리가 가능한 문자열로 바꿔 준다.

② ㉯: '쇼팽의'를 교정 사전에서 확인한 결과 오류 문자열에 해당하지 않으므로 결과 문장으로 바로 보낸다.

③ ㉯: '틀어죠'를 교정 사전에서 확인한 결과 오류 문자열에 해당하므로 '교정 후보 집합 생성' 단계로 보낸다.

④ ㉰: '틀어죠'가 교정 사전의 오류 문자열에 있으므로 '틀어줘'만을 교정 후보로 하는 교정 후보 집합을 생성한다.

⑤ ㉱: 어휘별 통계 데이터를 적용하여 사용 빈도가 높은 '틀어줘'를 최종 교정 문자열로 선택한다.

3 윗글을 바탕으로 할 때, ㄱ~ㅁ에서 |보기|의 띄어쓰기 오류 보정이 일어난 이유로 가장 적절한 것은?

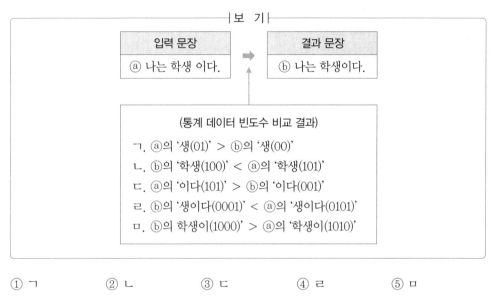

| 보 기 |

입력 문장		결과 문장
ⓐ 나는 학생 이다.	➡	ⓑ 나는 학생이다.

(통계 데이터 빈도수 비교 결과)

ㄱ. ⓐ의 '생(01)' > ⓑ의 '생(00)'

ㄴ. ⓑ의 '학생(100)' < ⓐ의 '학생(101)'

ㄷ. ⓐ의 '이다(101)' > ⓑ의 '이다(001)'

ㄹ. ⓑ의 '생이다(0001)' < ⓐ의 '생이다(0101)'

ㅁ. ⓑ의 학생이(1000)' > ⓐ의 '학생이(1010)'

① ㄱ   ② ㄴ   ③ ㄷ   ④ ㄹ   ⑤ ㅁ

4 문맥에 맞게 ㉠~㉤을 바꿔 쓴 것으로 적절하지 <u>않은</u> 것은?

① ㉠: 바탕으로

② ㉡: 나누어

③ ㉢: 만든다

④ ㉣: 고친

⑤ ㉤: 높이기

2022년 가을, 200년 안에 다시 없을 특급 우주쇼가 펼쳐졌고 많은 사람들이 '붉은 달'을 보기 위해 하늘을 올려다보았다. 인간은 먼 과거로부터 지금에 이르기까지 우주에 대한 호기심과 동경을 가지고 살아왔다. 우주로의 여행은 이제 단순한 상상 속 이야기의 범주를 벗어났고, 미지의 세계에 대한 비밀도 하나씩 풀어 가고 있다. 그렇다면 수능 출제자들은 하늘과 우주와 관련하여 어떤 이슈들을 들려줄까?

기출 읽기

2011학년도 9월 고2 학력평가

정답률 69%
난이도 중상
제한시간 8분

출제자는 무엇을 물을까?

● 여러 학자들의 실험 과정과 결과를 구체적으로 설명하고 있으니 그림 자료 등의 사례를 주고 이에 대해 물을 거야.

● 빛의 정체에 대한 학자들의 다양한 주장과 연구를 소개했으니 이들이 어떻게 다른지 묻겠지?

가 상대성이론과 양자역학을 20세기의 과학혁명이라고 한다. 뉴턴의 고전역학에서는 3차원 공간에 절대성을 지닌 시간이 따로 있는 고전적 시공간을 사용하였다. 이러한 시간과 공간을 새롭게 인식하고 개념을 바꾼 것이 상대성이론이다. 그리고 양자역학은 고전역학으로는 설명할 수 없는 전자 같은 미시적 세계를 올바로 기술하기 위해서 탄생하였다. 이 양자역학의 성립은 빛의 정체를 탐구하는 과정과 깊은 관련이 있다.

나 뉴턴은 빛이 눈에 보이지 않는 작은 입자라고 주장하였고, 이것은 그의 권위에 의지하여 오랫동안 정설로 여겨졌다. 그러나 19세기 초에 토머스 영의 겹실틈* 실험은 빛의 파동성을 증명하였다. 이 실험의 방법은 먼저 한 개의 실틈을 거쳐 생긴 빛이 다음에 설치된 두 개의 겹실틈을 지나가게 하여 스크린에 나타나는 무늬를 관찰하는 것이다. 이때 빛이 파동이냐 입자이냐에 따라 ㉠결괏값이 달라진다. 즉 빛이 입자라면 일자 형태의 띠가 두 개 나타나야 하는데, 실험 결과 스크린에는 예상과 다른 무늬가 나타났다. 마치 두 개의 파도가 만나면 골과 마루가 상쇄와 간섭을 일으키듯이, 보강 간섭*이 일어난 곳은 밝아지고 상쇄 간섭*이 일어난 곳은 어두워지는 간섭무늬가 연속적으로 나타난 것이다. 그러나 19세기 말부터 빛의 파동성으로는 설명할 수 없는 몇 가지 실험적 사실이 나타났다.

다 1905년에 아인슈타인은 빛은 광량자라고 하는 작은 입자로 이루어졌다는 광량자설을 주장하였다.

[A] 금속에 자외선을 쪼일 때 그 표면에서 전자가 방출되는 현상을 광전효과라고 한다. 빛을 입자라고 가정하면 광전 효과는 두 입자의 충돌로 생각할 수 있다. 이때 에너지가 한계진동수*에 해당하는 에너지보다 작으면 전자는 금속 내부에 갇혀 표면에서 방출되지 못한다. 그러나 진동수가 한계진동수보다 큰 경우 전자는 운동에너지를 얻어서 방출된다. 이때 방출되는 전자를 광전자라고 한다.

그러나 아인슈타인의 광량자설은 입자설의 부활을 의미하는 것이 아니다. 빛의 파동성은 명백한 사실이었으므로 이것은 빛이 파동이면서 동시에 입자인 이중적인 본질을 가지고 있다는 것을 의미하는 것이었다.

라 그렇다면 파동인 줄 알았던 빛이 입자성도 갖고 있다면, 입자인 전자도 파동의 성질을 갖고 있지 않을까? 1924년 드 브로이는 빛이 이중성을 갖고 있다면 입자인 전자나 양성자도 이중성을 가질 수 있을 것이라고 주장하였다. 그 뒤에 데이비슨과 거머는 전자의 에돌이 실험을 통해 빛의 경우와 같은 결과를 얻었다. 이것은 물질이 이중성을 가지고 있다는 주장을 뒷받침하는 것이었다. 이 실험 결과는 당시 입자와 파동을 서로 반대의 성질로 규정하여 양립할 수 없는 것으로 여겼던 고전역학의 물리학적 상식을 흔들어 놓았다. 이것을 설명하기 위해 양자역학이 탄생한 것이다.

마 이렇게 탄생한 양자역학은 현대 전자 기술의 기반을 형성하고 있다. 컴퓨터를 포함한 모든 전자 기술의 소형화에 가장 중요한 역할을 하는 것이 반도체인데, 그 반도체가 어떻게 존재할 수 있는지 미시적 세계를 다루고 있는 것이 양자역학이기 때문이다.

* 겹실틈: 공간적으로 넓은 영역에 퍼져 흐르는 입자선속 또는 광선속 따위에서 일부를 선택하기 위하여 단단한 판에 좁고 길게 파낸 두 개의 실틈. 주로 간섭 현상이나 입자의 파동성을 확인하는 실험에 사용된다.
* 보강 간섭: 진행하는 두 파동이 겹치는 경우에 두 파동 마루와 마루, 골과 골이 만나서 진폭이 두 배로 커지는 현상. 두 파동의 위상이 같은 경우에 발생한다.
* 상쇄 간섭: 반대 위상을 지닌 두 파동이 중첩될 때 일어나는 간섭. 두 파동의 마루와 골이 만나 합성파의 진폭이 0이 되는 간섭이다.
* 한계진동수: 광전자가 방출되는 데 필요한 최소의 진동수.

구조읽기 **0** **윗글의 구조를 도식화한 것으로 가장 적절한 것은?**

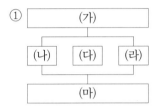

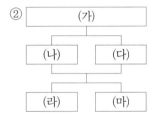

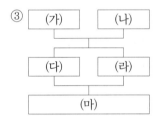

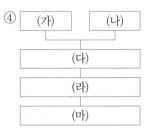

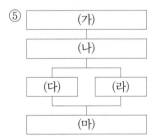

내 생각? ... 을 표현하기 좋은 글의 구조를 선택하고... 썼으니까... **글의 구조 속**에 있지 않을까?

글쓴이의 작문 과정을 따라가 볼까?

양자역학은 어떻게 탄생했을까? 양자역학은 빛의 정체를 탐구하는 과정에서 성립되었음을 먼저 밝히며 글을 시작해야지.

⬇

뉴턴은 빛이 눈에 보이지 않는 작은 입자라고 주장했고, 토머스 영은 빛은 (❶   )이라는 것을 증명했어. 빛의 정체에 대한 탐구는 여기서 끝일까?

⬇

(❷   )은 빛은 광량자로 이루어졌다는 새로운 주장을 펼쳤어. 빛이 입자이면서 파동이라고 본 거지.

⬇

그렇다면 입자인 전자도 이중성을 가질까? 이것을 밝히는 과정에서 양자역학이 탄생했음을 밝히며 글을 마무리 지어야겠어.

글쓴이가 이 글에서 말하려는 주제는?

_____

_____

내용과 일치

세부 내용 파악

내용 일치 문제에서의 오답들은 관련성이 없는 내용을 결합해 제시하는 경우가 많아. 지문의 내용들이 바르게 연결되어 있는지를 확인하는 게 중요해.

1 **윗글의 내용과 일치하는 것은?**

① 뉴턴의 빛의 실체에 대한 주장은 실험적 검증을 통해 정설로 확립되었다.

② 토머스 영의 실험은 빛의 실체가 파동이라는 기존 학설에 의문을 제기하였다.

③ 아인슈타인은 뉴턴의 학설을 뒷받침하기 위해 광량자설을 주장하였다.

④ 드 브로이의 주장은 빛의 이중성에 대한 연구를 유발하는 계기가 되었다.

⑤ 데이비슨과 거머의 실험은 고전역학의 한계를 극복한 새로운 이론의 탄생을 낳았다.

그림 해석

주요 내용의 도식화

겹실틈 실험은 빛의 파동성을 증명한 실험이니까 스크린에도 파동성을 뒷받침하는 결괏값이 나타나야 해. 실험 결과에 해당하는 설명을 그림에서 찾는 문제이니 해당 내용을 확인해 봐.

2 **아래는 토머스 영의 겹실틈 실험을 설명한 그림이다. 스크린에 나타난 ㉠결괏값으로 가장 적절한 것은?**

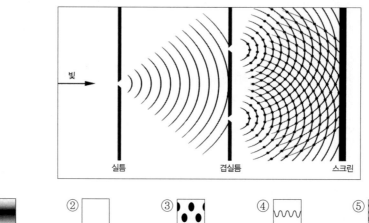

① 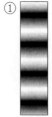 ②  ③  ④  ⑤

3 윗글과 |보기|를 함께 읽은 후의 반응으로 적절하지 <u>않은</u> 것은?

—| 보 기 |—

고전역학에 의하면 전자의 위치와 운동량은 전자가 어떤 상태에 있든지 항상 동시 측정이 가능하다고 생각했다. 그 물리량의 측정값이 불확정하다는 것은 측정 기술이 불충분하기 때문인 것으로 여겼다. 그러나 하이젠베르크의 불확정성원리는 임의의 전자의 위치와 운동량을 정확히 알 수 없기 때문에 측정이 불가능하다는 것이다. 위치의 확정성과 운동량을 나타내는 파장의 확정성은 서로 제약을 받기 때문에 입자성과 파동성이 서로 공존한다는 것이다.

① 하이젠베르크의 이론은 물질의 이중성에 대한 설명과 관련이 있겠군.
② 고전역학과 불확정성원리는 전자의 존재 형태에 대한 견해가 다르겠군.
③ 고전역학은 전자의 물리량을 측정할 수 있는 기술 개발에 관심이 많았겠군.
④ 불확정성원리는 고전역학과 달리 미시적 세계에 대한 설명으로 적합하겠군.
⑤ 불확정성원리는 정밀한 측정을 요구하는 전자 기술의 발전에 장애가 되겠군.

내용의 관련성 및 반응의 적절성 파악
↓
|보기|에 하이젠베르크의 불확정성원리가 지문의 양자역학과 관련이 있다는 단서가 나오지? 마지막 문장의 '입자성과 파동성이 서로 공존한다'가 그 단서야.

4 [A]를 이해하기 위해 |보기|를 활용할 때, ㉮~㉰에 해당하는 것은?

—| 보 기 |—

아무것도 없는 ㉮땅에 바위가 박혀 있다고 상상을 해 보자. 땅에 박혀 있는 바위를 파내기 위해서 계란을 아무리 많이 던져도 바위는 꿈쩍도 하지 않을 것이다. 하지만 박혀 있는 바위와 ㉯같은 크기의 바위를 던지면 움직이기 시작할 것이고, 더 큰 바위를 던지면 튀어나온 ㉰바위가 생길 것이다.

	㉮	㉯	㉰
①	자외선	한계진동수	전자
②	자외선	운동에너지	전자
③	자외선	한계진동수	광전자
④	금속	운동에너지	광전자
⑤	금속	한계진동수	광전자

㉮~㉰에 해당하는 것
↓
유추로 상황 이해
↓
[A]에서 광전자를 방출시키는 실험 과정과 |보기|에서 땅에 박힌 바위를 파내는 과정의 유사성을 찾아 각각에 대응하는 것을 따져 보자.

기 출 읽 기 1

2017학년도 9월 고1 학력평가

정답률 66%
난이도 중상
제한시간 8분

무엇을 물을까?

● 스윙바이를 하려면 탐사선의 진행 방향과 행

성의 공전 방향이 중요하게 작용한다고 했으

니 그 관계에 대해 물을 거야.

●

우주 탐사선이 지구에서 태양계 끝까지 날아가기 위해서는 일정 속도 이상에 이르러야 한다. 그러나 탐사선의 추진력만으로는 이러한 속도에 도달하기 어렵다. 추진력을 마음껏 얻을 수 있을 정도로 큰 추진체가 달린 탐사선을 만들 수 없기 때문이다. 대신에 탐사선을 다른 행성에 접근시키는 '스윙바이(Swing-by)'를 통해 속도를 얻는다. 스윙바이란, 말 그대로 탐사선이 행성에 잠깐 다가갔다가 다시 멀어지는 것이다. 탐사선이 행성에 다가갔다가 멀어지는 것만으로 어떻게 속도를 얻을 수 있는지 그 원리에 대해 알아보자.

스윙바이의 원리를 이해하기 위해서는 행성이 정지한 채로 있지 않고 태양 주위를 공전한다는 점을 떠올려야 한다. 그리고 뒤에서 바람이 불면 달리기 속도가 빨라지듯이 외부의 영향으로 물체의 속도가 변한다는 점도 기억해야 한다. 탐사선을 행성에 접근시켜 행성의 공전을 이용하는 스윙바이는 그림과 같이 나타낼 수 있다. 탐사선이 공전하는 행성에 접근하여 중력의 영향권인 중력장*에 진입할 때에는 행성의 공전 방향과 탐사선의 진입 방향이 서로 달라 탐사선의 속도 증가는 크지 않다. 그런데 탐사선이 곡선 궤도를 그리며 방향을 바꾸어 행성의 공전 방향에 가까워지면 탐사선의 속도는 크게 증가된다. 왜냐하면 탐사선이 행성에서 멀어지는 방향이 행성의 공전 방향에 가까울수록 스윙바이를 통한 속도 증가의 효과는 크기 때문이다.

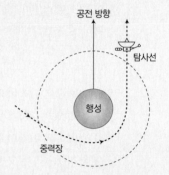

탐사선의 속도 증가에 행성의 중력도 영향을 미친다고 생각할 수도 있다. 탐사선이 행성에 다가가다 보면 행성이 끌어당기는 중력의 영향으로 탐사선의 속도가 증가하기 때문이다. 그러나 스윙바이를 마친 후 탐사선의 '속도의 크기' 변화에 행성의 중력이 영향을 미치지는 못한다. 왜냐하면 탐사선이 행성 중력의 영향권에서 벗어나면서 중력의 영향으로 얻은 만큼의 속도를 잃기 때문이다. 탐사선을 롤러코스터에 비유한다면 쉽게 이해할 수 있다. 롤러코스터는 높은 곳에서 낮은 곳으로 내려갈 때 속도가 증가하지만, 가장 낮은 지점을 지나 다시 위로 올라가면서 속도가 감소한다.

㉠스윙바이는 행성의 공전 속도를 훔쳐 오는 것이다. 그런데 운동량 보존 법칙*에 따라 스윙바이를 통해 탐사선과 행성이 주고받은 운동량은 같다. 이 말은 탐사선의 속도가 빨라진 것처럼 행성의 속도는 느려졌다는 것을 의미한다. 서로 주고받은 운동량은 질량과 속도 변화량을 곱한 것이므로 행성에 비해 질량이 작은 탐사선은 속도가 크게 증가하지만, 질량이 매우 큰 행성은 속도가 거의 줄어들지 않는다. 실제로 지구와의 스윙바이를 통해 초속 8.9km의 속도를 얻은 '갈릴레오 호'로 인해 지구의 공전 속도는 1억 년 동안 1.2cm쯤 늦어지게 되었다.

* 중력장: 중력이 작용하고 있는 지구 주위의 공간. 일반적으로 지구에 한하지 않고 만유인력이 작용하는 힘의 마당을 이른다.
* 운동량 보존 법칙: 질점계에 외부의 힘이 작용하지 아니하면 그 계의 운동량의 합은 바뀌지 아니한다는 법칙.

0 윗글의 표제와 부제로 가장 적절한 것은?

① 스윙바이의 원리
  – 탐사선과 행성의 운동량 변화를 중심으로
② 탐사선의 속도 증가와 한계
  – 스윙바이의 문제점과 보완 방안을 중심으로
③ 스윙바이의 등장 배경과 유형
  – 탐사선의 스윙바이 활용 과정을 중심으로
④ 공전하는 행성의 속도 변화 과정
  – 운동량 보존 법칙을 중심으로
⑤ 우주 탐사선이 행성에 접근하는 원리
  – 탐사선이 추진력을 얻는 방법을 중심으로

내 생각?

글쓴이의 작문 과정을 따라가 볼까?

(❶   )의 개념을 정의하고, 스윙바이가 필요한 이유를 밝히며 글을 시작해야겠어.

↓

그림과 함께 탐사선이 스윙바이하는 과정을 설명하면 스윙바이의 원리를 효과적으로 전달할 수 있겠지?

↓

탐사선의 속도 증가와 행성의 중력과의 관계를 친숙한 대상에 빗대어 설명하면 독자의 이해를 도울 수 있을 거야.

↓

(❷   )이라는 과학적 원리와 연결 지어 스윙바이 후 행성의 속도 변화 사례를 제시하면서 글을 마무리해야겠어.

글쓴이가 이 글에서 말하려는 주제는?

_____

_____

윗글을 읽고 답할 수 있는 질문

중심 내용 파악

1 **윗글을 읽고 답할 수 있는 질문이 <u>아닌</u> 것은?**

① 탐사선이 스윙바이를 하는 까닭은?

② 스윙바이 동안에 행성의 중력이 변하는 이유는?

③ 스윙바이를 할 때 행성의 공전이 중요한 이유는?

④ 스윙바이를 통해 속도를 효과적으로 얻는 방법은?

⑤ 스윙바이 후 행성의 공전 속도 변화가 매우 작은 이유는?

윗글을 바탕으로 |보기|를 이해

중심 내용을 그래프에 적용

탐사선 속도의 크기 변화를 다룬 문단을 찾아봐야겠지? 가로축과 세로축의 관계를 제대로 파악한다면, |보기|만으로도 '탐사선 속도의 크기' 변화를 비교할 수 있어.

2 **윗글을 바탕으로 |보기|를 이해할 때, 적절하지 <u>않은</u> 것은?**

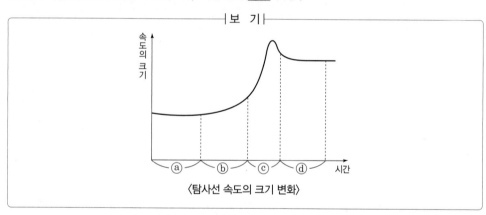

〈탐사선 속도의 크기 변화〉

① ⓐ에서 탐사선은 행성의 중력에 영향을 받지 않는다.

② ⓑ에서 탐사선은 행성에 점점 가까워진다.

③ 스윙바이로 속도가 빨라진 탐사선은 ⓓ에서 행성으로부터 멀어져 간다.

④ ⓑ에서 속도의 크기 변화는 ⓒ에서 속도의 크기 변화와 같다.

⑤ 탐사선은 ⓑ~ⓒ에서 방향을 바꾸어 행성의 공전 방향에 가까워진다.

3 |보기|는 스윙바이의 이해를 돕기 위한 사례이다. 윗글의 공전하는 행성과 가장 유사한 것은?

스윙바이의 이해를 돕기 위한 사례

유추를 통해 개념 간의 관계 이해

↓

'공존하는 행성' 덕분에 '탐사선'이 빨라지지? '화살'의 속도는 무엇 때문에 더 빨라질까? 같은 원리야!

─────────| 보 기 |─────────

어떤 사람이 궁수가 탄 말을 출발시켰다. 시속 30km로 달리는 말 위에서 궁수가 말의 진행 방향으로 시속 150km의 화살을 쏘아, 정면에 있는 과녁에 맞힌다면 궁수에게 화살은 시속 150km로 날아가는 것으로 보인다. 그런데 옆에 서 있는 사람에게는 그 화살이 시속 180km로 날아가는 것으로 관찰된다.

① 어떤 사람
② 달리는 말
③ 화살
④ 정면에 있는 과녁
⑤ 옆에 서 있는 사람

4 ㉠을 이해한 것으로 적절한 것은?

㉠을 이해한 것

구절의 의미 추론

① 탐사선이 얻은 속도와 행성이 잃은 공전 속도가 같다.
② 탐사선이 얻은 속도가 행성이 잃은 공전 속도보다 작다.
③ 탐사선이 얻은 운동량이 행성이 잃은 운동량과 같다.
④ 탐사선이 얻은 운동량이 행성이 잃은 운동량보다 작다.
⑤ 탐사선이 잃은 운동량이 행성이 얻은 운동량보다 크다.

무엇을 물을까?

● 문단 형식, 구체적 수치 활용, 개념 정의 등

다양한 서술 방식이 드러난 글이니까 분명 글

의 서술 방식을 물을 거야.

●

우리는 가끔 평소보다 큰 보름달인 '슈퍼문(supermoon)'을 보게 된다. 실제 달의 크기는 일정한데 이러한 현상이 발생하는 까닭은 무엇일까? 이 현상은 달의 공전 궤도*가 타원 궤도*라는 점과 관련이 있다.

타원은 두 개의 초점이 있고 두 초점으로부터의 거리를 합한 값이 일정한 점들의 집합이다. 두 초점이 가까울수록 원 모양에 가까워진다. 타원에서 두 초점을 지나는 긴지름을 가리켜 장축이라 하는데, 두 초점 사이의 거리를 장축의 길이로 나눈 값을 이심률이라 한다. 두 초점이 가까울수록 이심률은 작아진다.

달은 지구를 한 초점으로 하면서 이심률이 약 0.055인 타원 궤도를 돌고 있다. 이 궤도의 장축상에서 지구로부터 가장 먼 지점을 '원지점', 가장 가까운 지점을 '근지점'이라 한다. 지구에서 보름달은 약 29.5일 주기로 세 천체가 '태양-지구-달'의 순서로 배열될 때 볼 수 있는데, 이때 보름달이 근지점이나 그 근처에 위치하면 슈퍼문이 관측된다. 슈퍼문은 보름달 중 크기가 가장 작게 보이는 것보다 14% 정도 크게 보인다. 이는 지구에서 본 달의 겉보기 지름이 달라졌기 때문이다. 지구에서 본 천체의 겉보기 지름을 각도로 나타낸 것을 각지름이라 하는데, 관측되는 천체까지의 거리가 가까워지면 각지름이 커진다. 예를 들어, 달과 태양의 경우 평균적인 각지름은 각각 0.5° 정도이다.

지구의 공전 궤도에서도 이와 같은 현상이 나타난다. 지구 역시 태양을 한 초점ⓐ으로 하는 타원 궤도로 공전하고 있으므로, 궤도상의 지구의 위치에 따라 태양과의 거리가 다르다. 달과 마찬가지로 지구도 공전 궤도의 장축상에서 태양으로부터 가장 먼 지점과 가장 가까운 지점을 갖는데, 이를 각각 원일점과 근일점이라 한다. 지구와 태양 사이의 이러한 거리 차이에 따라 일식* 현상이 다르게 나타난다. 세 천체가 '태양-달-지구'의 순서로 늘어서고, 달이 태양을 가릴 수 있는 특정한 위치에 있을 때, 일식 현상이 일어난다. 이때 달이 근지점이나 그 근처에 위치하면 대부분의 경우 태양 면의 전체 면적이 달에 의해 완전히 가려지는 개기 일식이 관측된다. 하지만 일식이 일어나는 같은 조건에서 달이 원지점이나 그 근처에 위치하면 대부분의 경우 태양 면이 달에 의해 완전히 가려지지 않아 태양 면의 가장자리가 빛나는 고리처럼 보이는 금환 일식이 관측될 수 있다.

이러한 원일점, 근일점, 원지점, 근지점의 위치는 태양, 행성 등 다른 천체들의 인력에 의해 영향을 받아 미세하게 변한다. 현재 지구 공전 궤도의 이심률은 약 0.017인데, 일정한 주기로 이심률이 변한다. 천체의 다른 조건들을 고려하지 않을 때 지구 공전 궤도의 이심률만이 현재보다 더 작아지면 근일점은 현재보다 더 멀어지며 원일점은 현재보다 더 가까워지게 된다. 이는 달의 공전 궤도상에 있는 근지점과 원지점도 마찬가지이다. 천체의 다른 조건들을 고려하지 않을 때 천체의 공전 궤도의 이심률만이 현재보다 커지면 반대의 현상이 일어난다.

* 공전 궤도: 한 천체(天體)가 다른 천체의 둘레를 주기적으로 도는 길.
* 타원 궤도: 물체가 운동하며 그리는 길쭉한 동그라미 모양의 길.
* 일식: 달이 태양의 일부나 전부를 가림. 또는 그런 현상. 일부를 가리는 현상을 부분 일식, 전부를 가리는 현상을 개기 일식이라 하고, 태양의 중앙부만을 가려 변두리는 고리 모양으로 빛나는 현상을 금환식(金環蝕)이라 한다.

윗글의 서술 방식으로 적절한 것을 |보기|에서 있는 대로 골라 바르게 짝지은 것은?

┤보 기├

ㄱ. 슈퍼문에 대한 여러 학자의 관점을 상호 비교하고 있다.

ㄴ. 천문 현상과 관련된 다양한 용어의 개념을 정의하고 있다.

ㄷ. 문답 형식을 활용하여 달의 크기가 달라 보이는 이유를 설명하고 있다.

ㄹ. 구체적인 수치를 제시하여 천문 현상과 관련된 진술에 객관성을 확보하고 있다.

① ㄱ, ㄴ   ② ㄱ, ㄹ   ③ ㄱ, ㄴ, ㄹ

④ ㄱ, ㄷ, ㄹ   ⑤ ㄴ, ㄷ, ㄹ

내 생각?

글쓴이의 작문 과정을 따라가 볼까?

실제 달의 크기는 일정한데도 평소보다 크게 보이는 보름달인 (❶   )이 왜 관측되는 것일까? 질문을 던지며 독자의 관심을 유발해야지.

↓

(❷   ), 원지점, 근지점, 원일점, 근일점 등 기본적인 개념을 정의해야 본격적으로 과학적 원리도 다룰 수 있겠는걸.

↓

슈퍼문이 관측되는 상황과 발생할 수 있는 조건을 답으로 제시해 주면 첫 문단의 질문에도 답할 수 있을 거야.

↓

슈퍼문 현상처럼 지구의 공전 궤도에서 일식 현상이 다르게 나타나는 이유도 함께 설명해 주어야겠어.

글쓴이가 이 글에서 말하려는 주제는?

_____

_____

1 **윗글을 통해 알 수 있는 내용으로 적절하지 <u>않은</u> 것은?**

① 태양의 인력으로 달 공전 궤도의 이심률이 약간씩 변화될 수 있다.

② 현재의 달 공전 궤도는 현재의 지구 공전 궤도보다 원 모양에 더 가깝다.

③ 금환 일식이 일어날 때 지구에서 관측되는 태양의 각지름은 달의 각지름보다 크다.

④ 지구에서 보이는 보름달의 크기는 달 공전 궤도상의 근지점일 때보다 원지점일 때 더 작게 보인다.

⑤ 지구 공전 궤도상의 근일점에서 관측한 태양의 각지름은 원일점에서 관측한 태양의 각지름보다 더 크다.

2 **ⓐ의 '으로'와 쓰임이 가장 가까운 것은?**

① 이 안경테는 플라스틱<u>으로</u> 만들어서 가볍다.

② 그 문제는 가능하면 토론<u>으로</u> 해결하자.

③ 그가 동창회의 차기 회장<u>으로</u> 뽑혔다.

④ 사장은 간부들을 현장<u>으로</u> 불렀다.

⑤ 지난겨울에는 독감<u>으로</u> 고생했다.

㉠에 들어갈 말

개념 간의 관계 추론
↓
이심률의 변화가 '조차'에 어떤 영향을 주는지를 판단하려면 이심률이 지구와 태양 사이의 거리와 어떤 관계에 있는지 파악해야 해.

3 **윗글을 바탕으로 할 때, |보기|의 ㉠에 들어갈 말로 가장 적절한 것은?**

┤보 기├

북반구의 A 지점에서는 약 12시간 25분 주기로 해수면이 높아졌다 낮아졌다 하는 현상이 관측된다. 이 현상에서 해수면이 가장 높은 때와 가장 낮은 때의 해수면의 높이 차이를 '조차'라고 한다. 이 조차에 영향을 미치는 한 요인이 지구와 달, 지구와 태양 사이의 '거리'인데, 그 거리가 가까울수록 조차가 커진다. 지구와 태양 사이의 거리가 조차에 미치는 영향만을 고려하면, 조차는 북반구의 겨울인 1월에 가장 크고 7월에 가장 작다.

천체의 다른 모든 조건들은 고정되어 있고, 다만 지구 공전 궤도의 이심률과 지구와 달, 지구와 태양 사이의 거리만이 조차에 영향을 준다고 가정하자. 이 경우에 (㉠   )

① 지구 공전 궤도의 이심률에 변화가 없다면, 1월에 슈퍼문이 관측되었을 때보다 7월에 슈퍼문이 관측되었을 때, A 지점에서의 조차가 더 크다.

② 지구 공전 궤도의 이심률에 변화가 없다면, 보름달이 관측된 1월에 달이 근지점에 있을 때보다 원지점에 있을 때, A 지점에서의 조차가 더 크다.

③ 지구 공전 궤도의 이심률에 변화가 없다면, 7월에 슈퍼문이 관측될 때보다 7월에 원지점에 위치한 보름달이 관측될 때, A 지점에서의 조차가 더 크다.

④ 지구 공전 궤도의 이심률만이 더 커지면, 달이 근지점에 있을 때 A 지점에서 1월에 나타나는 조차가 이심률 변화 전의 1월의 조차보다 더 커진다.

⑤ 지구 공전 궤도의 이심률만이 더 커지면, 달이 원지점에 있을 때 A 지점에서 7월에 나타나는 조차가 이심률 변화 전의 7월의 조차보다 더 커진다.

무엇을 물을까?

● _____

_____

_____

● _____

_____

_____

16세기 전반에 서양에서 태양 중심설을 지구 중심설의 대안으로 제시하며 시작된 천문학 분야의 개혁은 경험주의의 확산과 수리 과학의 발전을 통해 형이상학을 뒤바꾸는 변혁으로 이어졌다. 서양의 우주론이 전파되자 중국에서는 중국과 서양의 우주론을 회통*하려는 시도가 전개되었고, 이 과정에서 자신의 지적 유산에 대한 관심이 제고되었다.

복잡한 문제를 단순화하여 푸는 수학적 전통을 이어받은 코페르니쿠스는 천체의 운행을 단순하게 기술할 방법을 찾고자 하였고, 그것이 ⓐ일으킬 형이상학적 문제에는 별 관심이 없었다. 고대의 아리스토텔레스와 프톨레마이오스는 우주의 중심에 고정되어 움직이지 않는 지구의 주위를 달, 태양, 다른 행성들의 천구들과, 항성들이 붙어 있는 항성 천구가 회전한다는 지구 중심설을 내세웠다. 그와 달리 코페르니쿠스는 태양을 우주의 중심에 고정하고 그 주위를 지구를 비롯한 행성들이 공전하며 지구가 자전하는 우주 모형을 ⓑ만들었다. 그러자 프톨레마이오스보다 훨씬 적은 수의 원으로 행성들의 가시적인 운동을 설명할 수 있었고 행성이 태양에서 멀수록 공전 주기가 길어진다는 점에서 단순성이 충족되었다. 그러나 아리스토텔레스의 형이상학을 고수하는 다수 지식인과 종교 지도자들은 그의 이론을 받아들이려 하지 않았다. 왜냐하면 그것은 지상계와 천상계를 대립시키는 아리스토텔레스의 이분법적 구도를 무너뜨리고, 신의 형상을 ⓒ지닌 인간을 한갓 행성의 거주자로 전락시키는 것으로 여겨졌기 때문이다.

16세기 후반에 브라헤는 코페르니쿠스 천문학의 장점은 인정하면서도 아리스토텔레스 형이상학과의 상충을 피하고자 우주의 중심에 지구가 고정되어 있고, 달과 태양과 항성들은 지구 주위를 공전하며, 지구 외의 행성들은 태양 주위를 공전하는 모형을 제안하였다. 그러나 케플러는 우주의 수적 질서를 신봉하는 형이상학인 신플라톤주의에 매료되었기 때문에, 태양을 우주 중심에 배치하여 단순성을 추구한 코페르니쿠스의 천문학을 받아들였다. 하지만 그는 경험주의자였기에 브라헤의 천체 관측치를 활용하여 태양 주위를 공전하는 행성의 운동 법칙들을 수립할 수 있었다. 우주의 단순성을 새롭게 보여 주는 이 법칙들은 아리스토텔레스 형이상학을 더 이상 온존할 수 없게 만들었다.

[A]
17세기 후반에 뉴턴은 태양 중심설을 역학적으로 정당화하였다. 그는 만유인력 가설로부터 케플러의 행성 운동 법칙들을 성공적으로 연역*했다. 이때 가정된 만유인력은 두 질점*이 서로 당기는 힘으로, 그 크기는 두 질점의 질량의 곱에 비례하고 거리의 제곱에 반비례한다. 지구를 포함하는 천체들이 밀도가 균질하거나 구 대칭*을 이루는 구라면 천체가 그 천체 밖 어떤 질점을 당기는 만유인력은, 그 천체를 잘게 나눈 부피 요소들 각각이 그 천체 밖 어떤 질점을 당기는 만유인력을 모두 더하여 구할 수 있다. 또한 여기에서 지구보다 질량이 큰 태양과 지구가 서로 당기는 만유인력이 서로 같음을 증명할 수 있다. 뉴턴은 이 원리를 적용하여 달의 공전 궤도와 사과의 낙하 운동 등에 관한 실측값을 연역함으로써 만유인력의 실재를 입증하였다.

16세기 말부터 중국에 본격 유입된 서양 과학은, 청 왕조가 1644년 중국의 역법(曆法)을 기반으로 서양 천문학 모델과 계산법을 수용한 시헌력*을 공식 채택함에 따라 그 위상이 구체화되었다. 브라헤와 케플러의 천문 이론을 차례대로 수용하여 정확도를 높인 시헌력이 생활 리듬으로 자리 잡았지만, 중국 지식인들은 서양 과학이 중국의 지적 유산에 적절히 연결되지 않으면 아무리 효율적이더라도 불온한 요소로 ⓓ여겼다. 이에 따라 서양 과학에 매료된 학자들도 어떤 방식으로든 ㉠서양 과학과 중국 전통 사이의 적절한 관계 맺음을 통해 이 문제를 해결하고자 하였다.

17세기 웅명우와 방이지 등은 중국 고대 문헌에 수록된 우주론에 대해서는 부정적 태도를 견지하면서 성리학적 기론(氣論)에 입각하여 실증적인 서양 과학을 재해석한 독창적 이론을 제시하였다. 수성과 금성이 태양 주위를 회전한다는 그들의 태양계 학설은 브라헤의 영향이었지만, 태양의 크기에 대한 서양 천문학 이론에 의문을 제기하고 기(氣)와 빛을 결부하여 제시한 광학 이론은 그들이 창안한 것이었다.

17세기 후반 왕석천과 매문정은 서양 과학의 영향을 받아 경험적 추론과 수학적 계산을 통해 우주의 원리를 파악하고자 하였다. 그러면서 서양 과학의 우수한 면은 모두 중국 고전에 이미 ⓔ갖추어져 있던 것인데 웅명우 등이 이를 깨닫지 못한 채 성리학 같은 형이상학에 몰두했다고 비판했다. 매문정은 고대 문헌에 언급된, 하늘이 땅의 네 모퉁이를 가릴 수 없을 것이라는 증자의 말을 땅이 둥글다는 서양 이론과 연결하는 등 서양 과학의 중국 기원론을 뒷받침하였다.

중국 천문학을 중심으로 서양 천문학을 회통하려는 매문정의 입장은 18세기 초를 기점으로 중국의 공식 입장으로 채택되었으며, 이 입장은 중국의 역대 지식 성과물을 망라한 총서인 『사고전서』에 그대로 반영되었다. 이 총서의 편집자들은 고대부터 당시까지 쏟아진 천문 관련 문헌들을 정리하여 수록하였다. 이와 같이 고대 문헌에 담긴 우주론을 재해석하고 확인하려는 경향은 19세기 중엽까지 주를 이루었다.

* 회통: 언뜻 보기에 서로 어긋나는 뜻이나 주장을 해석하여 조화롭게 함.
* 연역: 어떤 명제로부터 추론 규칙에 따라 결론을 이끌어 냄. 또는 그런 과정. 일반적인 사실이나 원리를 전제로 하여 개별적인 사실이나 보다 특수한 다른 원리를 이끌어 내는 추리를 이른다.
* 질점: 크기가 없고 질량이 모여 있다고 보는 이론상의 물체.
* 구 대칭: 어떤 물체가 중심으로부터 모든 방향으로 같은 거리에서 같은 특성을 갖는 상태.
* 시헌력: 태음력의 구법(舊法)에 태양력의 원리를 부합시켜 24절기의 시각과 하루의 시각을 정밀히 계산하여 만든 역법.

다음은 윗글을 읽은 학생의 독서 기록 중 일부이다. 윗글을 참고할 때, '점검 결과'로 적절하지 않은 것은?

> **읽기 계획:** 1문단을 훑어보면서 뒷부분을 예측하고 질문 만들기를 한 후, 글을 읽고 점검하기

예측 및 질문 내용	점검 결과	
서양의 우주론에 태양 중심설과 지구 중심설의 개념이 소개되어 있을 것이다.	예측과 같음.	①
서양의 우주론의 영향으로 변화된 중국의 우주론이 소개되어 있을 것이다.	예측과 다름.	②
서양에서 태양 중심설을 제기한 사람은 누구일까?	질문의 답이 제시됨.	③
중국에서 서양의 우주론을 접하고 회통을 시도한 사람은 누구일까?	질문의 답이 제시됨.	④
중국에 서양의 우주론을 전파한 서양의 인물은 누구일까?	질문의 답이 언급되지 않음.	⑤

내 생각?

글쓴이의 작문 과정을 따라가 볼까?

주제를 고려하여 전반부에는 (❶　　　)의 우주론을, 후반부에는 중국의 우주론을 다루는 구조를 활용해야겠어.

⬇

우선 서양 우주론의 발전 과정을 시간의 흐름에 따라 제시해야지. 이때 학자별로 우주론의 특징을 설명해야겠어.

⬇

동일한 방식으로 (❷　　　) 우주론의 발전 과정을 시간의 흐름에 따라 제시해야지. 학자별로 우주론의 특징을 설명할 거야.

⬇

중국 우주론이 서양 우주론에 영향을 받았다는 중심 내용을 한번 더 밝히면서 글을 끝맺으면 주제가 부각될 수 있겠지?

글쓴이가 이 글에서 말하려는 주제는?

_____

1 **윗글의 집필 의도가 가장 잘 드러나는 질문으로 적절한 것은?**

① 서양의 우주론은 어떤 과정을 거쳐 발전하였는가?

② 서양의 우주론과 중국의 우주론은 어떤 영향 관계가 있는가?

③ 서양의 천문학이 중국의 천문학보다 우수한 이유는 무엇인가?

④ 서양과 중국의 천문학자들이 주장한 우주론의 의의는 무엇인가?

⑤ 서양의 천문학자들이 중국의 천문학자들을 비판한 내용은 무엇인가?

2 **윗글에 대한 이해로 적절하지 <u>않은</u> 것은?**

① 서양과 중국에서는 모두 우주론을 정립하는 과정에서 형이상학적 사고에 대한 재검토가 이루어졌다.

② 서양 천문학의 전래는 중국에서 자국의 우주론 전통을 재인식하는 계기가 되었다.

③ 중국에 서양의 천문학적 성과가 자리 잡게 된 데에는 국가의 역할이 작용하였다.

④ 중국에서는 18세기에 자국의 고대 우주론을 긍정하는 입장이 주류가 되었다.

⑤ 서양에서는 중국과 달리 경험적 추론에 기초한 우주론이 제기되었다.

3 윗글에 나타난 서양의 우주론 에 대한 설명으로 가장 적절한 것은?

① 항성 천구가 고정되어 있다고 보는 아리스토텔레스의 우주론은 천상계와 지상계를 대립시킨 형이상학을 토대로 한 것이었다.

② 많은 수의 원을 써서 행성의 가시적 운동을 설명한 프톨레마이오스의 우주론은 행성이 태양에서 멀수록 공전 주기가 길어진다는 점에서 단순성을 갖는 것이었다.

③ 지구와 행성이 태양 주위를 공전한다는 코페르니쿠스의 우주론은 이전의 지구 중심설보다 단순할 뿐 아니라 아리스토텔레스의 형이상학과 양립이 가능한 것이었다.

④ 지구가 우주 중심에 고정되어 있고 다른 행성을 거느린 태양이 지구 주위를 돈다는 브라헤의 우주론은 아리스토텔레스의 형이상학에서 자유롭지 못한 것이었다.

⑤ 태양 주위를 공전하는 행성의 운동 법칙들을 관측치로부터 수립한 케플러의 우주론은 신플라톤주의에서 경험주의적 근거를 찾은 것이었다.

4 ㉠에 대한 이해로 적절하지 않은 것은?

① 중국에서 서양 과학을 수용한 학자들은 자국의 지적 유산에 서양 과학을 접목하려 하였다.

② 서양 천문학과 관련된 내용이 중국의 역대 지식 성과를 집대성한 『사고전서』에 수록되었다.

③ 방이지는 서양 우주론의 영향을 받았지만 서양의 이론과 구별되는 새 이론의 수립을 시도하였다.

④ 매문정은 중국 고대 문헌에 나타나는 천문학적 전통과 서양 과학의 수학적 방법론을 모두 활용하였다.

⑤ 성리학적 기론을 긍정한 학자들은 중국 고대 문헌의 우주론을 근거로 서양 우주론을 받아들여 새 이론을 창안하였다.

만유인력과 질량 간의 관계를
파악하면 당기는 힘의
크기도 비교할 수 있겠지?

5 **|보기|를 참고할 때, [A]에 대한 이해로 적절하지 않은 것은?**

─┤보 기├─

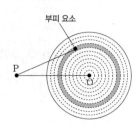

부피 요소

P

구는 무한히 작은 부피 요소들로 이루어져 있다. 그 부피 요소들이 빈틈없이 한 겹으로 배열되어 구 껍질을 이루고, 그런 구 껍질들이 구의 중심 O 주위에 반지름을 달리하며 양파처럼 겹겹이 싸여 구를 이룬다. 이때 부피 요소는 그것의 부피와 밀도를 곱한 값을 질량으로 갖는 질점으로 볼 수 있다.

• (1) 같은 밀도의 부피 요소들이 하나의 구 껍질을 구성하면, 이 부피 요소들이 구 외부의 질점 P를 당기는 만유인력들의 총합은, 그 구 껍질과 동일한 질량을 갖는 질점이 그 구 껍질의 중심 O에서 P를 당기는 만유인력과 같다.

• (2) (1)에서의 구 껍질들이 구를 구성할 때, 그 동심의 구 껍질들이 P를 당기는 만유인력들의 총합은, 그 구와 동일한 질량을 갖는 질점이 그 구의 중심 O에서 P를 당기는 만유인력과 같다.

• (1), (2)에 의하면, 밀도가 균질하거나 구 대칭인 구를 구성하는 부피 요소들이 P를 당기는 만유인력들의 총합은, 그 구와 동일한 질량을 갖는 질점이 그 구의 중심 O에서 P를 당기는 만유인력과 같다.

① 밀도가 균질한 하나의 행성을 구성하는 동심의 구 껍질들이 같은 두께일 때, 하나의 구 껍질이 태양을 당기는 만유인력은 그 구 껍질의 반지름이 클수록 커지겠군.

② 태양의 중심에 있는 질량이 m인 질점이 지구 전체를 당기는 만유인력은, 지구의 중심에 있는 질량이 m인 질점이 태양 전체를 당기는 만유인력과 크기가 같겠군.

③ 질량이 M인 지구와 질량이 m인 달은, 둘의 중심 사이의 거리만큼 떨어져 있으면서 질량이 M, m인 두 질점 사이의 만유인력과 동일한 크기의 힘으로 서로 당기겠군.

④ 태양을 구성하는 하나의 부피 요소와 지구 사이에 작용하는 만유인력은, 지구를 구성하는 모든 부피 요소들과 태양의 그 부피 요소 사이에 작용하는 만유인력들을 모두 더하면 구해지겠군.

⑤ 반지름이 R, 질량이 M인 지구와 지구 표면에서 높이 h에 중심이 있는 질량이 m인 구슬 사이의 만유인력은, $R+h$의 거리만큼 떨어져 있으면서 질량이 M, m인 두 질점 사이의 만유인력과 크기가 같겠군.

국어 문제야! 내용을 다 알려고 하니까
당연히 어렵지! 관계만 파악하면
의외로 쉽게 풀릴 수 있어.

6 **문맥상 ⓐ~ⓔ와 바꿔 쓴 것으로 가장 적절한 것은?**

① ⓐ: 진작(振作)할

② ⓑ: 고안(考案)했다

③ ⓒ: 소지(所持)한

④ ⓓ: 설정(設定)했다

⑤ ⓔ: 시사(示唆)되어

법은 의외로 우리 가까이에 있다. 길을 걷거나 교통수단을 이용할 때에는 교통 법규를 따라야 하고, 또 아르바이트를 할 때에는 법을 알아야 손해 보는 일을 막을 수 있다. 폭력이나 강도 등 형사 사건에서도 법의 도움은 필요하지만, 일상생활에서도 법의 도움이 필요한 경우가 꽤 많다. 멀어 보이지만 사실은 아주 가까운 법, 수능 출제자들은 법률과 관련해 어떤 이슈들에 주목할까?

기출읽기

2021학년도 9월 고1 학력평가

정답률 67%
난이도 중상
제한시간 7분

출제자는 무엇을 물을까?

● 의사무능력자의 법률행위를 무효화하는 제한

능력자제도를 중심 화제로 삼고 있으니, 이와

관련한 사례에 적용해 보게 하겠지?

● 제한능력자의 계약 상대방이 행사할 수 있

는 권리로, 확답촉구권과 철회권, 거절권 등을

제시했으니 이를 비교해 보게 하겠군.

문제해결형 지문 구조에서
내가 묻고 싶은 건...

▶ 구조로 수능독해 139쪽

의사능력이란 '자기의 행위의 의미나 결과를 합리적으로 예견할 수 있는 정신적인 능력 내지 지능'을 의미한다. 사람이 자신의 법률행위에 의하여 권리를 취득하거나 의무를 부담할 수 있으려면 의사능력이 있어야 한다. 따라서 의사능력이 없는 의사무능력자의 법률행위는 무효, 즉 법률행위의 효력이 처음부터 발생하지 않은 것으로 본다.

하지만 의사무능력자가 자기에게 불리한 법률행위를 무효화하려면 법률행위 당시 자신에게 의사능력이 없었다는 점을 증명하여야 하는데, 이를 증명하는 것이 쉽지 않다. 이에 민법에서는 의사무능력자 여부, 즉 의사능력의 유무와 관계없이 나이나 법원의 결정이라는 일정하고 객관적인 기준에 따라 제한능력자를 규정하고 있다. 구체적으로 만 19세 미만의 미성년자, 그리고 가정법원으로부터 심판을 받은 피성년후견인*과 피한정후견인* 등이 제한능력자에 해당되는데, 이들은 독자적으로 완전하고 유효한 법률 행위를 할 수 있는 행위능력자와 구분되며, 자신의 의사무능력을 증명할 필요가 없다. 제한능력자는 단독으로 재산상의 법률행위를 한 경우 10년 내에 취소권을 행사할 수 있는데, 이를 제한능력자제도라고 한다. 이때 제한능력자의 법률행위의 취소 여부는 제한능력자 측, 즉 제한능력자 본인이나 그의 법정대리인의 의사에 따라서만 결정된다. 제한능력자 측에서 취소권을 행사할 경우 법률행위는 처음부터 무효인 것으로 보지만, 행위를 취소하지 않을 경우에는 그 법률행위에 대해서는 그대로 효력이 유지된다.

미성년자는 주민등록증과 가족관계등록부를 통해, 피성년후견인과 피한정후견인은 후견등기부를 통해 확인할 수 있다. 하지만 제한능력자의 계약 상대방이 이를 항상 확인하지는 않으므로 계약을 한 후 자신이 계약을 한 상대방이 제한능력자라는 사실을 뒤늦게 알게 되는 경우가 있다. 제한능력자 측은 자신의 법률행위에 대해 10년 내에 취소할 수 있는 취소권을 갖기 때문에 제한능력자의 계약 상대방은 불이익을 당할 수도 있다. 이에 민법은 제한능력자를 보호함으로써 불이익을 당하게 되는 상대방을 위해 '상대방의 확답촉구권', '상대방의 철회권·거절권', '제한능력자의 속임수'와 같은 제도를 운영하고 있다.

먼저 ⓐ상대방의 확답촉구권은 제한능력자의 계약 상대방이 1개월 이상의 기간을 정해 계약 취소 여부에 대한 확답을 요구할 수 있는 권리이다. 이때 확답촉구는 제한능력자에게는 할 수 없으며, 제한능력자의 법정대리인이나 제한능력자가 행위능력자가 된 경우에만 요구할 수 있다. 특별한 절차가 필요한 행위를 제외하고 확답촉구를 받은 사람은 상대방이 설정한 유효기간 내에 취소 여부에 대한 확답을 해야 하며, 유효기간 내에 확답을 하지 않으면 제한능력자와 계약한 법률행위는 취소할 수 없는 것으로 확정된다.

상대방의 철회권·거절권은 제한능력자의 계약 상대방이 법률행위의 효력 발생을 원하지 않는 경우 제한능력자 측에게 행사할 수 있는 권리이다. ⓑ상대방의 철회권은 제한능력자의 계약 상대방이 계약 당시 제한능력자와 계약한 사실을 알지 못했을 때 계약을 철회할 수 있는 권리이고, ⓒ상대방의 거절권은 제한능력자의 계약 상대방이 계약 당시 제한능력자와 계약한 사실을 인지했는지의 여부와 상관없이 제한능력자가 단독행위*를 한 경우에 상대방이 거절할 수 있는 권리이다. 다만 위의 철회권·거절권은 제한능력자 측에서 해당 법률행위에 대해 취소권을 행사하지 않겠다는 의사를 표시하기 전까지만 권리가 인정된다.

제한능력자의 속임수는 제한능력자가 속임수를 써서 자신을 행위능력자로 믿게 한 경우나 미성년자나 피한정후견인이 속임수를 써서 법정대리인의 동의가 있는 것으로 믿게 한 경우에는 제한능력자의 취소권을 박탈하는 것이다. 예를 들어 미성년자인 갑이 자신이 성년인 것처럼 신분증을 위조하는 등의 적극적인 사기수단을 써서 을과 계약을 하는 법률행위를 했다면 갑의 취소권이 배제됨은 물론이고 갑의 법정대리인의 취소권까지 배제되는 것이다.

이처럼 민법에서는 제한능력자제도를 통해 제한능력자가 행한 재산상의 법률행위를 일정한 요건하에 취소할 수 있게 하여 제한능력자를 보호하고 있다. 또한 제한능력자의 법률행위로 인해 불이익을 당할 수 있는 상대방을 보호하는 제도 역시 규정함으로써 제한능력자의 계약 상대방이 입을 수 있는 손해를 최소화하고 있다.

* 피성년후견인: 정신적 제약으로 사무를 처리할 능력이 지속적으로 결여되어 가정법원의 심판에 의해 단독으로 유효하게 법률행위를 할 수 없는 자.
* 피한정후견인: 정신적 제약으로 사무를 처리할 능력이 부족하여 가정법원의 심판에 의해 행위능력이 부분적으로 제한된 자.
* 단독행위: 일방적인 의사표시에 의하여 법률효과를 발생하게 하는 법률행위.

구조읽기 **0** **윗글에 대한 설명으로 가장 적절한 것은?**

① 특정 제도가 발전한 과정을 제시한 뒤 전망을 예측하고 있다.
② 특정 제도의 필요성을 제시하고 제도의 특징을 설명하고 있다.
③ 특정 제도가 변화된 원인을 분석하고 제도의 의의를 평가하고 있다.
④ 특정 제도를 바라보는 상반된 입장을 제시하고 절충안을 모색하고 있다.
⑤ 특정 제도의 영향력을 분석한 뒤 사회적 인식의 변화 양상을 서술하고 있다.

내 생각?... 을 표현하기 좋은 글의 구조를 선택하고... 썼으니까... **글의 구조 속**에 있지 않을까?

글쓴이의 작문 과정을 따라가 볼까?

(❶   )를 설명하려면 의사능력, 의사무능력자의 법률행위부터 먼저 다뤄야겠어.

제한능력자제도는 제한능력자를 보호하기 위한 제도이니, 제한능력자에 해당하는 사람이 누구인지 밝히고 어떤 방식으로 보호하는지 설명해야겠어.

제한능력자의 법률행위로 불이익을 당할 수 있는 상대방을 보호하는 제도로 상대방의 확답촉구권, 상대방의 철회권·거절권, (❷   ) 등을 차례로 설명해 줘야겠지?

제한능력자제도와 함께 계약 상대방을 보호하는 제도의 의의를 밝히며 마무리하자.

글쓴이가 이 글에서 말하려는 주제는?

_____

_____

윗글을 통해 알 수 있는 내용

세부 내용 파악

↓

선지에 '않다', '없다'와 같은 부정어가 나오면 지문에서 부정하고 있는 내용인지 확인해 봐야 해. 지문에서 '있다'라고 한 내용을 선지에서 '없다'로 바꾸거나 반대로 '없다'를 '있다'로 바꾸어 오답의 함정을 만들기도 하거든.

1 **윗글을 통해 알 수 있는 내용으로 적절하지 <u>않은</u> 것은?**

① 미성년자의 경우 따로 법원의 결정을 받지 않아도 제한능력자로 규정한다.

② 의사능력이 있는 제한능력자의 경우 재산상의 법률행위를 법에 의해 보호받을 수 없다.

③ 가족관계등록부나 후견등기부를 통해 계약을 한 상대방이 제한능력자임을 확인할 수 있다.

④ 제한능력자는 일정 기간 내에 취소권을 행사하여 자신의 재산상의 법률행위를 처음부터 무효로 만들 수 있다.

⑤ 법원에서 제한능력자로 규정한 자는 재산상의 법률행위를 취소할 때마다 자신의 의사무능력을 증명할 필요가 없다.

ⓐ~ⓒ에 대한 설명

정보 간의 공통점과 차이점 파악

2 **ⓐ~ⓒ에 대한 설명으로 적절하지 <u>않은</u> 것은?**

① ⓑ는 제한능력자의 계약 상대방이 제한능력자와 제한능력자의 법정대리인 모두에게 행사할 수 있다.

② ⓒ는 제한능력자의 계약 상대방이 법률행위의 효력 발생을 원하지 않는 경우에 사용한다.

③ ⓐ와 ⓒ는 모두 제한능력자의 계약 상대방이 제한능력자에게 직접 행사하여 자신의 권리를 보장받을 수 있다.

④ ⓑ와 ⓒ는 모두 제한능력자 측이 취소권을 행사하지 않겠다는 의사를 표시하기 전까지만 행사할 수 있다.

⑤ ⓐ~ⓒ는 모두 제한능력자제도에 의해 받을 수 있는 불이익으로부터 제한능력자의 계약 상대방을 보호하기 위한 제도이다.

ⓐ, ⓑ, ⓒ는 모두 제한 능력자의 계약 상대방과 관련된 제도야. ⓐ, ⓑ, ⓒ를 둘 또는 셋으로 묶어서 설명한 문장에서 공통점을, 따로따로 설명한 문장에서 차이점을 찾아낼 수 있어.

3문단은 ⓐ, ⓑ, ⓒ를 한 문장으로 묶어서 언급했고, 4문단은 ⓐ만 설명했군. 그리고 5문단은 ⓑ와 ⓒ를 묶어서 한 문장으로 설명하기도 하고, 각각을 따로 언급하기도 했군.

3 **윗글을 바탕으로 |보기|를 이해한 내용으로 가장 적절한 것은?**

─| 보 기 |─

　　17세인 A는 악기를 1,000만 원에 구입하였다. 이 사실을 1년 뒤에 알게 된 A의 법정대리인은 판매자가 법정대리인의 동의 여부를 확인하지 않고 악기를 판매한 것이므로, 판매자에게 계약 취소를 요구하였다. 판매자는 판매 당시 직원의 강요가 없었고 악기의 특성상 판매 후에는 반품 및 환불이 불가함을 설명하였기 때문에 판매 과정에 잘못이 없다며 계약 취소를 인정하지 않았다.

① A가 악기를 구입한 후 성년이 된 다음 날은 계약 취소가 불가능하겠군.
② A는 법정대리인의 동의를 얻어야 악기 매매 계약을 취소할 수 있는 권리가 생기겠군.
③ A의 법정대리인이 A의 악기 구매 사실을 1년 뒤에 알았기 때문에 이 계약은 취소될 수 없겠군.
④ A가 법정대리인의 동의서를 위조하여 판매자를 믿게 하고 계약을 했다면 이 계약은 취소될 수 없겠군.
⑤ 판매자가 계약 취소를 인정하지 않았기 때문에 A의 법정대리인이 취소권을 행사한다고 하더라도 계약을 취소할 수 없겠군.

윗글을 바탕으로 |보기|를 이해

구체적 사례에 적용

|보기|에 미성년자인 '17세인 A', 계약 상대방인 '판매자', 그리고 '계약 취소'가 제시되어 있네. 그렇다면 제한능력자의 계약 취소에 관한 내용이 언급된 문단을 찾아봐야겠지?

인간은 집단생활을 하기 때문에 분쟁이 발생할 수밖에 없다. 그래서 문제가 발생하는 것을 예방하거나 문제를 원만히 해결하기 위해 규칙을 만든다. 여러 규칙 중 사회 구성원들의 합의에 따라 만들어지고 강제성을 가진 규칙을 법이라고 한다. 이때 강제성은 공공의 이익을 실현하기 위해 사회 구성원들이 동의할 때만 발휘될 수 있다. 이러한 법은 몇 가지 특징이 있는데 먼저 법은 행동의 결과를 중시한다. 왜냐하면 다른 사람이 행동을 평가할 수 있고 그 변화도 확인할 수 있어야 하기 때문이다. 그리고 법은 국민의 자유와 권리를 보호한다. 만약 법이 없다면 권력자나 국가 기관이 멋대로 권력을 휘두를 수 있을 것이다. 마지막으로 법은 최소한의 간섭만 한다. 개인이 처리해도 되는 일까지 법이 간섭한다면 사람들은 숨이 막혀 평온하게 살기 힘들 것이다.

대표적인 법에는 ㉠민법과 형법이 있다. 민법은 국가 기관이 아닌, 사람들 간의 권리관계를 다루는 법률로서 재산 관계와 가족 관계로 구성되어 있다. 근대 사회에서 형성된 민법의 원칙은 오늘날까지도 중요하게 여겨지고 있다. 중요 원칙 중 하나는 개인의 사유 재산에 대해 절대적 지배를 인정하고 국가를 비롯한 단체나 개인은 다른 사람의 사유 재산 행사에 간섭하지 못한다는 것이다. 그리고 다른 사람에게 끼친 손해는 그 행위가 위법이고 동시에 고의나 과실에 의한 경우에만 책임을 진다는 원칙도 있다. 그런데 이 원칙들은 경제적 강자가 경제적 약자를 지배하는 수단으로 악용되기도 하여 20세기에 들면서 제한이 생겼다. 그 결과 개인의 사유 재산에 대한 지배는 여전히 보장되지만 공공복리에 적합하도록 행사해야 한다는 것과 같은 수정된 원칙들이 적용되고 있다.

반면, 형법은 범죄와 형벌을 규정하는 법률로서 ㉡'죄형법정주의'라는 기본 원칙이 있다. 죄형법정주의는 범죄의 행위와 그 범죄에 대한 처벌을 미리 법률로 정해 두어야 한다는 것이다. 그래서 범죄 발생 당시에는 없었던 법이 나중에 생겨도 그것을 소급*해서 적용할 수 없다. 또한 민법과 달리 어떤 사항을 직접 규정한 법규가 없을 때, 그와 비슷한 사항을 규정한 법규를 유추하여 적용할 수도 없다.

[A]
형법을 위반한 범죄가 발생하면, 먼저 수사 기관이 수사를 한다. 수사를 개시하는 단서로는 고소, 고발, 인지가 있는데, 이 중 고소는 피해자가 하는 반면 고발은 제3자가 한다. 일반적으로 범죄는 수사 기관이 인지하는 것만으로도 수사를 시작할 수 있다. 하지만 명예훼손죄, 폭행죄 등은 수사를 진행했더라도 피해자가 원하지 않으면 처벌하지 않는다. 수사 결과 피의자*가 죄를 범했다고 의심할 만한 충분한 이유가 있다면 구속 영장을 받아 체포해 구속한다. 만약 범죄를 실행 중인 경우는 구속 영장 없이 체포 가능한데, 이 경우 48시간 이내에 구속 영장을 신청해야 하고, 법원은 신청서가 접수된 시간으로부터 48시간 이내에 구속 영장의 발부 여부를 결정해야 한다. 수사 결과 범죄 혐의가 인정되면 검사는 재판을 청구하는데 이를 기소라고 한다. 이때 검사는 피의자의 나이, 환경, 동기 등을 참작하여 기소를 하지 않을 수 있다. 기소로 재판 절차가 시작되면 법원은 사건을 심리*하여 범죄 사실이 확인된 경우 유죄를 선고한다. 유죄가 인정되면 법원이 형을 선고하고 집행 절차에 들어간다.

그런데 만약 동물이 위법한 행동을 하여 다른 사람에게 손해를 끼치면 어떻게 될까? 결론부터 말하면 동물은 아무런 책임이 없다. 법에서는 인간 이외의 것들은 생명의 유무와 상관없이 모두 물건으로 보는데 물건에는 법적 권리가 없다. 법적 권리가 없는 것은 의무와 책임도 없다. 그러므로 동물은 민, 형법상의 책임을 지지 않아도 된다. 다만 손해를 입은 사람은 민법에 따라 동물의 점유자*에게 배상을 받을 수 있다.

* 소급: 과거에까지 거슬러 올라가서 미치게 함.
* 피의자: 수사 기관으로부터 범죄의 의심을 받게 되어 수사를 받고 있는 자.
* 심리: 재판의 기초가 되는 사실이나 법률적 판단을 심사하는 행위.
* 점유자: 어떤 물건을 소유하고 사실상 지배하는 사람.

윗글에 대한 설명으로 가장 적절한 것은?

① 법의 기본적인 특징을 제시하고 민법과 형법에 어떤 원칙이 적용되는가를 설명하고 있다.

② 법이 제정된 이유를 제시하고 민법과 형법이 어떤 배경과 이유로 만들어졌는지를 설명하고 있다.

③ 법의 개념과 원칙을 제시하고 민법과 형법이 공통적으로 어떤 대상을 다루고 있는지를 설명하고 있다.

④ 법이 적용되는 대상의 범위를 제시하고 민법과 형법에서 어떻게 범위를 구분할 수 있는지를 설명하고 있다.

⑤ 법의 다양한 유형을 제시하고 민법과 형법이 어떤 과정을 통해 원칙들을 마련하게 되었는가를 설명하고 있다.

내 생각?

글쓴이의 작문 과정을 따라가 볼까?

법은 왜 필요하고 어떤 특징들이 있는지부터 제시할까?

법을 민법과 (❶   )으로 나누어 각각의 개념과 원칙을 설명해야겠어. 먼저 민법의 중요 원칙 두 가지를 설명하고, 다음으로 형법의 기본 원칙인 (❷   )를 설명하자.

범죄 사건이 발생했을 때의 처리 과정이나 동물로 인해 사람들이 피해를 입었을 때의 법적 책임에 대한 내용도 다루어야지.

글쓴이가 이 글에서 말하려는 주제는?

_____

_____

법에 관한 설명

'법'과 관련한 핵심 정보 파악

지문에서는 '조건'이나 '이유'를 제시하며 법의 특징을 설명하고 있어. 그렇다면 법의 특징뿐만 아니라 '조건'이나 '이유'에 대한 내용도 꼼꼼히 살펴봐야겠지.

1 법에 관한 설명으로 적절하지 않은 것은?

① 문제가 발생하는 것을 예방하기 위해 사회 구성원의 의사를 반영하여 만든다.
② 권력자의 권력 행사를 제한하여 국민들의 자유와 권리를 지키는 역할을 한다.
③ 법의 간섭이 지나치게 커지게 되면 개인이 삶을 평온하게 유지하기 힘들 것이다.
④ 다른 사람들이 행동을 평가하고 그 변화를 확인할 수 있어야 하므로 결과를 중시한다.
⑤ 목적이 공익과 무관하더라도 사회 구성원의 동의가 있다면 강제성이 발휘될 수 있다.

㉠에 대한 설명

세부 내용 확인

2 ㉠에 대한 설명으로 적절하지 않은 것은?

① 경제적 강자로부터 경제적 약자를 보호하기 위해 원칙이 수정되었다.
② 국가 기관이 아닌 사람들 간의 권리관계에 문제가 생겼을 경우 적용한다.
③ 위법한 행위가 발생했을 때 의도적으로 잘못을 한 경우에만 책임을 물을 수 있다.
④ 20세기에 들면서 공공복리에 적합하지 않을 경우 개인의 재산권 행사를 제한할 수 있게 되었다.
⑤ 개인이 재산을 사용하는 것에 대해 국가나 타인이 간섭하지 못한다는 원칙이 근대 사회에서 형성되었다.

3 ㉡과 관련 있는 말로 적절한 것은?

① 착한 사람은 법이 필요 없고 나쁜 사람은 법망을 피해 간다.

② 법의 생명은 논리에 있는 것이 아니라 경험에 있다.

③ 형법의 반은 이익보다는 해를 끼칠지 모른다.

④ 법률이 없으면 범죄도 없고 형벌도 없다.

⑤ 철학 없는 법학은 출구 없는 미궁이다.

㉡과 관련 있는 말

|

진짜 궁금한 건 개념의 이해

4 [A]를 바탕으로 |보기|를 이해한 내용으로 적절한 것은?

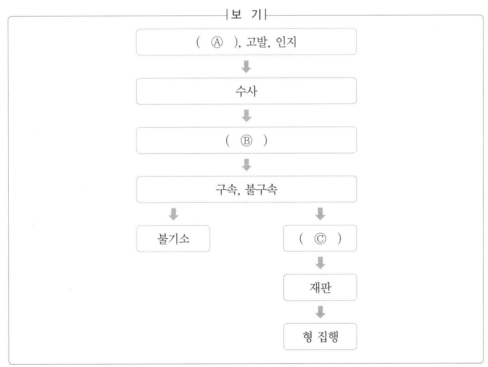

|보 기|

(ⓐ), 고발, 인지

⬇

수사

⬇

(ⓑ)

⬇

구속, 불구속

⬇   ⬇

불기소   (ⓒ)

⬇

재판

⬇

형 집행

① ⓐ는 범죄의 피해자와 연관이 있는 제3자가 한다.

② 명예훼손죄, 폭행죄는 ⓐ가 없어도 수사를 진행할 수 있다.

③ 범죄를 실행 중인 범인을 ⓑ하였을 경우 48시간 이내에 구속 영장을 발부받아야 한다.

④ 범죄 혐의가 인정될 경우 반드시 ⓒ를 해야 한다.

⑤ 재판에서 심리를 담당하는 주체가 ⓒ의 여부를 결정한다.

[A]를 바탕으로 |보기|를 이해

|

|보기|는 [A]에 제시된 절차

⬇

[A]에 제시된 법적 절차를 |보기|에서 표로 제시했네. |보기|에 제시된 용어들을 [A]에서 찾아 표시해 두면 문제 해결에 도움이 되겠지?

핵심 정보의 비교 및 적용

↓

구체적인 법률 조문이 나왔다고 당황
할 필요 없어. 중요한 건 '민법'과 '형
법' 중 어느 것을 적용하느냐 하는 거
야. '제759조', '제257조'와 같은 말에
현혹되지 말도록!

5 **윗글과 |보기 1|을 참조하여 |보기 2|를 이해한 내용으로 적절하지 <u>않은</u> 것은?**

┤보 기 1├

민법 제759조(동물의 점유자의 책임)
　① 동물의 점유자는 그 동물이 타인에게 가한 손해를 배상할 책임이 있다. …….

형법 제257조(상해, 존속상해)
　① 사람의 신체를 상해한 자는 7년 이하의 징역, 10년 이하의 자격정지 또는 1천만 원 이하
　　의 벌금에 처한다. …….

┤보 기 2├

　A는 사고로 몸의 대부분을 기계로 대체해 로봇같이 보이지만 여전히 직장생활을 하고 세금을
내는 등 이전과 같은 생활을 하고 있다. B는 C가 구입한 로봇으로 행동과 겉모습이 인간과 구별
이 안 된다. 그런데 만약 A와 B가 사람을 때려 다치게 하였다면 법적으로 어떻게 해야 할까?

① 민법 제759조 ①에 따르면 B는 동물과 같이 물건이므로 법적 책임이 없다.

② 민법 제759조 ①을 유추하여 적용한다면 B의 점유자인 C에게 손해 배상 책임을 물을 수
　있다.

③ 형법 제257조 ①에 따르면 A는 '사람의 신체를 상해한 자'에 해당하므로 형법에 따른 책임
　을 져야 한다.

④ 형법 제257조 ①을 유추하여 적용한다면 C는 징역이나 벌금에 처해질 수 있다.

⑤ 형법 제257조에 향후 B가 사람을 다치게 한 행위에 관한 조항이 추가되더라도 이번 사건에
　대해서는 B를 처벌할 수 없다.

문제해결형 지문 구조

"문제가 발생하면 그 해결에 주목해야 글이 보인다."

문제와 해결을 다른 말로 표현하면 목적과 방식으로 부르기도 해. 어떤 문제를 해결하기 위하여 무슨 방식을 동원했다는 말이기도 하니까. 사실 지문에서 뭔가 한계에 부딪혔다거나 문제 상황이 발생한다는 표현이 등장한다면, 그 이후엔 이를 해결하기 위한 방식 또는 방안 등이 나올 거야. 그러니 수습형 즉, 문제해결형 지문 구조를 읽을 때는 문제 상황과 그 해결 방안을 짝지어 이해하는 것도 필요하지만, 문제 해결로써 이루고자 하는 목적까지 파악해 둬야겠지?

문제 상황	해결 방안	해결 방안	내용 정리

문제 상황이나 현상이 제시될 때는
문제 해결로 이루고자 하는 목적을 찾아야 돼!

우리는 흔히 문제라고 하면 자연재해나 세계 경제 위기, 전쟁이나 테러와 같은 심각한 난제들을 떠올리지만, 수능에서는 개선될 여지가 있는 일상의 모든 것들이 출제될 수 있어. 특히 법이나 사회 제도 등은 실생활에서 일어나는 문제들을 해결하기 위해 만들어진 제도들이잖아? 그래서 이런 제재들을 다루는 글에서는 문제 상황과 해결 방안을 다룰 수밖에 없는 거지.

문제해결형 지문 구조의 독해 포인트는 문제 상황, 문제 원인, 해결 방안, 해결 목적 이 네 가지야! 어때, 간단하지? 문제 상황과 해결 방안뿐만 아니라 '목적'이 무엇인지도 파악하는 거 잊지 마!

어떤 현상에 대해 문제를 제기하고,
그 문제를 해결해 가는 지문 구조로
사회영역에서 자주 출제돼!

기 출 읽 기 2

2018학년도 6월 고2 학력평가

정답률 70%
난이도 중
제한시간 9분

무엇을 물을까?

● 근로 계약서를 작성할 때의 주의점이 제시되

어 있으니, 실제 근로 계약서의 사례에 적용

해 보게 하겠군.

●

근로자란 직업의 종류를 불문하고 사업장에서 임금을 받을 목적으로 일하는 사람을 의미한다. 정규직 근로자에서부터 단시간 근로자 즉 아르바이트까지 근로사에 포함된다. 그런데 단시간 근로자의 경우 법적으로는 엄연한 근로자이면서도 여러 가지 이유에서 법적인 보호에서 벗어나 있는 경우가 많다.

사업주가 근로자를 채용할 경우에는 근로 조건을 ㉠명시(明示)한 근로 계약서를 작성해야 한다. 근로 계약이란 근로자가 근로 조건에 대해서 사업주와 약속하는 것을 말한다. 이러한 약속은 구두로 하기보다는 나중에 문제가 생겼을 때를 대비하여 반드시 문서로 작성해야 한다. 근로 계약서에는 일을 하기로 한 기간, 일할 장소, 해야 할 일, 하루에 일해야 하는 시간과 쉬는 시간, 쉬는 날, 임금과 임금을 받는 날 등 중요한 내용이 반드시 나타나 있어야 한다. 근로 계약서는 사업주와 근로자 본인이 작성해야 하며, 다른 사람이 대신할 수는 없다. 또 1일 근로 시간이 4시간인 경우에는 30분 이상, 8시간인 경우에는 1시간 이상의 쉬는 시간이 주어져야 하고, 1주간의 정해진 근로 일수대로 일한 근로자에게는 1주에 1일의 유급 주휴일[*]이 보장되어야 한다. 4인 이하의 사업장을 제외하고는 휴일에 근무할 경우 임금의 50%를 ㉡가산(加算)하여 받을 수 있으며, 1년간 정해진 근로 일수에 따라 성실히 근무한 경우에는 연차 유급 휴가[*]를 보장받을 수 있다. 다만 1주간의 정해진 근로 시간이 15시간 미만일 경우에는 퇴직금, 유급 주휴일, 연차 휴가 규정이 적용되지 않는다. 만약 사업주가 근로 계약서 작성을 거부할 경우 신고할 수 있으며, 이 경우 사업주는 500만 원 이하의 벌금형을 받을 수 있다. 사업주가 근로 계약서를 작성하고 근로자에게 이를 ㉢교부(交附)하지 않았을 경우에도 처벌 대상이 된다.

모든 근로자는 최저임금법에서 정한 최저임금 이상의 임금을 받을 권리가 있다. 보호자의 동의를 얻어 일을 하는 만 18세 미만의 연소[*] 근로자도 동일한 적용을 받는다. 근로자로 채용된 이후에 기업의 필요에 따라 교육이나 연수를 받고 있는 수습 근로자의 경우, 일하기 시작한 날부터 3개월 이내에는 최저임금의 90%를, 3개월이 지나면 최저임금 전액을 지급받아야 한다. 하지만 단순노무직[*] 근로자이거나 계약 기간이 1년 미만인 근로자의 경우에는 수습 기간에도 100% 임금을 지급받아야 한다. 만약 사업주가 최저임금 미만의 임금을 지급할 경우에는 최저임금법 제28조에 의해 3년 이하의 징역 또는 2,000만 원 이하의 벌금형에 처해질 수 있다.

임금은 '정기적으로', '해당 근로자에게 직접', '전액을', '현금으로' 지급해야 한다. 임금은 일, 주, 월 단위로 지급할 수 있고, 현물[*]이나 상품권은 안 되며, 통장으로 지급하는 것은 가능하다. 이 기준을 지키지 못하면 임금 체불이 된다. 대표적인 임금 체불 사례를 보면, 정기적으로 지급하기로 한 날에 지급하지 않는 경우, 임금 중 일부만 지급하는 경우, 퇴사 후 14일 이내에 당사자 간 약속 없이 임금을 지급하지 않는 경우 등이다. 그리고 일을 하기 위해 출근하였으나 갑자기 일이 없어 집으로 되돌아가야 하는 경우, 그 이유가 사업주에게 있다면 4인 이하의 사업장을 제외하고는 평균 임금의 70%에 해당하는 휴업 수당을 받아야 한다. 만약 임금을 받지 못하면 독촉장을 발송하거나 고용노동부에 진정서를 제출하여 문제를 해결할 수 있다.

사업주는 근로 계약 기간이 끝나기 전에 정당한 이유 없이 근로자를 해고할 수 없다. 아르바이트로 일하는 경우에도 근로기준법에서 정한 해고 관련 내용 등이 동일하게 적용된다. 만약 사업주에게 부당하게 해고를 당했을 경우 일정 금액의 해고 수당을 받을 수 있다. 다만 일용 근로자로서 3개월을 연속 근무하지 않은 경우, 2개월 이내의 기간을 정하여 근무하는 경우, 계절적 업무에 6개월 이내의 기간을 정하여 근무하는 경우, 3개월 이내의 수습 기간을 정하여 근무 중인 경우에는 해고 수당을 ㉣청구(請求)할 수 없다. 정당한 이유 없이 근로자를 해고한 경우에는 5년 이하의 징역 또는 3,000만 원 이하의 벌금형에 처해질 수 있다.

일하다가 다쳤을 경우 사업주가 보험에 가입하지 않았거나 근로자 본인의 ㉤과실(過失)을 이유로 치료비 지급을 거부하더라도 치료비를 본인이 부담할 필요는 없다. 산업재해보상보험법(산재보험)에 따라 근로복지공단에서 치료 및 보상을 받을 수 있기 때문이다. 또한 근로기준법 제7조, 제8조에 따르면 사업주 또는 관리자가 근로자에게 기분이 나쁠 정도의 폭언이나 지나친 성적 농담을 하는 경우 또는 신체적인 체벌을 하는 경우에는 위법이므로 고용노동부나 경찰서 등 관련 기관에 신고할 수 있다.

* 유급 주휴일: 1주간의 정해진 근로 일수대로 일하였을 때 임금을 받으면서 쉴 수 있는 날.
* 연차 유급 휴가: 해마다 종업원에게 주도록 정하여진 유급 휴가.
* 연소: 나이가 어림.
* 단순노무직: 건설 현장이나 생산 현장 따위에서 단순히 육체적으로 하는 직무.
* 현물: 금전 이외의 물품.

01 윗글을 쓰기 위해 글쓴이가 구상한 내용으로 보기 <u>어려운</u> 것은?

• 근로자가 어떤 사람을 의미하는지 정의를 통해 제시해야지. ………… ①
• 근로 계약서를 작성하는 이유는 유추의 방식으로 제시해야지. …… ②
• 근로자에 대한 임금 체불에 관해서는 사례를 통해 제시해야지. …… ③
• 근로자가 해고 수당을 청구할 수 없는 경우를 열거하여 제시해야지.
………………………………………………………… ④
• 일하다가 다쳤을 때 보상을 받을 수 있다는 사실을 인과의 방식으로 제시해야지. ………………………………………………… ⑤

내 생각?

글쓴이의 작문 과정을 따라가 볼까?

근로자 중에서도 특히 단시간 근로자가 법적인 보호로부터 벗어난 경우가 많으니, 이를 다루어야겠어. 우선 (❶   )의 개념을 알려 주고 문제 상황을 제시하자.

근로를 하기 전에 근로자와 사업주는 반드시 (❷   )를 작성해야 하니 그 것에 어떤 내용이 들어가야 하는지 주의점은 무엇인지 설명해야지.

근로 계약을 맺은 근로자에게는 어떤 권리가 있고, 법적 보호 장치에는 어떤 것들이 있는지 알려 줘야겠지? 임금, 해고, 상해 등과 관련하여 근로자의 권리와 함께 피해 발생 시 해결 방법을 알려 줘야겠어.

글쓴이가 이 글에서 말하려는 주제는?

_____

_____

1 **윗글의 내용과 일치하지 않는 것은?**

① 아르바이트는 근로자임에도 법적인 보호를 받지 못하는 경우가 많다.

② 근로 계약이란 근로 조건에 대해서 근로자와 사업주가 약속하는 것을 말한다.

③ 1주일의 근로 시간이 15시간 미만일 경우에도 연차 휴가를 보장받을 수 있다.

④ 아르바이트의 경우에도 근로기준법에서 정한 해고 관련 내용이 동일하게 적용된다.

⑤ 근로기준법에 의하면 사업주 또는 관리자가 근로자에게 폭언이나 지나친 성적 농담을 하는 것은 위법이다.

추가 질문의 형식을 띠었지만 결국 내용 확인 문제라는 것을 잊지 마. 추가로 물어본다는 것은 지문에 없는 내용을 더 알고 싶다는 것이겠지?

2 **윗글을 읽은 후 추가할 수 있는 질문으로 적절하지 않은 것은?**

① 사업주가 근로 계약서 작성을 거부할 경우 어디에 신고하면 되나요?

② 사업주가 근로자를 해고할 수 있는 정당한 이유에는 어떤 것들이 있나요?

③ 아르바이트를 하다가 사업주에게 체벌을 받았을 경우에는 어떻게 해야 하나요?

④ 수습 기간에도 최저임금 전액을 받을 수 있는 단순노무직에는 어떤 것들이 있나요?

⑤ 임금이 체불된 경우 독촉장을 발송하거나 진정서를 제출하는 것 말고는 다른 방법이 없나요?

[3~4] |보기|는 직원이 10여 명인 ◇◇ 식당에 근무하게 된 '박○○' 군의 근로 계약서이다. 3번과 4번의 물음에 답하시오.

┤ 보 기 ├

연소 근로자 근로 계약서

김△△(이하 "사업주"라 함)와 박○○(이하 "근로자"라 함)는 다음과 같이 근로 계약을 체결한다.

1. 근로 계약 기간: 2018년 5월 1일부터 2018년 6월 20일까지

2. 근무 장소: ◇◇ 식당 홀

3. 업무의 내용: 홀 서빙 및 청소

4. 근로 시간/휴게 시간: 16시 30분부터 21시 30분까지 ·················· ㉮

5. 근무일/휴일: 매주 5일 근무/ 매주 토, 일요일 ·················· ㉯

6. 임금
  – 시간급: 7,530원 ·················· ㉰
  – 임금 지급일: 매월 20일(휴일의 경우는 전일 지급)
  – 지급 방법: 근로자에게 직접 지급( ), 근로자 명의 예금 통장에 입금(∨)

7. 가족관계증명서 및 동의서
  – 가족관계기록사항에 관한 증명서 제출 여부: __∨__
  – 친권자 또는 후견인의 동의서 구비 여부: __∨__ ·················· ㉱

8. 사회보험 가입 여부(해당란에 체크)
  ☑ 고용보험 ☐ 산재보험 ☐ 국민연금 ☑ 건강보험

2018년 4월 25일

(사업주) 사업체명: ◇◇ 식당(전화: ×××－××××－××××)┐
      주 소: □□시 □□구 □□로 48
      대표자: 김△△ (서명)
(근로자) 주 소: □□시 □□구 □□로 28   ·················· ㉲
      연락처: ×××－××××－××××
      성 명: 박○○ (서명)┘

3 윗글을 바탕으로 |보기|를 이해한 내용으로 적절하지 <u>않은</u> 것은?

① 1일 근로 시간이 4시간 이상이므로 ㉮에는 30분 이상의 쉬는 시간을 명시해야 한다.

② ㉯의 내용대로 1주일을 정해진 근로 일수대로 근무하였다면 1일의 유급 주휴일을 보장받을 수 있다.

③ ㉰에는 최저임금법에 규정되어 있는 최저임금 이상을 명시해야 한다.

④ 만 18세 미만의 연소자일 경우 ㉴처럼 보호자의 동의를 받아야 한다.

⑤ ㉲에서 내용의 확인 및 서명은 필요한 경우 다른 사람이 대신할 수 있다.

구체적 사례에 적용

|보기|에서 주목해야 할 사항이 무엇일까? 토요일 근무, 다친 상황, 해고 통보 등이네. 이와 관련된 내용이 있는 문단을 꼼꼼히 살펴봐.

4 다음의 '박○○' 군에게 해 줄 수 있는 말로 가장 적절한 것은?

> 박○○ 군은 5월 둘째 주 월요일에 사업주의 사정으로 일을 하지 못하고 그냥 돌아왔다. 그 주 토요일에는 일손이 모자라 근무하였다. 그 후 서빙 중 본인의 실수로 화상을 입었는데, 본인의 잘못으로 다쳤다는 이유로 사업주는 치료비 지급을 거부하였다. 그뿐만 아니라 다친 상태로 일을 할 수 없다는 이유로 박○○ 군에게 해고를 통보하였다.

① 휴일인 토요일에 근무하였으므로 가산된 임금을 적용받을 수 있습니다.

② 근로 기간 중에 해고당한 근로자이므로 해고 수당을 받을 수 있습니다.

③ 업무 수행 중이지만 본인 과실로 다쳤으므로 치료비를 보상받을 수 없습니다.

④ 사업주 사정으로 근무일에 일하지 못하고 돌아왔으므로 휴업 수당을 요구할 수 없습니다.

⑤ 사업주가 산업재해보상보험에 가입되어 있지 않으므로 치료비를 보상받을 수 없습니다.

5 ㈀∼㉺의 사전적 의미로 적절하지 **않은** 것은?

① ㉠: 물체를 환히 꿰뚫어 봄.

② ㉡: 본래의 수에 더하여 셈함.

③ ㉢: 서류나 물건을 내어 줌.

④ ㉣: 상대편에게 일정한 행위를 요구하는 일.

⑤ ㉤: 부주의나 태만 따위에서 비롯된 잘못이나 허물.

무엇을 물을까?

●
_____
_____

●
_____
_____

국민참여재판이란, 일반 국민이 형사재판에 배심원으로 참여하여 법정 공방*을 지켜본 후 피고인의 유·무죄에 대한 판단을 ㉠내리고 적정한 형을 제시하면 재판부가 이를 참고하여 판결을 선고하는 제도이다. 『국민의 형사재판 참여에 관한 법률』에 규정된 범죄 중 피고인이 신청하는 경우에 한해 진행되며, 피고인이 원한다 하더라도 적절하지 않다고 판단되는 경우 법원은 국민참여재판으로 진행하지 않을 수 있다.

국민참여재판에서 배심원 선정은 매우 중요하다. 배심원을 선정하기 전 법원은 먼저 필요한 배심원의 수와 예비배심원의 수를 결정한다. 법정형이 사형, 무기징역 등에 해당하는 사건의 경우에는 9인의 배심원이, 그 외의 경우에는 7인의 배심원이 재판에 참여하게 된다. 다만 피고인이 공소* 사실의 주요 내용을 인정했을 경우에는 5인의 배심원이 참여할 수 있다. 또한 법원은 배심원의 결원 등에 대비하여 5인 이내의 예비배심원을 둘 수 있는데, 이들은 평의*와 평결*만 참여할 수 없을 뿐 배심원과 동일한 역할을 수행한다. 배심원과 예비배심원을 합한 수만큼 인원을 선정한 후, 추첨을 통해 예비배심원을 선정한다. 누가 예비배심원인지는 평의에 들어가기 직전에 공개한다.

배심원 선정을 위해 해당 지방법원은 사전에 작성한 배심원후보예정자명부 중에서 필요한 수의 '배심원후보자'를 무작위*로 추출하여 그들에게 배심원선정기일을 통지한다. 통지를 받은 배심원후보자는 법률에 규정되어 있는, 배심원이 될 수 없는 사유에 해당되지 않는 한 배심원선정기일에 출석해야 하며, 정당한 사유 없이 출석하지 않을 경우 과태료가 부과된다.

선정기일에 '출석한 배심원후보자'들 중에서 필요한 배심원과 예비배심원을 합한 수만큼을 추첨한다. 이렇게 선정된 '추첨된 배심원후보자'를 대상으로 검사와 변호인은 배심원 선정을 위해 여러 가지 질문을 하게 된다. 답변을 듣고 자신들에게 불리한 결정을 할 우려가 있다고 판단되는 경우 검사와 변호인은 재판부에 배심원후보자에 대한 기피신청을 할 수 있다. 기피신청에는 기피 이유를 제시하고 기피 여부를 재판부가 판단하는 '이유부기피신청'과 기피 이유를 제시하지 않아도 재판부에서 무조건 기피신청을 받아들여야 하는 '무이유부기피신청'이 있다. 일반적으로 '이유부기피신청'을 먼저 하고, 이것이 재판부에 의해 받아들여지지 않으면 '무이유부기피신청'을 한다. 다만 '무이유부기피신청'은 '이유부기피신청'과 달리 검사와 변호인 모두에게 인원 제한이 있는데, 배심원이 9인인 경우에는 각 5인, 배심원이 7인인 경우에는 각 4인, 배심원이 5인인 경우에는 각 3인까지 가능하다. 만약 기피신청이 받아들여지면, 추첨되지 않은 배심원후보자를 대상으로 그 인원만큼 다시 추첨하여 배심원후보자를 뽑고 질문과 기피신청을 반복하여 필요한 수만큼의 배심원과 예비배심원을 확정한다.

배심원 및 예비배심원 선정이 종결되면, 이들은 재판부와 함께 증거조사를 지켜보게 된다. 증거조사가 끝나면 재판장은 사건의 쟁점과 적용할 법률, 판단 원칙 등을 설명하고, 배심원 중 누가 예비배심원인지 알려 준 후 배심원들에게 평의실로 이동하여 평의를 시작하게 한다. 평의가 시작되면 배심원은 법정에서 보고 들은 증거와 진술을 바탕으로 피고인의 유·무죄를 의논하게 된다. 배심원 사이에 유·무죄에 관한 의견이 만장일치로 정해지면 그에 따라 평결서를 작성하여 재판부에 제출한다. 만약 의견이 일치되지 않으면 반드시 재판부의 의견을 듣고 다시 평의를 진행한 후 다수결로 평결서를 작성하게 된다. 그리고 평결이 유죄인 경우에는 재판부와 함께 피고인에게 부과할 적정한 형에 대해 토의한 후 양형*에 대한 최종 의견을 재판부에 알려 준다.

이후 재판장은 피고인에게 유·무죄 여부와 유죄인 경우 그 형에 대한 판결을 선고하게 된다. 배심원의 평결과 양형 의견은 재판장이 판결을 할 때 권고적 효력만을 가진다. 하지만 재판장은 판결 선고 시 피고인에게 배심원의 평결 결과를 알려 주어야 하며, 만약 배심원의 평결 결과와 다른 판결을 선고할 때에는 피고인에게 반드시 그 이유를 설명하고 판결서에도 그 이유를 기재해야 한다. 재판장이 판결 종결을 알리면 배심원의 임무 역시 모두 끝나게 된다.

* 공방: 서로 공격하고 방어함.
* 공소: 검사가 법원에 특정 형사 사건의 재판을 청구함.
* 평의: 피고인의 유·무죄를 판단하기 위한 배심원의 논의 절차.
* 평결: 유·무죄에 대한 배심원의 최종적인 판단.
* 무작위: 통계의 표본 추출에서, 일어날 수 있는 모든 일이 동등한 확률로 발생하게 함.
* 양형: 형벌의 정도를 정하는 일.

윗글에 대한 설명으로 가장 적절한 것은?

① 특정 제도의 형성 배경과 발달 과정을 서술하고 있다.
② 특정 제도가 진행되는 절차와 그 특징을 제시하고 있다.
③ 특정 제도의 변화 과정을 언급한 뒤 전망을 예측하고 있다.
④ 특정 제도가 실시되었을 때의 장점과 단점을 설명하고 있다.
⑤ 특정 제도가 지닌 문제점의 원인을 다양한 측면에서 분석하고 있다.

내 생각?

글쓴이의 작문 과정을 따라가 볼까?

(❶   )에 대해 들어 본 적 있겠지? 실제로 국민참여재판이 어떻게 진행되는지 궁금할 거야.

배심원 선정부터 그 이후의 절차를 차례로 설명한 뒤, 재판이 진행되는 과정에 맞춰 배심원이 해야 할 일 등을 설명해야지.

(❷   )의 의견이 판결에는 어떤 영향을 미칠까? 재판장이 판결을 내리는 과정에서 배심원의 의견이 어떻게 반영되는지를 제시하며 글을 끝맺어야겠어.

글쓴이가 이 글에서 말하려는 주제는?

_____

_____

1 **윗글에 대한 이해로 가장 적절한 것은?**

① 예비배심원은 재판이 끝날 때까지 모든 과정을 배심원과 함께 수행한다.

② 피고인이 원하지 않아도 법원의 결정에 따라 국민참여재판이 열릴 수 있다.

③ 배심원후보자가 배심원선정기일에 출석하지 않으면 배심원으로 선정될 수 없다.

④ 국민참여재판은 일반 국민들이 배심원으로 참여하여 직접 판결까지 선고하는 제도이다.

⑤ 재판장은 배심원의 평결과 다르게 판결하더라도 판결서에 관련된 내용을 기재하지 않아도 된다.

2 **윗글을 바탕으로 |보기|를 이해한 내용으로 적절하지 않은 것은?**

┤보 기├

다음의 표는 배심원 확정 과정을 나타낸 것으로, 배심원선정기일에 출석한 배심원후보자는 모두 40명임.

	추첨된 배심원 후보자 수	'이유부기피신청'이 받아들여진 후보자 수	'무이유부기피신청'이 받아들여진 후보자 수	확정된 배심원 수
1차	14	3	3	8
2차	6	2	1	3
3차	3	×	×	3

① 3차에 걸쳐 필요한 수만큼의 배심원과 예비배심원을 모두 확정하였군.

② 검사와 변호인 모두 자신들이 신청할 수 있는 최대 인원만큼 '무이유부기피신청'을 하지 않았군.

③ 추첨된 배심원후보자에게 제기된 기피 이유가 재판부에 의해 정당하다고 인정된 경우는 모두 9명이군.

④ 출석한 배심원후보자 중 17명은 검사와 변호인에게 배심원 선정과 관련하여 어떠한 질문도 받지 못했겠군.

⑤ 1차에 추첨된 배심원후보자 수를 볼 때 법원은 이번 재판에 9명의 배심원과 5명의 예비배심원을 두기로 결정했었군.

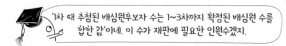

'1차 대 추첨된 배심원후보자 수는 1~3차까지 확정된 배심원 수를 합한 값'이네. 이 수가 재판에 필요한 인원수겠지.

3 ㉠의 문맥적 의미와 가장 가까운 것은?

① 그는 그 문제에 대한 해답을 <u>내렸다</u>.
② 선행을 한 경찰관에게 훈장을 <u>내렸다</u>.
③ 포장을 줄여서 물건의 가격을 <u>내렸다</u>.
④ 차내의 공기가 탁해서 유리문을 <u>내렸다</u>.
⑤ 기상청은 전국에 폭풍 주의보를 <u>내렸다</u>.

4 윗글을 바탕으로 |보기|의 사례를 이해한 내용으로 적절하지 <u>않은</u> 것은?

―――――| 보 기 |―――――

6월의 어느 날 김한국 씨는 국민참여재판의 배심원으로 참석해 달라는 등기우편을 받았다. 배심원선정기일 아침 △△지방법원을 찾아간 김한국 씨는 검사·변호인과의 질의응답 후 배심원으로 선정되었다. 늦은 밤까지 증거조사가 진행되었고, 배심원 교체 없이 진행된 평의에서는 유·무죄에 대한 의견이 만장일치가 되지 않았다. 치열한 재논의 끝에 유죄와 무죄에 대해 각 2 : 5의 의견으로 평결서를 작성하였고, 재판장은 최종적으로 피고인에게 무죄를 선고하였다.

① 등기우편을 받은 것으로 보아 김한국 씨는 △△지방법원에서 사전에 작성한 배심원후보예정자명부에 포함되어 있었군.
② 평의와 평결에 참여한 것으로 보아 김한국 씨는 예비배심원이 아닌 배심원으로 선정되었군.
③ 배심원 수를 감안하면 해당 사건은 법정형으로 사형이나 무기징역을 선고할 수 있는 사건은 아니었겠군.
④ 작성된 평결서를 감안하면 평의 도중 재판부의 의견을 들어 보는 과정 없이 배심원 간에만 논의가 진행되었겠군.
⑤ 평결서와 판결을 감안하면 재판부와 배심원 간에 피고인의 양형에 대한 논의는 이루어지지 않았겠군.

'추론'
왜 자꾸 나올까?

글쓴이는 왜 '추론'을 활용해 썼을까?

대화 상황에서 이미 언급된 내용이 다시 나온다든가, 서로 잘 알고 있어서 쉽게 짐작할 수 있는 경우에는 굳이 그것을 언급하지 않고 생략하잖아? 글을 쓸 때도 마찬가지야. **내가 독자에게 전달하고자 하는 바를 전부 글에다 담지는 않아. 사실 글의 공간은 한정되어 있어서 모두 담을 수도 없어.** 내가 일일이 다 말하지 않아도 능동적인 독자라면 글을 통해 나와 깊이 있게 소통할 수 있어!

2015학년도 수능

우리는 가끔 평소보다 큰 보름달인 '슈퍼문(supermoon)'을 보게 된다. 실제 달의 크기는 일정한데 이러한 현상이 발생하는 까닭은 무엇일까? 이 현상은 달의 공전 궤도가 타원 궤도라는 점과 관련이 있다.

타원은 두 개의 초점이 있고 두 초점으로부터의 거리를 합한값이 일정한 점들의 집합이다. 두 초점이 가까울수록 원 모양에 가까워진다. 타원에서 두 초점을 지나는 긴지름을 가리켜 장축이라 하는데, 두 초점 사이의 거리를 장축의 길이로 나눈 값을 이심률이라 한다. 두 초점이 가까울수록 이심률은 작아진다.

달은 지구를 한 초점으로 하면서 이심률이 약 0.055인 타원 궤도를 돌고 있다. 이 궤도의 장축 상에서 지구로부터 가장 먼 지점을 '원지점', 가장 가까운 지점을 '근지점'이라 한다. 지구에서 보름달은 약 29.5일 주기로 세 천체가 '태양 – 지구 – 달'의 순서로 배열될 때 볼 수 있는데, 이때 보름달이 근지점이나 그 근처에 위치하면 슈퍼문이 관측된다. 슈퍼문은 보름달 중 크기가 가장 작게 보이는 것보다 14 % 정도 크게 보인다. 이는 지구에서 본 달의 겉보기 지름이 달라졌기 때문이다. 지구에서 본 천체의 겉보기 지름을 각도로 나타낸 것을 각지름이라 하는데, 관측되는 천체까지의 거리가 가까워지면 각지름이 커진다. 예를 들어, 달과 태양의 경우 평균적인 각지름은 각각 0.5° 정도이다.

지구의 공전 궤도에서도 이와 같은 현상이 나타난다. 지구 역시 태양을 한 초점으로 하는 타원 궤도로 공전하고 있으므로, 궤도 상의 지구의 위치에 따라 태양과의 거리가 다르다. 달과 마찬가지로 지구도 공전 궤도의 장축 상에서 태양으로부터 가장 먼 지점과 가장 가까운 지점을 갖는데, 이를 각각 원일점과 근일점이라 한다. 지구와 태양 사이의 이러한 거리 차이에 따라 일식 현상이 다르게 나타난다. 세 천체가 '태양 – 달 – 지구'의 순서로 늘어서고, 달이 태양을 가릴 수 있는 특정한 위치에 있을 때, 일식 현상이 일어난다. 이때 달이 근지점이나 그 근처에 위치하면 대부분의 경우 태양 면의 전체 면적이 달에 의해 완전히 가려지는 개기 일식이 관측된다. 하지만 일식이 일어나는 같은 조건에서 달이 원지점이나 그 근처에 위치하면 대부분의 경우 태양 면이 달에 의해 완전히 가려지지 않아 태양 면의 가장자리가 빛나는 고리처럼 보이는 금환 일식이 관측될 수 있다.

이러한 원일점, 근일점, 원지점, 근지점의 위치는 태양, 행성 등 다른 천체들의 인력에 의해 영향을 받아 미세하게 변한다. 현재 지

최근 3년간 수능에서 킬러 문항은 99.9%가 추론 문제야! 글에서 확장된 내용을 묻거나, 숨겨진 정보를 추론하라고 하면 대부분 당황하거나 포기하기 때문이지. 추론, 출제자들이 꽂힌 게 분명하지? 자, 그렇다면 어떻게 읽고 접근해야 할까?

내용에 근거해 논리적 추론을 하는 네가 진짜 수능고수!

출제자는 왜 '추론'을 물을까?

글에는 정보나 의도가 분명히 드러난 경우도 있고, 생략되거나 암시되어 있어 머리를 쥐어짜며 추론해야 하는 경우도 있거든? 안타깝게도 대부분의 수능독해 지문은 후자에 속하지. 이럴 때 내가 평가하는 건 **학습자가 글에 명확하게 제시되지 않은 글쓴이의 의도, 글을 쓸 당시의 상황, 궁극적인 주제나 의도 등을 알아낼 수 있는가** 하는 점이야. 글의 내용을 확장하여 적용하는 것도 추론임을 잊지마!

3 윗글을 바탕으로 할 때, |보기|의 ㉠에 들어갈 말로 가장 적절한 것은?

─────── | 보 기 | ───────

북반구의 A 지점에서는 약 12시간 25분 주기로 해수면이 높아졌다 낮아졌다 하는 현상이 관측된다. 이 현상에서 해수면이 가장 높은 때와 가장 낮은 때의 해수면의 높이 차이를 '조차'라고 한다. 이 조차에 영향을 미치는 한 요인이 지구와 달, 지구와 태양 사이의 '거리'인데, 그 거리가 가까울수록 조차가 커진다. 지구와 태양 사이의 거리가 조차에 미치는 영향만을 고려하면, 조차는 북반구의 겨울인 1월에 가장 크고 7월에 가장 작다.

천체의 다른 모든 조건들은 고정되어 있고, 다만 지구 공전 궤도의 이심률과 지구와 달, 지구와 태양 사이의 거리만이 조차에 영향을 준다고 가정하자. 이 경우에 (㉠)

① 지구 공전 궤도의 이심률에 변화가 없다면, 1월에 슈퍼문이 관측되었을 때보다 7월에 슈퍼문이 관측되었을 때, A 지점에서의 조차가 더 크다.
② 지구 공전 궤도의 이심률에 변화가 없다면, 보름달이 관측된 1월에 달이 근지점에 있을 때보다 원지점에 있을 때, A 지점에서의 조차가 더 크다.
③ 지구 공전 궤도의 이심률에 변화가 없다면, 7월에 슈퍼문이 관측될 때보다 7월에 원지점에 위치한 보름달이 관측될 때, A 지점에서의 조차가 더 크다.
④ 지구 공전 궤도의 이심률만이 더 커지면, 달이 근지점에 있을 때 A 지점에서 1월에 나타나는 조차가 이심률 변화 전의 1월의 조차보다 더 커진다.
⑤ 지구 공전 궤도의 이심률만이 더 커지면, 달이 원지점에 있을 때 A 지점에서 7월에 나타나는 조차가 이심률 변화 전의 7월의 조차보다 더 커진다.

학습자는 '추론 문제'에 어떻게 답할까?

* 이 글로 미루어 알 수 있는 내용은?
* ㉠에 들어갈 내용은?
* 이 글을 바탕으로 추론한 내용으로?

헉!

추론이 타당하려면 글 속에 근거가 있어야 돼. 특히 글쓴이의 의도를 묻는 문제가 나오면, 먼저 글의 내용을 충분히 이해한 다음, 집필 배경이나 동기, 상황 등을 고려하여 글쓴이가 궁극적으로 말하고자 하는 바가 무엇인지 글의 논리 과정에 맞춰 종합적으로 답할 수 있어야 하겠지. **추론은 글 내용의 논리 과정에 따라 생각하는 거니까!**

정답과 해설

수능독해 III
정답과
해설

기 출 읽 기

정약용의 실천적 책임 윤리학 2013학년도 10월 고3 학력평가 B형

어떻게 썼을까?

도입
정약용 유학 사상의 핵심 소개

전개
정약용과 주희의 사상 비교

전개
정약용이 주장하는 인간 마음의 세 가지 차원 제시

전개
'도심'을 강조한 정약용의 입장 설명

결론
정약용 유학 사상의 의의 강조

정약용 유학 사상의 핵심은 ⓐ주체의 자유의지를 도입했다는 것이다. 하지만 그가 측은지심(惻隱之心)처럼 인간이 선천적으로 지니고 있는 ㉠도덕 감정을 부정한 것은 아니다. 다만 주체의 자율적 의지나 결단을 통해서만 도덕 감정도 의미를 지닐 수 있다는 점을 지적한 것이다.
불쌍히 여기는 마음
정약용 유학 사상의 핵심 내용 – '주체의 자유의지'의 중요성 강조
▶ 정약용 유학 사상의 핵심인 주체의 자유의지 소개

선천적인 도덕 감정을 긍정한다는 점에서 정약용은 주희의 논의를 수용한다고 볼 수 있지만, 그것 자체를 선이라고 보지 않는다는 점에서 그는 주희로부터 벗어나 있다. 어린아이가 우물에 빠지려고 할 때 인간에게는 항상 측은지심이라는 동정심이 생기는데, 주희는 이 측은지심이 인간 본성의 실현이라고 강조한다. ⓑ따라서 그에게는 측은지심이 마지막 결과이고 인간 본성이 원인이 되는 셈이다. ⓒ이와 달리 정약용은 측은지심을 결과라고 생각하지 않는다. 오히려 인간의 윤리적 행위의 처음 원인이라고 생각한다. 그가 주희로부터 근본적으로 달라지는 부분이 바로 ⓓ이 지점이다.
정약용과 주희의 공통점 / 정약용과 주희의 차이점
원인 – 인간 본성, 결과 – 측은지심
원인 – 측은지심, 결과 – 윤리적 행위
▶ 주희와 다른 정약용 유학 사상의 핵심

정약용은 인간의 마음을 세 가지 차원에서 볼 수 있다고 주장한다. 본성, 권형, 행사가 그것이다. 우선 본성은 인간만이 가진 도덕 감정으로 천명지성(天命之性), 즉 '선을 즐거워하고 악을 부끄러워하는' 윤리적 경향을 말한다. 권형은 마치 소용돌이치는 물과 같이 선과 악이 섞여 있는 갈등상태에서, 주체적 선택과 결단을 할 수 있는 자유의지를 말한다. 행사는 주체가 직접 몸을 움직여서 자신의 선택을 행하는 것이다. 즉 선을 좋아하는 경향에 따른 실천을 말한다. 그러나 인간은 육체의 제약을 가지고 살아가는 유한한 존재이고 욕망에 흔들리기 쉽기 때문에, 본성이 아무리 선을 좋아하더라도, 실제로 선을 행하는 것이 그리 쉽지 않다.
인간의 마음을 보는 세 가지 차원
'본성'의 정의 / '권형'의 정의 / '행사'의 정의 / '행사'의 특징
인간이 가지는 한계
▶ 정약용이 주장하는 인간 마음의 세 가지 차원 – 본성, 권형, 행사

ⓔ가령 우물에 빠진 아이를 구하기 위해 내가 죽을 수도 있는 상황에서 아이를 구하려는 의지를 포기하지 않을 수 있을까? 과연 내가 죽는다면 선과 악이 무슨 의미가 있느냐고 하면서, 아이를 구하는 것을 포기할 수도 있지 않을까? 정약용은 이런 상황에서도 아이를 구하고자 하는 마음을 도덕 감정으로서의 본성이 그대로 기능하는 '도심(道心)'이라 부르고, 그렇지 않은 마음을 자신의 육체적 안위를 우선시하는 '인심(人心)'이라 부른다. 이와 같은 도심과 인심 중에서 주체는 확고하게 도심을 따라야 한다고 그는 강조한다.
'도심'의 의미 / '인심'의 의미
정약용의 주장
▶ 주체가 따라야 할 마음에 대한 정약용의 입장

정약용은 측은지심과 같은 도덕 감정 자체를 문제 삼지는 않았다. 다만 그 감정은 윤리적으로 선을 행할 수 있도록 한다는 데 의미가 있으며, 그 도덕 감정이 실천에까지 이어져야 한다는 것을 강조한 것이다. 그러므로 유학 전통에서 정약용이 차지하고 있는 위상은 주체의 실천과 관련된 자유의지를 강조했다는 데에서 찾을 수 있다. 그는 이를 통해 주희가 강조한 내면적 수양을 넘어, 유학을 실천적 책임의 윤리학으로 바꿀 수 있었던 것이다.
정약용이 강조한 내용 / 정약용 유학 사상의 의의
▶ 정약용 유학 사상의 위상과 그 의미

어떻게 읽을까!

중심 화제를 파악했는가?
정약용 유학 사상의 핵심인 '주체의 자유의지'를 소개하고 그 의미를 제시함.

정약용과 주희의 유학 사상을 비교할 수 있는가?
주희와 정약용 유학 사상의 공통점과 차이점을 비교하여 정약용 유학 사상의 핵심인 윤리적 행위를 강조함.

인간의 마음에 대한 정약용의 입장을 파악했는가?
인간의 마음을 세 가지로 나누어 소개한 다음, 우물에 빠진 아이를 구해야 하는 상황을 가정한 뒤 '인심'과 대비하여 '도심'에 따라 행동해야 함을 강조함.

정약용의 유학 사상이 지닌 의미를 파악했는가?
내면적 수양을 넘어, 실천적 책임 윤리학으로서의 의미를 지니는 정약용의 유학 사상을 강조함.

일방형구조

도입
전개 전개 전개
결론

해제 이 글은 정약용 유학 사상의 특징과 그 의미를 설명하고 있는 글이다. 정약용은 도덕 감정이 주체의 자율적 의지나 결단에 따른 실천으로 이어질 때에만 의미가 있다고 보았는데 특히 인간의 마음을 '본성, 권형, 행사'의 세 차원으로 나눈 뒤에 도덕 감정으로서의 본성이 그대로 기능하는 '도심'에 따라 행동해야 함을 주장하였다. 이러한 정약용의 유학 사상은 내면적 수양을 넘은 실천적 책임의 윤리학으로서 의미를 지닌다.

주제 실천적 책임 윤리학으로서 의미를 지니는 정약용의 유학 사상

0 ⑤　　**1** ③　　**2** ①

글쓴이의 작문 과정 **❶** 자유의지 **❷** 주희

주제　실천적 책임 윤리학으로서 의미를 지니는 정약용의 유학 사상

0 읽기 전략의 이해　　　　　　　　　　　　　　⑤

'가령'은 '가정하여 말하여, 예를 들어'라는 뜻으로, 뒤에 가정된 상황을 제시한다는 표지이다. 이는 앞에 제시된 내용에 대해 구체적인 예를 들어 주는 것이므로, ⓔ의 뒤에 나오는 내용 중 가정된 상황과 실제 사실을 잘 구분해서 읽어야 하는 것이 아니라, ⓔ의 앞에 나온 문장의 개념이나 내용을 ⓔ의 뒤에 나오는 예시에 잘 적용하면서 읽어야 한다.

오답풀이 ① 1문단의 첫 문장에 제시된 ⓐ는 문맥상 이 글의 핵심어로 볼 수 있다. 그러므로 해당 개념이 이 글에서 어떻게 설명되고 있는지에 주목하며 읽어야 한다.

② '따라서'는 앞의 내용이 뒤에 나오는 내용의 원인, 이유, 근거가 됨을 보여 주는 표지이므로, ⓑ의 앞뒤에 제시된 내용이 논리적으로, 즉 인과적으로 어떻게 연결되는지를 판단하면서 읽어야 한다.

③ '이와 달리'는 서로 상반된 내용을 연결하는 표지이므로, ⓒ의 앞에 나오는 내용에 대해 ⓒ의 뒤에 이어지는 내용이 어떤 차이가 있는지를 살펴보아야 한다.

④ ⓓ는 앞에 나온 내용을 대신하는 지시 관형사로, ⓓ가 앞에 나온 내용 중에서 어떤 내용을 가리키는지를 파악하며 읽어야 한다.

1 견해의 비교　　　　　　　　　　　　　　　③

2문단에 따르면 '선천적인 도덕적 감정을 긍정한다는 점'은 정약용과 주희가 공통되지만, 정약용은 도덕 감정 '그것 자체를 선이라고 보지 않는다는 점'에서 주희와 차이가 있다. 즉 주희가 도덕 감정 자체를 선이라고 보는 것과 달리, 정약용은 도덕 감정 자체를 선이라 여기지 않았으며 주체의 자율적 의지나 결단을 통해 도덕 감정이 실천으로까지 이어져야 의미를 가진다고 주장하였다. 따라서 정약용은 주체의 실천과 관련한 자유의지를 강조했다는 점에서 주희와 다르다고 볼 수 있다.

오답풀이 ① 2문단의 첫 문장에서 선천적인 도덕 감정을 긍정한다는 점에서는 정약용이 주희의 논의를 수용한다고 보았으므로, 도덕 감정이 선천적으로 타고나는 것이라고 보는 것은 두 사람의 공통된 견해로 볼 수 있다.

② 정약용은 주체가 자유의지로 선을 행할 때 도덕 감정이 의미가 있다고 본 것이지, 도덕 감정으로 인해 주체가 자유의지를 갖게 된다고 본 것은 아니다.

④ 2문단에 따르면 주희는 도덕 감정 자체를 선이라고 보았다. 즉 도덕 감정은 선과 악 사이에서 선을 택하게 한다고 본 것이다. 그러나 정약용은 주체가 자유의지를 가지고 선을 택해야 한다고 보았지, 도덕 감정이 무조건 선을 택하게 한다고 보지는 않았다.

⑤ 도덕 감정이 선을 즐거워하고 악을 부끄러워하는 마음이라는 것은 주희와 정약용의 공통된 견해로 볼 수 있다.

⚠ **출제자의 의도읽기 – 핵심어 간의 의미 관계에 주목한다.**

문제를 풀어 나가다 보면 시간에 쫓기는 등 여러 상황을 맞닥뜨릴 수 있다. 이때 선지의 내용에 '핵심어'가 나열되어 있으면 급한 마음에 제대로 읽지 않고 원래의 의미를 지나치게 확장하여 옳은 내용으로 오해하기 쉽다. 이런 실수를 막으려면 지문을 이해할 때 핵심어들끼리 어떤 의미 관계를 형성하고 있는지를 명확하게 이해해야 한다.

이 문제에서도 '도덕 감정(㉠)'과 '자유의지' 간의 의미 관계를 파악하는 것이 핵심이다. 1문단의 마지막 문장에서 볼 수 있듯이 정약용의 관점에서 '도덕 감정'은 주체의 '자율적 의지나 결단', 즉 자유의지를 통해서만 의미를 가질 수 있다. 그러나 그로 인해 주체가 자유의지를 가지게 되는 것은 아니다.

2 구체적 사례에 적용　　　　　　　　　　　　①

'행사'란 주체가 직접 몸을 움직여 자신의 선택을 행하는 것으로, 선을 좋아하는 경향에 따른 실천을 말한다. 그런데 '갑'과 '을'이 대피하던 중에 다친 '병'을 발견한 것은 자신의 선택에 의한 것도 아니고 선을 실천한 행동도 아니므로 '행사'로 볼 수 없다.

오답풀이 ② '갑'과 '을'이 부상당한 '병'을 보고 안타까운 마음이 든 것은 선을 좋아하는 경향이 나타난 것으로 이는 정약용이 말한 '본성'의 발현으로 볼 수 있다.

③ '갑'과 '을'이 사이렌을 듣고 난 후, 갈등 속에서 결단에 이르는 과정은 곧 주체가 자유의지를 발현하는 과정이다. 따라서 이는 선과 악이 섞여 있는 갈등 상황에서 주체적 선택과 결단을 할 수 있는 '권형'에 해당한다.

④ 정약용은 '육체의 제약'을 우선시하는 하는 것을 '인심'이라고 하였다. 그런데 이러한 '인심'을 극복하고 생존자를 구하기 위해 남은 것은 도덕 감정으로서의 본성이 그대로 기능하는 '도심'에 해당한다.

⑤ '갑'이 자신의 생명을 더 중시하는 것은 '인심'에 해당하며, 자신의 생명을 위해 대피한 것은 '인심'에 따른 행위로 볼 수 있다.

페르소나는 버려야 하는가 2009학년도 3월 고2 학력평가

도입
페르소나의 개념과 유래 설명

전개
페르소나의 형성 과정과 특징 설명

전개
페르소나의 긍정적 역할 제시

문제
페르소나 팽창이 초래하는 문제점 언급

해결
페르소나 팽창의 해결 방법 제시

결론
본모습과 페르소나의 조화 주장

모든 사회에는 그 사회에서 요구하는 '도리, 의무, 본분' 등의 행동 규범이 있다. 이것을 융(C. G. Jung)은 그의 분석 심리학에서 '페르소나(persona)'라고 불렀다. 이 말은 본래 고대 그리스의 가면극에서 배우들이 역할에 따라 썼다 벗었다 하는 가면을 가리키던 말이다. 이러한 의미가 전용(轉用)되어 사회적 역할을 뜻하게 되었는데, 여기에는 연극에서의 가면이 배우의 본모습이 아니듯이, 페르소나 역시 개인의 본모습이 아니라 사회로부터 인정받기 위한 겉모습이라는 의미가 숨겨져 있다. ▶ 페르소나의 개념과 유래

페르소나는 어릴 때부터 가정 교육이나 사회 교육을 통해서 형성되고 강화된다. 모든 인간은 '사람 된 도리'로서, '직장인의 의무'로서, '학생의 본분'으로서, '부모'로서, '자식'으로서 수행해야 할 책임과 역할 등을 끊임없이 요구받게 되고, 그러면서 페르소나는 강화되어 간다. 페르소나는 어떤 집단이 그 구성원들에게 만들어 준 틀과 같은 것이기 때문에 화폐처럼 특정 집단에 한해서만 유효하고 그 밖의 집단에서는 그 의미를 상실하게 된다. 「예를 들어 어른 앞에서 담배를 피운다든가, 대화할 때 상대방의 눈을 똑바로 쳐다본다든가 하면 한국 사회에서는 버릇없는 행동이라고 비난하지만, 서양 사회에서는 그렇게 보지 않는다.」 사회마다 형성되어 있는 페르소나가 각기 다르기 때문이다. ▶ 페르소나가 형성되고 강화되는 과정과 특징

[A] 한 사회의 구성원들은 그 사회에 형성되어 있는 페르소나를 바탕으로, 입장과 시각이 다른 사람들도 포용해 가며 원만한 사회 생활을 유지하게 된다. 즉 페르소나는 개인의 본모습과 사회가 요구하는 역할을 절충해 나감으로써 개인이 그 사회에 잘 적응할 수 있게 하는 밑바탕이 되는 것이다. ▶ 페르소나의 긍정적 역할

[B] 그러나 페르소나를 상황에 맞게 적절히 조절하지 못하면 오히려 유해할 수도 있다. 「개인이 자신의 삶의 목표와 사회가 요구하는 페르소나를 동일시하여 그에 의존하여 살아가다 보면, 자기의 본모습을 잃게 되고, 그것이 극단적인 상태에 이르면 여러 가지 신체적, 정신적인 문제들이 생긴다.」 융은 이러한 현상을 '페르소나의 팽창'이라고 불렀다. 페르소나가 팽창된 사람들은 심한 열등감과 자책감에 빠져 소외감을 느끼기 쉽다. '○○ 체면에 어떻게 그것을……'과 같은 심리가 강조되면서 페르소나가 하나의 속박이 되고, 거기에서 노이로제의 씨앗이 싹트게 된다. ▶ 페르소나 조절 실패에 따른 페르소나 팽창의 유해성

[C] 그러므로 페르소나의 팽창을 겪는 사람들에게는, 본성으로서의 삶과 페르소나로서의 삶을 구별하고 페르소나에 가려서 보이지 않던 진정한 자기 자신을 찾는 노력이 필요하다. 그러한 노력을 융은 「자기실현」이라고 표현했다. 자기실현은 인간의 본모습을 짓누르는 사회적 역할에서 벗어나 그 본성이 살아 숨 쉴 때 가능해진다. ▶ 페르소나 팽창을 벗어나는 방법으로서의 자기실현

인간은 사회적 존재일 수밖에 없고, 사회적 존재로 살아가기 위해서는 그 사회가 요구하는 페르소나가 필요하다. 특히 인격 형성 과정에 있는 청소년 시절에는 페르소나가 좀 더 적극적으로 형성되어야 한다. 다만, 그것이 절대적인 것은 아니라는 점을 인식하고, 사회 집단이 요구하는 규격화된 태도와 역할에 지나치게 빠져 자기의 본모습을 잃는 일이 없도록 노력해야 할 것이다. ▶ 본모습과 페르소나의 조화를 위한 노력

이 글의 화제를 파악했는가?
사회에서 요구하는 행동 규범을 뜻하는 페르소나와 그 유래를 제시하며 흥미를 유발함.

페르소나의 특성을 파악했는가?
페르소나는 특정 사회 안에서만 의미가 있음을 구체적인 예를 들어 설명함.

페르소나의 긍정적·부정적 측면을 모두 이해했는가?
페르소나에 대한 이해를 넓히기 위해 페르소나의 긍정적 역할과 부정적 측면을 대비해 소개하고, 페르소나의 팽창으로 발생하는 문제점을 극복하는 방안으로 융의 자기실현을 강조함.

글쓴이의 주장을 파악했는가?
페르소나의 필요성을 역설하는 동시에 자기의 본모습을 잃지 않도록 노력해야 한다고 주장하며 글을 마무리함.

일방형구조

도입	
전개	전개
문제	해결
결론	

해제 이 글은 페르소나의 필요성과 유해성에 대해 살펴보고 페르소나의 팽창을 벗어나는 방법을 밝히고 있다. 융에 따르면 페르소나는 사회가 개인에게 요구하는 특정한 역할을 의미하는데, 이 역할은 개인이 사회에 적응하는 데 도움을 주기도 하지만, 조절에 실패한다면 페르소나의 팽창으로 인해 자기 본모습을 잃을 수도 있다. 따라서 페르소나의 팽창을 겪는 사람들에게는 자기실현의 노력이 필요하며, 자기의 본모습과 페르소나가 조화를 이룰 수 있게 노력해야 한다.

주제 자기 본모습과 페르소나의 조화를 위한 노력

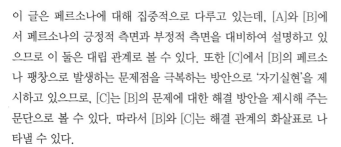

0 ②   1 ③   2 ③   3 ①

글쓴이의 작문 과정 **❶** 페르소나 **❷** 본모습
주제 자기 본모습과 페르소나의 조화를 위한 노력

0 글의 구조 파악 ②

이 글은 페르소나에 대해 집중적으로 다루고 있는데, [A]와 [B]에서 페르소나의 긍정적 측면과 부정적 측면을 대비하여 설명하고 있으므로 이 둘은 대립 관계로 볼 수 있다. 또한 [C]에서 [B]의 페르소나 팽창으로 발생하는 문제점을 극복하는 방안으로 '자기실현'을 제시하고 있으므로, [C]는 [B]의 문제에 대한 해결 방안을 제시해 주는 문단으로 볼 수 있다. 따라서 [B]와 [C]는 해결 관계의 화살표로 나타낼 수 있다.

1 세부 내용 파악 ③

5문단에 의하면 자기실현은 인간의 본모습을 짓누르는 사회적 역할에서 벗어나 그 본성이 살아 숨 쉴 때 가능하다. 그런데 페르소나는 사회적 역할로서, 그 사회에서 요구하는 도리, 의무, 본분 등의 행동 규범, 즉 사회적 역할에 맞게 살아가는 것이 요구된다. 그러므로 자기실현을 위해서는 페르소나와 본모습이 일치해야 하는 것이 아니라, 오히려 본성으로서의 삶과 페르소나로서의 삶을 구별하며 살아가는 것이 필요하다.

오답풀이 ① 4문단에서 페르소나를 상황에 맞게 적절히 조절하지 못하면 유해할 수도 있다고 하였다.
② 2문단에서 한국 사회와 서양 사회의 예시를 통해 사회마다 형성되어 있는 페르소나가 다를 수 있다고 하였다.
④ 3문단에서 페르소나는 개인의 본모습과 사회가 요구하는 역할을 절충해 나감으로써 개인이 사회에 잘 적응할 수 있도록 돕는다고 하였다.
⑤ 2문단에서 페르소나는 특정 집단에 한해서만 유효하고 그 밖의 집단에서는 의미를 상실한다고 하였다.

2 구체적 사례에 적용 ③

|보기|에서 철호와 영호가 살아가는 사회는 구성원들에게 양심, 윤리, 관습, 법률 등을 요구한다. 즉 이러한 것들이 그 사회가 요구하는 페르소나라고 할 수 있다. 철호는 이러한 사회적 페르소나를 지키면서 살고자 노력하는 인물이고, 영호는 사회적 페르소나를 거부하는 인물이다. 그런데 철호는 이런 영호에게 사회 구성원으로서의 페르소나를 요구할 뿐 동생으로서의 페르소나를 요구하고 있지는 않다. |보기|의 내용상 철호는 형으로서의 페르소나가 강하며 자신의 도덕적인 모습을 포기하지 못하지만 영호에게는 동생으로서의 페르소나를 요구하고 있지 않다.

오답풀이 ① 영호가 철호에게 양심, 윤리, 관습, 법률 등을 다 벗어던지고 살라고 권하는 장면에서 알 수 있다.
② 영호는 사회가 요구하는 여러 가지 제약에 해당하는 법률을 벗어던지고 잘 사는 것을 추구하고 있는 것으로 보인다.
④ 철호가 형으로서의 페르소나를 드러낸다면 사회적 페르소나를 거부하는 동생의 잘못을 어떤 식으로든 질책하거나 형으로서 동생을 포용할 것이다.
⑤ 철호와 영호는 사회적 규범들을 대하는 태도가 다르다.

3 구체적 사례에 적용 ①

|보기|에서 디오게네스는 사회적 역할이 개인의 자유를 방해한다고 말하고 있다. 또 알렉산더와의 일화에서도 어떤 소원이든 들어주겠다고 말하는 알렉산더에게 어떤 소원도 필요 없으며 자신에게 비치는 햇빛을 가리지 말라고 말할 뿐이다. 이를 통해 디오게네스는 사회적 페르소나보다는 개인의 자유로운 삶을 중시하고 있음을 알 수 있다. 즉 디오게네스는 페르소나를 별로 의식하지 않고 살아가는 인물이다.

오답풀이 ② 페르소나의 팽창은 페르소나를 지나치게 의식하는 경우에 나타나는 것이다.
③ 디오게네스는 오히려 본모습에만 신경을 쓰고 있어 페르소나를 전혀 의식하지 않고 있다고 볼 수 있다.
④ 디오게네스는 사회적 역할이 개인의 자유에 방해만 된다고 이야기하고 있다.
⑤ 디오게네스는 페르소나와 상관없는 삶을 살고 있으므로 사회에 잘 적응한다고 말하기는 어렵다.

2 인성론의 세 가지 학설 2019학년도 6월 고1 학력평가

도입
인성론의 세 유형 제시

중국 역사에서 전국 시대는 전쟁으로 점철된 시대였다. 여러 사상가들이 혼란한 정국을 수습하고 백성들을 고통에서 벗어나게 하기 위한 대안을 마련하였는데, 이 과정에서 그들의 이론을 뒷받침할 형이상학적 체계로서의 인성론이 대두되었다. 인성론은, 인간의 본성은 선하다는 성선설, 인간의 본성이 악하다는 성악설, 인간의 본성에는 애초에 선과 악이라는 구분이 전혀 없다는 성무선악설 등으로 분류될 수 있다. 맹자와 순자를 비롯한 사상가들은 인간 본성에 대한 이론적 탐구에서 더 나아가 사회적·정치적 관점으로 인성론을 구성하고 변형시켜 왔다.
인성론의 등장 배경
인성론 유형 ①, 인성론 유형 ②, 인성론 유형 ③
글의 논지와 전개 방향 암시: 사상가들이 사회적·정치적 관점으로 인성론을 구성하고 변형시킨 과정
▶ 인성론의 등장 배경과 세 가지 유형

견해
성선설과 성악설의 비교

[A] ┌ 맹자의 성선설이 국가 공권력에 저항하기 위해 호족들 및 지주들이 선한 본성을 갖춘 자신들을 간섭하지 말라는 이념적 논거로 사용되었다면, 순자나 법가의 성악설은 군주가 국가 공권력을 정당화할 때 그 논거로서 사용되었다. 즉 선악이란 윤리적 개념이 정치적 개념과 불가분의 관계에 놓여 있다는 사실을 확인할 수 있다. 성선설에서는 개체가 외부의 강제적인 간섭 없이도 '정치적 질서'를 낳고 유지할 수 있다고 본 반면, 성악설에서는 외부의 간섭이 없을 경우 개체는 '정치적 무질서'를 초래할 뿐인 존재라 └ 고 본 것이다.
인성론 유형 ① - 성선설, 인성론 유형 ② - 성악설
성선설과 성악설의 공통점
「 」: 성선설과 성악설의 차이점
▶ 성선설과 성악설의 공통점과 차이점

견해
고자의 성무선악설 제시

한편 ㉠고자는 성무선악설을 통해 인간이 가지고 있는 식욕과 같은 자연적인 욕구가 본성이므로 이를 정치적이면서 동시에 윤리적인 범주로서의 선과 악의 개념으로 다룰 수 없다고 주장했다. 그는 인간의 본성을 '소용돌이치는 물'로 비유했는데, 이러한 관점은 소용돌이처럼 역동적인 삶의 의지를 지닌 인간을 규격화함으로써 그 역동성을 마비시키려는 일체의 외적 간섭에 저항하는 입장을 취하도록 하였다.
인성론 유형 ③ - 성무선악설
성무선악설의 특징
▶ 성무선악설의 개념과 특징

견해
고자에 대한 맹자의 비판 제시

㉡맹자는, 인간의 본성을 역동적인 것으로 간주한 고자의 인성론을 비판하였다. 맹자는 살아 있는 버드나무와 그것으로 만들어진 나무 술잔의 비유를 통해, 나무 술잔으로 쓰일 수 있는 본성이 이미 버드나무 안에 있다고 보았다. 맹자는 인간이 선천적으로 지닌 이러한 본성을 인의예지 네 가지로 규정하였다. 고통에 빠진 타인을 측은히 여기는 동정심, 즉 측은지심은 인간이라면 누구나 갖고 있다고 보고, 측은한 마음은 인간의 의식적 노력에서 나온 것이 아니라 불쌍한 타인을 목격할 때 저절로 내면 깊은 곳에서 흘러나온다고 본 것이 맹자의 관점이었다. 다시 말해 인간은 스스로의 노력으로 본성을 실현할 수 있는 존재, 즉 타인의 힘이 아닌 자력으로 수양할 수 있는 존재라고 보았다. 이것이 바로 맹자 수양론의 기본 전제이다.
고자의 인성론을 비판한 맹자의 비판 근거
다시 말해: 앞의 내용을 요약하고 강조함.
맹자 수양론의 기본 전제
▶ 고자의 인성론을 비판한 맹자의 수양론

견해
맹자에 대한 순자의 비판 제시

모든 인간은 선한 본성을 지니고 있고, 이 선한 본성의 실현은 주체 자신의 노력에 의해서만 가능하다는 맹자의 성선설을 순자는 사변적이고 낙관적이며 현실 감각이 결여된 주장으로 보았다. 선한 인간이 되기 위해서 인간은 국가 질서, 학문, 관습 등과 같은 외적인 것에 의존할 필요가 없다고 본 맹자의 논리는 현실 사회에서 국가 공권력과 사회 규범의 역할을 전적으로 부정하는 논거로도 사용될 수 있었기 때문이다. ㉢순자의 견해처럼 인간의 본성이 악하다고 전제할 때 그것을 교정하고 순치할 수 있는 외적인 강제력, 다시 말해 국가 권력이나 전통적인 제도들이 부각될 수 있다. 국가 질서와 사회 규범을 정당화하기 위한 순자의 견해는 성악설뿐만 아니라 현실주의적 인간관에서 비롯되었다.
순자가 맹자의 인성론을 비판한 이유
▶ 맹자의 인성론을 비판한 순자의 인성론

견해
인간과 사회에 대한 순자의 견해 제시

순자는 인간의 욕망이 무한하지만 그것을 충족시켜 줄 재화는 매우 한정되어 있다고 보고 이런 모순을 해결하기 위해서 국가에 의해 예(禮)가 만들어졌다는 입장을 견지하였다. 만약 인간에게 외적인 공권력과 사회 규범이 없는 경우를 가정한다면 인간들은 자신들의 욕망 충족에 있어 턱없이 부족한 재화를 놓고 일종의 전쟁 상태에 빠지게 될 것이고, 그 결과 사회는 걷잡을 수 없는 무질서 상태로 전락하게 될 것이다. 맹자의 성선설이 비현실적일 뿐만 아
순자가 생각하는 인간과 사회의 모습 - 국가 질서와 사회 규범을 정당화하기 위한 전제 조건

중심 화제와 앞으로의 글의 전개 방향을 파악했는가?
인성론의 세 가지 유형인 성선설, 성악설, 성무선악설을 제시한 뒤, 사상가들이 인성론을 정치적·사회적 관점으로 구성하고 변형시켜 왔음을 언급함.

인성론의 세 가지 유형을 비교할 수 있는가?
국가 공권력에 저항하기 위해 사용된 성선설과 이와 반대 입장의 논거로 사용된 성악설, 그리고 인간의 역동적인 삶의 의지를 강조한 성무선악설을 설명함.

각 사상가가 다른 견해를 비판하는 이유와 근거를 파악하였는가?
고자의 견해에 대해 맹자가 비판한 이유를 제시한 후, 맹자의 견해에 대해 순자가 비판한 이유를 제시하고, 순자의 견해로 글을 마무리함.

니라 정치적 질서를 해칠 가능성이 있다고 본 순자의 비판은, 바로 인간과 사회에 대한 이와 같은 견해로부터 나온 것이다.

▶ 인간과 사회에 대한 순자의 견해 ┘

나열형구조

해제 이 글은 중국 역사에서 인성론이 인간 본성에 대한 이론적 탐구를 넘어 사회적·정치적 관점으로 구성되고 변형되어 온 과정을 설명하고 있다. 중국 전국 시대의 혼란한 상황을 수습하기 위한 방안을 마련하는 과정에서 대두된 인성론은 크게 성선설, 성악설, 성무선악설로 나눌 수 있다. 그중 맹자의 성선설은 국가 권력에 저항하려는 계층의 이념적 논거로 사용되었고, 순자나 법가의 성악설은 군주가 국가 공권력을 정당화하는 논거로 사용되었다. 한편, 고자는 인간의 본성에는 선함도, 악함도 없다는 성무선악설을 주장하였는데, 이 주장에 대해 맹자는 성선설과 수양론에 근거하여 비판하였다. 그리고 순자는 성악설에 근거하여 이러한 맹자의 주장을 비판하였다. 순자는 인간의 악한 본성과 이기적 욕망은 사회적 무질서와 혼란을 초래하므로, 이를 해결하기 위해서는 외적인 강제력이 필요하다고 보았으며 국가 질서와 사회 규범을 정당화하였다.

주제 인성론의 세 가지 학설

글쓴이의 작문 과정 **❶** 인성론 **❷** 성무선악설
주제 인성론의 세 가지 학설

0 내용 전개 방식 파악 ②

이 글은 중국 전국 시대의 혼란한 상황 속에서 인성론이 등장하게 된 배경과 맹자의 성선설, 순자의 성악설, 고자의 성무선악설 등 인성론에 관한 주요 사상가들의 견해를 소개하고 있다.

오답풀이 ① 성선설, 성악설, 성무선악설 등의 차이점은 드러나 있지만 각각이 갖는 장단점을 비교한 내용은 제시되지 않았다.
③ 인성론의 역사적 의의와 한계에 대해서는 언급하지 않았다.
④ 1문단에 인성론이 등장한 시대적 상황은 제시되어 있으나 구체적 자료는 언급되지 않았다.
⑤ 인성론의 두 견해를 절충한 새로운 이론은 제시되지 않았다.

1 핵심 개념의 이해 ③

[A]를 보면, 호족들과 지주들이 국가 공권력에 저항하기 위해 맹자의 성선설을 논거로 사용하였고, 군주는 공권력을 정당화하는 논거로 순자·법가의 성악설을 사용하였다고 했다. 이처럼 인성론은 집단의 정치적 입장을 정당화하기 위한 이념적 수단으로 사용되기도 하였다.

오답풀이 ① 인성론은 혼란한 정국을 수습하고자 하는 과정에서 대두된 것으로, 사회 발전을 위한 갈등 유지의 당위성을 인정하지는 않았다.
② 권력자의 선악, 즉 윤리 의식과 통치력의 관계는 드러나 있지 않다.
④ 초자연적 존재와 대비되는 인간 본성의 우위를 추구하지 않았다.
⑤ 인간의 본성을 유지 또는 순치하려는 인위적 노력을 긍정하였다.

2 관점의 비교 ①

순자는 인간의 본성이 악하고 이기적이어서 재화가 한정될 경우 욕

망을 충족하기 위해 다툼이 생겨 사회가 무질서 상태가 될 수 있다고 보았다. 또한 홉스는 인간은 이기적 본성으로 인해 자기 이익을 극대화하기 위한 '만인의 만인에 대한 투쟁' 상태로 살아갈 수 있다고 주장하였다. 따라서 순자와 홉스는 모두 인간의 이기적 본성이 사회의 혼란과 무질서에서 비롯된다고 보았음을 알 수 있다.

오답풀이 ② 순자와 홉스는 모두 공동의 평화를 위해 국가 권력이 필요하다는 입장에 있다.
③ 통치자의 권력 유지를 위하여 한정된 재화의 균등한 분배를 추구해야 한다는 생각은 드러나 있지 않다. 다만 순자는 한정된 재화로 인한 갈등을 해결하기 위하여 국가에 의해 예가 만들어졌다고 하였다.
④ 홉스는 인간의 이기적 본성에 따른 자연 상태에서는 혼란과 무질서가 존재하며 대립적 상황은 해결되지 않는다고 하였다.
⑤ 홉스는 구성원들의 계약에 의해 국가가 성립한다고 보았지만, 이 글에서 다루고 있는 순자의 견해에는 이러한 내용이 제시되어 있지 않다.

3 구체적 사례에 적용 ②

고자는 역동적 삶의 의지를 규격화하려는 행위에 대해 비판적인 입장이었으므로 장발장이 은촛대를 훔쳤음에도 불구하고 미리엘 주교가 선물로 준 것이라고 거짓말 한 것을 역동적 삶의 의지를 규격화하려는 행위로 이해하는 것은 적절하지 않다.

오답풀이 ① 장발장이 빵을 훔친 것은 배고픔으로 인한 식욕 때문으로, 이는 인간의 자연스러운 욕구인 고자가 말한 인간의 본성에 해당한다.
③ 미리엘 주교가 장발장에게 쉴 곳을 제공한 것은 맹자가 주장한 측은지심에 따른 것으로 볼 수 있다.
④ 장발장의 선행은 장발장의 타고난 선한 본성이 스스로의 노력, 즉 자력에 의해 수양되는 것을 의미한다.
⑤ 장발장이 빵을 훔친 잘못으로 감옥에 갇힌 것은 순자의 관점에서 보면 악한 본성을 바로잡기 위해 사회 규범에 따른 것으로 볼 수 있다.

3 철학적 인간학

2015학년도 11월 고1 학력평가

어떻게 썼을까?

도입
'철학적 인간학' 소개

견해
인간의 본질에 대한 셀러의 견해 제시

견해
인간의 본질에 대한 플레스너의 견해 제시

견해
인간의 본질에 대한 겔렌의 견해 제시

정리
세 학자들의 견해 요약

20세기 초 막스 셸러는 이전의 경험과학이 인간에 대해서 창출한 개별적인 과학적 지식들만으로는 '인간이란 무엇인가'라는 질문에 대해 충분히 답할 수 없다고 보았다. 그래서 그는 인간에 대한 총체적인 이해의 기틀을 마련하기 위해 '철학적 인간학'을 탄생시켰다. 철학적 인간학은 경험과학적 연구 성과와의 밀접한 관련성을 바탕으로 다른 생명체와 차별화된 인간의 본질을 규명하고자 한 학문으로, 대표적인 학자로는 셸러 이외에 헬무트 플레스너, 아놀드 겔렌 등이 있다. ▶ '철학적 인간학'의 등장 배경과 개념

㉠셸러는 동물학자 쾰러의 연구 결과를 바탕으로 인간과 동물 사이에 본질적인 차이가 있음을 밝히고자 하였다. 그는 인간이 동물과 달리 '정신'을 가지고 있고, '정신' 작용의 하나인 '자아의식'에 의해 외부 대상뿐만 아니라 자신의 내면까지도 대상화할 수 있다고 보았다. 그는 '자아의식'이라는 것이 인간이 보고 듣고 생각한다는 것을 스스로 의식하는 '정신' 작용이며, 이런 '자아의식'에 의해서 인간은 충동적인 욕구에 따라 행동하지 않고 스스로를 반성할 수도 있다고 보았다. ▶ 셸러의 '철학적 인간학'

한편 플레스너는 생명체가 자신을 둘러싼 환경과 상호 작용하는 방법을 중심으로 인간의 본질을 규명하고자 했다. 그에 의하면 독립성이 없어 주변 환경에 대해 능동적으로 적응할 수 없는 식물과 달리, 독립성이 있는 인간과 동물은 자신의 상황에 따라 환경에 적응해 갈 수 있다고 보았다. 그런데 플레스너는 동물이 자신만을 중심으로 환경에 적응해 간다면, 인간은 자기중심적인 삶과 일정한 거리를 둘 수 있는 '탈중심성'을 가진다고 강조했다. 그리고 이러한 '탈중심성'이라는 인간만의 특성으로 인해 인간은 스스로를 반성하고 항상 새로운 자신을 발견하고 변화시킬 수도 있다고 보았다. ▶ 플레스너의 '철학적 인간학'

철학적 인간학의 또 다른 학자인 ㉡겔렌은 동물학자 포르트만의 이론에 근거를 두고 인간의 본질을 밝히고자 했다. 그는 인간을 동물과 달리 신체적인 한계를 갖고 태어나 자연에 적응하기 어려운 결핍된 존재로 보았다. 이러한 결핍을 보완하기 위해 인간은 일정한 '행위'를 하게 되며, 나아가 그런 '행위'를 통해 자신의 생존에 적합한 문화를 창조한다고 보았다. 그에 따르면 인간은 자신이 창조한 문화에 다시 영향을 받아 특정한 '행위'를 하기도 한다. 예를 들면, 문화의 한 형태인 여러 가지 사회적 제도의 영향으로 인간은 충동을 억제하는 '행위'를 하고, 인간다운 삶을 보장받기 위해 자신이 만든 제도의 틀 안에서 어느 정도 타율적 삶을 감수하는 '행위'를 하기도 하는 것이다. ▶ 겔렌의 '철학적 인간학'

이와 같이 셸러는 인간이 '자아의식'을 통해 자신을 대상화할 수 있다는 점에서, 플레스너는 인간이 '탈중심성'을 가지고 있어 스스로를 반성할 수 있다는 점에서, 겔렌은 인간이 여러 '행위'를 통해 결핍된 부분을 보완한다는 점에서 다른 생명체와 차별화된 인간의 본질을 규명하고자 했다. 결국 그들이 말하는 인간이라는 존재는 끊임없이 외부 환경이나 자기 스스로를 변화시키며 나아가는 존재라고 볼 수 있다. ▶ '철학적 인간학'에서 이야기하는 인간의 본질

어떻게 읽을까!

중심 화제를 파악했는가?
'철학적 인간학'의 등장 배경과 개념을 밝히고, 대표적인 학자들을 소개함으로써 그들의 견해를 다룰 것임을 안내함.

세 학자들의 견해를 파악했는가?
'철학적 인간학'의 대표 학자인 셸러, 플레스너, 겔렌은 인간의 본질에 대해 각각 인간이 자아의식, 탈중심성, 결핍을 가지고 있다고 제시함.

'철학적 인간학'에서 말하는 인간 존재의 본질은 무엇인가?
셸러, 플레스너, 겔렌은 공통적으로 끊임없이 외부 환경이나 자신을 변화시키며 나아가는 존재로서의 인간의 본질을 제시함.

나열형구조

도입
견해　견해　견해
정리

해제 이 글은 '인간이란 무엇인가'라는 질문에 답하기 위해 등장한 '철학적 인간학'에 대해 설명하며 그 대표적인 학자들의 견해를 소개하고 있다. 인간에 대한 총체적인 이해의 기틀을 마련하기 위해 시작된 철학적 인간학은 다른 생명체와 차별화된 인간의 본질을 규명하는 학문으로, 대표적인 학자로 셸러, 플레스너, 겔렌 등이 있다. 먼저 셸러는 인간이 동물과 달리 자아의식에 의해 외부 대상뿐만 아니라 자신의 내면까지도 대상화할 수 있다고 보았고, 플레스너는 동물은 자기중심적으로 환경에 적응하는 반면, 인간은 탈중심성을 가지고 있어 스스로를 반성하고 자신을 변화시킬 수 있다고 주장하였다. 그리고 겔렌은 인간은 결핍을 보완하기 위해 일정한 행동을 하며 그러한 행위를 통해 자신의 생존에 적합한 문화를 창조한다고 보았다. 이처럼 철학적 인간학에서는 인간을 끊임없이 외부 환경이나 자기 스스로를 변화시키며 나아가는 존재로 보았다.

주제 인간의 본질을 규명한 '철학적 인간학'의 세 학자의 견해

3 **0** ⑤   **1** ④   **2** ①   **3** ②

글쓴이의 작문 과정 **❶** 철학적 인간학 **❷** 인간의 본질
주제 인간의 본질을 규명한 '철학적 인간학'의 세 학자의 견해

0 내용 전개 방식 파악 ⑤

1문단에서 '철학적 인간학'이라는 새로운 이론이 등장하게 된 배경을 소개하고, 2~4문단에서 대표적인 세 학자의 견해를 밝히고 있다.

오답풀이 ① 철학적 인간학의 대표적인 세 학자의 견해를 설명하고 있을 뿐, 철학적 인간학의 한계를 설명하고 있지 않다.
② 셸러, 플레스너, 겔렌의 견해를 밝히고 있지만 그들의 견해를 절충하거나 새로운 대안을 제시하고 있지는 않다.
③ 1문단에서 철학적 인간학의 개념을 정의하고 있지만 이론의 발전 가능성을 언급하고 있지는 않다.
④ 철학적 인간학을 연구한 세 학자의 견해를 밝히고는 있지만, 이들 세 이론의 우열을 가리고 있지는 않으며 특정 학자의 이론에 초점을 두고 그것만 구체적으로 서술하고 있지도 않다.

1 세부 내용 파악 ④

4문단에 따르면, '겔렌'(ⓛ)은 동물과 달리 인간만이 자신의 부족한 부분을 보완하기 위해 일정한 행위를 하며, 이를 통해 자신의 생존에 적합한 문화를 만들고, 자신이 만든 문화에 다시 영향을 받아 충동을 억제하는 행위를 하기도 한다고 보았다. 또한 2문단에 따르면, '셸러'(ⓙ)는 인간만이 '정신'을 가지고 있고 정신 작용의 하나인 '자아의식'에 의해서 충동적인 욕구에 따라 행동하지 않을 수 있다고 보았다.

오답풀이 ① 1문단에서 철학적 인간학은 경험과학적 연구 성과와의 밀접한 관련성을 바탕으로 인간의 본질을 규명하고자 한 학문이라고 하였다. ⓙ과 ⓛ은 모두 철학적 인간학의 대표적인 학자이므로 그 연구 내용은 경험과학적 지식과 무관하지 않을 것이다.
② 1문단에서 철학적 인간학이 다른 생명체와 차별화된 인간의 본질을 규명한 학문이라고 하였고, 2문단에서 ⓙ은 인간이 동물과 달리 정신을 가지고 있다는 점이, 4문단에서 ⓛ은 인간이 '행위'를 통해 자신의 결핍된 부분을 보완한다는 점이 동물과 본질적으로 다른 인간의 특징이라고 하였다. 따라서 ⓙ과 ⓛ은 모두 인간과 동물이 본질적 차이가 있다고 보았다.
③ 2문단에서 ⓙ은 인간의 정신 작용인 자아의식을 통해 인간만이 자신을 대상화할 수 있는 능력이 있다고 하였다. 그러나 ⓛ은 자아의식이 아닌 행위에 주목하였다.
⑤ 4문단에 따르면 ⓛ은 인간을 신체적인 한계를 갖고 태어나 자연에 적응하기 어려운 결핍된 존재라고 보았다. 그러나 ⓙ은 인간의 신체적 한계에 대해서는 주목하지 않았다.

2 다른 견해와 비교 ①

3문단에 따르면, 플레스너는 동물과 달리 인간만이 '탈중심성'을 가지고 있어 스스로를 반성하고 항상 새로운 자신을 발견하고 변화시킬 수 있다고 보았다. 그리고 |보기|의 카시러는 동물과 달리 인간만이 '상징 체계'를 가지고 있어서 바깥 세계에 즉각적으로 반응하지 않고 여유를 가지고 생각한 후 반응할 수 있다고 보았다. 따라서 플레스너는 탈중심성의 유무를, 카시러는 상징체계의 유무를 기준으로 인간과 동물을 구분지었음을 알 수 있다.

오답풀이 ② 3문단에 따르면, 플레스너는 식물과 다르게 인간과 동물은 모두 환경에 대해 독립성이 있다고 보았다.
③ 윗글의 플레스너도, |보기|의 카시러도 인간과 동물이 모두 환경(바깥 세계)을 받아들이고 그에 맞게 반응(적응)할 수 있다고 보았다.
④ 윗글의 플레스너는 '탈중심성'을 가진 인간만이 반성적 사유를 할 수 있다고 보았으므로 동물이 반성적 사유를 한다고 이해하는 것은 적절하지 않다. 또한 |보기|에서 카시러가 반성적 사유에 대해 주목했는지는 알 수 없다.
⑤ 플레스너와 카시러가 환경 적용보다 환경을 변화시키는 것이 더 중요하다고 했는지는 이 글과 |보기|를 통해서는 확인할 수 없다.

3 구체적 사례에 적용 ②

2문단에서 셸러는 동물과 달리 인간만이 '정신' 작용의 하나인 '자아의식'을 가지고 있다고 하였다. 희수와 유치원 아이들은 모두 인간이므로 셸러가 말한 정신 작용의 하나인 '자아의식'도 가지고 있다는 공통점이 있다.

오답풀이 ① |보기|에서 희수가 무단 횡단한 자신의 모습에 부끄러움을 느낀 것은 신호를 지키는 아이들을 보고 자아의식을 통해 자신을 스스로 의식하고 반성했기 때문에 가능했던 것이다.
③ 인간이 탈중심성을 가지고 있어 스스로를 반성하고 변화시킬 수 있다고 한 플레스너의 입장에서 보면 희수가 스스로 반성했기 때문에 무단 횡단을 하지 않으려고 노력한다고 볼 것이다.
④ 겔렌은 인간이 만든 문화의 한 형태인 '사회적 제도'는 인간다운 삶을 보장받기 위해 만든 것이라고 하였으므로, 그의 입장에서 보면 인간이 지켜야 하는 교통 규칙 또한 인간다운 삶을 보장받기 위해 만든 사회적 제도에 해당한다고 볼 것이다.
⑤ 겔렌은 인간은 스스로 제도를 만들었지만, 그 제도에 다시 영향을 받아 충동을 억제하는 행위를 한다고 보았으므로, 그의 입장에서 보면 유치원 아이들이 교통 규칙을 지키는 것은 인간이 만든 교통 규칙이라는 제도가 아이들에게 영향을 주어 무단 횡단을 하고 싶은 충동을 억제한 행위라고 볼 것이다.

기 출 읽 기

미적 지각은 어떤 단계를 거칠까
2015학년도 11월 고2 학력평가

어떻게 썼을까?

도입
뒤프렌이 제시한 미적 지각의 단계 소개

우리가 미술관에 전시된 그림 하나를 무심히 지나쳤다면, 이 그림은 미적 대상이라고 볼 수 있을까? 이에 대해 미학자 뒤프렌은 그 그림은 예술 작품이긴 하지만 우리에게 미적 대상이 되지는 못한다고 말한다. 예술 작품은 감상자의 미적 지각이 시작될 때 비로소 미적 대상이 된다는 것이다. 그는 이러한 미적 지각과 미적 대상의 관계에 주목하여, 감상자가 현전(現前), 표상(表象), 반성(反省)이라는 미적 지각의 단계를 거치면서 미적 대상을 점점 더 심오하게 이해한다고 보았다.
▶ 미적 지각과 미적 대상의 관계

전개
'현전' 단계 설명

뒤프렌에 따르면 현전은 감상자가 작품의 감각적 특징에 신체적으로 반응하면서 주목하는 단계이다. 즉 색채, 명암, 질감 등에 매료되어 눈이 커지거나 고개를 내미는 등의 신체적 자세를 ㉠취하는 상태를 의미한다. 이렇듯 현전은 감상자가 예술 작품을 '감각적 소재'로 인식하게 한다. 그런 의미에서 현전은 미적 대상의 의미를 막연하게 파악하는 수준에 머무른다.
▶ 미적 지각 단계 중 현전의 특징

전개
'표상' 단계 설명

현전의 막연함은 표상을 통해 해소되기 시작한다고 그는 말한다. 표상은 작품을 상상력으로 지각하는 단계이다. 상상력은 감상자가 현전에서 파악한 것에 시공간적 내용과 구체적 상황을 추가해 풍부한 이미지를 떠올리는 것이다. 이러한 지각은 감상자가 작품을 특정 대상이나 현실이 묘사된 '재현된 세계'로 이해하게 한다. 예를 들어 푸른색이라는 감각물에 눈동자가 커지면서 주목하는 것이 현전이라면, 푸른색을 보고 '가을날 오후 한적한 시골의 맑고 넓은 창공'이라는 세계를 떠올리는 것이 표상이다. 하지만 표상은 환상을 만들게 된다.
▶ 미적 지각 단계 중 표상의 특징

전개
'반성' 단계 설명

표상이 만든 환상은 반성을 통해 극복된다고 뒤프렌은 생각했다. 반성에는 비평적 반성과 공감적 반성이 있다. 비평적 반성은 구도, 원근법, 형태 묘사와 같은 기법, 예술가의 제작 의도 등을 객관적으로 분석하여 상상력이 만든 감상자의 표상이 타당한 것인지를 검증하는 것이다. 비평적 반성을 통해 감상자는 작품의 의미를 표상의 단계보다 더 잘 이해할 수 있게 된다. 그러나 뒤프렌은 비평적 반성만으로는 작품에 대한 이해가 피상적 수준에 그친다고 보았다. 객관적인 분석만을 하다 보면 작품 속에 담긴 내면적 의미까지는 이해하지 못한다는 것이다. 따라서 그는 감상자의 미적 지각은 공감적 반성을 통해 완성된다고 하였다. 공감적 반성은 작품이 자아내는 내면적 의미를 감상자가 정서적으로 느끼면서 감동을 얻는 단계이다. 이 감동은 작품의 내면적 의미가 진실하다는 것을 확신하면서 정서적으로 공감하는 것이기도 하다. 이는 감상자가 예술가의 감정이 '표현된 세계'를 파악하는 것이면서, 그 세계와 자신의 내면세계가 일치함을 느끼는 것이다. 이를 두고 뒤프렌은 감상자가 작품의 의미를 진심으로 받아들이면서 비로소 작품 속에 직접 참여하는 것이라고 설명했다.
▶ 미적 지각 단계 중 반성의 특징

어떻게 읽을까!

중심 화제를 파악했는가?
질문을 통해 미적 대상에 대한 관심을 유도하고, 이를 뒤프렌이 제시한 미적 지각의 단계와 연결시킴으로써 자연스럽게 중심 화제를 제시함.

뒤프렌이 말한 미적 지각의 세 단계를 구분하고 각 단계의 특징을 이해했는가?
뒤프렌은 감상자가 현전, 표상, 반성의 미적 지각의 단계를 거치면서 미적 대상을 점점 이해하게 된다고 보았으며, 현전의 막연함은 표상을 통해, 표상이 만든 환상은 반성을 통해 극복된다고 주장함.

일방형구조

도입		
전개	전개	전개

해제 이 글은 미적 지각의 단계를 거치면서 미적 대상을 이해하는 과정을 주장한 뒤프렌의 이론을 설명하고 있다. 뒤프렌은 미적 지각과 미적 대상의 관계에 주목하여 '현전, 표상, 반성'이라는 미적 지각의 단계를 제시하였다. 현전은 작품의 감각적 특징에 신체가 반응하여 주목하는 단계로, 미적 대상의 의미를 막연하게 파악하는 수준에 머문다. 표상은 작품을 상상력으로 지각하는 단계로, 현전의 막연함을 해소하나 환상을 만들게 된다. 표상이 만든 환상은 반성을 통해 극복되는데, 미적 대상을 객관적으로 분석하여 감상자의 표상이 타당한지를 검증하는 비평적 반성과 작품 속에 담긴 내면적 의미를 정서적으로 공감하는 공감적 반성이 있다. 뒤프렌은 감상자가 공감적 반성을 통해 작품의 의미를 진심으로 받아들일 때 작품 속에 직접 참여할 수 있게 된다고 설명한다.

주제 미적 지각의 단계에 따른 예술 작품 감상의 과정

0 중심 내용 파악 ②

이 글은 1문단에서 감상자가 '현전 → 표상 → 반성'이라는 미적 지각의 단계를 거친다고 언급한 뒤, 2~4문단에서는 각 단계를 설명하고 있으므로 '미적 지각은 어떤 단계를 거칠까?'는 표제로 적절하다. 그리고 1문단에서 미적 지각과 미적 대상의 관계에 주목한다고 언급한 뒤, 2~4문단에서는 각 단계에서 미적 대상으로서의 예술 작품을 어떻게 이해하는지를 설명하고 있으므로 '미적 대상과의 관계를 중심으로'는 부제로 적절하다.

오답풀이 ① 이 글에서 미적 대상이 어떤 특성을 가지고 있는지는 각 문단에서 예시를 통해 부분적으로만 언급하고 있으므로 표제로 적절하지 않다. 그리고 미적 지각의 역할을 구체화하여 서술하고 있지 않으므로 부제도 적절하지 않다.
③ 이 글에서 미적 체험이 어떻게 형성되는지는 언급하지 않았으므로 표제로 적절하지 않다. 그리고 미적 지각의 효용성을 중심으로 세부 내용을 구체화한 것도 아니므로 부제도 적절하지 않다.
④ 이 글은 미적 지각과 미적 대상의 관계에 주목하여 미적 지각의 단계에 대해 설명하고 있으므로 표제로 적절하다. 그런데 4문단에 '감상자의 감정'과 관련된 정보가 제시되어 있으나, 이는 글 전체가 아닌 일부 정보에 해당하므로 부제로는 적절하지 않다.
⑤ 이 글에서 미적 대상의 역동성이 어떻게 드러나는지는 언급하고 있지 않으므로 표제로 적절하지 않다. 그리고 4문단에 '공감적 반성'과 관련된 정보가 제시되어 있으나, 이는 글의 일부에 해당하므로 부제로 적절하지 않다.

1 세부 내용 파악 ④

3문단에 따르면, '시공간적인 내용을 덧붙'이는 것은 표상의 단계와 관련된다. 반면 4문단에 따르면, 감상자가 '작품 속에 직접 참여하'는 것은 반성의 단계 중 공감적 반성과 관련된다. 따라서 시공간적인 내용을 덧붙이는 것이 아니라, 감상자가 공감적 반성을 통해 작품의 의미를 진심으로 받아들이면서 작품 속에 직접 참여하는 것이다.

오답풀이 ① 1문단에 따르면 예술 작품은 감상자의 미적 지각이 시작될 때 미적 대상이 되고 2문단에서는 감상자가 예술 작품의 감각적 특징에 신체적으로 반응하면서 예술 작품을 '감각적 소재'로 인식하게 된다고 하였다.
② 4문단에서 감상자는 공감적 반성을 통해 작품의 의미를 진심으로 받아들일 수 있고, 이를 통해 감동을 얻게 된다고 하였다.
③ 3문단에서 표상은 환상을 만들게 된다고 하였고, 4문단에서 이렇게 상상력이 만든 환상은 비평적 반성을 통해 객관적으로 분석하여 그 표상의 타당성이 검증된다고 하였다.

⑤ 4문단에서 비평적 반성은 예술가의 제작 의도 등을 객관적으로 파악하는 단계인데, 이 비평적 반성만으로는 작품에 대한 이해가 피상적 수준에 그치기 때문에 작품 속에 담긴 내면적 의미를 이해할 수 없다고 하였다.

2 구체적 사례에 적용 ③

ㄱ. 2문단에 따르면, 감상자가 예술 작품의 감각적 특징에 매료되어 신체적으로 반응하면서 주목하는 것은 현전 단계이다. 이 단계에서 감상자가 반응하는 것은 예술 작품의 감각적 특징으로 색채, 명암, 질감 등이다. 따라서 |보기 1|의 두 남녀의 의상에 드러난 명암의 차이에 시선이 가는 신체적 반응을 보인 것은 현전 단계의 감상에 해당한다.
ㄴ. |보기 1|의 그림을 통해 두 남녀의 명암 차이는 확인할 수 있지만, 그들이 심리적으로 불편한 관계에 있는지는 명확하게 드러나 있지 않으므로, 이는 감상자가 상황을 상상한 것으로 볼 수 있다. 3문단에 따르면, 감상자가 상상력을 통해 예술 작품에 구체적 상황을 추가해 풍부한 이미지를 떠올리는 것은 표상 단계의 감상에 해당한다.
ㄹ. 감상자가 |보기 1|의 그림을 통해 두 남녀의 표정에서 도시인의 고독감을 발견하고 이러한 고독감에 정서적으로 공감하면서 일치한다고 느끼는 것은, 4문단에서 설명한 예술가의 감정이 표현된 세계와 감상자 자신의 내면세계가 일치함을 느끼는 공감적 반성 단계의 감상에 해당한다.

오답풀이 ㄷ. |보기 1|의 그림에서 두 남녀가 음료를 앞에 두고 앉아 있는 것은 확인할 수 있지만, 그들이 유럽의 작은 도시의 카페에 있는지 혹은 누군가를 기다리는 것인지는 명확하게 드러나지 않는다. 이는 감상자의 상상력이 추가된 것으로, 3문단에 따르면 감상자가 상상력을 통해 예술 작품에 시공간적 내용을 추가해 풍부한 이미지를 떠올릴 수 있는 것은 표상 단계의 감상에 해당한다.

⚠ 출제자의 의도읽기 – |보기와 지문 사이의 관련성을 포착한다.
|보기|에는 지문에서 설명한 이론과 관련 있는 실제 사례가 제시될 수 있다. 이때 지문만으로 혹은 |보기|만으로 선지를 판단하는 것은 위험하다. 지문에서 언급한 내용과 |보기|의 사례 간의 연결 고리를 찾아내는 것이 무엇보다 중요하다. 예를 들어 |보기|의 '흰옷, 검은 옷'은 지문에 언급된 '명암'과 관련이 있으므로, 이러한 정보들을 연결 지어 |보기|와 선지를 읽어 내는 것이 필요하다.

3 어휘의 문맥적 의미 파악 ②

㉠은 '신체적 자세를'을 목적어로 가지고 있다. 이를 참고할 때, ㉠은 문맥상 '어떤 특정한 자세를 하다.'라는 의미임을 알 수 있다. ②를 보면 '포즈를 취하고 있었다.'의 '취하다'는 '포즈를'이라는 목적어를 가지고 있으므로, ㉠과 문맥적 의미가 같음을 알 수 있다.

오답풀이 ① '남에게서 돈이나 물품 따위를 꾸거나 빌리다.'의 의미로 쓰였다.
③ '자기 것으로 만들어 가지다.'의 의미로 쓰였다.
④ '자기 것으로 만들어 가지다.'의 의미로 쓰였다.
⑤ '일정한 조건에 맞는 것을 골라 가지다.'의 의미로 쓰였다.

1 플라톤과 아리스토텔레스의 미학적 견해

2022학년도 3월 고1 학력평가

도입
플라톤이 정의한 이데아계와 현상계 설명

전개
예술에 대한 플라톤의 견해 제시

전개
음유시인의 연기에 대한 플라톤의 견해 제시

결론
음유시인의 연기가 관객에게 미치는 영향 제시

도입
이데아계에 대한 아리스토텔레스의 견해 제시

전개
아리스토텔레스가 주장한 가능태와 현실태 설명

전개
아리스토텔레스가 생각한 예술의 목적 설명

결론
음유시인의 연기에 대한 아리스토텔레스의 견해 제시

어떻게 읽을까!

플라톤의 철학적 관점과 예술관을 관련지어 파악했는가?
플라톤 철학의 핵심 개념인 이데아계, 현상계에 대해 소개한 뒤, 이 관점에서 예술은 감각 가능한 현상의 모방이라고 본 플라톤의 예술관을 설명함.

플라톤은 음유시인의 연기를 어떻게 보는지 파악했는가?
음유시인의 연기는 저급한 인간의 면모를 모방할 수밖에 없으며 이를 본 관객은 타락하게 된다고 주장한 플라톤의 견해를 제시함.

아리스토텔레스의 철학적 관점을 파악했는가?
이데아계가 존재하지 않는다고 본 아리스토텔레스의 견해를 소개한 뒤, 핵심 개념인 형상과 질료, 가능태와 현실태를 설명함.

아리스토텔레스의 예술관을 이해했는가?
아리스토텔레스는 예술의 목적이 개개의 사물에 내재하고 있는 보편자, 즉 형상을 표현해 내는 데 있다고 보았으며, 음유 시인의 연기를 본 관객은 예술을 통해 쾌감을 느낀다고 설명함.

가 플라톤은 초월 세계인 이데아계와 감각 세계인 현상계를 구분했다. 영원불변의 이데아계는 현상계에 나타난 모든 사물의 근본이 되는 보편자, 즉 형상(form)이 존재하는 곳으로 이성으로만 인식될 수 있는 관념의 세계이다. 반면 현상계는 이데아계의 형상을 바탕으로 만들어진 세계로 끊임없이 변화하는 사물이 감각에 의해 지각된다. 플라톤에 따르면 ㉠현상계의 모든 사물은 형상을 본뜬 그림자에 불과하다.
▶ 이데아계와 현상계로 구분한 플라톤의 철학적 관점

이러한 관점에서 플라톤은 예술을 감각 가능한 현상의 모방이라고 보았다. 「예를 들어 목수는 이성을 통해 침대의 형상을 인식하고 그것을 모방하여 침대를 만든다. 그리고 화가는 감각을 통해 이 침대를 보고 그림을 그린다. 결국 침대 그림은 보편자에서 두 단계 떨어져 있는 열등한 것이며, 형상에 대한 참된 인식을 방해하는 허구의 허구에 불과하다.」 이데아계의 형상을 모방하여 생겨난 것이 현상인데, 예술은 현상을 다시 모방한 것이기 때문이다.
▶ 예술은 감각 가능한 현상의 모방이라고 본 플라톤

플라톤은 시가 회화와 다르다고 보았다. 고대 그리스에서 음유시인은 허구의 허구인 서사시나 비극을 창작하고, 이를 작품 속 등장인물의 성격에 어울리는 말투, 몸짓 같은 감각 가능한 현상으로 연기함으로써 다시 허구를 만들어 냈다. 이 과정에서 음유시인의 연기는 인물의 성격을 드러내는데, 이는 감각 가능한 외적 특성을 모방해 감각으로 파악될 수 없는 내적 특성을 드러내는 것이다.
▶ 감각 가능한 외적 특성을 모방하는 음유시인의 연기

플라톤은 음유시인이 용기나 절제 같은 덕성을 갖춘 인간이 아닌 저급한 인간의 면모를 모방할 수밖에 없다고 주장했다. 「가령 화를 잘 내는 인물은 목소리가 거칠어지고 안색이 붉어지는 등 다양한 감각 가능한 현상들을 모방함으로써 쉽게 표현할 수 있지만, 용기나 절제력이 있는 인물에 수반되는 감각 가능한 현상은 표현하기 어렵기 때문이다.」 따라서 플라톤은 음유시인의 연기를 보는 관객들이 이성이 아닌 감정이나 욕구와 같은 비이성적인 것들에 지배되어 타락하게 된다고 보았다.
▶ 음유시인의 연기 때문에 관객들이 타락한다고 본 플라톤

나 아리스토텔레스는 이데아계가 존재한다고 보지 않았다. 「예컨대 사람은 나이가 들며 늙는데, 만약 이데아계의 변하지 않는 어린아이의 형상과 성인의 형상을 바탕으로 각각 현상계의 어린아이와 성인이 생겨났다면, 현상계에서 어린아이가 성인으로 성장하는 것을 설명할 수 없기 때문이다.」
▶ 이데아계가 존재하지 않는다고 본 아리스토텔레스의 견해

아리스토텔레스는 [형상]이 항상 사물의 생성과 변화의 바탕이 되는 [질료]에 내재한다고 보고, 이를 가능태와 현실태라는 개념을 통해 설명하였다. 가능태란 형상을 실현시킬 수 있는 가능적 힘이자 질료를 의미하며, 현실태란 가능태에 형상이 실현된 어떤 상태이다. 가령 도토리는 떡갈나무가 되기 위한 가능태라면, 도토리가 떡갈나무가 된 상태가 현실태이다. 이처럼 생성·변화하는 모든 것은 목적을 향해 움직이므로 가능태에 있는 것은 형상이 완전히 실현된 상태인 '완전 현실태'를 향해 나아가는데, 이 이행 과정이 운동이다. 즉 운동의 원인은 외부가 아닌 가능태 자체에 내재한다. ▶ 형상과 질료의 관계를 가능태와 현실태의 개념을 통해 설명한 아리스토텔레스

아리스토텔레스에게 있어 예술의 목적은 개개의 사물에 내재하고 있는 보편자, 즉 형상을 표현해 내는 것이다. 이런 점에서 그는 시가 역사보다 우월하다고 주장했다. 역사는 개별적 사건들의 기록일 뿐이지만 시는 개별적 사건에 깃들어 있는 보편자를 표현한 것이기 때문이다.
▶ 아리스토텔레스가 생각한 예술의 목적

아리스토텔레스는 인간이 예술을 통해 쾌감을 느낄 수 있다고 보았다. 특히 비극시는 파멸하는 주인공을 통해 인간의 근본적 한계를 다루기 때문에, 시를 창작하면 인간 존재의 본질을 인식하는 앎의 쾌감을 느낄 수 있다고 하였다. 비극시 속 이야기는 음유시인이 경험 세계의 개별자들 속에서 보편자를 인식해 내어, 그것을 다시 허구의 개별자로 표현한 결과물

인 것이다. 또한 관객은 음유시인의 연기를 통해 앎의 쾌감을 느낄 수 있을 뿐 아니라 그와 다른 종류의 쾌감도 경험할 수 있다. 관객은 고통을 받는 인물의 이야기를 통해 그에 대한 연민과 함께, 자신도 유사한 고통을 겪을 수 있다는 공포를 느낀다. 이러한 과정에서 감정이 고조됐다가 해소되면서 얻게 되는 쾌감, 즉 카타르시스를 경험한다.

└ ♪: 음유시인의 연기가 관객에게 미치는 영향에 대한 아리스토텔레스의 견해

앎의 쾌감, 연민, 공포 등이 포함됨. ▶ 예술을 통해 쾌감을 느낄 수 있다고 본 아리스토텔레스의 견해

일방형구조

해제 (가)는 플라톤의 철학적 관점을 바탕으로, (나)는 아리스토텔레스의 철학적 관점을 바탕으로 그들의 예술관을 설명한 글이다. (가)에서 플라톤은 형상이 이데아계에 존재하며 현상계는 이를 본뜬 것이라고 말한다. 따라서 플라톤은 예술은 현상계를 모방한 허구의 허구이며, 음유시인이 시를 연기한 것은 이를 다시 모방한 허구로 저급한 인간의 면모를 그리기 때문에 이를 본 관객이 타락하게 된다고 하였다. 반면 (나)에서 아리스토텔레스는 이데아계가 존재하지 않으며 형상은 질료에 내재한다고 보았다. 그는 사물의 변화를 가능태와 현실태를 통해 설명하고, 예술은 사물 안에 내재한 보편자를 그릴 수 있기 때문에, 개별적 사건에 깃든 보편자를 표현하고 있는 시와 음유시인의 연기는 관객에게 쾌감을 준다고 하였다.

주제 예술에 관한 플라톤과 아리스토텔레스의 견해

기출읽기   0 ②   1 ④   2 ④   3 ①   4 ②

글쓴이의 작문 과정 ❶ 플라톤 ❷ 아리스토텔레스
주제 예술에 관한 플라톤과 아리스토텔레스의 견해

0 내용 전개 방식 파악 ②

(가)에서는 플라톤이라는 특정 사상가의 철학적 관점을 중심으로 그의 예술관을 소개하고 있다. (가)에 따르면 플라톤은 이데아계에 존재하는 형상을 본뜬 것이 현상계이고, 이러한 현상계를 모방한 것이 예술이라고 보았다. 이처럼 플라톤은 예술을 형상에서 두 단계나 떨어져 있는 열등한 것으로 평가하였는데, (가)에서는 이러한 평가에 바탕이 된 플라톤의 철학적 관점을 설명하고 있다. 그리고 (나)에서는 아리스토텔레스라는 특정 사상가의 철학적 관점을 중심으로 그의 예술관을 소개하고 있다. (나)에 따르면 아리스토텔레스는 예술이 개개의 사물에 내재하고 있는 보편자(형상)를 표현해 내는 것에 목적이 있기 때문에 역사보다 우월하다고 평가하였는데, (나)에서는 이러한 평가에 바탕이 된 아리스토텔레스의 철학적 관점을 설명하고 있다.

오답풀이 ① (가)와 (나)에는 각각 플라톤과 아리스토텔레스라는 특정 사상가가 예술을 바라보는 관점이 제시되어 있으나, 이러한 관점이 변화하게 된 이유는 설명하고 있지 않다.
③ (가)에서는 예술이 현상계를 모방한 허구의 허구이기 때문에 불완전하다고 본 플라톤의 견해를 설명하였다. 그러나 (나)에서는 특정 사상가인 아리스토텔레스가 생각하는 예술의 불완전성은 설명하고 있지 않다.
④ (가)와 (나)에서는 각각 플라톤과 아리스토텔레스라는 특정 사상가의 예술관을 소개하고 있으나, 그것에 내재한 장점과 단점에 대해서는 언급하지 않았다.
⑤ (가)에서 특정 사상가인 플라톤의 예술관은 언급했으나, 이 예술

관이 보이는 한계는 제시하지 않았다. 그리고 (나)에서 특정 사상가인 아리스토텔레스의 예술관은 언급했으나, 이 예술관이 주는 의의가 무엇인지는 제시하지 않았다.

1 핵심 내용 파악 ④

(가)의 2문단에 따르면, 플라톤은 예술을 감각 가능한 현상의 모방으로 보았다. 따라서 플라톤의 관점에서 보면 예술의 표현 대상은 '사물 안에 존재하는 형상'이 아니라 '감각 가능한 현상(사물)'이 되므로 ④는 적절한 이해가 아니다.

오답풀이 ① (가)의 2문단에 따르면, 플라톤의 관점에서 예술은 형상에 대한 참된 인식을 방해하는 허구의 허구에 불과한 것이다.
② (가)의 1문단에 따르면, 플라톤은 이데아계는 형상이 존재하는 곳으로 이성으로만 인식될 수 있다고 하였으므로, 이데아계의 형상 또한 이성을 통해서만 인식할 수 있다.
③ (가)의 1, 2문단에 따르면, 플라톤은 현상계의 모든 사물은 형상을 본뜬 것이며, 이러한 현상계의 사물(현상)을 다시 모방한 것이 예술이라고 보았다. 그리고 침대 그림의 사례에서 알 수 있듯이, 플라톤은 예술을 보편자, 즉 형상보다 두 단계 떨어져 있는 열등한 것으로 보았다.
⑤ (가)의 1문단에 따르면, 플라톤은 이데아계는 현상계에 나타난 모든 사물의 근본이 되는 보편자, 즉 현상계에 나타난 모든 사물의 형상이 존재하는 세계라고 하였다.

2 개념 간의 관계 파악 ④

(나)의 2문단에 따르면, 아리스토텔레스는 형상이 질료에 내재한다고 보고, 이를 가능태와 현실태의 개념을 통해 설명하였다. 그런데 가능태는 형상을 실현시킬 수 있는 질료이고, 현실태는 이러한 가능태에 형상이 실현된 어떤 상태라고 보았으므로, 가능태와 현실태는

이는 하나가 다른 하나에 내재해 있는 관계에는 해당하지 않는다. 따라서 아리스토텔레스의 관점에서 '형상과 질료 사이의 관계'와 '현실태와 가능태 사이의 관계'가 같다고 이해하는 것은 적절하지 않다.

오답풀이 ① (나)의 2문단에 따르면, 형상은 질료에 내재한 것이기 때문에 형상이 질료와 분리되어 존재할 수는 없다.

② (나)의 2문단에 따르면, 가능태는 형상을 실현시킬 수 있는 가능적 힘이자 질료라고 하였다. 따라서 질료는 형상을 실현시킬 수 있는 가능적 힘으로 이해하는 것은 적절하다.

③ (나)의 2문단에 따르면, 가능태에 있는 질료에 형상이 실현되어 현실태가 되고 이러한 이행 과정(운동)의 원인은 가능태 자체에 내재해 있다고 하였다.

⑤ (나)의 2문단에 따르면, 생성·변화하는 모든 것이 '완전 현실태'를 향해 나아간다고 하였다. 이때 완전 현실태란 가능태에 있는 것, 즉 질료에 형상이 완전히 실현된 상태를 의미하므로 적절한 이해이다.

3 비판의 적절성 파악 ───────────── ①

(나)의 1문단에 따르면 현상계에서 어린아이가 성인으로 성장하는 것처럼, 아리스토텔레스는 현상계의 사물들이 생성·변화한다고 보았다. 그런데 (가)의 플라톤이 주장한 ⊙처럼, 현상계의 사물이 이데아계에 있는 변하지 않는 형상을 본뜬 것이라면 현상계의 사물이 생성·변화하는 이유를 설명할 수 없게 된다. 따라서 이를 근거로 아리스토텔레스는 이데아계가 존재하지 않는다고 보고, ⊙을 비판할 수 있다.

오답풀이 ② (가)에 따르면 플라톤은 현상계에 존재하는 사물들은 형상을 본떠 만들어졌다고 보았으므로, 현상계의 각 사물들이 모두 제각기 다른 이유는 이데아계의 각기 다른 형상을 본떴기 때문이라고 설명할 수 있다. 따라서 (나)의 아리스토텔레스가 이를 근거로 ⊙을 비판하는 것은 적절하지 않다.

③ (가)에 따르면 플라톤은 현상계가 이데아계의 형상을 바탕으로 만들어졌다고 보았으므로 형상과 현상계의 사물이 서로 독립적이라고 보지 않았다. 따라서 (나)의 아리스토텔레스가 형상과 현상계의 사물이 서로 독립적이라고 플라톤이 주장했다고 보고, 이를 근거로 ⊙을 비판하는 것은 적절하지 않다.

④ (가)에 따르면 플라톤은 형상이 현상계를 초월하여 존재하는 것이 아니라, 형상을 바탕으로 현상계가 만들어지고, 현상계에서 끊임없이 변화하는 사물이 감각에 의해 지각된다고 보았다. 따라서 (나)의 아리스토텔레스가 '형상을 포함하지 않는 사물'이나 '사물을 감각적으로 느끼는 것은 불가능'하다는 것을 근거로 ⊙을 비판하는 것은 적절하지 않다.

⑤ (가)에 따르면 플라톤은 인간이 이성을 통해 모든 사물의 근본이 되는 보편자인 형상을 인식할 수 있다고 보았다. 따라서 (나)의 아리스토텔레스가 인간이 형상을 인식하는 것이 불가능하다며 ⊙을 비판하는 것은 적절하지 않다.

4 구체적 사례에 적용 ───────────── ②

(가)의 4문단에 따르면, 플라톤은 음유시인이 덕성을 갖춘 인간이 아닌 저급한 인간의 면모를 모방하기 때문에 음유시인의 연기를 본 관객들이 타락하게 된다고 보았다. 따라서 플라톤은 |보기|의 음유시인이 주인공인 오이디푸스의 덕성을 연기하는 데 주력하는 것이 아니라, 저급한 인간의 면모를 모방할 수밖에 없다고 볼 것임을 알 수 있다.

오답풀이 ① (가)의 3문단에 따르면 음유시인은 비극시를 창작하는데, 이는 허구의 허구에 해당한다. 그리고 음유시인은 작품 속 등장인물의 성격에 어울리는 말투, 몸짓 등을 연기함으로써 다시 허구를 만들어 낸다. 따라서 플라톤의 관점에서 볼 때, |보기|의 비극시 『오이디푸스 왕』의 주인공 오이디푸스는 허구의 허구이고, 오이디푸스에 대한 음유시인의 연기는 '허구의 허구'를 다시 본뜬 허구가 된다.

③ (가)의 3문단에 따르면 음유시인은 목소리와 몸짓으로 연기함으로써 인물의 성격을 드러낸다. 이때 목소리와 몸짓은 감각 가능한 외적 특성이고, 인물의 성격은 감각으로 파악될 수 없는 내적 특성이다. |보기|에서 음유시인이 목소리와 몸짓으로 주인공 오이디푸스를 연기함으로써 오이디푸스의 성격이 드러났다면, 플라톤의 관점에서 볼 때 이는 감각 가능한 외적 특성을 모방해 감각으로 파악될 수 없는 내적 특성을 드러낸 것이 된다.

④ (나)의 4문단에 따르면 아리스토텔레스는 비극시 속 이야기는 음유시인이 경험 세계의 개별자들 속에서 보편자를 인식해 내어 그것을 다시 허구의 개별자로 표현해 낸 것이라고 보았다. 따라서 아리스토텔레스의 관점에서 볼 때 |보기|에서 음유시인이 현상 속 인간의 개별적 모습들에서 보편자를 인식해 내어, 허구의 개별자인 오이디푸스로 다시 표현한 것이다.

⑤ (나)의 4문단에 따르면 아리스토텔레스는 음유시인이 연기를 통해 보여 주는 고통받는 인물의 이야기를 통해 관객은 앎의 쾌감을 느끼고, 그에 대한 연민을 느낄 수 있다고 보았다. 따라서 아리스토텔레스의 관점에서 볼 때 |보기|에서 관객들은 오이디푸스가 자신에게 주어진 숙명에 의해 파멸당하는 것을 보고 인간 존재의 본질을 이해하는 앎의 쾌감과 카타르시스를 느낄 수 있다.

기 출 읽 기

2 영화의 수용에 대한 미학적 고찰 2012학년도 3월 고3 학력평가

어떻게 썼을까?

의문
관객의 영상 흐름 지각에 대한 의문과 동일시 이론의 한계 제시

어떻게 읽을까!

중심 화제와 기존 이론에 대한 입장을 파악했는가?
영상의 흐름에 대한 관객의 지각 방식이라는 화제를 제시하고 기존 동일시 이론의 한계를 지적함.

관객은 영화를 보면서 영상의 흐름을 어떻게 지각하는 것일까? 그토록 빠르게 변화하는
앵글, 인물, 공간, 시간 등을 어떻게 별 어려움 없이 흥미진진하게 따라가는 것일까? 흔히
영화의 수용에 대해 설명할 때 관객의 눈과 카메라의 시선 사이에 일어나는 동일시 과정을
내세운다. 그러나 동일시 이론은 어떠한 조건을 기반으로, 어떠한 과정을 거쳐서 동일시가
일어나는지, 영상의 흐름을 지각할 때 일어나는 동일시의 고유한 방식이 어떤 것인지에 대
해 의미 있는 설명을 제시하지 못하고 있다.
▶ 영화의 수용에 대한 동일시 이론의 한계

전개
칸트의 무관심성에 근거한 유희적 동일시 이론 설명

동일시 이론과 칸트의 '무관심성' 논의를 비교하여 이해했는가?
동일시 이론의 문제점을 해결하기 위한 실마리로 칸트의 '무관심성'에 바탕을 둔 미적·유희적 동일시 이론을 제시하고 그 한계까지 살펴봄.

칸트의 '무관심성'에 대한 논의에서 이에 대한 단서를 얻을 수 있다. 칸트는 미적 경험의
주체가 '객체가 존재한다'는 사실성 자체로부터 거리를 둔다고 주장한다. 이에 따르면, 영
화관에서 관객은 영상의 존재 자체에 대해 '무관심한' 상태에 있다. 영상의 흐름을 냉정하고
분석적인 태도로 받아들이는 것이 아니라, 영상의 흐름이 자신에게 말을 걸어오는 듯이, 자
신이 미적 경험의 유희에 초대된 듯이 공감하며 체험하고 있다. 미적 거리 두기와 공감적 참
여의 상태를 경험하는 것이다. 주체와 객체가 엄격하게 분리되거나 완전히 겹쳐지는 것으로
이해하는 통상적인 동일시 이론과 달리, 칸트는 미적 지각을 지각 주체와 지각 대상 사이의
분리와 융합의 긴장감 넘치는 '중간 상태'로 본 것이다. 이러한 유희적 동일시 이론은 영화
만이 아니라 다른 예술의 수용에도 적용될 수 있다. 「그러나 이러한 미적·유희적 동일시만
으로 영화의 수용에서 나타나는 동적인 체험 양상을 온전히 이해하기는 어렵다.」
▶ 영화 수용의 단서가 되는 칸트의 '무관심성'에 대한 논의

전개
영화 속 방향 공간 설명

관객이 영상의 흐름을 생동감 있게 체험할 수 있는 이유를 파악했는가?
관객이 영상의 흐름을 지각할 수 있는 이유로 영화 속 공간이 '방향 공간'과 '감정 공간'임을 제시함.

관객이 영상의 흐름을 생동감 있게 체험할 수 있는 이유는, 영화 속의 공간이 단순한 장소
로서의 공간이라기보다는 '방향 공간'이기 때문이다. 카메라의 다양한 앵글 선택과 움직임,
자유로운 시점 선택이 방향 공간적 표현을 용이하게 해 준다. 두 사람의 대화 장면을 보여
주는 장면을 생각해 보자. 관객은 단지 대화에 참여한 두 사람의 존재와 위치만 확인하는 것
이 아니라, 두 사람의 시선 자체가 지닌 방향성의 암시, 즉 두 사람의 얼굴과 상반신이 서로
를 향하고 있는 방향 공간적 상황을 함께 지각하고 있는 것이다.
▶ '방향 공간'의 특징을 갖는 영화 속 공간

전개
영화 속 감정 공간 설명

영화의 매체적 강점은 방향 공간적 표현이라는 데에만 그치지 않는다. 영상의 흐름에 대
한 지각은 언제나 생생한 느낌을 동반한다. 관객은 영화 속 공간과 인물의 독특한 감정에서
비롯된 분위기의 힘을 늘 느끼고 있다. 따라서 영화 속 공간은 근본적으로 이러한 분위기의
힘을 느끼도록 해 주는 '감정 공간'이라 할 수 있다.
▶ '감정 공간'의 특징을 갖는 영화 속 공간

대답
관객의 영상 흐름 지각 방식에 대한 답변

화제에 대한 글쓴이의 견해를 파악했는가?
관객이 영화를 보면서 영화의 흐름을 지각하고 공감하며 소통할 수 있는 이유를 요약하여 정리함.

이렇게 볼 때 영화 관객은 자신의 눈을 단순히 카메라의 시선과 직접적으로 동일시하는
것이 아니다. 관객은 영화를 보면서 영화 속 공간, 운동의 양상 등을 유희적으로 동일시하
며, 「장소 공간이나 방향 공간 등 ㉠다양한 공간의 층들을 동시에 인지할 뿐만 아니라」 감정
공간에서 나오는 독특한 분위기의 힘을 감지하고, 이를 통해 영화 속의 공간과 공감하며 소
통하고 있는 것이다.
▶ 영화 관객의 수용 방법에 대한 글쓴이의 견해

문답형구조

해제 이 글은 영화 관객이 영상의 흐름을 지각하는 방식을 설명하고 있다. 흔히 영화의 수용에 대해 논의할 때 관객의 눈과 카메라의 시선 사이에서 일어나는 동일시 과정을 내세우지만, 기존의 동일시 이론은 관객이 영상의 흐름을 지각하는 방식에 대해 의미 있는 설명을 제시하지 못한다. 칸트의 '무관심성'에 대한 논의를 참고하면, 관객은 미적 거리 두기와 공감적 참여의 상태를 경험하며 영화 속 공간이나 운동의 양상을 유희적으로 동일시한다. 또한 관객은 장소 공간이나 방향 공간 등 영화 속 공간의 성격을 인지하고, 감정 공간에서 나오는 독특한 분위기의 힘을 감지함으로써 영상의 흐름을 생동감 있게 체험하고 영화에 공감하며 소통한다.

주제 영화 관객이 영상의 흐름을 지각하는 방식

0 ④ 1 ⑤ 2 ① 3 ⑤

글쓴이의 작문 과정 ❶ 동일시 이론 ❷ 공간
주제 영화 관객이 영상의 흐름을 지각하는 방식

0 논지 전개 방식 파악 — ④

4문단에 따르면 |보기|의 ㄹ에서 언급한 것처럼, 영화 속 공간은 '감정 공간'임을 알 수 있다. 그러나 이는 영상의 흐름을 생생하게 느낄 수 있게 하는 것이 방향 공간(ㄷ)과 함께 감정 공간(ㄹ)에 있음을 강조한 것으로, ㄹ이 ㄴ과 ㄷ의 설명이 타당하다는 점을 뒷받침하는 근거로 사용된 것은 아니다.

오답풀이 ① 1문단에서 |보기|의 ㄱ에 관한 설명을 확인할 수 있는데, 영화의 수용에 대해 설명할 때 관객의 눈과 카메라의 시선 사이에서 일어나는 동일시 과정을 내세운다고 하면서 동일시 이론을 소개하고 '영상의 흐름을 지각할 때 일어나는 동일시의 고유한 방식이 어떤 것인지에 대해 의미 있는 설명을 제시하지 못'하는 문제점을 지적하고 있다.

② 1문단에서 화제인 '관객은 영상의 흐름을 어떻게 지각하는 것일까?'에 대해 동일시 이론인 ㄱ의 한계, 즉 동일시의 고유한 방식이 어떤 것인지에 대해 의미 있는 설명을 제시하지 못하는 것을 지적하고, 2문단에서 관객이 영상의 흐름을 지각할 때 자신과 미적·유희적으로 동일시한다(ㄴ)고 제시하여 화제에 대해 설명하고 있다.

③ 2문단에서 미적·유희적 동일시만으로 영화의 수용에서 나타나는 동적인 체험 양상을 온전히 이해하기 어렵다며 ㄴ의 한계를 지적하고 있다. 그리고 관객이 영상의 흐름을 생동감 있게 체험할 수 있는 이유로 '방향 공간'(ㄷ)을 제시함으로써 화제인 '관객은 영상의 흐름을 어떻게 지각하는 것일까?'에 대해 설명하고 있다.

⑤ 이 글에서는 |보기|의 ㄴ, ㄷ, ㄹ, 즉 미적·유희적 동일시, 영화 속 공간의 특성인 방향 공간과 감정 공간을 활용하여 논지를 전개한 다음, 5문단에서 이를 종합하여 화제인 '관객은 영상의 흐름을 어떻게 지각하는 것일까?'에 대한 대답을 제시하고 있다.

1 세부 내용 파악 — ⑤

2문단에 따르면 유희적 동일시 이론은 칸트의 견해에 해당한다. 칸트는 미적 주체가 객체인 지각 대상과의 융합이 아닌, 융합과 분리 사이의 긴장감 넘치는 '중간 상태'를 통해 미적 유희를 경험한다고 하였으므로 ⑤의 진술은 이 글의 내용과 일치하지 않는다.

오답풀이 ① 2문단에서 관객은 영상의 흐름을 냉정하고 분석적인 태도로 받아들이는 것이 아니라고 하였다. 이를 통해 분석적인 태도로 영상의 흐름을 지각하지 않아도 영화의 수용이 가능함을 알 수 있다.

② 2문단에서 칸트가 말한 '중간 상태'는 유희적 동일시 이론의 내용으로, 이는 영화뿐만 아니라 다른 예술의 수용에도 적용될 수 있다.

③ 2문단에 따르면 관객은 미적 거리 두기와 공감적 참여의 상태를 경험할 수 있는데, 이를 통해 관객은 유희적 동일시를 체험한다고 하

였다.

④ 1문단의 동일시 이론에 따르면 관객의 눈과 카메라 시선 사이에는 동일시 과정이 일어나고, 관객은 이를 통해 영상의 흐름을 지각한다고 하였다.

2 어휘의 문맥적 의미 파악 — ①

ⓐ는 칸트의 무관심성에 대한 논의에서 단서를 찾았다는 문맥에 사용되었으므로, '구하거나 찾아서 가지다.'의 의미이다. ①에서 '얻을'도 여행에서 삶의 지혜를 찾을 수 있었다는 문맥에 사용되었으므로, ⓐ와 동일한 의미로 사용되었다.

오답풀이 ② '거저 주는 것을 받아 가지다.'의 의미이다.

③ '일꾼이나 일손 따위를 구하여 쓸 수 있게 되다.'의 의미이다.

④ '긍정적인 태도·반응·상태 따위를 가지거나 누리게 되다.'의 의미이다.

⑤ '권리나 결과·재산 따위를 차지하거나 획득하다.'의 의미이다.

3 구체적 사례에 적용 — ⑤

㉠에는 장소 공간이나 방향 공간에 대한 인지, 감정 공간에서 나오는 분위기 감지 등이 언급되어 있다. 3문단에 따르면 방향 공간은 인물들의 시선과 관련되고, 4문단에 따르면 감정 공간은 인물들의 독특한 감정과 관련된다. 이를 참고할 때 ⑤는 관객이 영화 속 공간인 참호를 배경으로 교차되는 인물들의 시선을 인지하고, 힘겨워하는 병사와 이를 위로하는 소대장의 감정을 파악하였으므로, ㉠이 가장 잘 나타나 있다.

오답풀이 ① '장소 공간'에서의 상황에 대한 반응일 뿐, ㉠에서 언급한 다양한 공간의 층들을 인지하고 감정 공간의 분위기의 힘을 감지한 것은 아니다.

② 카메라의 앵글을 통해 드러나는 방향 공간에 대한 반응으로 ㉠에서 언급한 다양한 공간의 층들을 인지하거나 감정 공간의 분위기의 힘을 감지하는 것과는 거리가 멀다.

③ '장소 공간'에 대한 반응일 뿐, ㉠에서 언급한 다양한 공간의 층들과 감정 공간의 분위기의 힘을 지각한 것은 아니다.

④ 인물의 감정과 관련된 '감정 공간'에 대한 반응일 뿐, ㉠에서 언급한 다양한 공간의 층들에 대한 인지와 관련된 내용은 제시되지 않았다.

3

플로티노스의 미학과 예술의 지위 2021학년도 3월 고2 학력평가

어떻게 썼을까?

통념
피타고라스 학파의 균제 이론 소개

반박
균제 이론에 대한 플로티노스의 비판 제시

전개
플로티노스가 제시한 미의 본질과 유출의 개념 설명

전개
플로티노스가 제시한 유출과 미의 관계 설명

전개
예술의 가치에 대한 플로티노스의 견해 제시

어떻게 읽을까!

미의 본질에 대한 최초의 연구는 고대 그리스 피타고라스 학파에 의해서 이루어졌는데, 이들은 미가 물질적인 대상의 형식적인 구조 속에 표현되는 객관적인 법칙이라고 생각하였다. 피타고라스는 수를 이 세상의 근원으로 보았기 때문에 아름다움은 그 대상을 구성하는 여러 요소들 간의 수적인 비례에 의한 것이라는 균제 이론을 내세웠다. 피타고라스의 철학은 그 후 플라톤, 아리스토텔레스 등 서양 철학사를 주도한 이들에게 수용되어 균제 이론은 서양 미학의 하나의 전통이 되었다.
▶ 서양 미학의 전통이 된 피타고라스 학파의 균제 이론

중심 화제를 파악했는가?
미의 본질은 수적 비례에 있다고 주장한 피타고라스 학파의 균제 이론을 먼저 설명한 뒤, 이를 부정한 플로티노스의 견해를 제시하며 중심 화제를 드러냄.

플로티노스는 몇 가지 이유를 들어 미의 본질은 균제로 대표되는 수적 비례에 있는 것이 아니라고 주장한다. 균제 이론은 부분과 부분, 또는 부분과 전체의 관계 속에서 아름다움을 찾는 것이다. 플로티노스는 균제를 이루고 있는 대상이라 하더라도 아름답지 않은 경우가 있을 수 있으며, 균제를 이루지 않는 단순한 색이나 소리도 아름다울 수 있음을 내세운다. 또한 그는 품위 있는 행동이나 훌륭한 법률과 같은 것들도 아름다울 수 있는데, 그러한 비물질적인 특질에 어떻게 균제를 적용할 수 있는지 반문한다.
▶ 균제 이론에 대한 플로티노스의 부정

미의 본질에 대한 전통적인 견해를 부정한 플로티노스는 균제를 대체할 수 있는 미의 본질을 정신에서 찾았다. 플라톤은 이 세계를 이데아계와 현상계로 나누고, 현상계는 이데아계를 본떠서 생겨난 것이라고 생각했는데, 플로티노스도 플라톤과 마찬가지로 세상을 이데아계인 예지계와 감각세계인 현상계로 구분했다. 그러나 두 세계가 근본적으로 단절되어 있다고 본 플라톤과는 달리 플로티노스는 '유출(流出)'과 '테오리아(theōria)'의 개념을 통해 이 둘이 연결되어 있다고 주장했다. 플로티노스에 의하면 세상의 근원인 '일자(一者)'는 가장 완전하고 충만한 원천으로 마치 광원(光源)과도 같아서 만물은 일자의 빛이 흘러넘침, 즉 유출에 의해 순차적으로 생성된다. 일자로부터 가장 먼저 나온 것은 절대적이며 초개별적인 '정신'이고, 정신으로부터 우주 영혼과 개별 영혼들이 산출된다. 일자, 정신, 영혼 이 세 가지 존재자들이 비물질적인 예지계를 구성한다. 이를 뒤이어 감각적 존재자들의 현상계가 출현하는데, 먼저 영혼으로부터 실재하는 감각 대상들의 세계인 자연이 유출되며, 다시 자연으로부터 가장 낮은 단계의 존재자들인 아무런 형상이 없는 질료들이 유출된다.
▶ 플로티노스가 주장한 유출의 과정

미의 본질에 대한 플로티노스만의 견해를 파악했는가?
플라톤과의 유사점, 차이점을 바탕으로 미의 본질을 정신에서 찾은 플로티노스의 견해를 제시하고, 미에 대한 그의 생각을 유출의 개념을 바탕으로 설명함.

ⓐ일자에서 ⓑ정신, ⓒ영혼, ⓓ자연, ⓔ질료로의 유출은 존재의 완전성 정도에 따라 순차적으로 이루어지는 것으로 자기 동일성의 타자적 발현이라 할 수 있다. 따라서 유출로 연결된 존재 간에는 어떤 동일성이 유지되어 있으며, 위계질서를 가진다. 이처럼 예지계와 현상계는 분리되어 있는 것처럼 보이나 질적으로는 서로 연결되어 있다는 것이 플로티노스의 주장이다. 이런 생각에 의거하여 미(美)는 마치 빛이 그 광원에서 멀어질수록 밝기가 약해지듯이, 일자에서 질료로 내려갈수록 점차 추(醜)에 가까워지게 된다.
▶ 유출로 연결된 존재를 바탕으로 미와 추를 이해한 플로티노스의 견해

미에 대한 플로티노스의 이런 생각으로 인해 그는 예술의 가치에 대해 플라톤과 다른 입장을 취했다. 플라톤은 예술이 이데아계를 모방한 현상계를 다시 모방하는 것에 불과하다고 폄하했다. 하지만 아름다움이 실질적으로 정신에서 비롯된 것으로 보고 질적이고 정신적인 미의 중요성을 높이 평가한 플로티노스에게 예술은 모방의 모방이 아니라 정신의 아름다움과 진리를 물질화하는 것이 된다. 플로티노스에게 있어 미의 형상은 본래 정신에 있는 것이지만 예술가의 영혼에도 정신의 속성인 미의 형상이 내재해 있다. 이때 영혼 안에 있는 미의 형상을 질료에 실현시키는 것이 바로 예술이다. 그러므로 예술이란 ⓐ귀납적 표상으로 형성되는 관념상을 그리는 행위가 아니라 선험적 관념상, 즉 ⓑ연역적 표상을 현상계의 감각적인 것으로 유출시키는 행위인 것이다. 예술가는 이렇게 질료에 미의 형상을 부여함으로써 자연이 부족하게 가지고 있는 것을 보완한다. 그런 의미에서 플로티노스는 플라톤처럼 예술을 예지계와 현상계 다음에 위치시키지 않는다. 그에게 있어 예술은 예지계와 현상계 중간에 있는 것이다.
▶ 예술의 가치에 대한 플로티노스의 입장

예술의 가치에 대한 플로티노스만의 견해를 파악했는가?
플라톤과 달리 예술은 모방이 아닌 정신의 아름다움과 진리를 물질화한 것이라는 플로티노스의 예술관과 플로티노스가 주장한 예술과 영혼의 관계를 설명함.

전개
테오리아와 예술에 대한 플로티노스의 견해 제시

플로티노스는 예술을 우리 영혼이 현상계에서 일자로 올라가기 위해 딛고 서야 할 디딤돌이라고 보았다. _{플로티노스가 생각하는 예술의 기능} 영혼은 근원인 일자의 속성을 지니고 있지만 동일한 근원이 다른 모습으로 나타났기에 근원에서 벗어난 것이기도 하다. 그래서 우리 인간은 자신의 영혼이 일자와 동일한 것을 공유한다는 것을 잊고 물질세계의 감각적인 것에 매몰되어 있다. 우리의 영혼이 일자와 합일해야 한다고 본 플로티노스는 영혼이 내면을 관조함으로써 자신의 근원인 일자를 상기할 수 있으며, 일자로 돌아갈 수 있다고 했다. 이렇게 일자로부터의 유출로 생성된 각 단계의 존재들이 거꾸로 예지계의 일자에게로 회귀하는 상승 운동이 '테오리아'이다. _{테오리아의 개념} 테오리아를 위해서는 자신의 영혼에 정신의 미가 존재하고 있다는 사실부터 깨달아야 하는데, 이것을 깨닫게 해 주는 것이 바로 감각적인 미이다. _{테오리아의 전제 조건} 플로티노스가 예술을 중시하는 것은 예술이 미적 경험을 환기하여 테오리아를 일으키는 강력한 추동력을 갖고 있기 때문이다.
플로티노스가 예술을 중시하는 이유 – 테오리아를 일으키는 추동력을 갖고 있음.　▶ 플로티노스가 예술을 중시하는 이유

결론
플로티노스의 미 이론의 의의 제시

이처럼 예술가의 내면, 나아가 그 원형인 정신세계의 아름다움을 담은 예술의 가치를 높이 평가한 플로티노스의 미 이론은 _{플로티노스의 미 이론의 특징} 인간의 영혼과 초월적인 존재의 신성함을 표현하려 했던 중세의 비잔틴 예술을 탄생하게 했다. _{플로티노스의 미 이론의 의의 ①} 또한 가시적인 외부 세계의 재현을 부정하고 현실 세계에서 벗어난 예술을 이해할 수 있는 단초를 제공하였다는 점에서 _{플로티노스의 미 이론의 의의 ②} 그의 미 이론은 낭만주의와 현대 추상 회화의 근본을 마련하였다는 평가를 받는다.
플로티노스의 미 이론의 의의 ③　　▶ 플로티노스의 미 이론이 지니는 의의

플로티노스의 미 이론이 지니는 의의를 이해했는가?
플로티노스의 미 이론은 중세의 비잔틴 예술의 탄생과 낭만주의와 현대 추상 회화의 근본을 마련했다는 평가를 받고 있음을 언급함.

일방형구조

통념			
반박			
전개	전개	전개	전개
결론			

해제 이 글은 예술의 가치를 높이 평가한 플로티노스의 미 이론을 설명하고 있다. 플로티노스는 대상을 구성하는 요소들 간의 수적 비례에 의해 아름다움이 나온다고 주장한 피타고라스의 균제 이론을 비판하고 미의 본질을 정신에서 찾았다. 이데아계와 현상계가 근본적으로 단절되어 있다고 본 플라톤과 달리 플로티노스는 두 세계가 연결되어 있다고 보고, '일자 → 정신 → 영혼 → 자연 → 질료'의 유출 과정을 제시해 일자에서 질료로 갈수록 점차 추(醜)에 가까워진다고 주장하였다. 또 예술의 가치에 대해서는 예술을 예지계와 현상계 다음에 위치시킨 플라톤과 달리 플로티노스는 예술이 예지계와 현상계 중간에 있다고 보고, '일자'로부터 유출되어 생성된 각 단계의 존재들이 다시 예지계의 '일자'에게로 회귀하는 상승 운동인 테오리아라는 개념을 제시하였다. 이러한 플로티노스의 미 이론은 낭만주의와 현대 추상 회화의 근본을 마련하였다는 점에서 의의가 있다.

주제 플로티노스가 주장한 미 이론과 그 의의

③ 이 글에서 예술, 미의 본질을 규정하는 이론들을 소개하고 차이점도 언급하고 있지만 이들의 절충 방안을 모색하고 있지는 않다.
④ 이 글은 미의 본질과 예술을 탐구하는 학자들과 그들의 견해를 소개하고 있지만, 학자들이 등장하게 된 배경은 제시하고 있지 않다.

3 기출읽기
0 ⑤　　1 ②　　2 ⑤　　3 ③　　4 ①
5 ⑤

글쓴이의 작문 과정 ❶ 플로티노스 ❷ 테오리아
주제 플로티노스가 주장한 미 이론과 그 의의

0 내용 전개 방식 파악 ⑤

이 글은 미의 본질에 대한 플로티노스의 견해를 설명하고 있는데, 플로티노스의 미 이론이 고대 그리스 피타고라스 학파와 플라톤 등의 다른 학자들과 어떤 견해 차이를 보이고 있는지를 바탕으로 내용을 전개하고 있다.

오답풀이 ① 이 글에서 예술이 인간에게 미치는 영향이 부분적으로 언급하고 있지만, 그 중요성을 부각하고 있지는 않다.
② 이 글은 미의 본질을 연구하는 이론을 언급하고 있지만, 그 이론의 변화 과정을 통시적 관점에서 고찰하고 있지는 않다.

1 세부 내용 파악 ②

이 글에는 플로티노스의 예술론이 소개되어 있지만, 플로티노스가 예술의 유형을 어떻게 분류했는지는 언급하고 있지 않다.

오답풀이 ① 1문단에서 미의 본질에 대한 고대 그리스 피타고라스 학파의 인식을 언급하고 있다.
③ 2문단에서 플로티노스가 비판적 시각으로 균제 이론에 대해 문제를 제기한 내용을 언급하고 있다.
④ 5문단에는 예술의 가치에 대한 플라톤의 견해와 이와 상반되는 플로티노스의 예술관이 언급되어 있다.

⑤ 7문단에서 플로티노스의 미 이론이 낭만주의와 현대 추상 회화의 근본을 마련했다는 평가를 받는다고 언급하며 그 이론이 지니는 의의를 밝히고 있다.

2 개념 간의 관계 파악 ⑤

3, 4문단에 따르면 ⓐ, ⓑ, ⓒ는 예지계를 구성하고, ⓓ, ⓔ는 현상계에 출현하는데, 이것들은 질적으로 서로 연결되어 있다. 그리고 3, 4문단과 6문단에 따르면 예지계에서 현상계 방향으로 유출이 이루어지고, 거꾸로 현상계에서 예지계 방향으로 테오리아가 이루어진다. 하지만 ⓐ~ⓔ는 위계질서를 가지고 연결되어 있을 뿐, 정신에 의해 상호 보완적 관계를 유지하는 것은 아니다.

오답풀이 ① 4문단에 따르면, ⓐ~ⓔ는 존재의 완전성 정도에 따라 순차적으로 유출된다. 그리고 3문단에 따르면, 유출 과정을 통해 ⓐ의 속성이 위계적 차등에 따라 ⓑ → ⓒ → ⓓ → ⓔ로 순차적으로 전해진다는 것을 알 수 있다.

② 4문단에 따르면, '미(美)'는 ⓐ에서 ⓔ로 내려갈수록 추(醜)에 가까워진다. 따라서 ⓐ에 가까운 정도를 기준으로 미와 추의 판단이 달라진다는 점을 알 수 있다.

③ 4문단에 따르면, ⓐ~ⓔ는 유출로 연결된 존재로, 이렇게 연결된 존재들은 어떤 동질성이 유지되어 있으며, 분리된 것처럼 보이지만 질적으로는 서로 연결되어 있다.

④ 3, 4문단에 따르면, 유출은 ⓐ에서 ⓔ로 순차적으로 이루어지므로 ⓐ에서 ⓔ로 향하는 방향성을 갖는다. 이에 반해 6문단에 따르면, 테오리아는 유출과 반대로 일자로 회귀하는 방향으로 이루어지므로 ⓔ에서 ⓐ로 향하는 방향성을 가짐을 알 수 있다.

3 구체적 사례에 적용 ③

5문단에 따르면, 플라톤은 예술이 이데아계를 모방한 현상계를 다시 모방한 것에 불과하다고 보았다. 따라서 플라톤의 입장에서 볼 때 예술 작품인 |보기|의「밀로의 비너스」석상은 이데아계를 모방한 현상계를 다시 모방한 것이 되므로, 이 석상이 이데아계를 직접 모방한 것이라는 반응은 적절하지 않다.

오답풀이 ① 1문단에 따르면, 피타고라스 학파는 아름다움은 그 대상을 구성하는 요소들 간의 수적인 비례에 의한 것이라는 균제 이론을 내세워 미의 본질을 설명하였다. |보기|의 비너스 석상은 황금비율이라는 수적 비례를 지켰는데, 이러한 수적 비례는 균제에 해당하므로 피타고라스가 보일 수 있는 반응으로 적절하다.

② 3문단에 따르면, 플라톤은 이 세계를 이데아계와 현상계로 나누고, 이데아계와 현상계는 근본적으로 단절되었다고 보았다. 이러한 플라톤의 입장에서 볼 때 |보기|의 비너스 석상과 이데아계의 여신은 동일시될 수 없으므로 플라톤이 보일 수 있는 반응으로 적절하다.

④ 6문단에 따르면, 플로티노스는 예술을 우리 영혼이 현상계에서 일자로 올라가기 위한 디딤돌이자, 테오리아를 일으키는 힘을 가지

고 있는 것으로 보고 높게 평가했음을 알 수 있다. 따라서 플로티노스의 입장에서 볼 때 예술 작품인 |보기|의 비너스 석상은 감상자로 하여금 테오리아를 일으키게 할 수 있으므로 플로티노스가 보일 수 있는 반응으로 적절하다.

⑤ 5문단에 따르면, 플로티노스는 영혼 안에 있는 미의 형상을 질료에 실현시키는 것을 예술이라고 보았다. |보기|의 비너스 석상은 돌을 질료로 하고 있는데, 예술가의 영혼에 내재된 미를 질료인 돌에 실현시켜 비너스 석상으로 형상화한 것이므로 플로티노스가 보일 수 있는 반응으로 적절하다.

4 구절의 문맥적 의미 파악 ①

〈자료 조사〉에 따르면 '귀납'은 '개개의 현상으로부터 보편적 원리를 도출하는 것'이다. ㉠은 '개개의 현상'인 '현상계의 경험'에서 도출된 보편적 원리인 '보편적 미'를 형상화하는 행위로 볼 수 있으므로, 〈과제 해결〉 중 ㉠에 대응하는 것으로 'ㄱ'이 적절하다.

〈자료 조사〉에 따르면 '연역'은 '보편적 원리로부터 개개의 현상을 이끌어 내는 것'이다. 플로티노스의 예술관에 따르면 ㉡은 보편적 원리인 '일자에서 비롯된 미의 형상'이 개개의 현상인 '질료'로 유출되며 실현되는 것으로 볼 수 있으므로, 〈과제 해결〉 중 ㉡에 대응하는 것으로 'ㄴ'이 적절하다.

5 관점의 비교 ⑤

5문단에 따르면, 플로티노스는 영혼 안에 있는 미의 형상을 질료에 실현시키는 것을 예술로 보았는데, 이때 플로티노스는 미의 형상은 본래 정신에 있는 것으로 보았다. 그리고 |보기|의 칸딘스키는 정신이나 초월적인 것을 구현해 내는 것을 예술로 보았다. 따라서 플로티노스와 칸딘스키는 모두 예술의 본질이 현실 세계에서 감각적으로 지각되지 않는 관념을 표현하는 데 있다고 본 공통점이 있다.

오답풀이 ① 5문단에 따르면, 플로티노스는 예술이 정신의 아름다움과 진리를 질료를 통해 물질화하는 것으로 보았다.

② 이 글에서 예술이 바람직한 삶의 자세에 대한 형이상학적 깨달음을 줄 수 있다는 내용은 언급되지 않았다.

③ 이 글에서 객관적인 법칙이 형식적인 구조 속에서 표현될 때 미적 가치가 구현될 수 있다는 내용은 언급하고 있지 않다.

④ 6문단에 따르면, 플로티노스는 감각적인 미가 자신의 영혼에 정신의 미가 존재한다는 사실을 깨닫게 해 준다고 보았다. 따라서 감각적인 미를 탈피해야 한다는 것은 플로티노스의 예술관과는 거리가 멀다.

기 출 읽 기

강조를 위한 디자인 원리

2009학년도 10월 고3 학력평가

어떻게 썼을까?

도입
디자인의 미적 원리인 '강조' 소개

전개
강조를 위한 방법 중 '대비'의 개념과 유형 제시

전개
강조를 위한 방법 중 '집중'의 개념과 특징 제시

전개
강조를 위한 방법 중 '우세'의 개념과 특징 제시

정리
강조의 원리 적용 시 유의할 점 언급

사람들의 시선을 사로잡고, 그 시선을 더 오래 머무르게 하여 시각적 의미를 강화하기 위해서는 한 단위 안에 있는 어느 한곳이 다른 곳에 비해 더 돋보이도록 해야 한다. 이러한 미적 원리를 디자인에 적용한 것을 '강조'라고 하는데, 이러한 강조를 위해 디자인에서는 ㉠'대비', ㉡'집중', ㉢'우세' 등의 방법이 주로 사용된다. ▶ 디자인의 미적 원리 중 하나인 '강조'

대비(對比)는 서로 다른 두 요소가 공간적 또는 시간적으로 접근할 때 일어나는 현상이다. 따라서 현저하게 차이가 나는 두 요소를 나란히 배치하여 어떤 특징이 더욱 두드러지도록 하는 방법인 대비는 디자인에서도 대단히 유용하다. 대비는 사람의 주의를 집중시키거나 유지하며, 시선을 특정 부분으로 유도하기 때문에 이 방법을 통해 정보를 구성하는 것은 좋은 디자인이 될 수 있다. 예를 들어 직선을 곡선과 함께 배치하면 직선이 지닌 특징이 곡선에 대비되어 더욱 두드러져 보이게 될 것이다. 일반적으로 수직과 수평, 굵은 것과 가는 것, 큰 것과 작은 것, 매끄러운 것과 거친 것, 먼 것과 가까운 것, 높은 것과 낮은 것, 밝은 것과 어두운 것 등은 디자인에서 모두 좋은 대비를 이루는 요소들이 된다. 그런데 강조는 이러한 질적인 대비뿐만 아니라 양적인 대비를 통해서도 일어나게 된다. 무수한 직선의 집단에 단하나의 곡선이 배치되면 형태적 대비와 함께 수량적인 대비도 생겨나 강조의 효과는 더 커지게 되는 것이다. ▶ 강조를 위한 첫 번째 방법 - 대비

강조하고자 하는 하나의 요소를 위해 모든 요소들을 어느 한곳으로 모이도록 하는 집중(集中)도 강조를 위한 방법 중의 하나이다. 즉, 집중은 시선을 중심이나 초점으로 유도하는 것으로, 리듬의 요소인 방사(放射) 또는 점이(漸移)와 함께 사용되면 더욱 효과적이다. 그런데 시선을 어느 중심으로 모은다고 했을 때, 그 중심은 무게의 중심이나 기하학적인 중심과는 개념이 다르다. 여기서 말하는 중심은 미적 요인과 관계된 것으로 미적 흥미의 중심이 되는 곳이다. 따라서 그 중심의 위치를 어디에 두느냐에 따라 미적인 느낌과 효과가 달라질 수 있다. 대개는 평면 작품의 중심 근처나 그보다 약간 위쪽에 어떤 형상을 배치하면 그곳으로 시선이 집중되는 효과를 쉽게 얻을 수 있다. ▶ 강조를 위한 두 번째 방법 - 집중

또한, 중심이 되는 대상 주위에 주변 요소를 종속적으로 배치하는 기법도 있는데 이것이 바로 우세(優勢)이다. 이것은 어느 한 범위에서 중심이 되는 것을 정하여 이것에 지배적인 역할을 부여하고, 다른 것을 여기에 종속시켜 주가 되는 것을 더욱 강조하는 방법이다. 「비유적으로 말하면 연극이나 영화에서 중심적인 역할을 하는 주연 배우와 보조적인 역할을 하는 조연 배우의 관계와 같다고 할 수 있다.」 그런데 어느 한쪽을 지배적인 입장에 놓이게 하려면 대비나 집중의 방법을 고려하지 않을 수가 없다. 이런 의미에서 앞서 말한 대비와 집중은 모두 우세 속에 포함된다고 할 수 있다. 대비는 대비된 것 중 더 중심이 되는 어느 하나를 강조하게 되고, 집중은 어느 하나의 중심점만을 강조하는 것이기 때문에 모두 우세의 방법이 적용된 셈이라고 할 수 있다. ▶ 강조를 위한 세 번째 방법 - 우세

그런데, 어떠한 경우에도 흥미와 관심을 끌게 하는 강조의 중심점은 하나여야 하며 둘 이상이 되어서는 안 된다. 디자인의 요소들이 각각 비슷한 정도, 비슷한 비중으로 공존할 때는 우리의 시선이 디자인에서 중심점을 찾지 못해 방황하게 되고, 그 디자인은 긴장감을 잃게 된다. 그러므로 강조를 위해서는 하나의 중심점이 초점의 역할을 하고 나머지 부분은 이 초점을 보완하고 보충하는 종속적인 역할을 해야 하는 것이다. ▶ 강조의 원리를 적용할 때 유의할 점

어떻게 읽을까!

이 글의 화제와 앞으로 전개될 내용을 파악했는가?
▶ 디자인의 미적 원리인 '강조'를 소개한 뒤 그 방법으로 대비, 집중, 우세를 언급하여 앞으로 전개할 내용을 안내함.

강조를 위해 사용되는 세 가지 방법을 이해했는가?
▶ 디자인에서 강조를 위한 방법으로 대비, 집중, 우세의 개념을 병렬적으로 제시하고 우세에는 대비와 집중이 포함됨을 설명함.

강조의 원리를 적용할 때 유의할 점을 파악했는가?
▶ 강조의 원리를 적용할 때 중심점은 하나여야 한다는 점을 언급하며 글을 마무리함.

나열형구조

해제 이 글은 디자인에서 사람들의 시선을 사로잡고 시각적 의미를 강화하기 위해 적용하는 미적 원리인 강조의 개념과 강조를 실현하는 방법 세 가지를 설명하고 있다. 강조를 위한 방법에는 대비, 집중, 우세의 방법이 사용되는데, 대비는 차이가 나는 두 요소를 나란히 배치하여 어느 하나를 강조하는 것이며, 집중은 하나의 요소를 위해 모든 요소들을 한곳에 모이도록 하는 것이다. 그리고 우세는 중심이 되는 대상 주위에 주변 요소를 종속적으로 배치하는 것이다. 디자인에서 강조의 원리를 적용할 때는 중심점이 하나여야 하고 나머지 부분은 이 중심점을 보완·보충하는 역할을 해야 한다.

주제 디자인에 적용하는 강조의 원리

기출읽기 **0** ④   **1** ④   **2** ②

글쓴이의 작문 과정 **1** 강조 **2** 우세
주제 디자인에 적용하는 강조의 원리

0 글쓰기 계획의 적절성 파악 ④

이 글은 디자인의 미적 원리인 강조의 방법 중 대비와 집중을 설명할 때 예를 들고 있을 뿐, 강조의 원리가 반영된 구체적인 디자인 작품을 제시하고 있지는 않다.

오답풀이 ① 1문단에서 디자인의 원리인 강조의 개념을 제시하고 2~4문단에서는 강조를 위해 사용되는 세 가지 방법을 소개한 후, 5문단에서 강조의 원리를 적용할 때 유의할 점을 덧붙임으로써 강조에 대해 체계적으로 설명하고 있다.
② 이 글에서는 독자가 이해하기 쉽도록 '대비', '집중', '우세' 등의 용어를 자세하게 풀어 설명하고 있다.
③ 2~4문단에서 강조를 위해 디자인에서 사용되는 방법인 '대비', '집중', '우세'를 각각 열거하여 병렬적으로 제시하고 있다.
⑤ 이 글에서는 전체적으로 '대비', '집중', '우세'의 개념을 각각 한 문단씩 병렬적으로 설명하고 있다. 또한 대비를 양적 대비와 질적 대비로 구분하고 대비와 집중의 예를 제시하고 있으며, 우세의 경우에는 주연 배우와 조연 배우에 비유하여 개념을 설명하고 있다.

1 반응의 적절성 판단 ④

4문단에서 어느 한쪽을 지배적인 입장에 놓이게 하는 우세는 대비나 집중의 방법을 고려하지 않을 수 없으며 이런 의미에서 대비와 집중은 모두 우세 속에 포함된다고 하였다. 따라서 우세의 방법이 사용된 디자인을 볼 때는 대비나 집중의 방법이 사용되었는지도 그 속에서 찾아볼 수 있다.

오답풀이 ① 2문단에서 질적인 대비뿐 아니라 양적인 대비도 강조의 효과를 만들어 내는 데 유효하다고 하였을 뿐, 양적 대비와 질적 대비를 강조 효과의 차이 면에서 비교하고 있지는 않다.
② 3문단에서 방사나 점이를 함께 사용하면 집중의 효과를 더 높일 수 있다고 하였을 뿐, 방사와 점이를 이용하지 않으면 집중의 효과를 얻을 수 없다고 한 것은 아니다.
③ 5문단에서 강조의 중심점은 하나여야 하며 둘 이상이 될 경우 우리의 시선은 디자인에서 중심점을 찾지 못해 방황하게 되고 그 디자인은 긴장감을 잃게 된다고 하였다. 따라서 시선이 주변적인 대상에까지 머물도록 한다는 진술은 적절하지 않다.
⑤ 5문단에서 어떠한 경우에도 흥미와 관심을 끌게 하는 강조의 중심점은 하나여야 하며 둘 이상이 되어서는 안 된다고 하였다. 따라서 디자이너가 가지고 있는 흥미의 중심에 따라 강조해야 할 대상의 수가 결정된다는 진술은 적절하지 않다.

2 구체적 상황에 적용 ②

②에서 'YES'와 'no'는 의미상 '대비'를 이루고 있으며, 모든 요소들이 방사를 통해 'YES'로 '집중'되고 있다. 또한 중심이 되는 'YES' 주위에 주변 요소인 'no'가 배치되어 있으므로 '우세'의 방법이 적용되었다고 볼 수 있다.

오답풀이 ① 직선과 원의 '대비'만 나타나 있다.
③ 명암의 '대비'만 나타나 있다.
④ 같은 문자들이 삼각형의 꼭짓점으로 모이는 '집중'만 나타나 있다.
⑤ 원의 크기가 점점 줄어드는 점이를 통한 '집중'만 나타나 있다.

1 금으로 된 신라 장신구들

2006학년도 4월 고3 학력평가

어떻게 썼을까?

도입
금으로 된 신라의 장신구 소개

전개
중심 화제로 신라의 금제 허리띠 제시

분석
허리띠의 장식품과 관련된 정보 제시

분석
허리띠의 용도와 관련된 정보 제시

분석
허리띠의 재질 및 허리띠 장식의 디자인 변화와 관련된 정보 제시

정리
금제 허리띠의 가치 언급

우리나라 금속 공예 역사의 시작은 청동기가 사용되기 시작한 기원전 약 10세기 즈음으로 보고 있다. 그 후 철기 시대를 거쳐 삼국 시대로 들어오면서 기술이 절정에 이르게 되는데, 특히 <u>금으로 된 신라의 장신구들</u>은 문양이 정밀하게 새겨져 예술적 가치를 지닌 것으로 평가된다.
_{화제 제시}
▶ 금으로 된 신라 장신구들의 예술적 가치

『일본서기』에는 신라를 '눈부신 황금의 나라'로 표현하고 있다. 이 표현에 딱 맞는 유물이 바로 금으로 만든 허리띠이다. 이 허리띠는 금관보다도 두세 배나 많은 금을 ㉠들여 만들었는데,
_{중심 화제 제시 – 금제 허리띠} _{금제 허리띠의 특징 ①}
풀잎 무늬를 새겨 넣고 그 아래로 여러 줄의 드리개를 길게 늘어뜨렸다. 드리개 끝에는 약통이나 물고기, 숫돌, 족집게, 굽은옥, 손칼, 살포 등의 도안이 사실적으로 표현되어
_{금제 허리띠의 특징 ③}
있다.
▶ 신라의 금제 허리띠의 특징

「원래 허리띠에 물건을 주렁주렁 매달고 생활하는 방식은 북방 유목 민족의 풍습이었다.
_{「 」: 허리띠에 장식품을 매다는 방식의 유래}
그들은 손칼이나 약통 등 평소 즐겨 사용하던 물건을 매달고 다녔는데, 중국의 남북조 시대부터 우리나라에 전래되었다.」그 후 원래 가지고 있던 실용성은 사라지고 비실용품으로 전환되면서 여러 가지 상징적인 의미를 지닌 장식품들이 부착된다. 이 장식품들 가운데 <u>약통은 질병의 치료를, 굽은옥은 생명의 존귀함을, 물고기는 식량을, 살포는 농사를 나타내며, 숫돌과 족집게는 칠기를 만들 때 사용하는 도구를 나타낸다.</u> 허리띠의 주인공들이 당시의
_{허리띠 장식품의 상징적 의미}
왕이나 제사장들이었다는 사실을 감안한다면, 이들 장식품들에는 그들이 관장했던 많은 일들이 상징적으로 나타나 있음을 알 수 있다.
▶ 허리띠 장식품의 유래와 상징적 의미
_{허리띠의 장식품들은 왕이나 제사장들이 관장하는 일을 나타내는 상징물이었음.}

많은 장식품들이 부착된 허리띠는 평소에 사용할 수 없을 정도로 구조적으로 약하다. <u>이들 허리띠를 의식용이나 장례용품으로 간주하는 이유도 여기에 있다.</u> 실제로 금으로 만든
_{허리띠의 용도 – 평상시가 아닌 의식용, 장례용품으로 사용됨.}
허리띠의 경우 신라 고분에서 발견될 때는 왕이나 왕비의 허리춤에서 마치 황금빛 스커트를
_{금제 허리띠의 출토 당시의 모습}
입은 것처럼 화려하게 착장된 채 출토된다. 이 금제 허리띠는 얇게 금판을 오리고, 좌우 대칭으로 문양을 꾸미거나 풀잎 무늬를 뚫어 장식하여 매우 정교하고 화려하다. 이는 현세의
_{금제 허리띠의 외적 특징}
삶이 내세까지 이어진다는 사실을 굳게 믿고 사후의 안식처인 무덤 속으로 자신의 권세와
_{금제 허리띠 장식에 담긴 신라인들의 내세관}
부를 그대로 가져가려 한 신라인들의 모습을 잘 보여 준다.
▶ 금제 허리띠의 용도와 장식에 담긴 신라인들의 내세관

[A] 『삼국사기』에 따르면 신라인들은 신분에 따라 각기 다른 재질의 허리띠를 착용했다
_{허리띠의 재질로 신분을 나타냄.}
고 한다. 주로 가죽이나 천으로 만들었는데, 고분에서 출토될 때에는 천과 가죽 부분은 모두 썩어 없어지고, 표면에 부착하였던 금속품인 허리띠 장식들만 출토된다. 허리띠 장식을 금속으로 꾸며 사용한 시기는 내물왕 때부터인데, 북쪽의 고구려나 선비족의 영향을 받은 것으로 알려져 있다. 처음 시작은 고구려나 선비족의 디자인을 모방하
_{허리띠 장식의 변화 ①}
는 수준이었지만 차츰 신라화 되어 매우 화려해진다. <u>5세기에는 주로 인동초를 간략화한 풀잎 무늬를 표현하였고,</u> 이 장식은 약 100여 년간 널리 유행하다가 6세기 초 신라
_{허리띠 장식의 변화 ②}
의 사회 변화와 함께 점차 소멸되어 간다. 율령 반포를 계기로, 국가 제도와 관리들의 의복 제도가 정비되면서 복잡하고 화려한 장식이 대거 생략되고, <u>실용적이면서 간소한 구조의 허리띠 장식만 남게 된다.</u> 그 후, 허리띠 장식은 왕족의 전유물로만 쓰이지 않
_{허리띠 장식의 변화 ③}
고, 관리들까지로 그 범위가 확대되는 경향을 보인다. ▶ 허리띠의 재질 및 허리띠 장식의 디자인 변화

이렇듯 금제 허리띠 하나에서도 신라인들의 화려한 문화를 읽을 수 있다. 따라서 ㉡<u>금제 허리띠는 신라 고분군에서 출토되는 다른 황금 유물들과 함께 신라의 찬란한 문화의 실상을 유감없이 보여 주는 사료라고 할 수 있다.</u>
_{금제 허리띠의 문화 예술적 가치}
▶ 금제 허리띠의 문화 예술적 가치

어떻게 읽을까!

앞으로 전개될 내용을 예측했는가?
금속 공예 역사 중에서도 금으로 된 신라의 장신구에 대한 내용이 전개될 것임을 안내함.

금제 허리띠의 특징과 그 용도를 파악했는가?
금제 허리띠는 많은 금을 들여 만들었고 풀잎 무늬를 새겨 넣거나 드리개에 여러 도안을 그렸는데, 그 도안은 당시의 왕이나 제사장들이 관장했던 일들을 상징한다고 설명하며 금제 허리띠가 의식용, 장례용품으로 사용되었음을 제시함.

금제 허리띠의 디자인에 어떤 변화가 있었는지 파악했는가?
금제 허리띠의 장식은 다른 민족의 디자인을 모방하다가 화려해지더니 점차 실용적이면서 간소한 구조로 변화되었음을 설명함.

금제 허리띠의 가치를 이해했는가?
금제 허리띠로 신라인들의 찬란한 문화의 실상을 엿볼 수 있음을 제시함.

집중형**구조**

	도입	
	전개	
분석	분석	분석
	정리	

해제 이 글은 신라의 금제 허리띠가 지닌 여러 가지 특징과 가치에 대해 설명하고 있다. 금제 허리띠는 금관보다도 많은 금으로 만들었으며 풀잎 무늬를 새겨 넣고 그 아래로 드리개를 늘어뜨렸는데, 드리개에는 당시의 왕이나 제사장들이 관장했던 일들을 상징적으로 보여 주는 약통, 물고기, 숫돌, 굽은옥, 손칼, 살포 등의 도안을 그렸다. 많은 장식품들이 부착되어 있는 것으로 보아 금제 허리띠는 의식용이나 장례용품으로 간주되며, 재질은 신분에 따라 다르지만 주로 천이나 가죽으로 만들어져 이들이 썩어서 금속품인 허리띠 장식만 출토되었다. 금제 허리띠의 장식은 처음에는 고구려나 선비족의 것을 모방하는 수준이었지만 차츰 신라화되면서 매우 화려해졌고 6세기 율령 반포를 계기로 실용적이면서 간소한 장식만 남게 되었다. 이러한 금제 허리띠는 현재의 삶이 내세에 이어진다는 믿음으로 무덤 속에 자신의 권세와 부를 그대로 가져가려 한 신라인들의 찬란한 문화의 실상을 잘 보여 준다.

주제 신라의 금제 허리띠가 지닌 특징과 문화 예술적 가치

기출읽기

0 ⑤ **1** ② **2** ③ **3** ③

글쓴이의 작문 과정 **❶** 금제 허리띠 **❷** 사료
주제 신라의 금제 허리띠가 지닌 특징과 예술적 가치

---

0 내용 전개 방식 파악 ⑤

이 글은 2문단에서 5문단에 걸쳐 신라의 금제 허리띠의 여러 가지 특징을 설명하면서 6문단에서 금제 허리띠가 지닌 사료로서의 문화 예술적 가치를 밝히고 있다.

오답풀이 ① 금제 허리띠와 관련하여 다른 대상과 비교하거나 상호 보완점을 제시하고 있지 않다.

② 금제 허리띠의 특징을 분석적으로 설명하고 있으나, 금제 허리띠의 장단점에 대해서는 설명하고 있지 않다.

③ 허리띠 장식의 변화를 설명하는 부분에서 시간의 흐름에 따른 통시적 방법이 나타나지만, 대상의 범위를 확장하고 있지는 않다.

④ 금제 허리띠 장식품의 도안을 구체적인 예를 통해 언급하고는 있으나, 금제 허리띠의 원리를 설명하고 있지는 않다.

1 구체적 사례에 적용 ②

(가)와 (다)의 사진 자료와 시기를 고려할 때, (가)는 화려한 장식적 요소를, (다)는 간소한 모양을 갖추고 있음을 알 수 있다. 또한 4문단에 따르면 금제 허리띠는 의식용이나 장례용이었으며, [A]에서 '율령 반포를 계기로 국가 제도와 관리들의 의복 제도가 정비되면서 복잡하고 화려한 장식이 대거 생략되고, 실용적이면서 간소한 구조의 허리띠 장식만 남게 된다.'라고 언급하고 있다. 그러므로 (가)와 (다)의 형태가 다른 것에서 허리띠의 장식은 복잡하고 화려한 의식용·장례용에서 간소하고 실용적인 것으로 변화되었음을 알 수 있다.

오답풀이 ① 5문단에서 '5세기에는 주로 인동초를 간략화한 풀잎 무늬를 표현하였고, 이 장식이 약 100여 년간 널리 유행하다가 6세기 초 신라의 사회 변화와 함께 점차 소멸되어 간다.'라고 하였다. 그리고 (가)와 (나)의 사진 자료와 각 시기를 고려할 때 (가)와 (나)의 무

늬가 다른 것에서 화려했던 허리띠 장식의 문양이 점차 단순화되었음을 알 수 있다.

③ 5문단에서 '율령 반포를 계기로~복잡하고 화려한 장식이 대거 생략되고, 실용적이면서 간소한 구조의 허리띠 장식만 남게 된다.'라고 하였다. 그리고 (가)와 (다)의 사진 자료와 각 시기를 고려할 때 (가)와 (다)의 형태가 다른 것에서 허리띠 구조가 복잡하고 화려한 것에서 점차 간소화되었음을 알 수 있다.

④ 5문단에서 '(허리띠는) 주로 가죽이나 천으로 만들었는데, 고분에서 출토될 때에는 천과 가죽 부분은 모두 썩어 없어지고, 표면에 부착하였던 금속품인 허리띠 장식들만 출토된다.'라는 부분과 (나)와 (다)의 사진 자료를 고려할 때 (나)와 (다)의 띠고리와 띠꾸미개가 떨어진 것에서 허리띠의 가죽이나 천이 썩어 없어졌음을 알 수 있다.

⑤ 5문단에서 '허리띠 장식은 왕족의 전유물로만 쓰이지 않고, 관리들까지로 그 범위가 확대되는 경향을 보인다.'라는 부분과 (가)~(다)를 거치면서 허리띠의 재질이 '금제 → 은제 → 동제'로 달라지는 것을 고려할 때 허리띠 장식의 사용자층이 왕족에서 관리까지로 범위가 확대되었음을 알 수 있다.

2 어휘의 문맥적 의미 파악 ③

㉠의 '들이다'는 '어떤 일에 돈, 시간, 노력, 물자 따위를 쓰다.'의 의미로 쓰였다. ③의 '들이다' 역시 집을 수리하는 데 비용을 쓰는 상황을 나타내고 있으므로 ㉠과 문맥적 의미가 같다.

오답풀이 ① '물감, 색깔, 물기, 소금기가 스미게 하거나 배게 하다.'의 의미로 쓰였다.

② '물건을 안으로 가져오다.'의 의미로 쓰였다.

④ '빛, 볕, 물 따위를 안으로 들어오게 하다.'의 의미로 쓰였다.

⑤ '어떤 조직체에 가입하여 구성원이 되게 하다.'의 의미로 쓰였다.

3 글쓴이의 의도 파악 ③

글쓴이는 1문단에서 금으로 된 신라의 장신구들은 문양이 정밀하게 새겨져 예술적 가치를 지닌 것으로 평가된다고 언급하고, 2~5문단에서 신라의 장신구들 중 대표적인 금제 허리띠가 지닌 여러 가지

특징과 디자인의 변화를 제시한 후 6문단에서 ⓒ과 같이 언급하고 있다. 따라서 이를 참고할 때 글쓴이는 ⓒ에서 신라의 금제 허리띠가 지닌 사료로서의 문화 예술적 의의를 보여 주려 하였음을 알 수 있다.

오답풀이 ① 4문단에서 금제 허리띠에 대해 '자신의 권세와 부를 그대로 가져가려 한 신라인들의 모습을 잘 보여 준다.'라고 언급하였으므로 글쓴이가 권세와 부에 초연한 신라인들의 독특한 정신세계를 보여 주려 했다는 내용은 적절하지 않다.
② 금제 허리띠에 대해 신라인들의 자부심이 컸다는 내용은 언급되지 않았다.
④ 신라인들이 허리띠 장식으로 화려한 풀잎 무늬를 활용했다는 것은 알 수 있으나 이를 통해 신라인들의 자연 친화 사상을 엿볼 수 있다는 내용은 언급되지 않았다.
⑤ 5문단에서 '처음 시작은 고구려나 선비족의 디자인을 모방하는 수준이었지만 차츰 신라화 되어 매우 화려해진다.'라고 언급하였으므로 글쓴이가 신라인들의 다자인 장식이 고구려나 선비족의 수준을 모방하는 정도였음을 보여 주려 했다는 내용은 적절하지 않다.

가로 경관 디자인 2016학년도 6월 고2 학력평가

도입
가로 경관 디자인에서 고려해야 할 척도 소개

전개
척도 ① – 도로 폭과 도로변 건물 높이의 비율에 따른 시각적 효과 설명

전개
척도 ② – 도로 폭과 도로 길이의 비율에 따른 시각적 효과 설명

전개
척도 ③ – 도로 폭과 도로에 접한 건물의 정면 폭의 비율에 따른 시각적 효과 설명

정리
도시 경관 디자인의 중요성 언급

가 도시에서 도로, 도로변의 건물, 가로수, 조성물 등 '가로(街路, street)'의 구성 요소들이 어울려 이루어 내는 종합적 이미지를 '가로 경관'이라고 한다. _{가로 경관의 개념} 가로 경관은 시각적인 연속성 과 복합성을 갖는데, 도시 설계나 경관 디자인을 할 때에는 가로 경관의 시각적 효과와 관련 되는 몇 가지 척도를 고려해야 한다. _{앞으로 다룰 내용}
▶ 가로 경관의 시각적 효과와 관련되는 척도의 필요성

나 첫째, 가로 경관을 디자인할 때는 도로의 폭과 도로 변 건물 높이의 비율에 따른 시각적 효과를 고려해야 한 다. _{가로 경관의 시각적 효과와 관련된 척도 ①} 〈그림〉에서 보는 것처럼 도로 폭을 D, 도로변 건물 높이를 H라 할 때, 그 비율인 D/H가 1일 때 균형 잡힌 느낌을 준다. _{도로 폭과 도로변 건물 높이가 같을 때} 도로 폭에 비해 높은 건물이 많아 D/H가 1 보다 작으면 폐쇄성이 강한 공간이 된다. _{도로 폭보다 도로변 건물의 높이가 월등히 높을 때} 반면, D/H가 1 보다 커지면 개방적인 공간이 된다. _{도로 폭보다 도로변 건물의 높이가 낮을 때} D/H가 3 이상 되면 너무 널찍한 느낌이 들 수 있으므로 가로수로 공간을 나누거나 랜드마크가 되는 공간에 시 _{널찍한 느낌의 가로를 시각적으로 좁힐 수 있는 방법} 선을 유도하여 공간을 시각적으로 좁힐 수 있게 설계해야 한다.
▶ 척도 ① – 도로 폭과 도로변 건물 높이의 비율(D/H)

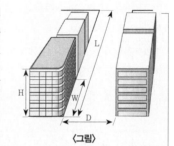
〈그림〉

다 둘째, 도로 폭과 도로 길이의 비율에 따른 시각적인 효과도 따져 보아야 한다. 도로 폭(D) 과 길이(L)의 비율(D/L)은 가로 경관의 정리된 느낌과 관련된 척도이다. _{가로 경관의 시각적 효과와 관련된 척도 ②} 폭이 길이에 비해 상대적으로 커지면 ㉠광장 이미지의 공간이 된다. 이런 가로는 축제와 같은 큰 행사를 치르 _{도로의 길이에 비해 도로 폭이 상대적으로 클 때} 기에 적합하다. 반대로 도로 폭이 좁고 길게 이어지는 가로는 ㉡산책로 이미지의 공간이 된 _{도로 폭이 좁고 도로의 길이가 길 때} 다. 이런 가로는 보행자가 중심이 되고, 이를 대표하는 번화가는 적절한 위요감과 친밀감을 형성한다. 가로가 하나의 공간으로 인식되기 위해서는 길이를 일정하게 제한하여 구분하는 것이 좋다. 광장 이미지가 강한 가로는 2km, 산책로 이미지가 강한 가로는 1km를 넘지 않 도록 설계해야 시각적으로 정리된 느낌을 얻게 된다.
▶ 척도 ② – 도로 폭과 도로 길이의 비율(D/L)

라 셋째, 도로 폭(D)과 이 도로에 접하고 있는 건물의 정면 폭(W)의 비율인 W/D도 고려해 야 한다. _{가로 경관의 시각적 효과와 관련된 척도 ③} W/D는 도로의 진행 방향에 대한 가로의 리듬과 관련이 되는데, 사람이 도로변 상 점들에 눈길을 주며 걷는 상황을 염두에 두고 이해하면 된다. 건물의 정면 폭이 도로 폭보다 작아 W/D가 1 이하인 건물이 연속되면, 보행자가 지루하지 않게 거닐 수 있으므로 가로는 활기에 넘치게 된다. _{건물의 정면 폭이 도로 폭보다 작을 때} 반면에 폭이 좁은 도로에 정면 폭이 큰 건축물들이 입지하게 된다면, 가로의 분위기는 단조로워지고 활기를 잃고 만다. _{도로 폭이 좁고 건물의 정면 폭이 클 때} 따라서 정면 폭이 큰 건물이 입지하는 경 우에는 W/D가 1보다 작아 보이도록 건물의 정면을 분절하거나 변화를 주어 가로 경관에 활 _{정면 폭이 큰 건물이 입지할 경우 활기를 불어넣는 방법} 기를 불어넣는 것이 좋다.
▶ 척도 ③ – 도로 폭과 도로에 접한 건물의 정면 폭의 비율(W/D)

마 도시 경관이 도시의 경쟁력으로 각인되면서 가로 경관으로 대표되는 도시 경관의 개선 이 최근 도시의 과제 중 하나가 되었다. _{도시 설계와 가로 경관 디자인에 대한 요구가 증대되는 이유} 그래서 시각적 효과와 관련되는 척도들과 함께 도로 변에 있는 건축물의 색채, 간판, 가로수 등을 고려한 도시 설계와 경관 디자인에 대한 요구 가 증대되고 있다.
▶ 도시 경관 디자인의 중요성 증대

중심 화제와 앞으로 다룰 내용 을 파악했는가?
가로 경관의 개념을 제시하고 가로 경관의 시각적 효과와 관 련된 척도의 필요성을 언급하며 글을 시작함.

가로 경관 디자인에서 고려해 야 할 척도를 이해했는가?
가로 경관 디자인의 척도 세 가 지(D/H, D/L, W/D)를 분석하고, 척도의 크기에 따른 공간의 이 미지를 제시하며 구체적인 가로 경관 디자인 방법을 설명함.

가로 경관 디자인의 중요성을 이해했는가?
도시 경관의 개선을 위해 도시 경관 디자인에 대한 요구가 증 대되고 있음을 언급함.

나열형구조

해제 이 글은 도시 경관을 대표하는 가로 경관의 시각적 효과와 관련된 척도를 소개하고 있다. 가로 경관을 디자인할 때는 도 로 폭(D)를 중심으로 도로변 건물 높이(H), 도로 길이(L), 도로에 접한 건물의 정면 폭(W)과의 비율을 고려해야 하는데, D/H가 1 이면 균형 잡힌 느낌을 주며 D/H가 1보다 작으면 폐쇄적인 공간, 1보다 크면 개방적인 공간이 된다. 또 D가 L에 비해 커지면 광 장 이미지, D가 좁고 L이 긴 경우는 산책로 이미지의 공간이 되며, W/D가 1 이하이면 활기가 넘치게 되고 D가 좁고 W가 크면 활 기를 잃게 된다. 이렇게 척도의 크기에 따른 공간의 이미지를 제시하며 구체적인 경관 디자인 방법을 설명한 다음, 도시 경관의 개선을 위해 가로 경관 디자인에 대한 요구가 증대되고 있음을 밝히고 있다.

주제 가로 경관의 시각적 효과와 관련된 척도

0 ④   **1** ④   **2** ①   **3** ⑤

글쓴이의 작문 과정 **❶** 가로 경관 **❷** 도로 폭
주제 가로 경관의 시각적 효과와 관련된 척도

0 글의 구조 파악   ④

(가)에서는 '가로 경관 디자인'이라는 중심 화제를 제시하고, (나)~(라)에서는 가로 경관의 시각적 효과와 관련된 세 가지 척도를 각각 나열하여 설명하고 있다. 그리고 (마)에서는 도시 경관 디자인의 중요성을 언급하며 글을 마무리하고 있으므로 이 글의 구조를 도식화한 것은 (나)~(라)가 대등하게 나열되는 구조인 ④가 가장 적절하다.

1 세부 내용 파악   ④

(나)~(라)에서 가로 경관의 시각적 효과와 관련된 척도를 '첫째, ~ 도로의 폭과 도로변 건물 높이의 비율', '둘째, 도로 폭과 도로 길이의 비율', '셋째, 도로 폭과 이 도로에 접하고 있는 건물의 정면 폭의 비율'이라고 순서를 나누어 설명하고 있으나, 어떤 것이 가장 중요한지에 대해 설명하고 있지는 않다.

오답풀이 ① (마)에 따르면, 도시 설계와 경관 디자인에서는 시각적 효과와 관련되는 척도들과 함께 도로변에 있는 건축물의 색채, 간판, 가로수 등을 고려해야 한다.
② (나)의 '가로 경관을 디자인할 때는 도로의 폭과 도로변 건물 높이의 비율에 따른 시각적 효과를 고려해야 한다.'와 (라)의 '도로 폭과 이 도로에 접하고 있는 건물의 정면 폭의 비율인 W/D도 고려해야 한다.'에서 도로변 건물의 특성 중 가로 경관에 영향을 미치는 것은 도로변 건물의 높이(D)와 도로에 접한 건물의 정면 폭(W)임을 알 수 있다.
③ (마)의 '도시 경관이 도시의 경쟁력으로 각인되면서 가로 경관으로 대표되는 도시 경관의 개선이 최근 도시의 과제 중 하나가 되었다.'에서 최근 도시 경관 개선이 이전보다 주목받는 이유가 도시 경관이 도시의 경쟁력으로 각인되기 때문임을 알 수 있다.
⑤ (나)의 'D/H가 3 이상 되면 너무 널찍한 느낌이 들 수 있으므로 가로수로 공간을 나누거나 랜드마크가 되는 공간에 시선을 유도하여 공간을 시각적으로 좁힐 수 있게 설계해야 한다.'에서 널찍한 느낌의 가로를 시각적으로 좁힐 수 있는 방법은 가로수로 공간을 나누거나 랜드마크가 되는 공간에 시선을 유도하는 것임을 알 수 있다.

2 세부 내용 추론   ①

D/L은 '도로 폭/도로 길이'이다. (다)에서 도로 폭이 도로 길이에 비해 상대적으로 커지면 광장 이미지의 공간(㉠)이 되고, 반대로 도로 폭이 좁고 길게 이어지면 산책로 이미지의 공간(㉡)이 된다고 하였다. 그런데 1/60인 가로는 1/20인 가로보다 도로 폭에 비해 도로 길이가 길다. 따라서 1/60인 가로는 1/20인 가로보다 산책로 이미지의 공간(㉡) 성격이 강하다.

오답풀이 ② 길이가 일정할 때 도로의 폭을 줄인다는 것은 도로 폭이 도로 길이에 비해 상대적으로 작아진다는 것, 즉 도로 폭이 좁고 길게 이어지는 가로가 된다는 것이므로 산책로 이미지의 공간(㉡) 성격이 강해진다.
③ 산책로 이미지의 공간(㉡) 성격을 지닌 가로는 보행자가 중심이 되고, 이를 대표하는 번화가는 적절한 위요감과 친밀감을 형성한다고 하였다.
④ 정리된 느낌을 주는 제한 길이는 광장 이미지가 강한 가로는 2km, 산책로 이미지가 강한 가로는 1km를 넘지 않아야 하므로 광장 이미지의 공간(㉠)보다 산책로 이미지의 공간(㉡)이 짧다.
⑤ 광장 이미지의 공간(㉠)은 축제와 같은 큰 행사를 치르기에 적합하다고 하였다.

⚠ 출제자의 의도읽기 – 비율의 함정에 속지 않는다.
독서 지문에는 비율, 즉 분수나 퍼센트 단위를 사용하는 내용이 자주 등장한다. 수학적으로 어려운 내용은 아닐지라도 다양한 정보 속에서 D/H, W/D와 같이 수식으로 표현된 비율까지 고려하자면 머릿속이 복잡해지는 것은 당연한 일이다. 이때 머릿속으로만 생각하다 보면 실수하기 쉬우므로 간단한 계산이라도 정보가 눈에 보이도록 직접 써 놓는 것이 좋다. 1/60과 1/20은 전자가 더 작은 수치이므로 1/60인 가로가 도로 폭에 비해 도로 길이가 길어 산책로 이미지의 공간이 된다.

3 구체적 상황에 적용   ⑤

각 가로의 도로 폭이 같고 건물 편차가 작다는 조건으로 볼 때, D/H에서 영향을 미치는 것은 도로변 건물 높이(H), W/D에서 영향을 미치는 것은 건물의 정면 폭(W)이다. 이를 바탕으로 할 때 D/H에서 분모(도로변 건물 높이)가 작을수록 D/H 수치가 커진다. 그런데 B가 C보다 D/H 값이 크므로 B의 분모 값이 C의 분모 값보다 더 작을 것이다. 즉 B는 C보다 도로변 건물 높이가 낮을 것임을 알 수 있다.

오답풀이 ① (라)에 따르면, A의 W/D 값은 0.9로 1보다 작으므로 건물의 정면 폭이 도로 폭보다 작다. 따라서 A는 정면 폭이 도로 폭보다 작은 건물이 많은 가로일 것이다.
② (나)에 따르면, 도로 폭과 도로변 건물들의 높이가 같다면 D/H의 값은 1이어야 한다. 그런데 B는 D/H가 2.0이므로 도로 폭과 도로변 건물들의 높이가 같은 가로가 아니라 건물 높이에 비해 도로 폭이 넓은 가로일 것이다.
③ C의 D/H 값은 1.2인데, (나)에서 D/H가 1보다 커지면 개방적인 공간이 된다고 하였으므로 C는 개방성이 강한 가로일 것이다.
④ A의 W/D 값은 0.9, B의 W/D 값은 1.4인데 (라)에서 W/D가 1 이하인 건물이 연속되면 가로는 활기에 넘치게 된다고 하였으므로 A가 B보다 더 활기가 넘치는 가로일 것이다. 즉, B가 더 단조롭고 활기가 없는 가로일 것이다.

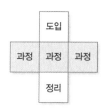

3D 프린팅 2011학년도 10월 고3 학력평가

도입
3D 프린팅 소개

과정
3D 프린팅의 데이터 제작 과정 설명

과정
3D 프린팅의 데이터 전송 과정과 방식 분류

과정
광경화성수지를 사용하는 3D 프린터의 작동 과정 설명

정리
3D 프린팅의 이용 분야와 전망 제시

3D 프린팅은 대상이 되는 3차원 물체의 형상을 실제로 ⓐ재현하는 기술이며, 3D 프린팅을 실현하는 프린터를 3D 프린터라고 부른다. 3D 프린팅을 위해서는 물체의 표면을 3차원 공간에 표현한 데이터가 필요하다. 이러한 데이터를 얻기 위해서는 기본적으로 모형 제작을 위한 컴퓨터와 3D 소프트웨어가 필수적이다. 물론 3D 스캐너를 활용하여 실제 존재하는 물체의 데이터를 얻는다면 이를 3D 프린팅의 데이터로 사용할 수도 있다.
▶ 3D 프린팅의 개념과 3D 프린팅의 데이터를 얻기 위한 장비

3D 소프트웨어를 이용하여 얻게 되는 데이터는 물체의 표면을 일반적으로 폴리곤 메시(polygon mesh)로 나타낸다. 폴리곤 메시는 ㉠다각형을 서로 이어 붙인 형태로 면을 나타내는데, 기본 도형으로 삼각형이나 사각형을 주로 사용한다. 이러한 폴리곤 메시로 나누어진 다각형들의 꼭짓점을 X, Y, Z ㉡세 방향의 공간 좌푯값으로 나타내는 방식으로 데이터가 만들어진다. 좌푯값을 매겨야 할 꼭짓점의 수가 많아지면, 데이터의 양은 늘어난다. 폴리곤 메시 데이터는 다시 물체를 얇은 층의 적층물 형태로 표현하는 데이터로 ⓑ변환하여야 한다. 폴리곤 메시의 좌푯값을 이용하여 아래층부터 위층으로 순서대로 각 층의 데이터를 만들어 낸다.
▶ 3D 프린팅을 위한 데이터 제작 과정

㉢데이터를 만든 후에는 이를 3D 프린터에 전송하여 결과물을 만들어 내는데, 물체를 어떤 재료로 어떤 방식에 의해 만들어 내느냐에 따라 여러 가지 3D 프린팅을 ⓒ구현할 수 있다. 이 중에는 액체 상태에서 빛을 받으면 딱딱하게 굳는 광경화성수지를 사용하여 층을 만들어 내는 방식이 있는가 하면, ㉣고체의 재료를 사용해서 조각하듯이 재료를 레이저로 녹이는 3D 프린터도 있다.
▶ 3D 프린팅의 데이터 전송 과정과 3D 프린팅의 종류

이 중에서 광경화성수지를 사용하는 3D 프린터는 잉크젯 프린터처럼 액체를 이용하는 방식이다. 「액체 상태의 광경화성수지를 프린터 내부에 있는 판에 머리카락의 십분의 일 정도의 두께로 미세하게 ⓓ도포하여 물체의 층을 만든다. 프린터 헤드에서 분사된 액체 상태의 원료는 헤드 양옆에 달려 있는 자외선 램프에 의해 ⓔ분사 직후 굳는다. ㉤이렇게 굳은 층 위에 또다시 원료를 분사해 다른 층을 쌓아 올린다.」
▶ 광경화성수지를 이용하는 3D 프린터의 작동 방식

「최근에는 조형 예술가들도 3D 프린팅을 이용해 작품의 모양을 미리 보기도 한다. 산업체에서는 소프트웨어로 디자인한 제품을 완성품과 거의 흡사하게 만들어 볼 수 있다. 또한 컴퓨터 통신망을 이용하면 거리와 관계없이 아주 짧은 시간에 견본품을 전송해 상품에 대한 의견을 교환할 수도 있다.」 3D 프린팅을 이용하는 분야는 점점 넓어지고 있는데, 일상생활 용품의 제조부터 자동차, 우주 항공, 예술, 의료 분야에 걸쳐 다양하게 이용될 수 있다.
▶ 3D 프린팅의 이용 분야와 전망

중심 화제를 파악했는가?
3D 프린팅의 개념과 3D 프린팅의 데이터를 얻기 위해 필요한 장비를 설명함.

데이터가 만들어지는 과정을 이해했는가?
데이터는 폴리곤 메시의 세 방향 공간 좌푯값으로 나타내며 폴리곤 메시를 적층물 형태로 변환하여 각 층의 데이터를 만든다고 설명함.

3D 프린팅의 종류와 작동 방식을 이해했는가?
3D 프린팅의 재료와 방식에 따라 광경화성수지를 사용하여 층을 만들어 내는 방식과 고체의 재료를 레이저로 녹이는 방식이 있음을 제시하고, 광경화성수지를 사용하는 3D 프린팅의 과정을 설명함.

3D 프린팅의 이용 분야와 전망을 이해했는가?
최근에 3D 프린팅이 이용되고 있는 다양한 분야를 제시하고 앞으로 이용 분야가 더 확대될 수 있음을 언급함.

원리형 구조

	도입	
과정	과정	과정
	정리	

해제 이 글은 3D 프린팅의 개념과 작동 방식에 대해 설명하고 있다. 3D 프린팅은 3차원 물체의 형상을 실제로 재현하는 기술로, 이에 사용되는 데이터는 물체의 표면을 다각형을 이어 붙인 형태로 표현하는 폴리곤 메시로 나타낸다. 폴리곤 메시로 나누어진 다각형들의 꼭짓점을 세 방향의 공간 좌푯값으로 나타내 데이터를 만든 후에는 이를 적층물 형태로 표현하는 데이터로 변환해 각 층의 데이터를 만든다. 3D 프린팅은 재료와 작동 방식에 따라 여러 가지로 구현할 수 있는데, 액체 상태의 광경화성수지를 도포해 층을 만들고 굳은 후 그 위에 다른 층을 쌓아 올리는 방식과 고체의 재료를 레이저로 녹이는 방식이 있다. 3D 프린팅이 이용되는 분야는 점점 넓어지고 있으며 앞으로도 다양하게 이용될 수 있음을 언급하며 글을 마무리하고 있다.

주제 3D 프린팅의 개념과 작동 방식

0 ⑤   **1** ⑤   **2** ⑤   **3** ②

글쓴이의 작문 과정 ❶ 3D 프린팅 ❷ 재료
주제 3D 프린팅의 개념과 작동 방식

0 개괄적 정보 파악   ⑤

이 글은 3D 프린팅의 개념, 재료와 작동 방식, 이용 분야에 대해서는 언급하고 있으나, 3D 프린팅 기술이 어떻게 발전하고 있는지 그 단계에 대해서는 다루고 있지 않다.

오답풀이 ① 1문단에서 3D 프린팅은 대상이 되는 3차원 물체의 형상을 실제로 재현하는 기술이라고 하며 개념을 제시하고 있다.

② 3문단에서 광경화성수지를 사용하여 층을 만들어 내는 방식, 고체의 재료를 사용하여 레이저로 녹이는 방식 등 3D 프린팅의 방식을 제시하고 있다.

③ 3문단에서 액체 상태인 광경화성수지를 사용하는 3D 프린팅 방법, 고체의 재료를 사용하는 3D 프린팅 방법을 언급하며 3D 프린팅에 사용되는 재료를 제시하고 있다.

④ 5문단에서 3D 프린팅을 이용해 조형 예술가들이 작품의 모양을 미리 보기도 하며, 산업체에서는 디자인한 제품을 완성품과 흡사하게 만들어 볼 수 있고, 컴퓨터 통신망을 통해 시공간의 제약을 받지 않고 견본품을 전송해 의견 교환을 할 수도 있다고 하며 3D 프린팅이 어떻게 쓰이고 있는지 3D 프린팅의 용도를 제시하고 있다.

1 자료를 바탕으로 한 이해   ⑤

|보기|에서 블랜더는 등고선을 각인한 왁스 평판을 잘라 내 '한 장 한 장 적층하여' 3차원 입체 모형 지도를 만들었으며 비슷한 원리로 페레라는 '마분지를 잘라 적층 후' 3차원 모형 지도를 만들었다고 하였다. 즉 |보기|는 쌓아 올리는 '적층'의 원리를 설명한 내용으로, 이와 관련이 깊은 것은 ㉢이다. ㉢은 광경화성수지를 사용하는 3D 프린터의 작동 방식인데, 이는 액체 상태의 광경화성수지를 프린터 내부에 있는 판에 머리카락의 십분의 일 정도의 두께로 미세하게 도포하여 물체의 층을 만든 후 자외선을 투사하여 원료를 굳게 만들어 쌓아 올리는 적층의 원리를 이용한 것이다.

오답풀이 ①, ② ㉠과 ㉡은 3D 프린팅을 구현하기 위한 데이터의 제작 방법과 관련된다.

③ ㉣은 3D 프린팅을 위한 데이터의 전송과 관련된다.

④ ㉤은 광경화성수지를 이용하는 3D 프린터의 작동 방식과 다른 작동 방식의 재료와 관련된다.

2 어휘의 사전적 의미 파악   ⑤

'분사'는 '액체나 기체 따위에 압력을 가하여 세차게 뿜어 내보냄.'을 뜻한다. '물기나 습기를 말려서 없앰.'의 뜻을 가진 단어는 '건조(乾燥)'이다.

3 구체적 상황에의 적용   ②

㉯는 3D 소프트웨어를 이용하여 데이터를 만드는 단계, 즉 폴리곤 메시 구조의 데이터를 제작하는 단계이다. 그런데 이 과정에서 3D 프린팅의 재료 상태가 고체인지 액체인지 고려해야 한다는 내용은 이 글에 언급되지 않았다. 다만 3문단에서 데이터를 만든 후에 이를 3D 프린터에 전송하여 결과물을 만들어 내는데, 액체 상태의 광경화성수지를 사용하여 굳게 하는 방식과 고체의 재료를 레이저로 녹이는 방식이 있다고 밝히고 있을 뿐이다.

오답풀이 ① |보기|의 ㉮는 준비 단계이다. 1문단을 통해 3D 프린팅을 위해서는 물체의 표면을 3차원 공간에 표현한 데이터가 필요하고, 이러한 데이터를 얻기 위해서는 모형 제작을 위한 컴퓨터와 3D 소프트웨어를 필수적으로 준비해야 함을 알 수 있다. 또 이 만들어진 데이터를 전송하여 결과물로 만들어 낼 3D 프린터도 준비해야 한다.

③ ㉯ 단계에서는 폴리곤 메시 구조의 데이터를 제작한다. 2문단의 '폴리곤 메시로 나누어진 다각형들의 꼭짓점을 X, Y, Z 세 방향의 공간 좌푯값으로 나타내는 방식으로 데이터가 만들어진다. 좌푯값을 매겨야 할 꼭짓점의 수가 많아지면, 데이터의 양은 늘어난다.'를 통해 동일한 대상을 같은 조건에서 만든다면 데이터 표면을 표현하는 폴리곤 메시 다각형 한 개의 크기가 작을수록 많은 다각형이 들어가게 되고 이에 따라 꼭짓점의 개수는 많아지게 되며 데이터에 더 많은 좌푯값을 저장해야 하므로 데이터의 양도 많아지게 됨을 알 수 있다.

④ 2문단을 통해 ㉰ 단계에서는 폴리곤 메시 데이터를 다시 물체를 얇은 층의 적층물 형태로 표현하는 데이터로 변환해야 함을 알 수 있다.

⑤ 4문단의 '프린터 헤드에서 분사된 액체 상태의 원료는 헤드 양옆에 달려 있는 자외선 램프에 의해 분사 직후 굳는다.'를 통해 ㉱ 단계에서는 액체를 고체로 굳히는 데 자외선을 이용해야 함을 알 수 있다.

⚠ **출제자의 의도읽기 – 각 단계에 맞는 내용인지 확인한다.**
단계적 과정이 있는 경우 내용의 진위만 판단할 것이 아니라 선지에서 제시된 내용이 지문에서 제시한 단계에 맞는 내용인지 확인해야 한다. 왜냐하면 선지의 내용은 지문에서 언급된 내용이 맞으나 단계와 맞지 않게 제시하여 오답을 유도하는 경우가 많기 때문이다. 선지 ②를 살펴보면, 3D 프린팅의 재료가 액체와 고체인지에 따라 결과물이 달라질 수 있다는 내용은 지문에 언급되어 있으나, 이는 데이터를 만드는 ㉯의 과정과는 상관이 없는 내용이다. 즉 단계에 맞지 않는 내용이므로 적절하지 않은 선지가 되는 것이다.

기 출 읽 기

명제와 표준 형식

2020학년도 6월 고1 학력평가

어떻게 썼을까?

도입
고전 논리학에서 기본 명제의 종류 소개

아리스토텔레스의 고전 논리학에서는 기본 명제를 네 가지로 분류하고 이를 각각 '<u>전체 긍정 명제</u>', '<u>전체 부정 명제</u>', '<u>부분 긍정 명제</u>', '<u>부분 부정 명제</u>'라고 이름을 붙였다. <u>삼단 논법에 이용되는 명제는 어떤 것이든 이 네 가지 기본 명제 중 어느 하나의 형식을 가져야 하</u>
기본 명제의 네 가지 종류 / 화제 제시
<u>며, 이 명제들은 그 뜻이 애매하다거나 모호하지 않아야 하므로 표준 형식으로 고쳐 주어야</u>
삼단 논법에 이용되는 명제의 조건 ①
<u>한다</u>.
명제들을 표준 형식으로 고쳐야 하는 이유 / 삼단 논법에 이용되는 명제의 조건 ②
▶ 고전 논리학에서 기본 명제의 종류

전개
네 가지 기본 명제의 표준 형식 설명

먼저, 전체 긍정을 뜻하는 명제의 표준 형식은 "모든 철학자는 이상주의자이다."와 같이 '<u>모든 ~는 ~이다.</u>'로 하면 된다. 전체 부정을 뜻하는 명제의 표준 형식의 경우, "모든 철학
전체 긍정 명제의 표준 형식
자는 이상주의자가 아니다."라는 말은 애매하다. 왜냐하면 "철학자는 한 사람도 이상주의자
부정하는 대상을 정확히 알 수 없음.
가 아니다."를 뜻하는 것인지, 아니면 "철학자 중에는 이상주의자가 아닌 사람도 있다."를 뜻하는 것인지 분명하지 않기 때문이다. 그러므로 '<u>모든 ~는 ~가 아니다.</u>'라는 형식은 전체
그 뜻이 분명하지 않고 애매하기 때문
부정 명제의 표준 형식이 될 수 없다. 전체 부정의 뜻을 분명하게 나타내어 줄 수 있는 표준 형식은 "어느 철학자도 이상주의자가 아니다."와 같이 '<u>어느 ~도 ~가 아니다.</u>'로 하면 된다.
전체 부정 명제의 표준 형식
부분 긍정을 뜻하는 명제의 표준 형식은 "어떤 철학자는 염세주의자이다."와 같이 '<u>어떤 ~</u>
<u>는 ~이다.</u>'라는 형식이면 된다. '어떤'이란 말이 '어떤 낯선 사람'이라고 할 때처럼 불확정적
부분 긍정 명제의 표준 형식
인 대상이라는 뜻을 가질 수도 있으나 <u>그것은 부분 긍정을 뜻하는 데는 별 문제가 되지 않는</u>
'어떤'의 뜻이 모호할 수 있지만 표준 형식에 쓰일 수 있는 이유
<u>다</u>. 마지막으로, 부분 부정을 뜻하는 명제의 표준 형식은 "어떤 철학자는 도덕주의자가 아니다."에서와 같이 '<u>어떤 ~는 ~가 아니다.</u>'라는 형식이면 된다.
부분 부정 명제의 표준 형식
▶ 네 가지 명제의 표준 형식

예시
전체 긍정이나 부분 긍정으로 해석될 수 있는 일상 언어의 사례 제시

"<u>고래는 포유동물이다.</u>"라는 일상 언어의 문장은 모든 고래에 대한 긍정을 뜻하는 것이므
일상 언어의 문장 사례 ①
로 이것을 표준 형식의 명제로 고치면 "모든 고래는 포유동물이다."가 된다. 그러나 "<u>칼을</u>
전체 긍정을 뜻하는 명제의 표준 형식을 따름. – '모든 ~는 ~이다.'
<u>쓰는 자는 칼로 망한다.</u>"라는 말은 전체 긍정의 뜻으로 받아들일 수도 있고 부분 긍정의 뜻
일상 언어의 문장 사례 ② / 두 가지 의미로 해석 가능함.
으로 받아들일 수도 있다. 이것을 "칼을 쓰는 모든 사람은 칼로 망하는 사람이다."라고 한다
전체 긍정 명제의 표준 형식 – '모든 ~는 ~이다.'
면 전체 긍정이 되지만, "칼을 쓰는 어떤 사람은 칼로 망하는 사람이다."라고 한다면 부분
부분 긍정 명제의 표준 형식 – '어떤 ~는 ~이다.'
긍정이 된다. ㉠<u>어느 쪽 해석이 옳은가라는 문제는 논리학의 관심 문제가 아니다</u>. '그것을
사실의 서술로 보는 사람은 칼을 쓰는 사람들 중 일부분의 사람만 칼로 망하게 된다는 사실
부분 긍정으로 해석함.
을 긍정하는 것으로 이해하는 것이며, 그 반면 그것을 하나의 교훈적인 말로 받아들이는 사
전체 긍정으로 해석함.
람은 그것이 하나의 보편적인 법칙 같은 것을 뜻하는 것으로 이해하기 때문에 전체 긍정으
로 읽게 되는 것이다.' <u>읽는 사람의 해석에 따라 의미가 달라짐.</u>
▶ 읽는 사람에 따라 달라지는 일상 언어 문장의 논리적 의미

예시
부분 긍정이나 부분 부정으로 해석될 수 있는 일상 언어의 사례 제시

"<u>대부분의 젊은이들은 현실 부정적이다.</u>"에서 '대부분'은 전체가 아니라는 뜻이므로 이런
일상 언어의 문장 사례 ③ / 부분에 관한 것으로 해석될 수밖에 없는 이유
경우는 '어떤'으로, 즉 부분 긍정이나 부분 부정으로 이해할 수밖에 없다. 전체 중에서 단 한 사람에 대한 긍정을 한 것도 부분 긍정으로 일반화시킬 수밖에 없으며, 한 사람만 제외한 다른 모든 사람들에 대한 긍정도 부분 긍정으로 간주할 수밖에 없다. <u>명제의 양을 전체와 부분</u>
전체 긍정 또는 부정, 부분 긍정 또는 부정으로 나눔.
<u>으로만 나누어 두었기 때문에 전체에 관한 것이 아닌 것은 모두 부분에 관한 것으로 표현되</u>
고전 논리학의 한계 ①
<u>어야 한다는 뜻이다</u>. <u>부분에 관한 명제들 중에서 그 양의 정도가 다른 것을 나타낼 수 있는</u>
고전 논리학의 한계 ②
<u>방법은 없다</u>. 이것은 곧 모든 명제를 네 가지 기본 형식으로만 나누어야 하는 고전 논리의 한계점이 된다. 그러므로 위의 명제도 "어떤 젊은이들은 현실 부정적인 사람이다."라고 고
부분 긍정 명제의 표준 형식 – '어떤 ~는 ~이다.'
칠 수밖에 없다.
▶ 네 가지 기본 형식으로만 나누어야 하는 고전 논리학의 한계

예시
하나의 문장 안에 두 개의 기본 명제를 포함하고 있는 일상 언어의 사례 제시

"<u>미국 흑인들 외에는 아무도 흑인 영가의 참뜻을 느낄 수 없다.</u>" 이 문장에는 흑인 영가의
일상 언어의 문장 사례 ④
참뜻을 느낄 수 있는 미국 흑인에 대한 것과 그것을 느낄 수 없는 다른 사람들에 대한 것이
두 가지 의미로 해석될 수 있음.
포함되어 있다. 따라서 "모든 미국 흑인들은 흑인 영가의 참뜻을 느낄 수 있는 사람이다."라
전체 긍정 명제
는 명제와 "미국 흑인이 아닌 모든 사람은 흑인 영가의 참뜻을 느낄 수 없는 사람이다."라는
전체 긍정 명제
명제로 고쳐야 한다. 그리고 둘째 명제는 다음과 같이 전체 부정 명제로 고쳐 쓸 수 있다. "미국 흑인이 아닌 어느 사람도 흑인 영가의 참뜻을 느낄 수 있는 사람이 아니다."
전체 부정 명제
▶ 여러 명제의 표준 형식을 취할 수 있는 일상 언어의 문장

중심 화제를 파악했는가?
고전 논리학에서 다루는 기본 명제 네 가지를 소개하고, 이를 표준 형식으로 고쳐야 하는 이유를 밝히며 화제를 제시함.

네 가지 기본 명제의 표준 형식을 이해했는가?
네 가지 명제의 표준 형식을 예를 들어 설명함.
• 전체 긍정 명제: 모든 ~는 ~이다.
• 전체 부정 명제: 어느 ~도 ~가 아니다.
• 부분 긍정 명제: 어떤 ~는 ~이다.
• 부분 부정 명제: 어떤 ~는 ~가 아니다.

일상 언어의 문장을 표준 형식의 명제로 고칠 때 유의할 점을 확인했는가?
일상 언어의 문장은 받아들이는 사람에 따라 전체 긍정이나 부분 긍정으로 해석될 수 있다는 점, 전체에 관한 것이 아니면 모두 부분에 관한 것으로 표현해야 한다는 점, 두 개의 기본 명제를 포함할 경우에는 두 개의 명제로 고친 후 표준 형식으로 고쳐야 한다는 점을 구체적인 사례를 들어 설명함.

일상 언어의 문장은 그것이 어떤 사실을 긍정하는 것일지라도 위에서 검토해 본 예문들처럼 그것의 논리적 의미가 분명치 못한 것이 많다. 그것이 이용되는 경우에 따라서, 또 내용에 따라서 그 의미가 다르게 이해되어야 할 때가 많다. 이러한 문제는 논리학의 범위에 속하지 않는 것이므로 그것을 사용하는 사람이 자기대로 타당한 이해를 할 수밖에 없는 것이다. 그러한 문장을 표준 형식의 명제로 고치고자 할 때는 먼저 적절한 해석을 한 후 그것이 이해되는 뜻에 따라서 그것에 맞는 형식으로 고쳐 주면 된다.

다양한 해석이 가능한 일상 언어의 문장

읽는 사람과 상황에 따라 논리적 의미가 다르기 때문

일상 언어의 문장을 표준 형식의 명제로 바꾸는 방법

▶ 논리적 의미가 다양한 일상 언어의 문장을 적절한 표준 형식의 명제로 고치는 방법

일상 언어의 문장을 표준 형식의 명제로 고치는 방법을 이해했는가?
일상 언어의 문장을 표준 형식의 명제로 고칠 때에는 먼저 적절한 해석을 한 후 그 뜻에 맞는 형식으로 고쳐야 한다고 제시함.

집중형구조

도입
전개
예시 | 예시 | 예시
정리

해제 이 글은 고전 논리학에서 논리적 의미가 불분명한 일상 언어의 문장을 기본 명제의 표준 형식으로 고치는 방법을 설명하고 있다. 고전 논리학에서 전체 긍정 명제의 표준 형식은 '모든 ~는 ~이다.', 전체 부정 명제의 표준 형식은 '어느 ~도 ~가 아니다.', 부분 긍정 명제의 표준 형식은 '어떤 ~는 ~이다.', 부분 부정 명제의 표준 형식은 '어떤 ~는 ~가 아니다.'이다. 일상 언어의 문장은 읽는 사람과 상황에 따라서 그 논리적 의미가 달라지므로 먼저 적절한 해석을 한 후 그것이 이해되는 뜻에 따라 그것에 맞는 표준 형식으로 고치면 된다.

주제 고전 논리학에서 일상 언어를 기본 명제의 표준 형식으로 고치는 방법

기출읽기 0 ② 1 ④ 2 ⑤ 3 ⑤ 4 ③

글쓴이의 작문 과정 ❶ 표준 형식 ❷ 일상 언어
주제 고전 논리학에서 일상 언어를 기본 명제의 표준 형식으로 고치는 방법

0 내용 전개 방식 파악 ──── ②

이 글은 2문단에서 5문단까지 모두 구체적인 문장을 예로 활용하여 네 가지 기본 명제의 표준 형식과 논리적 의미가 분명하지 않는 일상 언어의 문장을 표준 형식의 명제로 고치는 방법을 설명하고 있다.

오답풀이 ① 4문단에서 고전 논리학의 한계를 지적하고 있으나 새로운 이론은 소개하지 않았다.
③ 1문단에서 아리스토텔레스를 언급하고는 있으나 고전 논리학의 발전 과정은 규명하지 않았다.
④ 고전 논리학 명제의 표준 형식에 대해 다루고는 있으나 이에 대한 상반된 견해는 제시하지 않았다.
⑤ 일상 언어의 문장이 논리적 의미가 분명하지 않은 경우가 있음을 언급하였으나 마지막 문단에서 해석의 문제는 논리학의 범위에 속하지 않는다고 하였으므로, 논리학을 통해 옳은 해석을 이끌어 내야 함을 강조했다는 것은 적절하지 않다.

1 세부 내용 파악 ──── ④

4문단에 따르면 고전 논리학에서 명제의 양을 전체와 부분으로만 나누었기 때문에 전체가 아닌 것은 모두 부분에 관한 것으로 표현되어야 한다. 그래서 전체 중에서 한 사람만 긍정하든, 한 사람을 뺀 나

머지가 긍정하든 모두가 부분 긍정 명제에 해당하므로 부분에 관한 명제들 중에서 그 양의 정도가 다른 것을 나타낼 수 있는 방법은 없으며 이것이 고전 논리의 한계점이 된다고 하였다.

오답풀이 ① 5문단에 따르면 "미국 흑인이 아닌 모든 사람은 흑인 영가의 참뜻을 느낄 수 없는 사람이다."는 전체 부정 명제인 "미국 흑인이 아닌 어느 사람도 흑인 영가의 참뜻을 느낄 수 있는 사람이 아니다."로 고칠 수 있다.
② 3문단에 따르면 "칼을 쓰는 자는 칼로 망한다."라는 말을 하나의 교훈적인 말로 받아들이는 사람은 그것을 하나의 보편적인 법칙인 것처럼 이해하여 "칼을 쓰는 모든 사람은 칼로 망하는 사람이다."의 전체 긍정으로 읽게 된다.
③ 2문단에서 "모든 철학자는 이상주의자가 아니다."라는 말은 의미가 분명하지 않아 두 가지로 해석될 수 있음을 예로 들어, '모든 ~는 ~가 아니다.'라는 형식은 전체 부정 명제의 표준 형식이 될 수 없다고 하였다.
⑤ 6문단에서 일상 언어의 문장은 그것이 어떤 사실을 긍정하는 것일지라도 그것의 논리적 의미가 분명하지 못한 것이 많다고 하였다.

2 세부 내용 추론 ──── ⑤

3문단에서 동일한 문장이라도 읽는 사람이나 상황에 따라서 전체 긍정이나 부분 긍정과 같이 논리적 의미를 다르게 받아들일 수 있다고 하였다. 그리고 6문단에서 일상 언어의 문장이 이용되는 경우나 내용에 따라서 사람마다 자기대로 타당한 이해를 할 수밖에 없기 때문에 이 문제는 논리학의 범위에 속하지는 않는다고 하였다.

오답풀이 ① 6문단에서 일상 언어는 이용되는 경우나 내용에 따라

그 의미가 다르게 해석되기 때문에 문장을 적절하게 해석한 후 그것이 이해되는 뜻에 따라서 맞는 표준 형식으로 고쳐 주면 된다고 하였다. 따라서 일상 언어를 논리학의 표준 명제로 고칠 수 없다는 것은 적절하지 않으며 ㉠과도 관계가 없다.

② 1문단에 따르면 아리스토텔레스의 고전 논리학에서는 기본 명제를 네 가지로 분류된다. 삼단 논법의 명제는 이들 중 하나의 형식을 가져야 하며 그 뜻이 분명하도록 표준 형식으로 나타내야 한다고 언급하고 있으므로 논리학이 명제의 형식을 문제로 삼지 않는다는 것은 적절하지 않으며 ㉠과도 관계가 없다.

③ 2~5문단에서 일상 언어의 문장들을 표준 형식의 명제로 고칠 수 있음을 예를 통해 설명하고 있으므로, 일상 언어의 문장과 논리학의 문장이 본질적으로 다르다고 보는 것은 적절하지 않으며 ㉠과도 관계가 없다.

④ 6문단에서 일상 언어의 문장을 먼저 적절하게 해석한 후 그것이 이해되는 뜻에 따라서 그것에 맞는 형식으로 고치면 된다고 하였으므로 일상 언어의 문장을 네 가지 기본 명제의 형식으로 고친 후 해석해야 한다는 것은 적절하지 않으며, ㉠과도 관계가 없다.

3 구체적 사례에 적용 ⑤

2문단에서 네 가지 명제의 표준 형식, 즉 전체 긍정 명제의 표준 형식으로 '모든 ~는 ~이다.', 전체 부정 명제의 표준 형식으로 '어느 ~도 ~가 아니다.', 부분 긍정 명제의 표준 형식으로 '어떤 ~는 ~이다.', 부분 부정 명제의 표준 형식으로 '어떤 ~는 ~가 아니다.'를 제시하였다. 그런데 "문제의식이 투철한 사람만 참석했다."는 2문단에 제시된 네 가지 표준 형식에는 해당하지 않는다.

오답풀이 ① |보기|의 문장은 참석한 사람들은 모두 문제의식이 투철한 사람들이었다는 사실만 긍정하므로, '참석한 모든 사람은 문제의식이 투철한 사람이었다.'라는 뜻으로 판단하는 것은 적절하다.

② |보기|의 문장은 참석한 사람들은 모두 문제의식이 투철한 사람들이었다는 사실만 긍정할 뿐 참석한 사람들만이 문제의식이 투철한 사람들인지 아니면 참석하지 않는 사람 중에도 문제의식이 투철한 사람이 있는지에 대한 긍정은 없으므로, '문제의식이 투철한 사람은 누구나 다 참석했다.'는 것을 뜻하지는 않는다고 판단하는 것은 적절하다.

③ |보기|의 문장은 참석한 사람들은 모두 문제의식이 투철한 사람들이었다는 사실만 긍정한다. 즉 참석한 모든 사람에 대한 전체 긍정이다. 그리고 전체 사람들 중에서 문제의식이 투철한 사람 모두가 참석했는지, 비참석자 중에도 문제의식이 투철한 사람이 있는지는 알 수 없다. 따라서 '문제의식이 투철한 사람의 일부분이 참석했다.'라는 것을 긍정하지도 않는다고 판단한 것은 적절하다.

④ |보기|의 문장은 참석한 사람들은 모두 문제의식이 투철한 사람들이었다는 사실만 긍정하고 있으므로, 그 사람들만이 문제의식이 투철한 사람들인지 어떤지에 대한 긍정이 없다고 판단하는 것은 적절하다.

4 구체적 사례에 적용 ③

'경마만'의 '만'은 '다른 것으로부터 제한하여 어느 것을 한정함'을 나타내는 조사로, '경마만 좋아한다.'는 경마 외에 다른 것은 좋아하지 않는다는 의미이다. 그런데 '경마에 미친 모든 사람은 경마를 좋아한다.'라고 하면 '경마' 외에 다른 것을 좋아할 수도 있다는 의미가 되므로 적절하지 않다. ㉰의 문장은 '경마에 미친 사람이 좋아하는 모든 것은 경마이다.'로 고치는 것이 적절하다.

오답풀이 ① '원숭이도 나무에서 떨어진다.'에서 '원숭이도'의 '도'는 '이미 어떤 것을 포함하고 그 위에 더함'의 뜻을 나타내는 조사이므로, 이 문장의 '원숭이'는 모든 원숭이를 가리키는 것이 아니다. 따라서 ㉮는 '어떤 원숭이는 나무에서 떨어지는 원숭이이다.'로 고치는 것이 적절하다.

② '소수의 사람들만이 특혜를 받았다.'는 모든 사람이 특혜를 받은 것이 아니라 일부만 특혜를 받았다는 의미이다. 즉 어떤 사람은 특혜를 받은 사람이고 또 어떤 사람은 특혜를 받지 못한 사람이라는 의미를 담고 있으므로 ㉯는 '어떤 사람은 특혜를 받은 사람이다.'로 고치는 것이 적절하다.

④ '비가 오는 날이면 언제나 그는 택시를 탄다.'에서 '날이면 언제나'로 볼 때, ㉱는 비가 오는 모든 날에 그가 항상 택시를 탄다는 의미를 담고 있다. 따라서 ㉱는 '비가 오는 모든 날은 그가 택시를 타는 날이다.'로 고치는 것이 적절하다.

⑤ '이번 여름은 피서지마다 초만원을 이루었다.'에서 '피서지마다'의 '마다'는 '낱낱이 모두'의 뜻을 나타내는 조사이므로, '피서지마다'는 '모든 피서지'를 뜻한다. 따라서 ㉲는 '이번 여름의 모든 피서지는 초만원을 이루는 곳이다.'로 고치는 것이 적절하다.

⚠ 출제자의 의도읽기 – 지문의 내용, 발문, 선지의 형식을 모두 확인한다.

사례가 제시될 때에는 사례와 관련된 지문의 내용을 찾는 것이 중요하다. 그런데 이보다 먼저 발문에 주의할 필요가 있다. '윗글을 바탕으로, ~ 표준 형식의 명제로 고친 것'이라는 발문에서 '표준 형식'에 관한 내용을 지문에서 찾아 사례에 적용해야 함을 알려 주기 때문이다. 또한 선지에 제시된 단어들에도 관심을 가질 필요가 있다. 이 문제에서 선지는 '어떤 ~은/는 ~이다.', '모든 ~은/는 ~(이)다.'로 구성되어 있는데, 이를 통해 부분 긍정 명제의 표준 형식 또는 전체 긍정 명제의 표준 형식으로 고쳐졌음을 확인할 수 있다.

생각의 기술, 가설연역법 2012학년도 6월 고2 학력평가

어떻게 썼을까?

도입
가설연역법과 귀납, 연역의 개념 소개

과정
가설연역법의 논증 절차 중 가설 검증 과정 설명

과정
가설연역법의 논증 절차 중 확증과 확증된 가설이 이론이 되는 과정 설명

정리
가설연역법의 유용성과 한계 제시

우리가 알고 있는 학문적 이론들은 대체로 가설연역법으로 확립된 것이다. 가설연역법은 귀납과 연역의 원리를 활용하여 학문적 진리를 탐구하는 대표적인 추론 방법이다. (중심 화제 제시 / 가설연역법의 정의) 귀납은 이미 알고 있는 개별적인 사실들에서 그러한 사실들을 포함하는 일반적인 명제를 이끌어 내는 추론이므로, (귀납의 정의) 개별적인 사실들이 모두 옳을지라도 결론이 반드시 옳지는 않은 속성이 있다. (귀납의 특징) 반면 연역은 이미 알고 있는 일반적인 명제를 전제로 삼아 구체적인 사실을 이끌어 내는 추론이므로, (연역의 정의) 전제가 옳다면 결론은 반드시 옳은 속성이 있다. (연역의 특징)

▶ 가설연역법에 활용되는 귀납과 연역의 개념 및 특징

가설연역법은 귀납과 연역을 연계하여 가설을 ㉠설정하고 검증하는 절차를 거친다. (가설연역법의 추론 절차) 예를 들어, '한국, 일본, 중국에 서식하는 까마귀는 검다.'라는 사실에서 연구자가 '세상의 모든 까마귀는 검다.'라는 결론을 얻었다고 하자. 이것은 구체적인 '**사례들**'에서 일반적인 명제를 이끌어 낸 귀납 추론이다. 이 명제는 참일 수도 있고 거짓일 수도 있다. (귀납은 결론이 반드시 옳지는 않은 속성이 있음.) 왜냐하면 세상의 모든 까마귀를 관찰하여 결론에 이른 것이 아니기 때문이다. 연구자는 이 명제가 참인지 더 알아볼 필요가 있을 것이다. 그래서 이 명제를 '**가설**'로 설정하고, (□: 가설 검증 절차 과정) 이를 전제로 삼아 '미국에 서식하는 까마귀는 검다.'라는 좀 더 구체적인 '**예측**'을 연역 추론으로 이끌어 낸다. 가설은 일반적인 명제이므로 진위를 확인하기가 어렵지만 예측은 그에 비해 구체적인 사실이므로 진위를 알아내기가 더 쉽기 때문이다. ('가설'을 전제로 '예측'을 이끌어 내는 연역 추론을 하는 이유 / 가설의 특징) 연구자가 관찰, 실험과 같은 경험적인 방법으로 예측의 진위를 알아보는 것을 '**검증**'이라고 한다. (예측의 특징 / '검증'의 의미) 미국에 서식하는 까마귀를 검증한 결과 흰 까마귀가 존재한다면, '모든 까마귀는 검다.'라는 가설에 포함되지 않는 사실이 발견된 것이므로 연역의 속성상 가설은 논리적으로 거짓일 수밖에 없다. 이를 가설이 '**반증**'되었다고 하는데, (가설이 잘못되었음을 확인하는 반증 단계) 이 경우 가설은 틀린 것이므로 연구자는 새로운 가설을 설정하는 일부터 다시 시작해야 한다. (절차 이후 가설 설정 단계로 되돌아감.)

▶ 가설연역법에서 사례들로부터 이끌어 낸 가설을 검증하는 과정

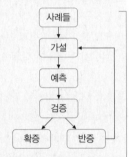

```
사례들
  ↓
 가설  ←
  ↓      ↑
 예측     |
  ↓      |
 검증 ────
 ↙    ↘
확증    반증
```

한편, 예측을 검증한 결과가 참이라면 가설은 더욱 믿을 만한 것이 된다. 이를 가설이 '**확증**'되었다고 하는데, (이후 확증된 가설을 전제로 삼아 예측과 검증 절차를 거침.) 확증은 가설이 옳다는 것을 절대적으로 뒷받침하지는 못하고 단지 가설이 옳을 확률이 높다는 사실을 알려 준다. (확증의 특징) 왜냐하면 확증은 가설의 일부분, 즉 예측만이 참이라는 것을 확인해 주기 때문이다. (확증이 한계를 갖는 이유) 연구자는 가설의 나머지 부분도 참이라는 사실을 확인해야 보편타당한 지식을 얻었다고 말할 수 있을 것이다. 그래서 확증이 된 가설을 전제로 삼아 가능한 많은 예측들을 하고 다양한 조건 속에서 검증을 한다. (확증된 가설이 이론이 되기 위한 과정) 이것들이 전부 참으로 확증되어야 가설은 비로소 학문적인 진리성을 지닌 '이론'이 된다. (가설이 학문적 진리성을 지닌 이론이 될 수 있는 조건)

▶ 검증된 가설이 이론이 되는 과정

가설연역법은 구체적인 사례들을 일반화하고 그것을 체계화하는 탐구 방법이다. 대부분의 자연과학 이론은 이러한 가설연역법을 바탕으로 성립했으며, 오늘날에는 사회과학에서도 유용한 학문적 탐구 방법으로 쓰이고 있다. (가설연역법의 유용성) 하지만 가설을 도출한 추론 원리 자체에 이미 오류의 가능성이 있어서, 그 가설에서 이끌어 낸 학문적인 이론은 본질적인 한계를 지니게 된다. (가설연역법의 한계) 그러므로 우리는 현재의 이론이 절대적으로 옳다는 생각에서 벗어나 사물과 현상을 대할 필요가 있다.

▶ 가설연역법의 유용성과 한계 및 이론을 대할 때 필요한 태도

어떻게 읽을까!

중심 화제를 파악했는가?
가설연역법을 소개하고, 가설연역법에 활용되는 귀납과 연역의 특징을 설명함.

가설연역법의 논증 절차를 이해했는가?
귀납 추론을 통해 얻은 명제를 가설로 설정하고 예측과 검증하는 과정을 제시한 뒤, 가설이 반증된 경우와 확증된 가설이 이론이 되는 경우를 비교하여 설명함.

가설연역법의 유용성과 한계를 이해했는가?
가설연역법이 자연과학과 사회과학에서 유용하게 쓰임을 밝히고, 가설을 도출하는 추론 과정 자체에 오류 가능성이 있음을 한계로 언급함.

해제 이 글은 귀납과 연역의 추론 원리를 활용하는 가설연역법을 통해 학문적 이론들이 논리적으로 성립되는 과정을 설명하고 있다. 가설연역법은 귀납과 연역을 연계하여 추론하는 방법으로, '구체적 사례들'에서 일반적인 명제를 이끌어 내는 귀납 추론의 과정을 먼저 거친다. 그리고 이때 나온 명제를 '가설'로 설정하고, 이를 전제로 삼아 좀 더 구체적인 '예측'을 연역 추론으로 이끌어 낸다. 그다음 이 예측의 진위를 알아보기 위해 '검증'을 하는데, 그 결과가 거짓으로 나오면 가설이 '반증'된 것이므로, 새로운 가설을 설정하는 일부터 다시 시작한다. 그러나 검증 결과가 참이라면 가설은 믿을 만한 것으로 '확증'이 된다. 확증된 가설을 전제로 삼아 가능한 많은 예측들을 하고 검증하는 과정을 거쳐 이것들이 전부 참으로 확증되면 가설은 학문적 진리성을 지닌 '이론'이 된다.

주제 가설연역법의 논증 절차를 통해 학문적 이론이 성립되는 과정

기출읽기

0 ④   1 ④   2 ②   3 ③

글쓴이의 작문 과정 ① 가설 ② 한계
주제 가설연역법의 논증 절차를 통해 학문적 이론이 성립되는 과정

0 중심 내용 파악   ④

이 글에서는 학문적 진리를 탐구하는 대표적인 추론 방법인 가설연역법을 소개하고, 가설연역법을 통해 사례로부터 이끌어 낸 가설의 진위를 검증하는 절차, 즉 논증 과정을 설명하고 있다. 이때의 논증 과정은 귀납과 연역의 추론을 거치므로, 이 글에서는 귀납과 연역의 추론 원리를 중심으로 가설연역법의 논증 과정을 설명하고 있다.

오답풀이 ① 1문단에서 가설연역법의 개념을 제시하였으나, 이 글에서 귀납과 연역의 어원에 대해서는 다루고 있지 않다.

② 이 글에서는 구체적인 사례들을 일반화하고 그것을 체계화하는 논증 과정으로 가설연역법을 제시하고 그 과정을 설명하고 있을 뿐, 가설연역법의 발전이나 발달 과정에 대한 내용은 제시하지 않았다.

③ 4문단에서 가설연역법은 자연과학 이론이 성립되는 바탕이 되고, 사회과학에서도 유용한 학문 탐구 방법이라며 가설연역법의 유용성을 제시하고 있으나, 가설연역법의 성과에 대한 내용은 제시되지 않았다.

⑤ 4문단에서 가설연역법의 한계를 언급하였으나, 한계를 극복할 대안이나 절충 방안에 대한 내용은 언급하지 않았다.

1 구체적 사례에 적용   ④

2문단에 제시된 가설연역법의 논증 절차에 따르면 ⓐ는 중국과 일본에서 살다 온 아이들이 자신이 살았던 나라의 언어를 유창하게 구사한 구체적인 사례들에 해당한다. 그리고 ⓑ는 구체적인 사례들로부터 이끌어 낸 일반적인 명제, 즉 가설이다. ⓒ는 ⓑ의 가설을 전제로 '프랑스에서 살다 온 옆 반 아이들'이라는 대상으로 예측을 이끌어 낸 것이고, ⓓ는 예측한 내용에 대해 진위를 알아보겠다는 검증에 해당한다. 그런데 2문단에 따르면 예측의 진위를 알아보는 검증에서 예측이 가설에 포함되지 않는 사실(거짓)이라면 가설은 틀린 것이 된다고 하였다. 따라서 |보기|에서 예측에 해당하는 ⓒ가 거짓이라면 가설인 ⓑ가 반증된다.

오답풀이 ① 1문단에서 귀납은 개별적인 사실들이 모두 옳을지라도

결론이 반드시 옳은 것은 아닌 속성이 있다고 하였다. 그리고 2문단에서 구체적인 사례들로부터 가설이 되는 일반적인 명제를 이끌어 내는 귀납 추론 과정을 설명하였다. 따라서 귀납의 속성상 ⓐ가 참이라도 ⓑ가 참이 아닐 수 있다는 설명은 적절하다.

② 1문단에서 이미 알고 있는 일반적인 명제를 전제로 구체적인 사실을 이끌어 내는 연역 추론은, 전제가 옳다면 결론은 반드시 옳은 속성이 있다고 하였다. ⓑ는 전제로, 연역 추론을 통해 구체적 사실인 ⓒ를 이끌어 낸 것이므로 ⓑ가 참이면 ⓒ는 반드시 참이 된다.

③ 3문단에 따르면 예측(ⓒ)을 검증한 결과가 참이어야만 가설(ⓑ)을 확증할 수 있다. 따라서 ⓑ를 확증하려면 ⓒ가 참인지 거짓인지를 검증해야 한다.

⑤ ⓓ는 검증 과정으로, 2문단에서 검증은 '연구자가 관찰, 실험과 같은 경험적인 방법으로 예측의 진위를 알아보는 것'이라고 하였다.

2 세부 내용 추론   ②

2문단에 따르면, 구체적인 사례들에 대해 귀납 추론을 활용해 내린 결론(일반적인 명제)을 가설로 설정한다. 따라서 가설 설정 단계에서는 귀납 추론의 원리를 활용하므로, 가능한 많은 사례를 근거로 삼아야 이것으로부터 이끌어 낸 가설의 오류를 줄여 좀 더 정확한 가설을 설정할 수 있다.

오답풀이 ① 3문단에 따르면 다양한 예측을 하여 그것이 모두 참으로 확증되어야 가설이 비로소 학문적 진리성을 지닌 이론이 되는 것이다. 이는 가설연역법의 최종 단계로 볼 수 있으므로, 가설 설정의 단계와는 거리가 멀다.

③ 가설을 반증한다는 것은 가설이 틀렸다는 것으로, 반증 사례가 나오게 되면 앞서 설정했던 가설을 버리고 새로운 가설을 설정해야 한다. 따라서 반증 사례를 찾는 것은 가설이 거짓임을 밝히는 것일 뿐, 가설 설정 단계의 오류를 최소화하는 방법은 아니다.

④ 가설을 바탕으로 예측하는 것은 가설 설정 단계 이후의 일이다.

⑤ 예측에 대한 검증을 정확하게 하는 것은 가설의 참과 거짓을 알아보는 과정으로, 가설 설정 단계 이후의 일에 해당한다.

3 단어의 사전적 의미 파악   ③

'설정'은 '가설을 새롭게 만든다.'라는 문맥에 쓰였는데, 이를 통해 '설정'의 사전적 의미가 '새로 만들어 정해 둠.'임을 알 수 있다.

비트겐슈타인의 진리함수이론
2019학년도 11월 고1 학력평가

도입
비트겐슈타인의 주장 소개

전개
명제와 사실의 관계 설명

전개
복합명제의 진리가능성 설명

전개
복합명제에 대한 진리함수 설명

결론
진리함수이론을 통한 고민 해결

비트겐슈타인은 철학의 관심사가 사람이 '생각하는 바'가 아닌 사람이 '생각하는 바를 표현하는 것'이어야 한다고 주장했다. 그는 정신이나 이성에 관심을 가졌던 종래의 철학이 명제와 사실의 관계를 간과했다고 지적하며, 새로운 철학은 '말할 수 있는 것'과 '말할 수 없는 것'의 한계를 명확하게 설정할 수 있어야 한다고 보았다.
▶ 종래의 철학에 대한 비트겐슈타인의 주장

이를 위해 비트겐슈타인은 먼저 명제와 사실의 관계를 분명히 했다. 그에 의하면 명제는 사실과 대응한다. 그래서 그는 명제와 사실을 비교해서 명제가 사실과 일치하면 참, 사실과 일치하지 않으면 거짓이라고 보았다. 이를테면 '지구는 태양 주위를 돈다.'라는 명제는 지구가 태양 주위를 돌고 있다는 실제 경험할 수 있는 사실과 비교할 때 사실과 일치하기 때문에 참이 된다. 반면 '태양은 지구 주위를 돈다.'라는 명제는 사실과 비교할 때 거짓이 된다. 이처럼 비트겐슈타인은 하나의 명제는 하나의 사실과 대응하여 참 또는 거짓으로 판단할 수 있다고 보았다.
▶ 비트겐슈타인이 주장한 명제와 사실의 관계

그렇다면 '지구는 태양 주위를 돌고, 달은 지구 주위를 돈다.'와 같은 명제도 하나의 사실에 대응하는 것일까? 비트겐슈타인은 진리함수이론을 통해 이 같은 고민을 해결하고자 했다. 그는 어떤 명제는 그 안에 좀 더 단순한 형태의 명제들을 포함할 수 있다고 생각했다. 그래서 명제와 사실의 관계에 있어 논리적 기초가 되는 ㉠'요소명제'라는 언어 단위를 도입하였다. 그에 따르면 요소명제는 더 이상 분석할 수 없는 최소의 언어 단위로, 최소의 사실 단위인 '원자사실'에 대응한다. 그래서 그는 요소명제가 원자사실과 일치하면 '참(T)'이라는 진리값을, 일치하지 않으면 '거짓(F)'이라는 진리값을 갖는다고 보았으며, 명제의 진리값이 나올 수 있는 경우의 수를 진리가능성이라고 불렀다. 그에 의하면 요소명제의 진리가능성은 언제나 참과 거짓, 2개가 된다. 또한 그는 두 개 혹은 그 이상의 요소명제들로 구성된 명제를 '복합명제'라고 불렀는데, 복합명제를 구성하는 각각의 요소명제는 각각 하나의 원자사실과 대응하기 때문에 여기서 나올 수 있는 진리값을 조합한 모든 경우의 수가 복합명제의 진리가능성이 된다고 보았다. 결국 복합명제가 몇 개의 요소명제들로 이루어지느냐에 따라 요소명제의 수를 n이라고 보면, 복합명제의 진리가능성은 2^n개가 된다.
▶ 복합명제의 진리가능성을 구하는 방식

그리고 비트겐슈타인은 복합명제의 진리값은 복합명제를 구성하는 각각의 요소명제들의 진리값에 대한 진리연산을 통해 얻을 수 있다고 보았다. 이때 진리연산은 요소명제들로부터 진리함수가 만들어져 나오는 방법이며, 진리연산의 결과는 복합명제가 참이 되거나 거짓이 되는 조건을 말해 주는 진리조건이 된다. 그래서 '지구는 태양 주위를 돌고, 달은 지구 주위를 돈다.'라는 복합명제의 경우에는 '지구는 태양 주위를 돈다.'라는 요소명제 p와 '달은 지구 주위를 돈다.'라는 요소명제 q가 '그리고'에 의해 결합되어 있으므로, 이 복합명제는 p와 q의 진리값에 대해 '그리고'라는 진리연산이 적용된 진리함수 p∧q로 표현할 수 있다. 진리함수 p∧q는 '지구는 태양 주위를 돈다.'가 참이고, '달은 지구 주위를 돈다.'도 참이 될 때에만 진리값이 참이 된다. 이를 비트겐슈타인이 고안한 진리표로 만들면, 〈표〉와 같이 p와 q의 진리가능성은 TT, FT, TF, FF가 되고, p∧q의 진리조건은 TFFF가 된다.

p	q	p∧q
T	T	T
F	T	F
T	F	F
F	F	F

〈표〉

▶ 복합명제의 진리값을 구하는 진리연산과 진리함수

비트겐슈타인은 이렇게 복합명제를 진리표로 만들었을 때, 진리조건에 T와 F가 함께 표기되는 명제, 즉 사실과 비교함으로써 참 또는 거짓을 판단할 수 있는 명제를 '의미 있는 명제'라고 불렀다. 그리고 그는 의미 있는 명제가 바로 우리가 '말할 수 있는 것'의 영역에 포함된다고 보았다. 반면에 그는 우리가 '말할 수 없는 것'의 영역에 포함되는 명제로 '무의미한 명제'와 '의미를 결여한 명제'를 제시했다. 무의미한 명제는 그 명제에 대응하는 사실이 없어

비트겐슈타인의 주장을 파악했는가?
종래의 철학이 명제와 사실의 관계를 간과했다고 지적한 비트겐슈타인의 견해를 제시함.

비트겐슈타인이 말하는 명제와 사실의 관계를 이해했는가?
하나의 명제는 하나의 사실에 대응하여 참이나 거짓을 판단할 수 있다는 명제와 사실의 관계를 밝힘.

진리함수이론으로 복합명제의 진리값을 구하는 방식을 이해했는가?
요소명제의 결합으로 이루어진 복합명제의 진리값은 각각의 요소명제들의 진리값에 대한 진리연산을 통해 얻을 수 있고, 이때 진리가능성은 2^n(n: 요소명제의 수)이며 진리연산의 결과는 진리조건(복합명제가 참/거짓이 되는 조건)이 됨을 설명함.

비트겐슈타인이 진리함수이론을 통해 말하고자 한 것을 파악했는가?
비트겐슈타인은 진리함수이론을 통해 '말할 수 있는 것'의 영역에는 '의미 있는 명제'밖에 없다는 것을 보여 주었음을 강조함.

서 참과 거짓을 가려낼 수 없는 명제이다. 그리고 의미를 결여한 명제는 그 명제에 대응하는 사실은 없지만, 언제나 참이거나 언제나 거짓인 명제이다. 만약 의미를 결여한 명제를 진리표로 만든다면 그 진리조건은 언제나 모두 참이거나 모두 거짓으로 표기되겠지만, 이는 진리연산의 결과와 상관없는 표기이다. 결국 비트겐슈타인은 진리함수이론을 통해 우리가 말할 수 있는 것의 영역에는 참 또는 거짓으로 판단할 수 있는 의미 있는 명제밖에 없다는 것을 보여 줄 수 있었다.

'의미를 결여한 명제'의 개념

'의미를 결여한 명제'의 진리표에 나타나는 특징

비트겐슈타인의 주장을 뒷받침하는 진리함수이론

▶ 진리함수이론을 통해 비트겐슈타인이 말하고자 하는 것

일방형구조

도입

전개 | 전개 | 전개

결론

해제 이 글은 비트겐슈타인의 진리함수이론을 설명하는 글이다. 비트겐슈타인은 종래의 철학이 명제와 사실의 관계를 간과했음을 지적하고 '말할 수 있는 것'과 '말할 수 없는 것'의 한계를 명확하게 설정해야 한다고 주장하였다. 비트겐슈타인은 명제는 사실과 일치하면 참, 일치하지 않으면 거짓으로 사실과 대응된다고 보았다. 그리고 복합명제를 구성하는 요소명제는 원자사실과 대응되며, 요소명제들의 진리값에 대한 연산을 통해 복합명제의 진리값을 구하는 진리함수이론을 제시하였다. 또, 이를 바탕으로 진리표를 만들고 사실과 비교함으로써 참 또는 거짓을 판단할 수 있는 '의미 있는 명제'는 '말할 수 있는 것'의 영역에 포함되는 명제라고 하였다. 반면에 명제에 대응하는 사실이 없어 참과 거짓을 가려낼 수 없는 '무의미한 명제', 명제에 대응하는 사실은 없지만 언제나 참이거나 거짓인 '의미를 결여한 명제'는 '말할 수 없는 것'의 영역에 포함된다고 보았다. 이처럼 비트겐슈타인은 진리함수이론을 통해 '말할 수 있는 것'의 영역에는 '의미 있는 명제'밖에 없음을 보여 주었다.

주제 비트겐슈타인의 진리함수이론

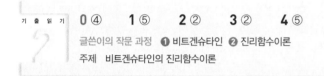

기 출 읽 기 0 ④   1 ⑤   2 ②   3 ②   4 ⑤

글쓴이의 작문 과정 ❶ 비트겐슈타인 ❷ 진리함수이론

주제   비트겐슈타인의 진리함수이론

0 내용 전개 방식 파악 　　　　　　　　④

이 글의 2문단에서 명제는 사실과 대응한다며 명제와 사실의 관계를 밝히고, 3~4문단에서 이를 복합명제에 관한 것으로 구체화하여 복합명제의 진리값을 요소명제의 진리값을 통해 얻을 수 있음을 보여 주는 진리함수이론을 설명하고 있다. 특히 '지구는 태양 주위를 돌고, 달은 지구 주위를 돈다.'라는 복합 명제를 구체적인 예시로 들어 진리함수이론을 알기 쉽게 설명하고 있다.

오답풀이 ① 명제와 사실이 갖는 한계는 언급하지 않았으며, 따라서 이를 극복할 수 있는 방법도 제시되지 않았다.
② 명제와 사실이 대응되는 관계를 다루었을 뿐, 둘 사이의 공통점을 다룬 것은 아니다.
③ 명제에 대한 통념은 제시되지 않았으며, 다양한 철학자의 견해를 비교한 것이 아니라 비트겐슈타인 한 사람의 견해를 구체적으로 다루었다.
⑤ 비트겐슈타인의 진리함수이론만 다루었을 뿐 관점을 시대순으로 정리하거나 비판적 견해를 제시한 내용은 나타나 있지 않다.

1 세부 내용 파악 　　　　　　　　⑤

5문단에서 '무의미한 명제는 그 명제에 대응하는 사실이 없어서 참과 거짓을 가려낼 수 없는 명제'이고 '의미를 결여한 명제는 그 명제에 대응하는 사실은 없지만, 언제나 참이거나 언제나 거짓인 명제'라

고 하였다. 여기서 알 수 있듯이, 무의미한 명제와 의미를 결여한 명제는 둘 다 대응하는 사실이 없다. 그런데 3문단에서 요소명제는 원자사실에 대응한다고 하였으므로 사실과 대응하는 요소명제가, 대응하는 사실이 없는 '무의미한 명제'와 '의미를 결여한 명제'를 구분하는 기준이라는 진술은 적절하지 않다.

오답풀이 ① 3문단에서 비트겐슈타인은 '요소명제는 더 이상 분석할 수 없는 최소의 언어 단위'라고 규정하였으므로, 요소명제가 더 이상 쪼갤 수 없는 언어 단위라는 진술은 적절하다.
② 3문단에서 비트겐슈타인은 두 개 혹은 그 이상의 요소명제들로 구성된 명제를 '복합명제'라고 불렀다. 따라서 두 개 이상의 요소명제가 결합하여 복합명제를 만들 수 있다는 진술은 적절하다.
③ 3문단에서 비트겐슈타인은 요소명제가 원자사실과 일치하면 '참(T)'이라는 진리값을, 일치하지 않으면 '거짓(F)'이라는 진리값을 갖는다고 보았으므로, 원자사실과의 일치 여부에 따라 요소명제의 진리값이 정해진다는 진술은 적절하다.
④ 3문단에서 비트겐슈타인은 요소명제의 진리가능성을 언제나 참과 거짓, 2개로 보았다고 하였으므로, 요소명제의 진리값이 나올 수 있는 경우의 수가 언제나 2개라는 진술은 적절하다.

2 구체적 사례에 적용 　　　　　　　　②

4문단을 참고하면 |보기|의 [진리표 1]에서 p와 q는 각각의 요소명제이고 진리연산이 적용된 복합명제는 진리함수 p∨q이다. 그리고 p와 q의 진리가능성은 TT, FT, TF, FF가 되고, p∨q의 진리조건은 TTTF가 된다. 그런데 3문단에서 요소명제는 각각 하나의 원자사실과 대응하고 요소명제가 원자사실과 일치하면 '참(T)'이라는 진리값을, 일치하지 않으면 '거짓(F)'이라는 진리값을 갖는다고 하였으므

로, T 또는 F의 진리값은 요소명제가 그것과 대응되는 원자사실과 일치하는지에 따라 정해지는 것이다. 따라서 [진리표 1]에서 복합명제의 진리값이 F일 때는 p와 q가 그것에 대응하는 원자사실과 일치하지 않아 둘 다 모두 F일 때이므로, p와 q에 대응하는 원자사실이 없다는 것은 적절하지 않다.

오답풀이 ① 4문단에서 '진리연산의 결과는 복합명제가 참이 되거나 거짓이 되는 조건을 말해 주는 진리조건'이 된다고 하였고, [진리표 1]의 진리조건은 TTTF이므로, [진리표 1]에서 진리연산의 결과인 진리조건은 TTTF이다.

③ 5문단에서 '진리조건에 T와 F가 함께 표기되는 명제, 즉 사실과 비교함으로써 참 또는 거짓을 판단할 수 있는 명제를 의미 있는 명제'라고 하였다. [진리표 1]의 진리조건은 TTTF로, T와 F가 함께 표기되어 있으므로, [진리표 1]의 복합명제는 '의미 있는 명제'이다.

④ 4문단을 통해 진리함수의 진리값이 참인 것은 진리조건에서 T로 나타남을 알 수 있다. 이를 바탕으로 할 때 |보기|의 [진리표 1]의 진리조건은 TTTF이므로 이 중 $p \lor q$의 진리값이 참인 경우는 p와 q의 진리가능성이 TT일 때, FT일 때, TF일 때이다.

⑤ 3문단에서 '두 개 혹은 그 이상의 요소명제들로 구성된 명제를 복합명제'라고 한다고 하면서 '복합명제가 몇 개의 요소명제들로 이루어지느냐에 따라 요소명제의 수를 n이라고 보면, 복합명제의 진리가능성은 2^n개가 된다.'라고 하였다. |보기|의 [진리표 1]에서 요소명제는 p, q 2개인데, 여기에 요소명제가 하나 더 추가되면 3개가 된다. 따라서 요소명제가 3개이면 이 복합명제의 진리가능성은 2^3개가 된다.

3 구체적 사례에 적용 ───────────── ②

5문단에 따르면, '의미를 결여한 명제'를 진리표로 만들면 진리조건은 언제나 모두 참이거나 모두 거짓으로 표기되는데, 이는 진리연산의 결과와 상관없는 표기이다. 따라서 |보기|의 [진리표 2]는 진리연산과 상관없이 진리조건이 TTTT로 표기된 '의미를 결여한 명제'의 진리표이다. 이에 반해 [진리표 1]은 원자사실과 대응하는 요소명제 2개가 있고, 이것의 복합명제인 $p \lor q$의 진리조건은 TTTF이므로 '의미 있는 명제'의 진리표이다. 따라서 [진리표 1]과 달리 [진리표 2]는 '의미를 결여한 명제'를 진리표로 만든 것이겠다는 진술은 적절하다.

오답풀이 ① [진리표 1]의 진리함수는 $p \lor q$이고 [진리표 2]의 진리함수는 'p → (q → p)'로 서로 다르다.

③ [진리표 1]의 복합명제는 '의미 있는 명제'에 해당하므로 '말할 수 있는 것'에 속하고, [진리표 2]의 복합명제는 '의미를 결여한 명제'에 해당하므로 '말할 수 없는 것'에 속한다.

④ 4문단의 ''그리고'라는 진리연산이 적용된 진리함수 $p \land q$'라는 내용으로 보아, 진리연산은 '그리고($\land$)'임을 알 수 있다. 이를 [진리표 1]과 [진리표 2]에 적용해 보면 [진리표 1]의 복합명제에 적용된 진리연산은 '$\lor$', [진리표 2]의 복합명제에 적용된 진리연산은 '→ (→)'로 서로 다르다.

⑤ [진리표 1]은 p와 q라는 요소명제 2개로 구성된 복합명제로 '의미

있는 명제'이나. 3문단에서 복합명제를 구성하는 요소명제는 하나의 원자사실과 대응한다고 하였으므로 [진리표 1]의 요소명제 수는 2개이다. 한편 [진리표 2]의 복합명제는 '의미를 결여한 명제'로 5문단의 설명과 같이 명제에 대응하는 사실이 없는 명제이다. 따라서 원자사실과 대응하는 요소명제의 수는 [진리표 1]은 2개, [진리표 2]는 0개이다.

4 반응의 적절성 파악 ───────────── ⑤

5문단의 '사실과 비교함으로써 참 또는 거짓을 판단할 수 있는 명제를 의미 있는 명제라고 불렀다.', '무의미한 명제는 그 명제에 대응하는 사실이 없어서 참과 거짓을 가려낼 수 없는 명제이다.'로 보아 비트겐슈타인은 사실과 비교함으로써 참 또는 거짓을 판단할 수 있는 명제를 '의미 있는 명제', 대응하는 사실이 없어 참과 거짓을 판단할 수 없는 명제를 '무의미한 명제'로 보았음을 알 수 있다. 또한 2문단에 따르면 비트겐슈타인의 입장에서 사실은 '실제 경험할 수 있는 사실'을 가리킨다. 그런데 |보기|의 ⓐ는 뒤의 문맥과 관련지어 볼 때, '이데아'가 육안이 아니라 마음의 눈으로 인식되는 대상임을 나타내는 명제임을 알 수 있다. 따라서 비트겐슈타인의 입장에서 |보기|의 ⓐ는 실제 경험할 수 있는 사실이 아니라 정신적인 것이므로 대응하는 사실이 없어, 참과 거짓을 판단할 수 없는 무의미한 명제가 될 것이다.

오답풀이 ① 1문단에서 알 수 있듯이, 비트겐슈타인은 정신이나 이성에 관심을 가졌던 종래의 철학에 대해 비판적인 입장이었다. ⓐ는 정신에 관심을 가졌던 종래 철학의 명제이므로, 비트겐슈타인의 입장에서 이를 철학의 관심사로 삼아야 할 내용을 담았다고 이해하는 것은 적절하지 않다.

② 1문단에서 알 수 있듯이, 비트겐슈타인은 '생각하는 바'가 아닌 '생각하는 바를 표현하는 것'을 철학의 관심사로 삼아야 한다고 하였다. 그런데 ⓐ는 종래의 철학자인 플라톤이 주장한 명제이고, '생각하는 바를 표현하는 것'은 비트겐슈타인이 주장한 것이므로 ⓐ가 '생각하는 바를 표현하는 것'이라고 이해하는 것은 적절하지 않다. 또한 5문단에서 비트겐슈타인은 사실과 비교함으로써 참 또는 거짓을 판단할 수 있는 명제를 '의미 있는 명제'라고 하였다. ⓐ는 대응하는 사실이 없어 참과 거짓을 가려낼 수 없으므로 '의미 있는 명제'라고 할 수 없다.

③ 1문단에 따르면 비트겐슈타인은 종래의 철학에서 벗어난 새로운 철학은 '말할 수 있는 것'과 '말할 수 없는 것'의 한계를 명확히 설정할 수 있다고 하였다. 그런데 ⓐ는 새로운 철학이 아닌 종래의 철학에서 주장한 명제이므로, '말할 수 있는 것'과 '말할 수 없는 것'의 경계를 표현한 명제로 이해하는 것은 적절하지 않다. 또한 5문단에 따르면 ⓐ는 대응하는 사실이 없어 참과 거짓을 가려낼 수 없는 '무의미한 명제'로 비트겐슈타인의 입장에서 보면 '말할 수 없는 것'에 해당한다.

④ ⓐ는 정신을 통해서만 이데아를 인식할 수 있다는 의미가 담긴 명제이므로, 실제 경험할 수 없으며 참과 거짓을 가려낼 수 없다.

변증법을 바탕으로 한 헤겔의 미학 2022학년도 수능

도입
헤겔의 변증법 소개

전개
변증법에 따른 헤겔의 미학 설명

결론
예술, 종교, 철학의 단계적 등급 설명

도입
변증법에서 '종합'의 의미 강조

전개
헤겔의 미학에 적용된 변증법 비판

결론
헤겔의 미학에 대한 평가

가 ㉠정립-반정립-종합. 변증법의 논리적 구조를 일컫는 말이다. 변증법에 따라 철학적
논증을 수행한 인물로는 단연 헤겔이 거명된다. 변증법은 대등한 위상을 지니는 세 범주의
병렬이 아니라, 대립적인 두 범주가 조화로운 통일을 이루어 가는 수렴적 상향성을 구조적
특징으로 한다. 헤겔에게서 변증법은 논증의 방식임을 넘어, 논증 대상 자체의 존재 방식이
기도 하다. 즉 세계의 근원적 질서인 '이념'의 내적 구조도, 이념이 시·공간적 현실로서 드
러나는 방식도 변증법적이기에, 이념과 현실은 하나의 체계를 이루며, 이 두 차원의 원리를
밝히는 철학적 논증도 변증법적 체계성을 지녀야 한다.
▶ 변증법의 논리 구조와 헤겔의 변증법

헤겔은 미학도 철저히 변증법적으로 구성된 체계 안에서 다루고자 한다. 그에게서 미학의
대상인 예술은 종교, 철학과 마찬가지로 '절대정신'의 한 형태이다. 절대정신은 절대적 진리
인 '이념'을 인식하는 인간 정신의 영역을 가리킨다. 예술·종교·철학은 절대적 진리를 동일
한 내용으로 하며, 다만 인식 형식의 차이에 따라 구분된다. 절대정신의 세 형태에 각각 대
응하는 형식은 직관·표상·사유 이다. '직관'은 주어진 물질적 대상을 감각적으로 지각하는
지성이고, '표상'은 물질적 대상의 유무와 무관하게 내면에서 심상을 떠올리는 지성이며, '사
유'는 대상을 개념을 통해 파악하는 순수한 논리적 지성이다. 이에 세 형태는 각각 '직관하
는 절대정신', '표상하는 절대정신', '사유하는 절대정신'으로 규정된다. 헤겔에 따르면 직관
의 외면성과 표상의 내면성은 사유에서 종합되고, 이에 맞춰 예술의 객관성과 종교의 주관
성은 철학에서 종합된다.
▶ 변증법적 구성 체계를 바탕으로 한 헤겔의 미학

형식 간의 차이로 인해 내용의 인식 수준에는 중대한 차이가 발생한다. 헤겔에게서 절대정
신의 내용인 절대적 진리는 본질적으로 논리적이고 이성적인 것이다. 이러한 내용을 예술은
직관하고 종교는 표상하며 철학은 사유하기에, 이 세 형태 간에는 단계적 등급이 매겨진다.
즉 예술은 초보 단계의, 종교는 성장 단계의, 철학은 완숙 단계의 절대정신이다. 이에 따라
㉡예술-종교-철학 순의 진행에서 명실상부한 절대정신은 최고의 지성에 의거하는 것, 즉
철학뿐이며, 예술이 절대정신으로 기능할 수 있는 것은 인류의 보편적 지성이 미발달된 머
나먼 과거로 한정된다.
▶ 인식 형식의 차이로 인해 나타난 예술, 종교, 철학의 단계적 등급

나 변증법의 매력은 '종합'에 있다. 종합의 범주는 두 대립적 범주 중 하나의 일방적 승리로
끝나도 안 되고, 두 범주의 고유한 본질적 규정이 소멸되는 중화 상태로 나타나도 안 된다.
종합은 양자의 본질적 규정이 유기적 조화를 이루어 질적으로 고양된 최상의 범주가 생성됨
으로써 성립하는 것이다.
▶ 변증법에서 종합의 의미

헤겔이 강조한 변증법의 탁월성도 바로 이것이다. 그러기에 변증법의 원칙에 최적화된 엄
밀하고도 정합적인 학문 체계를 조탁하는 것이 바로 그의 철학적 기획이 아니었던가. 그런
데 그가 내놓은 성과물들은 과연 그 기획을 어떤 흠결도 없이 완수한 것으로 평가될 수 있
을까? 미학에 관한 한 '그렇다'는 답변은 쉽지 않을 것이다. 지성의 형식을 직관-표상-사유
순으로 구성하고 이에 맞춰 절대정신을 예술-종교-철학 순으로 편성한 전략은 외관상으로
는 변증법 모델에 따른 전형적 구성으로 보인다. 그러나 실질적 내용을 보면 직관으로부터
사유에 이르는 과정에서는 외면성이 점차 지워지고 내면성이 점증적으로 강화·완성되고 있
음이, 예술로부터 철학에 이르는 과정에서는 객관성이 점차 지워지고 주관성이 점증적으로
강화·완성되고 있음이 확연히 드러날 뿐, 진정한 변증법적 종합은 이루어지지 않는다. 직
관의 외면성 및 예술의 객관성의 본질은 무엇보다도 감각적 지각성인데, 이러한 핵심 요소
가 그가 말하는 종합의 단계에서는 완전히 소거되고 만다.
▶ 헤겔의 미학에 적용된 변증법 비판

변증법에 충실하려면 헤겔은 철학에서 성취된 완전한 주관성이 재객관화되는 단계의 절
대정신을 추가했어야 할 것이다. 예술은 '철학 이후'의 자리를 차지할 수 있는 유력한 후보

중심 화제를 파악했는가?
변증법에서 정립-반정립-종합의 논리적 구조를 설명한 뒤, 헤겔의 변증법을 소개함.

변증법의 논리적 구조를 바탕으로 헤겔의 미학을 이해했는가?
절대정신인 예술·종교·철학은 직관, 표상, 사유와 대응하고 변증법에 따라 예술의 객관성과 종교적 주관성이 철학에서 종합된다고 하며 형식 간의 차이로 인한 인식 수준의 차이로 예술-종교-철학 순으로 단계적 등급이 매겨진다고 설명함.

(가)와 (나)의 두 지문을 함께 엮은 이유를 생각했는가?
(가)에서 헤겔의 변증법에 대해 설명한 뒤, (나)에서 헤겔의 변증법에 대한 비판적 의견을 함께 제시함.

헤겔의 미학에 적용된 변증법을 비판하는 관점과 그 이유를 파악했는가?
변증법에서 종합의 의미에 대해 설명한 뒤, 헤겔의 미학에는 변증법적 종합이 이루어지지 않았음을 비판함.

이다. 실제로 많은 예술 작품은 '사유'를 매개로 해서만 설명되지 않는가. 게다가 이는 누구

보다도 풍부한 예술적 체험을 한 헤겔 스스로가 잘 알고 있지 않은가. 이 때문에 방법과 철

학 체계 간의 이러한 불일치는 더욱 아쉬움을 준다. ▶ 헤겔의 변증법과 철학 체계 간의 불일치에 대한 아쉬움

<u>헤겔의 미학을 비판하는 근거</u>

<u>예술이 철학 이후의 자리에 와야 하는 이유</u>

예술의 위상에 대한 글쓴이의 관점을 파악했는가?
예술의 위상에 대한 헤겔의 관점에 아쉬움을 나타내며, 예술이 철학 이후의 자리에 와야 한다는 글쓴이의 인식을 드러냄.

일방형구조

해제 (가)와 (나)는 변증법을 통해 예술, 종교, 철학의 관계를 다룬 헤겔의 이론을 서로 다른 관점에서 설명하고 있다. (가)에서는 변증법적 체계 안에서 헤겔의 미학에 대해 설명하고 있는데, 헤겔은 '예술, 종교, 철학'을 절대정신으로 보고, 이 셋은 절대적 진리를 동일한 내용으로 하되, 인식 형식의 차이에 따라 구분된다고 하였다. 이 셋에 대응하는 형식은 직관, 표상, 사유이며, 직관의 외면성과 예술의 객관성이 대응된다고 보았다. 또한 예술은 초보 단계, 종교는 성장 단계, 철학은 완숙 단계로서 단계적 등급이 매겨진다고 하였다. (나)는 이러한 헤겔의 미학에 대해 비판적 입장에서 서술하고 있다. 헤겔의 미학은 외관상 '정립(예술)−반정립(종교)'의 두 범주가 종합(철학)되는 변증법적 체계를 갖추었지만, 헤겔의 주장에 따르게 되면 실질적으로는 직관의 외면성 및 예술의 객관성의 본질은 종합의 단계에서 완전히 소거하고 마는 문제가 발생한다. 하지만 실제로 많은 예술 작품은 사유를 매개로 해서만 설명되기 때문에, 예술은 철학 이후의 자리를 차지해야 한다고 하였다.

주제 (가) 헤겔의 변증법 이론과 미학 / (나) 헤겔의 미학에 드러나는 변증법과 철학적 체계 간 불일치에 대한 비판

기출읽기 **3**

0 ①   1 ③   2 ④   3 ③   4 ②

글쓴이의 작문 과정 ❶ 변증법 ❷ 종합
주제 (가) 헤겔의 변증법 이론과 미학 / (나) 헤겔의 미학에 드러나는 변증법과 철학적 체계 간 불일치에 대한 비판

0 내용 전개 방식 파악 ——————————— ①

(가)에서는 변증법에 기반한 헤겔의 미학을 소개하면서, 헤겔의 관점에서 '예술−종교−철학'의 단계적 등급에 따라 예술이 철학보다 인식 수준이 낮은 초보 단계의 절대정신으로 평가되고 있다고 하였다. 한편 (나)는 헤겔의 변증법과 철학 체계 간의 불일치를 지적하며 예술이 철학 이후의 자리에 놓일 수 있어야 함을 언급하고 있다. 따라서 (가)와 (나)는 모두 헤겔의 변증법에 기반한 체계를 바탕으로 예술의 상대적 위상을 제시하고 있음을 알 수 있다.

오답풀이 ② (가)와 (나)는 모두 변증법을 바탕으로 헤겔의 미학에 대해 다루고 있다. (나)에서 헤겔의 미학이 변증법과 철학 체계 간의 불일치를 보이는 것을 지적하였으나 (가)와 (나)가 변증법에 대한 상반된 평가를 바탕으로 더 설득력 있는 미학 이론을 모색하지는 않았다.
③ (나)에서 변증법의 시대적 한계를 지적하거나 이에 맞서는 혁신적인 방법을 제안하는 내용은 제시되지 않았다.
④ (나)에서 변증법적 체계 안에서 미학의 위상에 대해 설명하고 있으나 예술 장르를 범주적으로 유형화하는 내용은 제시되지 않았다.
⑤ (가)에서 변증법의 통시적 변화 과정을 적용하거나 철학사를 단계적으로 설명한 내용은 제시되지 않았다.

1 세부 내용 파악 ——————————— ③

(가)의 2문단에서 '예술은 종교, 철학과 마찬가지로 '절대정신'의 한 형태'라는 부분을 통해 절대정신의 세 가지 형태가 예술·종교·철학

임을 알 수 있다. 그리고 예술·종교·철학은 절대적 진리를 동일한 내용으로 하며, 다만 인식 형식의 차이에 따라 구분되고, 예술·종교·철학에 각각 대응하는 형식은 직관·표상·사유라는 지성이라고 하였다. 따라서 절대정신의 세 가지 형태인 예술·종교·철학은 각각 직관·표상·사유라는 지성(인식 형식)에 의해 구분되는 것이지, 지성의 세 가지 형식이 인식하는 대상이 예술·종교·철학인 것은 아니다.

오답풀이 ① (가)의 2문단에서 예술·종교·철학은 절대정신의 한 형태로, 절대적 진리를 동일한 내용으로 하지만 인식 형식의 차이에 따라 구분된다고 하였다. 이를 통해 예술·종교·철학은 인식 내용은 동일하나 인식 형식이 상이함을 알 수 있다.
② (가)의 1문단에서 '세계의 근원적 질서인 '이념'의 내적 구조도, 이념이 시·공간적 현실로서 드러나는 방식도 변증법적'이라고 하였다. 따라서 헤겔의 입장에서 세계의 근원적 질서와 시·공간적 현실은 하나의 변증법적 체계를 이룬다고 할 수 있다.
④ (가)의 1문단에서 '헤겔에게서 변증법은 논증의 방식임을 넘어, 논증 대상 자체의 존재 방식이기도 하다.'라고 하였는데, 이를 통해 변증법은 철학적 논증의 방법이자 논증 대상의 존재 방식임을 알 수 있다.
⑤ (가)의 3문단의 '헤겔에게서 절대정신의 내용인 절대적 진리는 본질적으로 논리적이고 이성적인 것이다.'라는 진술을 통해 알 수 있다.

2 구체적 사례에 적용 ——————————— ④

(가)의 2문단에서 직관은 '주어진 물질적 대상을 감각적으로 지각하는 지성'이고, 표상은 '물질적 대상의 유무와 무관하게 내면에서 심상을 떠올리는 지성'이며, 사유는 '대상을 개념을 통해 파악하는 순수한 논리적 지성'이라고 하였다. 그런데 ④의 '예술의 새로운 개념을 설정하는 것'은 대상을 개념을 통해 파악하는 것이므로 사유를 통해 이루어지는 것이다. 하지만 '새로운 감각을 일깨우는 작품의 창작

을 기획하는 것'은 물질적 대상을 감각적으로 지각하는 것이 아니므로 직관을 통해 이루어지는 것이 아니다.

오답풀이 ① '먼 타향에서 밤하늘의 별을 바라보는 것'은 물질적 대상인 '별'을 시각을 통해 감각적으로 지각하는 것이므로, 직관을 통해 이루어진 것이다. 그리고 '같은 곳에서 고향의 하늘을 상기하는 것'은 물질적 대상의 유무와 무관하게 내면에서 고향의 심상을 떠올리는 것이므로, 표상을 통해 이루어진 것이다.
② '타임머신을 타고 미래로 가는 자신의 모습을 상상하는 것'이나 '판타지 영화의 장면을 떠올려 보는 것'은 모두 물질적 대상의 유무와 무관하게 내면에서 심상을 떠올리는 것이므로, 표상을 통해 이루어진 것이다.
③ '초현실적 세계가 묘사된 그림을 보는 것'은 그림을 시각을 통해 감각적으로 지각하는 것이므로 직관을 통해 이루어진 것이고, '그 작품을 상상력 개념에 의거한 이론에 따라 분석하는 것'은 대상을 개념을 통해 파악하는 것이므로 사유를 통해 이루어진 것이다.
⑤ '도덕적 배려의 대상을 생물학적 상이성 개념에 따라 규정하는 것'과 '이에 맞서 감수성 소유 여부를 새로운 기준으로 제시하는 것'은 모두 대상을 개념을 통해 파악하는 순수한 논리적 지성을 통해 이루어진 것이므로, 사유를 통해 이루어진 것에 해당한다.

3 세부 내용 추론 ③

(나)의 2문단에서 글쓴이는 헤겔이 '절대정신을 예술-종교-철학 순으로 편성한 전략은 외관상으로 변증법 모델에 따른 전형적 구성으로 보'이나 실질적으로는 '진정한 변증법적 종합이 이루어지지 않았다'고 하였다. '직관으로부터 사유에 이르는 과정에서 직관의 외면성이 점차 지워지고 내면성이 점증적으로 강화·완성되고 있음이, 예술로부터 철학에 이르는 과정에서 예술의 객관성이 점차 지워지고 주관성이 점증적으로 강화·완성되고 있음이 확연히 드러날 뿐, 진정한 변증법적 종합은 이루어지지 않는다'는 것이다. 즉 (나)의 글쓴이는 '정립'과 '반정립' 두 범주의 본질적 규정이 유기적 조화를 이루며 '종합'되는 ㉠의 논리적 구조에서와 달리 ㉡에서는 범주 간 이행에서 첫번째 범주의 특성이 갈수록 약해진다고 본 것이다.

오답풀이 ① ㉠에서 첫 번째 범주는 정립, 두 번째 범주는 반정립이다. ㉡에서 첫 번째 범주는 예술이고, 두 번째 범주는 종교이다. 그런데 (나)의 1문단에서 '종합의 범주는 두 대립적 범주 중'을 통해 글쓴이가 '정립'과 '반정립', '예술'과 '종교'를 서로 대립적 범주로 보았음을 알 수 있다.
② (나)의 1문단의 '종합은 양자의 본질적 규정이 유기적 조화를 이루어 질적으로 고양된 최상의 범주가 생성됨으로써 성립하는 것이다.'를 통해, 글쓴이가 ㉠ '정립-반정립-종합' 중 두 번째와 세 번째 범주 간에 수준상 차이가 있다고 보았음을 알 수 있다. 또한 2문단의 '예술로부터 철학에 이르는 과정에서는 ~ 주관성이 점증적으로 강화·완성되고 있음'을 통해, 글쓴이가 ㉡ '예술-종교-철학' 중 두 번째와 세 번째 간에 수준상 차이가 있다고 보았음을 알 수 있다.
④ (나)의 1문단의 '종합은 양자의 본질적 규정이 유기적 조화를 이

루어 질적으로 고양된 최상의 범주가 생성됨으로써 성립하는 것이다.'를 통해, 글쓴이가 ㉠의 세 번째 범주인 '종합'에서 '정립'과 '반정립'의 조화로운 통일을 이루어진다고 보았음을 알 수 있다. 그런데 2문단에서 '예술로부터 철학에 이르는 과정에서는 ~ 진정한 변증법적 종합은 이루어지지 않는다.', '예술의 객관성의 본질은 ~ 종합의 단계에서는 완전히 소거되고 만다.'라고 하였으므로 ㉡에서는 세 번째 범주인 '철학'에서 '예술'과 '종교'의 조화로운 통일이 이루어지지 않는다고 보았음을 알 수 있다.
⑤ (가)의 1문단에서 변증법의 논리적 구조인 ㉠에서는 대립적인 두 범주가 조화로운 통일을 이루어 가는 수렴적 상향성이 드러난다고 하였다. (나)의 글쓴이는 1문단에서 변증법의 매력이 종합에 있으며 2문단에서는 예술의 객관성의 본질이 종합의 단계에서 소거된다고 하였으므로 ㉠에서는 범주 간 이행에서 수렴적 상향성이 드러나지만, ㉡에서는 그렇지 않다고 보았음을 알 수 있다.

4 구체적 상황에 적용 ②

(나)의 3문단에서 글쓴이는 '실제로 많은 예술 작품이 '사유'를 매개로 해서만 설명'된다고 하면서, 이 때문에 헤겔의 미학에서 드러나는 방법과 철학 체계 간의 불일치가 더욱 아쉬움을 준다고 하였다. |보기|에서 헤겔은 인생의 완숙기에 이른 두 문학가가 '최고의 지성적 통찰을 진정한 예술미로 승화시킬 수 있었'다고 하였다. 이에 대해 (나)의 글쓴이는 직관의 외면성과 예술의 객관성이 대응된다고 본 헤겔의 견해와 관련지어, 헤겔의 이론에서 예술이 직관의 외면성에 대응하더라도 현실에서는 내면성을 바탕으로 하는 절대정신일 수 있다고 지적할 수 있다.

오답풀이 ① |보기|에서 헤겔은 '두 천재도 인생의 완숙기에 이르러서야 비로소 최고의 지성적 통찰을 진정한 예술미로 승화시'켰다고 하였다. 이는 (나)의 글쓴이가 '실제로 많은 예술 작품은 '사유'를 매개로 해서만 설명'되므로 예술을 철학 이후의 자리에 놓아야 한다고 했던 것과 상통한다. 또 종합의 범주가 앞선 두 범주들의 고유한 본질적 규정이 소멸되는 중화 상태로 나타나서는 안 된다고 하였다. 따라서 (나)의 글쓴이가 ㉮에서 종합을 이루어야 하는 세 번째 단계가 현실에서 대립적 범주들을 중화한다고 말한다는 것은 적절하지 않다.
③ '정립-반정립-종합'의 변증법적 체계 안에서 '예술-종교-철학'은 각 단계에 대응되므로, 이론에서 '예술'은 '정립' 단계에 해당한다.
④ (나)의 3문단에서 글쓴이는 '변증법에 충실하려면 헤겔은 철학에서 성취된 완전한 주관성이 재객관화되는 단계의 절대정신을 추가'해야 한다고 하였다. |보기|에서 두 천재의 작품에 대해 '최고의 지성적 통찰을 진정한 예술미로 승화'시켰다고 평가한 것을 재객관화되는 단계로 이해되므로, (나)의 글쓴이가 ㉮에서 예술이 현실에서 객관성이 사라진 주관성을 지닌다고 말한다는 것은 적절하지 않다.
⑤ 헤겔은 예술이 절대정신의 한 형태라고 하였고, (나)의 글쓴이는 예술이 사유를 매개로 하므로 철학 이후의 자리를 차지할 수 있는 유력한 후보라고 하였다. 따라서 (나)의 글쓴이가 ㉮에서 예술이 현실에서 진리의 인식을 수행할 수 없다고 말한다는 것은 적절하지 않다.

0 금리를 예측하는 피셔의 방정식

2015학년도 3월 고2 학력평가

어떻게 썼을까?

의문
금리 예측 방법에 대한 의문 제기

전제
금리가 결정되는 방식 제시

전제
어빙 피셔의 방정식 소개

전제
명목 금리와 실질 금리의 개념 제시

대답
물가 상승률에 영향을 받는 명목 금리의 흐름 설명

대답
경제 성장률에 영향을 받는 실질 금리의 흐름 설명

대답
정책 금리와 명목 금리(시중 금리)의 관계 설명

정리
중앙은행의 정책 금리 결정 요소 제시

돈을 빌린 사람은 빌린 돈에 대한 대가를 지급하는데, 이를 이자라 하고, 원금에 대한 이자의 비율을 금리(金利) 또는 이자율이라고 한다. 금리의 흐름을 제대로 파악할 수 있다면 사람들은 보다 합리적으로 저축이나 소비, 투자를 할 수 있을 것이다. 그렇다면 금리의 흐름을 예측할 수 있는 방법은 없을까?
▶ 금리(이자율)의 개념 및 금리 흐름을 예측하는 방법에 대한 의문

금리는 자금에 대한 수요와 공급이 일치되는 지점에서 결정된다. 자금 수요가 공급보다 많으면 금리가 올라가고, 자금 공급이 수요보다 많으면 금리가 내려간다.
▶ 금리(이자율)가 결정되는 방식

그런데 물가가 변하면 같은 돈으로 재화와 서비스를 살 수 있는 구매력이 달라지고, 실질적인 금리도 달라진다. 이로 인해 명목적인 금리와 실질적인 금리를 구분해야 할 필요성이 생겼고, 경제학자 어빙 피셔는 다음과 같은 방정식을 수립했다.

㉠ 명목 금리(i) ≒ 물가 상승률(π) + 실질 금리(r)
▶ 어빙 피셔의 방정식

명목 금리는 우리가 접할 수 있는 표면상의 금리이며, 각종 금융 기관이 제시하는 일반적인 예금과 대출의 금리가 여기에 해당한다. 실질 금리는 명목 금리에서 물가 상승률을 차감한 값이다.
▶ 명목 금리와 실질 금리의 개념

명목 금리는 물가 상승률과 실질 금리의 합과 같으므로, 두 지표의 변동을 알 수 있다면 명목 금리의 흐름도 예측해 볼 수 있게 된다. 명목 금리의 흐름을 파악하기 위해서는 먼저 물가 변동을 예상할 수 있어야 한다. 물가 상승률이 높아지면 명목 금리도 오르는데, 이는 화폐 가치가 떨어진 만큼 금리를 올려 보상받으려는 경향이 있기 때문이다.
▶ 명목 금리의 흐름을 파악하기 위한 방법

실질 금리는 사전에 관측되기 어려우므로 이를 간접적으로라도 알려 줄 지표가 필요하다. 화폐가 없던 시절의 상황을 가정해 보자. 씨앗이나 농기구와 같은 실물을 빌리고 나중에 생산물 일부를 이자로 지급한다면, 어느 정도의 이자를 지급하는 것이 좋겠는가? 아마도 실물을 투자해서 얻게 될 추가적 생산물의 양 이내에서 이자를 지급할 것이다. 즉 실질 금리는 실물 투자에 따라 늘어나는 추가적 생산물이 결정한다. 이와 마찬가지로 경제가 잘 돌아가 경제 성장률이 높을 때는 일반적으로 기업의 투자 성과도 높아진다. 따라서 실질 금리는 경제 성장률이 높으면 오르고 떨어지면 낮아진다. 결국 금리의 흐름은 물가와 경제 성장률에 큰 영향을 받는다.
▶ 실질 금리의 흐름을 예측할 수 있는 방법

현실 세계에서 우리가 접하는 금리는 종류도 많고 그 구조도 복잡해 보인다. 예금 금리와 대출 금리가 다르고, 대출 금리라도 은행에 따라 다르고 빌리는 기간이나 빌리는 사람의 신용도에 따라 다르다. 이런 상황에서 다양한 금리가 결정되는 기초가 되는 정책 금리를 주목할 만하다. 정책 금리는 각국 중앙은행이 시중에 자금을 공급할 때 기준이 되는 금리이며, 기준 금리라고도 한다. 시중 은행은 정책 금리에 수수료와 이윤 등을 감안하여 금리를 책정하므로, 정책 금리를 올리거나 내리면 시중 금리 역시 오르거나 내리는 전반적 변화가 생긴다.
▶ 명목 금리의 기준이 되는 정책 금리

중앙은행이 정책 금리를 결정할 때 우선적으로 고려하는 것은 물가 상승률과 경제 성장률이다. 물가 상승률이 높다 판단되면 금리를 올리고, 경기가 부진하다 싶으면 금리를 내리는데, 결정된 금리는 다시 시장에 영향을 미친다. 금리를 올려서 물가 안정을 도모한다든지, 금리를 내려서 경기 활성화를 유도하는 것은 모두 정책 금리를 통해서 경제 전반에 영향을 미치고자 하는 중앙은행의 의도를 보여 주는 것이다.
▶ 중앙은행의 정책 금리 결정 방식과 그 의도

어떻게 읽을까!

중심 화제를 파악했는가?
금리(이자율)의 흐름을 예측할 수 있는 방법에 대해 질문하고, 그 대답을 찾기 위해 알아야 할 개념으로 금리가 결정되는 방식과 어빙 피셔의 방정식, 명목 금리와 실질 금리의 개념을 소개함.

금리의 흐름을 예측할 수 있는 방법을 파악했는가?
명목 금리를 구하는 방법을 바탕으로 명목 금리의 흐름은 물가 상승률에 영향을 받으며, 실질 금리의 흐름은 경제 성장률에 큰 영향을 받는다고 설명함.

정책 금리 결정에 영향을 미치는 요소를 파악했는가?
정책 금리의 개념 및 정책 금리와 시중 금리의 관계, 정책 금리를 결정할 때 고려하는 요소에 대한 설명을 통해 정책 금리가 시중 금리(명목 금리)의 기준이 됨을 제시함.

문답형구조

	의문	
전제	전제	전제
대답	대답	대답
	정리	

해제 이 글은 피셔의 방정식을 활용하여 금리의 흐름을 예측하는 방법을 설명하고 있다. 피셔의 방정식이란 명목 금리가 물가 상승률과 실질 금리의 합으로 이루어져 있다는 것으로 이는 금리의 흐름을 예측하는 데 도움을 주는 정보로 활용될 수 있다. 명목 금리는 물가 상승률의 영향을 받으며, 실질 금리는 경제 성장률의 영향을 받으므로 결국 금리의 흐름은 물가와 경제 성장률을 통해 파악할 수 있다는 것이다. 또한 현실에서는 중앙은행의 정책 금리가 금리의 결정에 많은 영향을 미치는데, 정책 금리를 결정할 때 우선적으로 고려되는 지표 또한 피셔의 방정식에서와 마찬가지로 물가 상승률과 경제 성장률임을 설명하고 있다.

주제 금리 흐름 예측에 활용되는 피셔의 방정식

기출읽기 1

0 ①　　1 ①　　2 ③　　3 ⑤

글쓴이의 작문 과정 **①** 명목 금리 **②** 실질 금리
주제　금리 흐름 예측에 활용되는 피셔의 방정식

0 내용 전개 방식 파악　　　　　　　　　①

실질 금리는 명목 금리에서 물가 상승률을 차감한 값으로, 이 글에서 하나의 개념으로 쓰이고 있을 뿐, 실질 금리를 몇 가지 기준으로 분류하고 있지는 않다.

오답풀이 ② 6문단에서는 화폐가 없던 시절에 어느 정도의 이자를 지급해야 좋은지를 가정하여 실질 금리에 대한 이해를 돕고 있다.

③ 5문단에서는 명목 금리의 흐름을 예측하는 데 도움이 되는 지표인 물가 상승률을 제시하고 있다.

④ 이 글은 금리의 흐름이 물가 상승률과 경제 성장률의 영향을 받음을 설명한 뒤, 정책 금리를 결정할 때에도 물가 상승률과 경제 성장률을 우선적으로 고려한다고 하면서 금리를 중앙은행의 정책 금리와 관련짓고 있다.

⑤ 1문단에서 '그렇다면 금리의 흐름을 예측할 수 있는 방법은 없을까?'라는 질문을 통해 금리의 흐름에 대한 독자의 호기심을 환기하고 있다.

1 세부 내용 파악　　　　　　　　　①

6문단의 '실질 금리는 경제 성장률이 높으면 오르고 떨어지면 낮아진다.'에서 확인할 수 있다.

오답풀이 ② 2문단에서 자금 수요가 공급보다 많으면 금리가 올라가고, 자금 공급이 수요보다 많으면 금리가 내려간다고 하였다. 따라서 자금 수요가 공급보다 적어지면 금리가 오른다는 진술은 적절하지 않다.

③ 7문단에서 대출 금리는 은행에 따라 다르고 빌리는 기관이나 빌리는 사람의 신용도에 따라서도 다르다고 하였다. 따라서 대출 금리가 개인의 신용도와 무관하게 적용된다는 진술은 적절하지 않다.

④ 7문단에서 정책 금리는 각국 중앙은행이 시중에 자금을 공급할 때 기준이 되는 금리로, 시중 은행은 정책 금리에 수수료와 이윤 등을 감안하여 금리를 책정한다고 하였다. 또 정책 금리의 변동에 따

라 시중 금리가 전반적으로 변화한다고 하였으므로, 정책 금리가 시중 금리에 별다른 영향을 미치지 않는다는 진술은 적절하지 않다.

⑤ 5문단에서 물가 상승률이 높아지면 명목 금리도 오르는데, 이는 화폐 가치가 떨어진 만큼 금리를 올려 보상받으려는 경향이 있기 때문이라고 하였다.

2 구체적 사례에 적용　　　　　　　　　③

|보기|에서 춘향이는 고정 금리 3%의 예금 상품에 가입했다. 춘향이는 예금 가입 시점에 실질 금리를 계산했는데, 피셔의 방정식(명목 금리 ≒ 물가 상승률 + 실질 금리)에 따르면 실질 금리(명목 금리 − 물가 상승률)는 1%(3%−2%)가 예상된다(명목 금리 3%, 기대 물가 상승률 2%). 그러나 만기 때의 실질 금리는 명목 금리가 3%, 물가 상승률이 4%이므로 −1%가 나온다. 이를 통해 볼 때 예금의 실질 금리는 예상했던 1%보다 낮아진 −1%이며, 춘향이가 예상했던 것보다 낮아진 실질 금리인 것이다.

오답풀이 ① 광한루은행에서는 예금 상품의 금리를 고정 금리 3%로 제시하였다. 명목 금리는 우리가 접할 수 있는 표면상의 금리라고 하였으므로, 광한루은행은 3%의 명목 금리를 제시한 것이다.

② 예금 상품을 가입했을 때의 명목 금리는 3%이고, 실제 돈을 찾았을 때의 물가 상승률은 전년 대비 4%이므로, 피셔의 방정식에 따라 실질 금리를 계산하면, −1%(3%−4%)이다.

④ 이 글에 따르면, 실질 금리는 사전에 관측이 어렵고 물가 상승률의 변동에 따라 나중에 변화가 생길 수 있다. 따라서 은행에서 사전에 명목 금리를 보장할 수는 있어도 실질 금리는 보장하지 못한다. 은행에서 높은 실질 금리를 보장하였다는 것은 이 글의 내용이나 |보기|에 제시된 정보로 볼 때 적절하지 않다.

⑤ 예금 상품의 금리는 고정 금리였으며, 이 고정 금리가 명목 금리인데 명목 금리를 은행이 중도에 바꾸었다는 정보는 제시되어 있지 않다.

3 반응의 적절성 평가　　　　　　　　　⑤

이 글에서는 물가 상승률과 경제 성장률의 변동에 따라서 명목 금리의 흐름이 변화하며, 중앙은행이 정책 금리를 결정할 때도 물가 상승률과 경제 성장률을 우선적으로 고려한다고 하였다. 그리고 마지

막 문단에서 금리를 올려서 물가 안정을 노모하는 중앙은행의 정책 금리 결정 의도에 대해 설명하고 있다. 그런데 ⓑ는 물가 상승률이 낮아 이에 대응하여 금리를 인하한 시점이므로 ⓑ의 결정에 물가를 안정시키려는 중앙은행의 의도가 담겨 있다고 이해하는 것은 적절하지 않다.

오답풀이 ① 물가 상승률이 높다고 판단되면 중앙은행은 금리를 올린다고 하였으므로, ⓐ는 물가 상승에 대한 우려가 높아 금리를 올린 경우로 볼 수 있다.

② ⓐ를 피셔의 방정식대로 해석하면, 물가 상승률이 높아 마이너스 금리 상태이다. 정책 금리를 물가 상승률보다 낮게 책정하였다면, 금리를 충분히 올리지 못한 요인은 경제 성장률에 관한 것이다. ⓐ에서 당시에 내수 부문이 부진하다고 하였으므로, 내수 부문의 부진을 감안하여 금리를 물가 상승률보다 낮게 책정한 것이라고 볼 수 있다.

③ ⓐ에서 정책 금리를 올렸으므로, 정책 금리에 수수료와 이윤 등을 감안하여 책정하는 시중 금리는 이전보다 전반적으로 올랐을 것이라고 볼 수 있다.

④ 물가 상승률이 높다고 판단되면 금리를 올리고, 경기가 부진하다 싶으면 금리를 내린다고 하였다. 그러므로 경제 성장 측면에서 내수 부문이 부진하고, 물가 상승률도 낮다면 이 두 상황은 모두 정책 금리(기준 금리)를 인하하는 데 영향을 미쳤을 것이라고 볼 수 있다.

⚠ 출제자의 의도읽기 – 지문에서 경제 흐름을 파악하고 문제에 대입한다.
ⓐ에서는 정책 금리가 인상되었고, ⓑ에서는 정책 금리가 인하되었다. 마지막 문단에서 중앙은행이 정책 금리를 결정할 때 금리를 올려서 물가 안정을 도모하려 한다고 설명했기 때문에 선지 ⑤에서 ⓑ의 정책 금리 인하와 물가 안정 도모를 연결한 것은 적절하지 않다. 이렇듯 경제 지문에 자주 등장하는 물가 상승률과 금리, 경제 성장은 서로 영향을 주고받는 관계로 하나의 큰 흐름을 갖고 있다. 이러한 흐름을 글을 읽으며 잘 파악하고 정리해 두어야 한다.
또한 경제 지문은 매해 수능과 모의고사에 출제되는 단골손님이다. 그런데 문제는 이 단골손님에 대처할 마땅한 방법이 없다고 여기는 수험생들의 마음이다. 물가 상승률과 금리, 경제 성장의 개념뿐만 아니라, 이 글에서 다루지 않은 통화, 환율 등의 개념은 매해 나오는 개념이니 기본 배경지식으로 학습해 두는 것이 좋다.

---

1 경제학 강의, GDP <small>2017학년도 6월 고2 학력평가</small>

어떻게 썼을까?

도입
생산과 관련된 경제 지표 소개

전개
국내총생산(GDP)의 개념과 계산 방법 설명

전개
국내순생산(NDP)의 개념과 계산 방법 설명

전개
국민총생산(GNP)의 개념 제시

부연
국내총생산과 국민총생산의 실제 설명

한 나라의 경제 활동 또는 경제적 성과를 알아보기 위해서는 생산과 관련된 여러 지표들을 비교해 보아야 한다. 이러한 지표들은 한 국가의 경제 규모뿐만 아니라 경제의 특성, 장·단기적 발전 가능성 등을 보여 주기 때문이다. 비교 가능한 지표들 중 한 국가의 생산량을 잘 보여 주는 것이 국내총생산, 국내순생산, 국민총생산이다.

[A]
'국내총생산(GDP, gross domestic product)'은 일정 기간 동안 한 나라 안에서 생산된 재화 및 용역의 금전적 가치를 합한 것으로, 기간은 보통 1년으로 한다. 국내총생산의 '생산(P, product)'이란 생산량의 '부가 가치'의 총합을 말한다. 부가 가치란 각 생산자의 최종 생산량에서 중간에 쓰인 투입량을 뺀 가치이다. 빵을 파는 제과점의 1년 매출액이 3,000만 원이라고 가정해 보자. 이때 빵을 만들기 위해서는 밀가루, 달걀 등 각종 재료와 연료, 전기 등이 필요하다. 이러한 중간 투입물을 사는 데에 2,000만 원이 들었다면 제과점은 결국 1,000만 원의 가치만 부가적으로 생산한 것이다. 중간 투입물의 가치를 빼지 않고 각 생산자의 최종 생산량을 더하면 어떤 부분은 중복 계산되어 실제 생산량이 크게 부풀려진다. 제과점 주인이 방앗간에서 생산한 밀가루를 샀으므로 제과점과 방앗간의 생산량을 그대로 더하면 밀가루 가격이 두 번 계산되는 셈이다. 또 방앗간 주인이 농부에게서 밀을 샀으므로 제과점, 방앗간의 생산량에 농부의 생산량까지 보태면 밀의 가격은 세 번 계산된다. 그래서 부가된 가치만을 더해야 제대로 된 생산량이 나오는 것이다.

국내총생산의 '총(G, gross)'은 무슨 뜻일까? 생산량을 계산할 때, 생산하는 과정에서 자본재가 소비되면서 하락한 가치까지 모두 포함하고 있다는 의미다. 다시 제과점을 예로 들면 오븐, 반죽기 등이 자본재에 해당되는데, 이러한 기계는 밀가루와 달리 생산물에 직접 들어가지는 않지만 계속 사용함에 따라 마모되어 경제적 가치가 ⓐ떨어진다. 이를 가리켜 감가상각이라 한다. 국내총생산에서 자본재의 감가상각을 뺀 것을 '국내순생산(NDP, net domestic product)'이라고 부른다. 국내순생산은 생산에 필요한 중간 투입물과 감가상각을 모두 빼고 계산한 수치이기 때문에 한 나라의 경제적 성과를 국내총생산보다 더 정확하게 알려 준다. 그러나 보통 국내순생산보다 국내총생산을 더 많이 쓰는 이유는 감가상각을 계산하는 방법에 대한 의견 일치가 이루어지지 않았기 때문이다.

그렇다면 국내총생산의 '국내(D, domestic)'는 무슨 뜻일까? 여기서 국내는 한 나라의 국경 안을 의미한다. 그런데 한 나라의 국경 안에 있는 생산자가 그 나라의 국민이나 기업이 아닐 수도 있다. 뒤집어 생각하면 모든 생산자가 자국에서 생산 활동을 하는 것은 아니라는 의미도 된다. 외국에 공장을 지어 생산하는 기업도 많고, 외국에서 일자리를 얻어 일하는 사람도 많다. 한 나라의 국경 안에서 나오는 생산량이 아니라, 한 나라의 국민과 그 나라의 기업이 생산한 생산량 전체는 '국민총생산(GNP, gross national product)'이라고 한다. 예를 들어, 외국 기업이 많이 들어와 있지만 자국 기업은 외국에 많이 진출하지 않은 캐나다, 브라질, 인도의 경우는 국내총생산이 국민총생산보다 더 크다. 반면 국내에서 영업하는 외국 기업보다 외국에 진출한 자국 기업이 더 많은 스웨덴, 스위스는 국민총생산이 국내총생산보다 더 크다.

보통 국내총생산(GDP)이 국민총생산(GNP)보다 더 자주 쓰인다. 단기적으로 볼 때 한 나라 안의 생산 활동 수준을 더 정확히 알려 주는 지표이기 때문이다. 그러나 한 나라의 경제가 갖는 장기적 저력을 측정하기에는 국민총생산이 더 효과적이다. 자국민과 자국 기업의 생산량이 그 나라의 지속적인 생산 능력을 나타내기 때문이다. 그런데 어떤 나라가 이웃 나라보다 국민총생산이나 국내총생산이 더 크다고 할 때, 단순히 인구가 더 많기 때문에 그러한 결과가 나타날 수도 있다. 따라서 한 나라의 경제가 얼마나 생산적인지를 알고 싶다면 국

어떻게 읽을까!

글쓴이가 화제에 대해 다루려는 이유를 파악했는가?
한 나라의 경제적 성과를 알아보기 위해서는 생산과 관련된 지표들을 비교해 보아야 함을 제시함.

세 가지 경제 지표를 구분할 수 있는가?
'국내총생산', '국내순생산', '국민총생산'의 개념을 정의한 뒤, 제과점과 자국기업이 해외에 진출한 국가들의 사례를 통해 알기 쉽게 설명함.

여러 경제 지표 중 더 자주 쓰는 경제 지표가 무엇인지 파악했는가?
생산량을 계산할 때, 경제적 성과를 알아볼 때 등 상황에 따라 살펴봐야 할 지표가 다름을 설명함.

내총생산이나 국민총생산을 1인당 생산량으로 환산하여 살펴보는 것이 더 정확할 것이다.
▶ 국내총생산과 국민총생산의 실제

그런데 국내총생산과 국민총생산은 일부의 생산량을 포함하지 못한다는 한계가 있다.
국내총생산과 국민총생산의 한계
㉠시장에서 거래되지 않거나 돈으로 계산하기 어려운 재화나 용역은 제외될 수밖에 없다는
이유: 생산량의 가치는 시장 가격으로만 계산되기 때문
것이다. 개발도상국의 영세한 자급농이나 주부의 가사 노동이 그 사례에 해당한다. 개발도
상국의 영세한 자급농은 자기가 생산한 농산물 대부분을 자체 소비하고 시장에 내다팔지 않
총생산량에 포함되지 않는 사례와 그 이유 ①
아서 그들의 농산물은 총생산량에 포함되지 않는다. 또한 주부의 가사 노동은 시장 밖에서
생산될 뿐만 아니라 돈으로 계산하기도 어렵기 때문에 국내총생산이나 국민총생산 어디에
총생산량에 포함되지 않는 사례와 그 이유 ②
도 포함되지 않는다. 그래서 최근에는 이러한 부분도 반영하여 경제 활동을 살펴려는 움직
시장에서 거래되지 않거나 돈으로 계산하기 어려운 재화나 용역을 포함하려는 시도
임을 보이고 있다.
▶ 국내총생산과 국민총생산의 한계와 개선 움직임

대상이 지닌 한계를 파악했는
가?
국내총생산과 국민총생산에 시
장 미거래 품목이나 돈으로 계
산되지 않는 재화나 용역은 제
외된다고 언급한 뒤, 이를 개선
하려는 최근의 움직임을 소개함.

나열형구조

도입

전개 전개 전개

부연

정리

해제 이 글은 한 국가의 생산량을 보여 주는 지표인 국내총생산, 국내순생산, 국민총생산의 의미를 상세하게 설명하고 있다. 한 나라의 경제 활동이나 경제적 성과를 알기 위해서는 생산과 관련된 지표들을 비교해야 한다. '국내총생산(GDP)'은 일정 기간 동안 한 나라 안에서 생산된 재화 및 용역의 금전적 가치를 합한 것이며, '국내순생산(NDP)'은 국내총생산에서 자본재의 감가상각을 뺀 것으로, 국내총생산보다 한 나라의 경제적 성과를 더 잘 알 수 있는 지표이다. 그리고 '국민총생산(GNP)'은 한 나라의 국민과 그 나라의 기업이 생산한 생산량 전체로, 한 나라 경제의 장기적 저력을 측정하는 데 효과적이다. 한 나라의 경제가 얼마나 생산적인지를 알려면 국내총생산이나 국민총생산을 1인당 생산량으로 환산해 보는 것이 더 정확하다. 그런데 국내총생산과 국민총생산은 일부 재화나 용역을 생산량에 포함시키지 못하는 한계가 있다. 그래서 최근에는 이를 반영해 경제 활동을 살피려는 움직임도 보이고 있다.

주제 한 나라의 경제 지표인 국내총생산, 국내순생산, 국민총생산의 의미

---

0 ①   1 ④   2 ②   3 ④   4 ②

글쓴이의 작문 과정 ❶ 감가상각 ❷ 국민총생산
주제 한 나라의 경제 지표인 국내총생산, 국내순생산, 국민총생
산의 의미

0 글쓰기 계획 파악   ①

3문단에 '보통 국내순생산보다 국내총생산을 더 많이 쓰는 이유는 감가상각을 계산하는 방법에 대해 의견 일치가 이루어지지 않았기 때문'이라는 진술이 있지만, 이를 통해 감가상각을 산출하는 다양한 방법을 제시하고 있는 것은 아니다.

오답풀이 ② 5문단의 '어떤 나라가 이웃 나라보다 국민총생산이나 국내총생산이 더 크다고 할 때, 단순히 인구가 더 많기 때문에 그러한 결과가 나타날 수도 있다. 따라서 한 나라의 경제가 얼마나 생산적인지를 알고 싶다면 국내총생산이나 국민총생산을 1인당 생산량으로 환산하여 살펴보는 것이 더 정확할 것이다.'에서 확인할 수 있다.
③ 2문단에서 '국내총생산의 '생산'이란 생산량의 '부가 가치'의 총합을 말한다고 설명하고 있다.
④ 6문단의 '국내총생산과 국민총생산은 일부의 생산량을 포함하지 못한다는 한계가 있다.'에서 확인할 수 있다.
⑤ 2문단의 국내총생산은 '일정 기간 동안 한 나라 안에서 생산된 재화 및 용역의 금전적 가치를 합한 것'이라는 내용과 4문단에서 '국내는 한 나라의 국경 안을 의미'하고, 국민총생산은 '한 나라의 국경 안에서 나오는 생산량이 아니라, 한 나라의 국민과 그 나라의 기업이

생산한 생산량 전체'를 의미한다는 점을 통해 알 수 있다.

1 구체적 사례에 적용   ④

2문단에 따르면 국내총생산은 일정 기간 동안 한 나라 안에서 생산된 재화 및 용역의 금전적 가치를 합한 것으로, 여기에서 '생산'이란 생산량의 부가 가치의 총합을 말한다. 그리고 부가 가치란 각 생산자의 최종 생산량에서 중간에 쓰인 투입량을 뺀 가치를 말한다. |보기|에서 농부는 중간 투입물 없이 밀을 생산하고 7억 원의 매출액을 올렸으므로 7억 원의 부가 가치를 창출했으며 방앗간 주인은 밀을 사서 밀가루를 만들었으므로 매출액 12억 원에서 중간 투입액 7억 원을 뺀 5억 원의 부가 가치를 창출했다. 그리고 제과점 주인은 밀가루를 사서 빵을 만들었으므로 매출액 20억 원에서 12억 원을 뺀 8억 원의 부가 가치를 창출했다. 그러므로 부가 가치를 가장 많이 창출한 생산자는 제과점 주인이며, 국내총생산은 부가 가치의 총합이므로 7억 원＋5억 원＋8억 원＝20억 원이다.

2 세부 내용 추론   ②

㉠에 이어지는 내용을 보면 자체 소비하고 시장에 내다팔지 않아서 시장 가격을 계산할 수 없는 영세한 자급농의 농산물과 시장 밖에서 생산되고 돈으로 계산하기 어려운 주부의 가사 노동은 총생산량에 포함되지 않는다는 것을 확인할 수 있다. 따라서 총생산량은 시장에서 거래되는 금전적 가치를 통해서만 산출됨을 알 수 있다.

오답풀이 ① 자급농의 생산물은 시장에 내다팔지 않고, 주부의 가사 노동은 시장 밖에서 생산된다고 하였으므로 생산물을 소비할 수 있는 시장이 한정된 것과는 상관이 없다.

③ 자급농의 생산물과 주부의 가사 노동 뿐만 아니라 다른 재화나 용역도 생산량이 일정하지 않고 수시로 변한다.

④ 자급농의 생산물은 시장에 내다팔지 않고, 주부의 가사 노동은 시장 밖에서 생산된다고 하였으므로 거래 구조가 복잡하다고 판단할 수 없다.

⑤ 자급농의 생산물이나 주부의 가사 노동은 생산량을 정확하게 파악할 수 있는 근거가 없는 재화나 용역이기 때문에 생산량이 미미한 수준이라고 판단하기는 어렵다.

3 다른 상황에 적용 ④

5문단에서 '국내총생산'은 단기적으로 볼 때 한 나라 안의 생산 활동 수준을 정확하게 알려 주는 지표라고 하였으며 한 나라의 경제가 갖는 장기적 저력을 측정하기에는 '국민총생산'이 더 효과적인 지표라고 밝히고 있다. 따라서 국민총생산이 더 큰 A국이 장기적인 관점에서는 국가의 저력이 더 높게 평가된다.

오답풀이 ① 국내총생산에서 자본재의 감가상각을 뺀 것이 국내순생산이므로, 감가상각은 국내총생산과 국내순생산의 차이이다. 따라서 이를 계산하면 A국의 감가상각은 10조 원(180조 원-170조 원), B국의 감가상각은 30조 원(210조 원-180조 원)이다.

② A국과 B국의 인구가 동일하고 국민총생산은 A국이 더 크기 때문에 국민총생산의 1인당 생산량은 A국이 더 많다.

③ '한 나라 국경 안의 부가 가치 총합'은 국내총생산을 의미하므로 B국의 국내총생산(210조 원)이 더 크다.

⑤ A국과 B국의 국경 내 자국민과 자국 기업의 생산량은 모두 동일하다고 가정하였으므로, '외국에 사는 자국민과 외국에 있는 자국 기업의 생산량'에 해당하는 국민총생산량을 비교해 보면 알 수 있다. A국의 국민총생산(210조 원)이 B국의 국민총생산(180조 원)보다 더 크기 때문에 A국이 외국에 사는 자국민과 외국에 있는 자국 기업의 생산량이 더 많다고 판단할 수 있다.

4 어휘의 문맥적 의미 파악 ②

ⓐ와 ②의 '떨어지다'는 모두 '값이나 기온, 수준, 형세 따위가 낮아지거나 내려가다.'의 뜻으로 쓰였다.

오답풀이 ① '어떤 상태나 처지에 빠지다.'의 뜻으로 쓰였다.

③ '병이나 습관 따위가 없어지다.'의 뜻으로 쓰였다.

④ '일정한 거리를 두고 있다.'의 뜻으로 쓰였다.

⑤ '명령이나 허락 따위가 내려지다.'의 뜻으로 쓰였다.

명목환율과 실질환율

2015학년도 6월 고2 학력평가

도입
대표적 국제 가격인 명목환율과 실질환율 소개

전개
명목환율의 개념과 사례 제시

전개
실질환율의 개념과 사례 제시

정리
실질환율의 변화가 미치는 영향 설명

가격이 시장에서 수요자와 공급자들의 의사 결정을 ㉠조절하는 기능을 수행하듯이 국제 가격도 국제 거래에서 수요자와 공급자들의 의사 결정을 조절하는 역할을 한다. 여러 국제 가격 중에서 대표적인 것으로 명목환율과 실질환율을 들 수 있다.
　　　　　　　　　국제 가격의 종류
▶ 국제 가격의 역할과 종류(명목환율과 실질환율)

명목환율은 한 나라의 통화와 다른 나라 통화 사이의 교환 비율이다. 그런데 미국의 달러 화가 기축통화이기 때문에 많은 나라에서 1달러와 교환되는 자국 화폐 단위를 표시하는 방법을 채택하는 ㉡경향이 있다. 가령, 1달러가 우리나라 원화 1,000원과 교환된다면 '원/달러 명목환율'은 '1,000원/달러'로 표시한다. 만일 1달러와 교환되는 원화가 1,100원이 되어 원/달러 명목환율이 상승하면, 상대적으로 원화의 가치는 하락한다. 같은 원리로 원/달러 명목환율이 하락하면 상대적으로 원화의 가치는 상승한다. 이러한 명목환율은 한 나라의 통화가 가지는 대외적 가치를 보여 준다는 점에서 유용하다.
▶ 명목환율의 개념과 역할

실질환율은 두 나라 사이의 재화나 서비스 교환 비율로, 외국 상품 한 단위와 교환되는 국내 상품 단위수로 표시한다. '원/달러 실질환율'은 '원/달러 명목환율 $\left[\dfrac{원}{달러}\right]$'과 '각 나라의 통화 단위로 표시된 두 나라 물건 값 $\left[\dfrac{미국\ 가격}{우리나라\ 가격}\right]$'의 곱으로 구한다. 원/달러 명목환율이 1,000원/달러이고 우리나라 쌀 1kg의 값이 2,000원, 미국 쌀 1kg의 값이 1달러라고 하자. 두 나라 쌀 사이의 원/달러 실질환율은 $\left(\dfrac{1,000원}{1달러} \times \dfrac{1달러}{2,000원} = \dfrac{1}{2}\right)$이 된다. 이는 미국 쌀 1kg 과 우리나라 쌀 0.5kg이 같은 값으로 교환된다는 의미이므로, 우리나라 쌀값이 미국 쌀값의 2배라고 볼 수 있다. 만일 우리나라 쌀값이 미국 쌀값보다 상승폭이 크면 $\left[\dfrac{미국\ 가격}{우리나라\ 가격}\right]$이 작아지게 되므로, 원/달러 실질환율이 하락하게 된다. 이것은 우리나라 쌀의 국제적인 가격 경쟁력이 하락하는 것을 의미한다. 반대로 미국 쌀값이 우리나라 쌀값보다 상승폭이 크면 원/달러 실질환율이 상승하게 되어 우리나라 쌀의 국제적인 가격경쟁력도 상승한다. 실질 환율은 외국 통화에 대한 자국 통화의 상대적인 구매력이 ㉢반영된 것이므로 한 나라 상품 의 국제적인 가격경쟁력을 측정하는 데 널리 이용된다.
▶ 실질환율의 개념과 역할

한 나라의 실질환율은 재화나 서비스의 수출과 수입에 영향을 미치는 중요한 변수이므로 실질환율의 변화는 국내외 경제에 큰 영향을 미친다. 우리나라의 실질환율이 상승하면 우리 나라 제품의 값이 외국 제품에 비해 더 싸지므로 수출이 증가하고 수입이 감소하여 국내 경기가 활성화된다. 반면에 우리나라의 실질환율이 하락하면 우리나라 제품의 값이 외국 제품에 비해 더 비싸지므로 수출이 감소하고 수입이 증가하여 국내 경기가 ㉣침체될 수 있다. 따라서 우리나라와 같이 수출 의존도가 높은 나라는 실질환율 하락으로 큰 ㉤타격을 입을 수 있다.
▶ 실질환율의 변화가 국내외 경제에 미치는 영향

이 글의 화제와 앞으로 전개될 내용을 확인했는가?
시장에서 가격이 하는 역할을 설명한 뒤, 국제 가격으로 명목 환율과 실질환율을 소개함.

명목환율과 실질환율의 차이를 파악했는가?
원화와 달러화, 우리나라와 미국의 쌀값을 예로 들어 명목환율은 한 나라의 통화와 다른 나라 통화 사이의 교환 비율임을, 실질환율은 두 나라 사이의 재화나 서비스 교환 비율임을 이해하기 쉽게 설명함.

명목환율보다 실질환율이 중요한 이유를 이해했는가?
실질환율의 변화가 우리나라 경제에 미치는 긍정적 영향과 부정적 영향을 비교하고 실질환율은 수출과 수입에 영향을 미치는 중요 변수임을 강조함.

나열형 구조

도입	
전개	전개
정리	

해제 이 글은 국제 가격인 명목환율과 실질환율의 개념과 역할을 구체적인 사례를 통해 설명하고 있다. 대표적인 국제 가격에는 명목환율과 실질환율이 있는데, 명목환율은 한 나라의 통화와 다른 나라 통화 사이의 교환 비율을 말하며 실질환율은 두 나라 사이의 재화나 서비스 교환 비율을 말한다. 명목환율에 대해서는 1달러와 교환되는 자국 화폐 단위를 표시하는 방법을 많이 쓰며, 실질환율은 외국 상품 한 단위와 교환되는 국내 상품 단위수로 표시한다. 그리고 명목환율은 한 나라의 통화가 가지는 대외적 가치를 보여 주며, 실질환율은 한 나라 상품의 국제적인 가격경쟁력을 측정하는 데 이용된다. 이 중 실질환율은 수출과 수입에 영향을 미치는 중요 변수라서 실질환율의 변화는 국내외 경제에도 큰 영향을 미친다.

주제 명목환율과 실질환율의 개념과 역할

0 내용 전개 방식 파악   ④

2문단에서는 명목환율에 대해서, 3문단에서는 실질환율에 대해서 개념을 설명하고 각각 1달러와 교환되는 자국 화폐 단위, 우리나라와 미국의 쌀값이라는 구체적인 예를 제시하여 독자의 이해를 돕고 있다.

오답풀이 ① 명목환율과 실질환율을 경제학적으로 설명하고 있을 뿐, 다양한 관점에서 살피고 있지는 않다.
② 명목환율과 실질환율이 국제 거래에 미치는 영향과 유용성에 대해서 언급하고는 있지만, 각각의 단점을 언급하고 있지는 않다.
③ 명목환율과 실질환율의 일반적 의미를 설명하였을 뿐, 새로운 의미를 부여하고 있지는 않다.
⑤ 명목환율과 실질환율의 변화 과정을 언급하고 있지는 않다.

1 세부 내용 파악   ②

2문단에서 명목환율은 '한 나라의 통화가 가지는 대외적 가치를 보여' 주는 것이고, 3문단에서 실질환율은 '한 나라 상품의 국제적인 가격경쟁력을 측정하는 데 널리 이용된다.'라고 하였다. 즉 이 글에서는 명목환율과 실질환율의 서로 다른 효용을 설명하고 있으며, 명목환율을 대체하기 위해 만든 국제 가격이 실질환율이라는 내용은 확인할 수 없다.

오답풀이 ① 2문단에서 '명목환율은 한 나라의 통화와 다른 나라 통화 사이의 교환 비율'이라고 하였다.
③ 4문단에서 '우리나라의 실질환율이 하락하면 우리나라 제품의 값이 외국 제품에 비해 더 비싸지므로 수출이 감소하고 수입이 증가'한다고 하였다.
④ 1문단에 따르면 국제 가격 중에서 대표적인 명목환율과 실질환율은 '국제 거래에서 수요자와 공급자들의 의사 결정을 조절하는 역할을 한다.'라고 하였다.
⑤ 3문단의 마지막 문장에서 '실질환율은 외국 통화에 대한 자국 통화의 상대적인 구매력이 반영된 것'이라고 하였다.

2 구체적 사례에 적용   ⑤

|보기|에서 1월과 비교할 때 7월에 우리나라 A상품의 가격은 3,000원에서 8,800원으로 상승하고, 미국의 A상품의 가격은 3달러에서 4달러로 상승하였다. 즉 우리나라 A상품이 미국의 A상품 가격에 비해 더 크게 상승하면 $\left[\dfrac{\text{미국 가격}}{\text{우리나라 가격}}\right]$이 작아지게 되므로 원/달러 실질환율은 하락하게 된다.

오답풀이 ① 2문단에 따르면, 명목환율은 한 나라의 통화와 다른 나라 통화 사이의 교환 비율을 말한다. 원/달러 명목환율은 1달러와 교환되는 원화 단위를 표시하는 방법으로, 달러화를 기준으로 삼고 있음을 알 수 있다.
② 2문단에서 '원/달러 명목환율이 상승하면, 상대적으로 원화의 가치는 상승한다.'라고 하였다. 1달러와 교환되는 원화가 1월에서 7월 사이 1,000원에서 1,100원으로 명목환율이 상승했으므로 원화의 가치는 하락한다.
③ 상품의 구매력은 실질환율을 통해 확인할 수 있다. A상품의 1월 원/달러 실질환율은 $\dfrac{1,000}{1} \times \dfrac{3}{3,000} = 1$로 계산할 수 있다. 이는 미국 A상품 1kg과 우리나라 A상품 1kg이 같은 값으로 교환된다는 의미이므로 두 나라 통화 간 상대적인 구매력은 같다고 볼 수 있다.
④ A상품의 7월 원/달러 실질환율은 $\dfrac{1,100}{1} \times \dfrac{4}{8,800} = \dfrac{1}{2}$로 계산할 수 있다. 이는 미국 A상품 1kg과 우리나라 A상품 0.5kg이 같은 값으로 교환된다는 의미이므로 우리나라 A상품이 미국 A상품보다 2배 비싸다고 할 수 있다.

⚠ 출제자의 의도읽기 – 이거 수학 문제 아니야? 아니, 독해 문제다!
사회, 과학 등의 지문에서는 계산을 요구하는 문제가 의외로 자주 출제된다. 특히 비율이나 분수 등 실제 계산을 해야만 대상 간의 비교가 가능한 문제가 반드시 등장한다. 하지만 수학 문제라고 할 만큼의 난이도는 아니며, 계산 공식 또한 지문에 친절하게 설명되어 있다. ⑤에서도 3문단에 제시된 대로 1월과 7월의 실질환율을 계산해 보면 1월은 $\dfrac{1,000원}{1달러} \times \dfrac{3달러}{3,000원} = 1$이며, 7월은 $\dfrac{1,100원}{1달러} \times \dfrac{4달러}{8,800원} = \dfrac{1}{2}$이다. 따라서 계산값이 1(1월)에서 0.5(7월)로 하락하고 있기 때문에 실질환율이 상승한다고 한 진술은 적절하지 않다.

3 어휘의 사전적 의미 파악   ②

ⓒ '경향'은 '현상이나 사상, 행동 따위가 어떤 방향으로 기울어짐.'을 의미한다. ②의 '어떤 일이나 현상을 앞장서서 이끌거나 안내함.'은 '선도'의 의미이다.

3 관세의 두 얼굴 2020학년도 3월 고1 학력평가

어떻게 썼을까?

도입
관세 부과의 목적 제시

원리
재화 가격에 따른 수요량과 공급량의 변화 설명

원리
재화 가격에 따른 소비자 잉여와 생산자 잉여의 변화 설명

예시
관세 없이 재화를 수입한 사례 제시

예시
관세를 부과해 재화를 수입한 사례 제시

최근 수입품에 높은 관세를 부과하여 국제 무역 분쟁이 발생하면서 관세에 대한 관심이 높아지고 있다. 관세란 수입되는 재화에 부과되는 조세로, 정부는 조세 수입을 늘리거나 국내 산업을 보호하기 위한 목적으로 관세를 부과한다. 그런데 관세를 부과하면 국내 경기 및 국제 교역에 영향을 미치게 된다.
관세가 국가 간 무역 분쟁의 원인이 될 수 있음.
관세의 개념
정부가 관세를 부과하는 목적
화제 제시
▶ 관세의 개념과 목적

관세가 국내 경기에 미치는 영향을 살펴보기 위해서는 시장에서의 수요와 공급의 원리를 알아야 한다. 〈그림〉은 가격에 따른 수요량과 공급량의 변화를 나타내는 그래프이다. 여기서 수요 곡선은 재화의 가격에 따른 수요량의 변화를 나타내는데, 그래프에서 가격은 재화 1단위 추가 소비를 위한 소비자의 지불 용의 가격을 나타내기도 한다. 공급 곡선은 재화의 가격에 따른 공급량의 변화를 나타내는데, 그래프에서 가격은 재화 1단위 추가 생산을 위한 생산자의 판매 용의 가격을 나타내기도 한다. 수요와 공급의 원리에 따르면 재화의 균형 가격은 수요 곡선과 공급 곡선이 만나는 P_0에서 형성된다. 재화의 가격이 P_1로 올라가면 수요량은 Q_1로 줄어들고 공급량은 Q_2로 증가하지만, 재화의 가격이 P_2로 내려가면 수요량은 Q_2로 증가하고 공급량은 Q_1로 줄어든다.
2, 3문단의 중심 화제
균형 가격의 형성
재화의 가격에 따른 수요량과 공급량의 변화
▶ 재화의 가격에 따른 수요량과 공급량의 변화

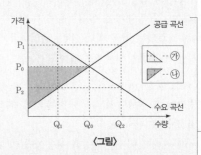
〈그림〉

이처럼 재화의 가격 변화로 수요량과 공급량이 달라지면 소비자 잉여와 생산자 잉여에도 변화가 생기게 된다. 여기서 잉여란 제품을 소비하거나 판매함으로써 얻는 이득으로, 소비자 잉여는 소비자가 어떤 재화를 구입할 때 지불할 용의가 있는 가격과 실제 지불한 가격의 차이이고, 생산자 잉여는 생산자가 어떤 재화를 판매할 때 실제 판매한 가격과 판매할 용의가 있는 가격의 차이이다. 〈그림〉에서 수요 곡선과 실제 재화의 가격의 차이에 해당하는 ㉮는 소비자 잉여를, 실제 재화의 가격과 공급 곡선의 차이에 해당하는 ㉯는 생산자 잉여를 나타낸다. 만일 재화의 가격이 P_0에서 P_1로 올라가면 소비자 잉여는 줄어들고 생산자 잉여는 늘어나는 반면, 재화의 가격이 P_2로 내려가면 소비자 잉여는 늘어나고 생산자 잉여는 줄어들게 된다.
시장에서의 수요와 공급의 원리를 바탕으로 한 잉여의 변화
잉여의 의미
소비자 잉여 = 지불 용의 가격 - 실제 지불 가격
생산자 잉여 = 실제 판매 가격 - 판매 용의 가격
재화의 가격에 따른 소비자 잉여와 생산자 잉여의 변화
▶ 재화의 가격에 따른 소비자 잉여와 생산자 잉여의 변화

이를 바탕으로 관세가 국내 경기에 미치는 영향을 살펴보자. 밀가루 수입 전에 형성된 K국의 밀가루 가격이 500원/kg이고, 국제 시장에서 형성된 밀가루의 가격이 300원/kg이라고 가정해 보자. K국이 자유 무역을 통해 관세 없이 밀가루를 수입하면 국산 밀가루 가격은 수입 가격 수준인 300원/kg까지 내려가게 된다. 그 결과 국산 밀가루 공급량은 줄어들지만 오히려 수요량은 늘어나기 때문에, 국내 수요량에서 국내 공급량을 뺀 나머지 부분만큼 밀가루를 수입하게 된다. 밀가루 수입으로 국산 밀가루 가격이 하락하면 결과적으로 생산자 잉여가 감소하지만 소비자 잉여는 증가하게 된다. 증가한 소비자 잉여가 감소한 생산자 잉여보다 크기 때문에 소비자 잉여와 생산자 잉여의 총합인 사회적 잉여는 밀가루를 수입하기 전에 비해 커지게 된다.
중심 화제
구체적 사례를 통한 설명
관세를 부과하지 않을 경우
관세 없이 밀가루를 수입한 결과
관세 없이 밀가루를 수입한 경우의 사회적 잉여
▶ 관세 없이 재화를 수입할 경우 잉여의 변화

그런데 K국이 수입 밀가루에 100원/kg의 관세를 부과할 경우, 수입 밀가루의 국내 판매 가격은 400원/kg으로 올라가게 된다. 그렇게 되면 국산 밀가루 생산자는 관세 부과 전보다 100원/kg 오른 가격에 밀가루를 판매할 수 있으므로 국산 밀가루의 공급량이 늘어 관세를 부과하기 전보다 생산자 잉여가 증가하게 된다. 반대로 소비자 입장에서는 가격이 올라가면 그만큼 수요량이 줄어들게 되므로 소비자 잉여는 감소하게 된다. 하지만 증가한 생산자 잉여가 감소한 소비자 잉여보다 작기 때문에 소비자 잉여와 생산자 잉여의 총합인 사회적 잉여는 수입 밀가루에 관세를 부과하기 전에 비해 작아지게 된다.
관세의 부과는 수입품의 가격을 상승시키는 요인임.
관세를 부과하여 밀가루를 수입한 결과
관세를 부과한 경우의 사회적 잉여
▶ 관세를 부과하여 재화를 수입할 경우 잉여의 변화

어떻게 읽을까!

글의 중심 화제를 이해했는가?
관세를 부과하는 목적을 언급한 뒤, 관세 부과가 국내 경기 및 국제 교역에 미칠 영향을 다룰 것임을 안내함.

시장에서의 수요와 공급의 원리를 이해했는가?
재화의 가격이 올라가면 수요량은 감소하고 공급량은 증가하지만, 재화의 가격이 내려가면 그 반대의 변화가 나타남을 그래프를 통해 설명함.

소비자 잉여와 생산자 잉여의 변화에 대해 이해했는가?
시장에서의 수요와 공급의 원리를 바탕으로 재화의 가격 변화로 수요량과 공급량이 달라지면 소비자 잉여와 생산자 잉여도 달라짐을 설명함.

관세를 부과하는 경우와 부과하지 않은 경우 그 영향을 구분할 수 있는가?
관세 없이 수입한 경우 가격이 하락하고 관세를 부과해 수입한 경우 가격이 상승하여 결국 생산자 잉여와 소비자 잉여에도 영향을 준다는 것을 밀가루 수입의 예를 들어 설명함.

예시	
관세 정책의 장기화 사례 제시	

그런데 관세 정책이 장기화될 경우, 국내 경기가 침체에 빠질 수 있다. 예컨대 K국 정부가 국내 밀가루 산업을 보호하기 위하여 수입 밀가루에 높은 관세를 부과할 경우, 단기적으로는 국내 밀가루 생산자의 이익을 늘려 자국의 밀가루 산업을 보호할 수 있다. 하지만 높은 <u>관세로 국내 밀가루 가격이 상승하면 밀가루를 원료로 하는 제품들의 가격이 줄줄이 상승</u>
원료의 가격은 그 원료에 기반한 제품들의 가격에 영향을 미침.
하게 되어, 국내 소비자들은 밀가루를 이용하여 만든 제품들의 소비를 줄이게 된다. 이러한 과정이 장기화된다면 K국의 경기는 결국 침체에 빠질 수도 있다. 실제로 1930년대 국내 산업을 보호할 목적으로 시행된 각국의 관세 정책으로 인해 오히려 경제 대공황이 심화된 사례가 이를 잘 보여 주고 있다.

▶ 관세 정책의 장기화가 미치는 영향 – 국내 경기의 침체

관세 정책 장기화가 국내 경기에 미치는 영향

관세 정책이 장기화되면 국내 경기에는 어떤 변화가 있는지 파악했는가?
관세 정책이 장기화되면 국내 경기가 침체에 빠질 수 있음을 설명함.

정리	
관세 부과가 국내 경기 및 국제 교역에 미치는 영향 제시	

이렇게 볼 때 국내 산업을 보호할 목적으로 부과된 ㉠<u>관세는 사회적 잉여를 감소시키고</u>,
관세는 보호무역 정책에 해당함.
해당 제품에 대한 국내 소비를 줄어들게 한다. 그리고 그와 관련된 다른 산업에까지 악영향을 미칠 수 있다. 또한 과도한 관세는 <u>국제 교역을 감소시켜 국제 무역 시장을 침체시킬 뿐</u>
과도한 관세의 영향 ①
<u>만 아니라, 국제 무역 분쟁을 야기할 소지도 있다.</u> 이러한 이유로 대다수의 경제학자들은
과도한 관세의 영향 ②
<u>과도한 관세에 대한 우려를 드러내고 있다.</u>
과도한 관세에 대한 경제학자들의 부정적 입장

▶ 관세 부과가 국내 경기 및 국제 교역에 미치는 영향

관세가 국내 경기와 국제 교역에 어떤 영향을 미치는지 이해했는가?
앞에서 설명한 관세 부과가 일으키는 국내 경기의 변화를 요약하여 제시한 뒤 국제 교역에도 영향을 미침을 언급함.

원리형 구조

도입		
원리	원리	
예시	예시	예시
정리		

해제 이 글은 관세 부과가 국내 경기 및 국제 교역에 미치는 영향을 설명하고 있다. 수요와 공급의 원리에 따르면 재화의 균형 가격은 수요 곡선과 공급 곡선이 만나는 지점에서 형성되는데, 재화 가격이 올라가면 수요량은 줄어들고 공급량은 늘어나는 반면, 가격이 내려가면 그 반대가 된다. 또한 재화 가격이 올라가면 소비자 잉여는 줄어들고 생산자 잉여는 늘어나는 반면, 가격이 내려가면 그 반대가 된다. 이를 바탕으로 관세가 미치는 영향을 살펴보면 관세 없이 수입하는 경우 수입품 가격이 내려가 생산자 잉여는 감소하지만 소비자 잉여는 증가하며 사회적 잉여는 수입 전보다 커진다. 그런데 관세를 부과하면 수입품 가격이 올라가 관세 부과 전보다 생산자 잉여는 증가하고 소비자 잉여는 감소하는 반면, 사회적 잉여는 관세 부과 전보다 작아진다. 이러한 관세 정책이 장기화되면 국내 경기가 침체될 수 있고, 과도한 관세는 국제 무역 시장을 침체시킬 수 있다.

주제 관세 부과가 국내 경기 및 국제 교역에 미치는 영향

기출읽기 3 0 ⑤ 1 ① 2 ⑤ 3 ② 4 ③

글쓴이의 작문 과정 ❶ 관세 부과 ❷ 수요와 공급
주제 관세 부과가 국내 경기 및 국제 교역에 미치는 영향

0 내용 전개 방식 파악 ⑤

이 글은 수요와 공급의 원리를 바탕으로 생산자 잉여와 소비자 잉여의 변화를 설명하고 있다. 그리고 이를 바탕으로 관세 정책이 국내 경기 및 국제 무역 시장에 미치는 영향을 밀가루 수입에 관한 관세를 예로 들어 설명하고 있다. 따라서 원리를 설명한 후 구체적 사례를 들어 이해를 돕고 있다는 진술은 적절하다.

오답풀이 ① 관세 정책과 관련하여 두 가지 상반된 입장은 제시되지 않았다.
② 관세 정책이 국제 무역 분쟁의 원인이 될 수 있다는 문제 상황은 언급되어 있으나, 그 해결책을 구체적으로 제시하고 있는 것은 아니다.
③ 관세 정책을 설명하기 위해 수요와 공급의 원리를 다룬 이론을 제시하고 있을 뿐, 그 한계를 제시하고 있지는 않다.
④ 관세 정책에 대한 학설이 대두된 배경을 분석한 내용은 제시되어 있지 않다.

1 세부 내용 파악 ①

2문단에 따르면, 수요 곡선은 재화의 가격에 따른 수요량의 변화를 나타내는데, 가격은 재화 1단위 추가 소비를 위한 소비자의 지불 용의 가격을 나타내기도 한다. 그리고 공급 곡선은 재화의 가격에 따른 공급량의 변화를 나타내는데, 가격은 재화 1단위 추가 생산을 위한 생산자의 판매 용의 가격을 나타내기도 한다. 수요와 공급의 원리에 따라 재화의 균형 가격이 수요 곡선과 공급 곡선이 만나는 지점에서 형성된다는 내용을 고려할 때, 소비자의 지불 용의 가격이 균형 가격보다 항상 높다는 설명은 적절하지 않다. 이는 2문단의 그래프에서 수요 곡선의 가격이 균형 가격이 형성되는 P_0보다 위나 아래 모두에 있는 것에서도 확인할 수 있다.

오답풀이 ② 2문단에서 재화의 균형 가격은 수요 곡선과 공급 곡선이 만나는 지점에서 형성된다는 내용이 제시되어 있다. 따라서 균형 가격에서 재화의 수요량과 공급량이 동일하다고 이해한 것은 적절하다.
③ 6문단에서 밀가루 가격이 상승하면 밀가루를 원료로 하는 제품들의 가격이 줄줄이 상승하게 된다는 내용이 제시되어 있다. 따라서 원료의 가격은 이에 기반한 재화의 가격에 영향을 미친다고 이해한 것은 적절하다.

④ 1문단과 7문단에서 과도한 관세는 국제 무역 분쟁을 야기할 수 있다는 내용을 확인할 수 있다. 따라서 관세가 국가 간의 무역 분쟁의 원인으로 작용하기도 한다는 이해는 적절하다.

⑤ 7문단에서 관세는 국내 경기에 부정적 영향을 미치고 국제 무역 분쟁을 야기할 소지도 있기 때문에 대다수 경제학자들은 과도한 관세에 대한 우려를 드러내고 있다는 내용이 제시되어 있다. 따라서 대다수의 경제학자들이 과도한 관세에 대해 부정적 입장을 취한다고 이해한 것은 적절하다.

2 구체적 사례에 적용   ⑤

|보기|에 제시된 그래프는 P국의 바나나 국내 수요 및 국내 공급, 관세 부과 전 바나나의 국내 가격과 관세 부과 후 바나나의 국내 가격 등을 나타내고 있다. 4문단의 '국내 수요량에서 국내 공급량을 뺀 나머지 부분만큼 밀가루를 수입하게 된다.'라는 내용으로 미루어 볼 때, 관세를 부과하기 전에 수입되는 바나나의 수량은 P국의 국내 수요량인 250톤에서 P국의 국내 공급량인 50톤을 뺀 200톤이 된다. 그리고 관세를 부과한 후 수입되는 바나나의 수량은 P국의 국내 수요량인 200톤에서 P국의 국내 공급량인 100톤을 뺀 100톤이 된다. 따라서 관세를 부과한 결과 수입되는 바나나의 수량은 이전보다 100톤(200톤 – 100톤)이 줄어들게 된 것이다.

오답풀이 ① 2문단의 '재화의 균형 가격은 수요 곡선과 공급 곡선이 만나는 지점에서 형성된다'는 내용으로 미루어 볼 때, 바나나를 수입하기 전 P국의 바나나 국내 균형 가격은 톤당 1,000만 원이다.

② 4문단의 '국내 수요량에서 국내 공급량을 뺀 나머지 부분만큼 밀가루를 수입하게 된다.'라는 내용으로 미루어 볼 때, 관세를 부과하기 이전에 수입되는 바나나의 수량은 P국 국내 수요량 250톤에서 P국의 국내 공급량 50톤을 뺀 200톤이 된다.

③ 관세를 부과하기 전 P국의 바나나 국내 가격이 톤당 500만 원이고, 관세를 부과한 후 P국의 바나나 국내 가격이 톤당 700만 원인 것으로 볼 때, P국에서 부과한 관세는 톤당 200만 원이다.

④ 관세를 부과하기 전 P국의 바나나 국내 공급량은 50톤이고 관세를 부과한 후 P국의 바나나 국내 공급량은 100톤이다. 따라서 관세를 부과한 결과 P국 생산자는 바나나의 공급량을 50톤에서 100톤으로 늘리게 된다.

⚠ **출제자의 의도읽기** – 그래프 상의 용어와 수치를 먼저 정리하고 관련 문단을 찾아본다.

전문적인 경제학 개념을 소재로 한 글에 그래프까지 나오면 어려워서 피하는 경우가 많다. 하지만 출제자는 이미 수험생들의 그런 성향을 다 파악하고 경제 그래프 문제를 킬러 문항으로 자주 출제한다. 그래프를 설명하는 문단의 핵심 어휘와 정보를 꼼꼼히 파악하며 그래프를 잘 읽어 내는 연습을 해야 한다.
바나나를 수입하기 전, 관세를 부과하기 전, 관세를 부과한 이후 등으로 나누어 각 시점의 바나나 가격, 국내 공급량, 수입 공급량을 정리해 보자.

	바나나 수입 전	관세 부과 전	관세 부과 후
바나나 가격	톤당 1,000만 원	톤당 500만 원	톤당 700만 원
국내 공급량	150톤	50톤	100톤
수입 공급량	없음	200톤	100톤

3 세부 내용 추론   ②

5문단에서 관세를 부과하면 생산자 잉여는 증가하고, 소비자 잉여는 감소하는데, 증가한 생산자 잉여가 감소한 소비자 잉여보다 작기 때문에 생산자 잉여와 소비자 잉여의 총합인 사회적 잉여는 관세를 부과하기 전에 비해서 작아지게 된다는 내용이 제시되어 있다. 따라서 관세가 사회적 잉여를 감소시키는 이유는, 소비자 잉여 감소분이 생산자 잉여 증가분보다 크기 때문이라는 것을 알 수 있다.

4 정보 간의 비교   ③

이 글의 '관세(A)'와 |보기|의 '수입 할당제(B)'는 모두 국내 생산자를 보호하는 기능을 하는 보호 무역 정책이다. 즉, '관세'와 '수입 할당제'는 모두 국내 생산자를 위한 정책이므로 '관세'는 '수입 할당제'와 달리 정책 시행 시의 혜택을 국내 생산자가 본다고 이해한 것은 적절하지 않다.

오답풀이 ① 5문단에서 밀가루에 관세를 부과하면 수입되는 밀가루의 가격은 상승하게 된다고 하였다. 따라서 A가 수입품의 가격을 상승시키는 원인으로 작용한다는 것은 적절하다.

② |보기|에서 수입 할당제는 수입되는 재화의 양을 제한함으로써 국내 가격을 상승시켜 국내 생산자를 보호한다고 하였으므로, B가 수량을 기준으로 수입되는 재화의 양을 제한한다는 것은 적절하다.

④ |보기|에서 수입 할당제는 제한된 할당량까지는 자유 무역 상태에서 수입한다고 하였으므로, B는 A와 달리 수입품에 대한 정부의 조세 수입이 없다는 것은 적절하다.

⑤ 7문단에서 국내 산업을 보호할 목적으로 부과되는 관세는 국제 교역을 감소시킨다고 하였고, |보기|에서 수입 할당제가 수입되는 재화의 양을 제한하는 정책이라는 점을 고려할 때, A와 B 모두 국제 무역 규모의 감소를 유발할 수 있다고 본 것은 적절하다.

기출읽기

어떻게 썼을까?

0 메타버스   2022학년도 9월 고3 모의평가

도입
메타버스와 관련 기술 소개

분류
시각 전달 장치를 비롯한 감각 전달 장치의 종류와 개념 및 기능 제시

분류
공간 이동 장치의 개념 및 종류 ① – 가상 현실 트레드밀 제시

분석
공간 이동 장치의 종류 ② – 모션 트래킹 시스템 설명

'메타버스(metaverse)'는 '초월'이라는 의미의 '메타(meta)'와 '세계'를 뜻하는 '유니버스(universe)'의 합성어로, 현실 세계와 가상 공간이 적극적으로 상호 작용하는 공간을 의미한다. 감각 전달 장치는 메타버스 속에서 사용자를 대신하는 아바타가 보고 만지는 것으로 설정된 감각을 사용자에게 전달하는 장치이다. 사용자는 이를 통하여 가상 공간을 현실감 있게 체험하면서 메타버스에 몰입하게 된다. ▶ '메타버스'의 어원과 의미 및 감각 전달 장치의 개념과 기능

시각을 전달하는 장치인 HMD는 사용자의 양쪽 눈에 가상 공간을 표현하는, 시차가 있는 영상을 전달한다. 전달된 영상을 뇌에서 조합하는 과정에서 사용자는 공간과 물체의 입체감을 느낄 수 있다. 가상 공간에서 물체를 접촉하는 것처럼 사용자의 손에 감각 반응을 직접 전달하는 장치로는 가상 현실 장갑이 있다. 가상 현실 장갑은 가상 공간에서 아바타가 만지는 가상 물체의 크기, 형태, 온도 등을 사용자가 느낄 수 있도록 설계되어 있다. 이 외에도 가상 현실 장갑은 사용자의 손가락 및 팔의 움직임에 따라 아바타를 움직이게 할 수 있다. ▶ 감각 전달 장치인 'HMD'와 '가상 현실 장갑'의 개념과 기능

한편 사용자의 움직임을 아바타에게 전달하는 공간 이동 장치를 이용하면, 사용자는 몰입도 높은 메타버스 체험을 할 수 있다. 공간 이동 장치인 가상 현실 트레드밀은 일정한 공간에 설치되어 360도 방향으로 사용자의 이동이 가능하도록 바닥의 움직임을 지원한다. ▶ 공간 이동 장치의 개념과 '가상 현실 트레드밀'의 기능

[A] 가상 현실 트레드밀과 함께 사용되는 모션 트래킹 시스템은 사용자의 동작에 따라 아바타가 동일하게 움직일 수 있도록 동기화하는 시스템으로, 동작 추적 센서, 관성 측정 센서, 압력 센서 등으로 구성된다. 동작 추적 센서는 사용자의 동작을 파악하며, 관성 측정 센서는 사용자의 이동 속도 변화율 및 회전 속도를 측정한다. 압력 센서는 서로 다른 물체 간에 작용하는 압력을 측정한다. 만약 바닥에 압력 센서가 부착된 신발을 사용자가 신고 뛰면, 압력 센서는 지면과 발바닥 사이의 압력을 감지하여 사용자가 뛰는 힘을 파악할 수 있다. 모션 트래킹 시스템이 사용자의 동작 정보를 컴퓨터에 전달하면, 컴퓨터는 사용자가 움직이는 방향과 속도에 ⓐ맞춰 트레드밀의 바닥을 제어한다. 이와 같이 사용자의 이동 동작에 따라 트레드밀의 움직임이 변경되기도 하지만, 아바타가 존재하는 가상 공간의 환경 변화에 따라 트레드밀 바닥의 진행 속도 및 방향, 기울기 등이 변경되기도 한다. 또한 사용자의 움직임이나 트레드밀의 작동 변화에 따라 HMD에 표시되는 가상 공간의 장면이 변경되어 사용자는 더욱 현실감 높은 체험을 할 수 있다. ▶ 공간 이동 장치인 '모션 트래킹 시스템'의 구성과 기능

어떻게 읽을까!

중심 화제를 파악했는가?
메타버스의 어원과 그 의미를 설명한 뒤, 사용자가 메타버스에 몰입하게 하는 감각 전달 장치를 소개함.

감각 전달 장치의 종류와 기능을 파악했는가?
시각을 전달하는 HMD, 사용자의 손에 감각 반응을 직접 전달하는 가상 현실 장갑의 개념과 기능을 설명함.

공간 이동 장치의 종류와 기능을 파악했는가?
360도로 사용자의 이동이 가능하도록 바닥의 움직임을 지원하는 가상 현실 트레드밀, 사용자의 동작에 따라 아바타가 움직이도록 동기화하는 모션 트래킹 시스템을 소개하고, 모션 트래킹 시스템을 구성하는 동작 추적 센서, 관성 측정 센서, 압력 센서의 기능을 제시함.

집중형구조

도입
분류 분류 분석

해제 이 글은 메타버스에서 사용자의 몰입도를 높이는 데 활용되는 기술에 대해 설명하고 있다. 메타버스에 활용되는 기술에는 메타버스 속에서 아바타가 보고 만지는 것으로 설정된 감각을 사용자에게 전달하는 감각 전달 장치와 사용자의 움직임을 아바타에게 전달하는 공간 이동 장치가 있다. 감각 전달 장치에는 시각을 전달하는 HMD와 감각 반응을 사용자의 손에 전달하는 가상 현실 장갑이 있다. 그리고 공간 이동 장치에는 일정한 공간에 설치되어 360도 방향으로 사용자의 이동이 가능하도록 바닥의 움직임을 지원하는 가상 현실 트레드밀, 사용자의 동작에 따라 아바타가 동일하게 움직이게 하는 모션 트래킹 시스템이 있다. 트레드밀의 움직임이나 방향 등은 사용자의 이동 동작이나 가상 공간의 환경 변화에 따라 변경되기도 하는데, 이러한 변화에 따라 HMD에 표시되는 가상 공간 장면이 변경되어 사용자는 보다 현실감 높은 체험을 할 수 있게 되는 것이다.

주제 메타버스에서 사용자의 몰입도를 높이는 기술들

0 내용 전개 방식 파악 _____③

이 글은 메타버스에서 사용자의 몰입도를 높이는 데 활용되는 여러 가지 기술을 감각 전달 장치와 공간 이동 장치로 나누어 각 기술의 개념과 기능을 설명하고 있다.

오답풀이 ① 메타버스에 대한 평가가 시대에 따라 달라진 원인을 분석하고 있지 않다.
② 메타버스 관련 기술의 발전 과정은 언급되어 있지 않다.
④ 메타버스 관련 기술이 지닌 한계는 언급되어 있지 않다.
⑤ 메타버스 관련 기술에 대한 상반된 시각은 언급되어 있지 않다.

1 세부 내용 파악 _____⑤

2문단에 따르면, 가상 현실 장갑은 가상 공간에서 물체를 접촉하는 것처럼 사용자의 손에 감각 반응을 직접 전달하는 장치로, 가상 공간에서 아바타가 만지는 가상 물체의 크기, 형태, 온도 등을 사용자가 느끼도록 설계되어 있다. 따라서 가상 현실 장갑은 사용자의 감각 반응을 아바타에게 전달할 수 있는 장치가 아니므로 가상 현실 장갑을 착용해도 사용자와 아바타 상호 간에 감각 반응을 주고받을 수 있는 것은 아니다.

오답풀이 ① 1문단에 따르면, 사용자는 감각 전달 장치를 통하여 가상 공간을 현실감 있게 체험하면서 메타버스에 몰입할 수 있다. 또한 3문단에 따르면, 사용자는 공간 이동 장치를 이용하면 몰입도 높은 메타버스 체험을 할 수 있다. 따라서 감각 전달 장치와 공간 이동 장치는 사용자가 메타버스에 몰입할 수 있게 함을 알 수 있다.
② 3문단에 따르면, 공간 이동 장치는 사용자의 움직임을 아바타에게 전달하는 장치이다.
③ 2문단에 따르면, HMD는 시각을 전달하는 장치로 사용자의 양쪽 눈에 가상 공간을 표현하는, 시차가 있는 영상을 전달한다. 사용자는 전달된 영상을 뇌에서 조합하는 과정에서 공간과 물체의 입체감을 느낄 수 있다.
④ 1문단에 따르면, 감각 전달 장치는 메타버스 속에서 사용자를 대신하는 아바타가 보고 만지는 것으로 설정된 감각을 사용자에게 전달하는 장치이다.

⚠ **출제자의 의도읽기 – 단어의 함정에 빠지지 않아야 한다.**
출제자는 지문의 핵심 단어를 가지고 오답 선지를 만든다. 이때 다른 대상의 정보를 섞거나 대상 간의 관계를 혼동하기 쉽게 선지를 구성한다. 따라서 지문의 핵심 정보나 대상 간의 관계를 정확하게 파악해야 한다. ⑤도 단어의 함정에 빠지기 쉬운 경우로, 가상 현실 장갑은 아바타의 감각을 사용자에게 전달하는 장치는 맞지만, 사용자와 아바타가 '상호 간에' 감각 반응을 '주고받을' 수는 없다.

---

2 핵심 내용 파악 _____③

[A]에 따르면, 아바타가 존재하는 가상 공간의 환경 변화에 따라 트레드밀 바닥의 진행 속도 및 방향, 기울기 등이 변경되기도 한다. 따라서 가상 공간에서 아바타가 경사로를 만나면 가상 현실 트레드밀 바닥의 기울기가 변경될 수 있다.

오답풀이 ① 관성 측정 센서는 사용자의 이동 속도 변화율 및 회전 속도를 측정하며, 사용자의 뛰는 힘을 감지하는 것은 압력 센서이다. 따라서 관성 측정 센서가 사용자의 뛰는 힘을 측정하는 것은 아니다.
② 모션 트래킹 시스템이 사용자의 동작 정보를 컴퓨터에 전달하면, 컴퓨터는 사용자가 움직이는 방향과 속도에 맞춰 트레드밀의 바닥을 제어한다고 하였다. 반면 HMD에 표시되는 가상 공간의 장면은 사용자의 움직임이나 트레드밀의 작동 변화에 따라 변경된다고 하였으므로, HMD는 가상 현실 트레드밀을 제어하는 것이 아니라, 트레드밀의 작동 변화에 따라 변경된 가상 공간의 장면을 표시하는 역할을 담당함을 알 수 있다.
④ 모션 트래킹 시스템은 사용자의 동작에 따라 아바타가 동일하게 움직일 수 있도록 동기화하는 시스템이다. 따라서 모션 트래킹 시스템이 아바타의 동작에 따라 사용자가 동일하게 움직일 수 있도록 동기화한다는 이해는 적절하지 않다.
⑤ 모션 트래킹 시스템이 감지한 사용자의 동작 정보에 따라 사용자가 움직이는 방향과 속도에 맞춰 트레드밀의 바닥을 제어하여 트레드밀의 움직임이 변경되기도 하고, 아바타가 존재하는 가상 공간의 환경 변화에 따라 트레드밀 바닥의 진행 속도 및 방향, 기울기 등이 변경되기도 한다. 즉 사용자가 이동 방향을 바꾸면 가상 현실 트레드밀 바닥의 진행 방향이 바뀌며 이에 따라 아바타의 이동 방향이 바뀌게 되는 것이다. 따라서 아바타가 이동 방향을 바꾸면 사용자의 이동 방향이 바뀌게 된다는 이해는 적절하지 않다.

3 구체적 사례에 적용 _____①

4문단에서 동작 추적 센서는 사용자의 동작을 파악한다고 하였고, |보기|에서 키넥트 센서는 동작 추적 센서의 하나라고 설명하였다. 따라서 키넥트 센서가 가상 공간에 있는 물체들 간의 거리를 측정하여 입체감을 구현할 수 있다고 이해하는 것은 적절하지 않다.

오답풀이 ② 모션 트래킹 시스템은 사용자의 동작에 따라 아바타가 동일하게 움직일 수 있도록 동기화하는 시스템이며 사용자의 동작을 파악하는 동작 추적 센서는 모션 트래킹 시스템을 구성하는 요소 중 하나이다. |보기|에서 키넥트 센서는 동작 추적 센서의 하나이므로 키넥트 센서가 확보한, 사용자의 춤추는 동작 정보를 바탕으로 아바타의 춤추는 동작이 구현될 수 있음을 알 수 있다.
③ 이 글에서 보면 관성 측정 센서는 사용자의 이동 속도 변화율 및 회전 속도를 측정하고 동작 추적 센서는 사용자의 동작을 파악한다. |보기|의 키넥트 센서는 동작 추적 센서의 하나이므로 키넥트 센서와 관성 측정 센서를 모두 이용하면 사용자의 걷는 자세 및 이동 속

도 변화율을 파악할 수 있다.

④ |보기|에서 키넥트 센서는 〈그림〉과 같이 신체 부위에 대응하는 25개의 연결점을 선으로 이은 3D 골격 이미지를 제공한다. 그런데 〈그림〉에서 얼굴 부위에 있는 연결점은 하나뿐이다. 즉 신체 부위에 대응하는 연결점의 수와 위치의 제약으로 인해 사용자의 얼굴 표정은 이 골격 이미지에 포함되지 않으므로 사용자의 골격 이미지로는 사용자의 얼굴 표정 변화를 아바타에게 전달할 수 없다.

⑤ |보기|에서 적외선 카메라와 RGB 카메라는 동작 추적 센서인 키넥트 센서에 사용되고 있다. 4문단에 따르면, 동작 추적 센서는 사용자의 동작을 파악한다. 따라서 적외선 카메라가 제공하는 입체 이미지와 RGB 카메라가 제공하는 컬러 이미지 정보로부터 생성된 골격 이미지는 사용자의 동작 정보를 파악하는 데 사용됨을 알 수 있다.

4 어휘의 문맥적 의미 파악 ①

ⓐ '맞추다'는 방향과 속도에 따라 트레드밀의 바닥을 제어한다는 문맥에 사용되었으므로 '어떤 기준이나 정도에 어긋나지 아니하게 하다.'라는 의미를 지닌다. ①의 '맞추다'도 노래에 따라 피아노를 쳤다는 문맥에서 사용되었으므로 ⓐ와 의미가 가깝다.

오답풀이   ②, ③ '서로 어긋남이 없이 조화를 이루다.'의 의미로 사용되었다.
④ '일정한 수량이 되게 하다.'의 의미로 사용되었다.
⑤ '둘 이상의 대상들을 나란히 놓고 비교하여 살피다.'의 의미로 사용되었다.

PCR 진단 시스템 2022학년도 6월 고3 모의평가

도입
PCR의 의의와 구성 요소 소개

원리
PCR 과정과 전통적인 PCR의 원리 제시

원리
전통적 PCR와 실시간 PCR 비교 및 실시간 PCR에 이용되는 이중 가닥 DNA 특이 염료의 원리 제시

원리
실시간 PCR에 이용되는 형광 표식 탐침의 원리 제시

전개
실시간 PCR에서 표적 DNA의 농도 계산 방법 설명

정리
PCR의 활용 분야와 실시간 PCR의 장점 언급

1993년 노벨 화학상은 중합 효소 연쇄 반응(PCR)을 개발한 멀리스에게 수여된다. 염기 서열을 아는 DNA가 한 분자라도 있으면 이를 다량으로 증폭할 수 있는 길을 열었기 때문이다. PCR는 주형 DNA, 프라이머, DNA 중합 효소, 4종의 뉴클레오타이드가 필요하다. 주형 DNA란 시료로부터 추출하여 PCR에서 DNA 증폭의 바탕이 되는 이중 가닥 DNA를 말하며, 주형 DNA에서 증폭하고자 하는 부위를 표적 DNA라 한다. 프라이머는 표적 DNA의 일부분과 동일한 염기 서열로 이루어진 짧은 단일 가닥 DNA로, 2종의 프라이머가 표적 DNA의 시작과 끝에 각각 결합한다. DNA 중합 효소는 DNA를 복제하는데, 단일 가닥 DNA의 각 염기 서열에 대응하는 뉴클레오타이드를 순서대로 결합시켜 이중 가닥 DNA를 생성한다.

PCR 과정은 우선 열을 가해 이중 가닥의 DNA를 2개의 단일 가닥으로 분리하는 것으로 시작한다. 이후 각각의 단일 가닥 DNA에 프라이머가 결합하면, DNA 중합 효소에 의해 복제되어 2개의 이중 가닥 DNA가 생긴다. 일정한 시간 동안 진행되는 이러한 DNA 복제 과정이 한 사이클을 이루며, 사이클마다 표적 DNA의 양은 2배씩 증가한다. 그리고 DNA의 양이 더 이상 증폭되지 않을 정도로 충분히 사이클을 수행한 후 PCR를 종료한다. 전통적인 PCR는 PCR의 최종 산물에 형광 물질을 결합시켜 발색을 통해 표적 DNA의 증폭 여부를 확인한다.

PCR는 시료의 표적 DNA 양도 알 수 있는 실시간 PCR라는 획기적인 개발로 이어졌다. 실시간 PCR는 전통적인 PCR와 동일하게 PCR를 실시하지만, 사이클마다 발색 반응이 일어나도록 하여 누적되는 발색을 통해 표적 DNA의 증폭을 실시간으로 확인할 수 있다. 이를 위해 실시간 PCR에서는 PCR 과정에 발색 물질이 추가로 필요한데, '이중 가닥 DNA 특이 염료' 또는 '형광 표식 탐침'이 이에 이용된다. ⊙이중 가닥 DNA 특이 염료는 이중 가닥 DNA에 결합하여 발색하는 형광 물질로, 새로 생성된 이중 가닥 표적 DNA에 결합하여 발색하므로 표적 DNA의 증폭을 알 수 있게 한다. 다만, 이중 가닥 DNA 특이 염료는 모든 이중 가닥 DNA에 결합할 수 있기 때문에 2개의 프라이머끼리 결합하여 이중 가닥의 이합체(二合體)를 형성한 경우에는 이와 결합하여 의도치 않은 발색이 일어난다.

⊙형광 표식 탐침은 형광 물질과 이 형광 물질을 억제하는 소광 물질이 붙어 있는 단일 가닥 DNA 단편으로, 표적 DNA에서 프라이머가 결합하지 않는 부위에 특이적으로 결합하도록 설계된다. PCR 과정에서 이중 가닥 DNA가 단일 가닥으로 되면, 형광 표식 탐침은 프라이머와 마찬가지로 표적 DNA에 결합한다. 이후 DNA 중합 효소에 의해 이중 가닥 DNA가 형성되는 과정 중에 탐침은 표적 DNA와의 결합이 끊어지고 분해된다. 탐침이 분해되어 형광 물질과 소광 물질의 분리가 일어나면 비로소 형광 물질이 발색되며, 이로써 표적 DNA가 증폭되었음을 알 수 있다. 형광 표식 탐침은 표적 DNA에 특이적으로 결합하는 장점을 지니나 상대적으로 비용이 비싸다.

[A]
실시간 PCR에서 발색도는 증폭된 이중 가닥 표적 DNA의 양에 비례하며, 일정 수준의 발색도에 도달하는 데 필요한 사이클은 표적 DNA의 초기 양에 따라 달라진다. 사이클의 진행에 따른 발색도의 변화가 연속적인 선으로 표시되며, 표적 DNA를 검출했다고 판단하는 발색도에 도달하는 데 소요된 사이클을 Ct값이라 한다. 표적 DNA의 농도를 알지 못하는 미지 시료의 Ct값과 표적 DNA의 농도를 알고 있는 표준 시료의 Ct값을 비교하면 미지 시료에 포함된 표적 DNA의 농도를 계산할 수 있다.

PCR는 시료로부터 얻은 DNA를 가지고 유전자 복제, 유전병 진단, 친자 감별, 암 및 감염성 질병 진단 등에 광범위하게 활용된다. 특히 실시간 PCR를 이용하면 바이러스의 감염 여부를 초기에 정확하고 빠르게 진단할 수 있다.

원리형구조

	도입	
원리	원리	원리
	전개	
	정리	

해제 이 글은 유전자 복제, 암 및 감염병 진단 등에 활용되는 중합 효소 연쇄 반응(PCR)을 설명하고 있다. PCR는 주형 DNA, 프라이머, DNA 중합 효소, 4종의 뉴클레오타이드가 필요하며, PCR 과정은 이중 가닥 DNA를 2개의 단일 가닥으로 분리한 뒤 이 단일 가닥 DNA마다 프라이머가 결합하면 DNA 중합 효소에 의해 복제되어 두 개의 이중 가닥 DNA가 생기는 과정이 한 사이클을 이룬다. 전통적인 PCR는 PCR의 최종 산물에 형광 물질을 결합시켜 발색을 통해 표적 DNA의 증폭을 확인하며, 실시간 PCR는 사이클마다 발색 반응이 일어나도록 하여 누적되는 발색을 통해 표적 DNA의 증폭을 실시간으로 확인한다. 그래서 실시간 PCR 과정에는 발색 물질이 추가로 필요한데, 이중 가닥 DNA에 결합해 발색하는 '이중 가닥 DNA 특이 염료', 단일 가닥인 표적 DNA에서 프라이머가 결합하지 않는 부위에 결합하는 '형광 표식 탐침'이 그것이다. 실시간 PCR는 발색도를 이용해 미지 시료에 포함된 표적 DNA의 농도를 구할 수 있으며, 바이러스의 감염 여부를 초기에 정확하고 빠르게 진단할 수 있다.

주제 각종 진단에 광범위하게 활용되는 전통적 PCR와 실시간 PCR의 원리

 0 ④   **1** ①   **2** ④   **3** ②   **4** ②

글쓴이의 작문 과정 ❶ 실시간 PCR ❷ 표적 DNA
주제 각종 진단에 광범위하게 활용되는 전통적 PCR와 실시간 PCR의 원리

---

0 내용 전개 방식 파악 ④

이 글은 전통적 PCR와 실시간 PCR, 이중 가닥 DNA 특이 염료와 형광 표식 탐침을 비교·대조하며 PCR에 대해 설명하고 있다.

오답풀이 ① 이 글은 대상인 PCR의 변화 과정을 통시적으로 고찰하고 있지 않다.

② 이 글은 스스로 묻고 대답하는 방식을 사용하고 있지는 않다.

③ 이 글은 PCR에 대해 알기 쉽게 설명하고 있으나, 가정적 상황을 설정하고 있지 않다.

⑤ 이 글에 중심 제재인 PCR에 대한 통념이나 이에 대한 반박은 드러나 있지 않다.

1 생략된 내용 추론 ①

1문단에 따르면, 주형 DNA는 PCR에서 DNA 증폭의 바탕이 되는 이중 가닥 DNA를 말하며 주형 DNA에서 증폭하고자 하는 부위를 표적 DNA라고 한다. 프라이머는 표적 DNA의 일부분과 동일한 염기 서열로 이루어진 짧은 단일 가닥 DNA이다. 따라서 표적 DNA에는 프라이머와 동일한 염기 서열이 있으므로, 주형 DNA에도 프라이머의 염기 서열과 정확하게 일치하는 부위가 있다는 것을 알 수 있다.

오답풀이 ② 2문단에서 일정한 시간 동안 진행되는 DNA 복제 과정이 한 사이클을 이루며, 사이클마다 표적 DNA의 양은 2배씩 증가한다고 하였다. 따라서 표적 DNA 양이 처음의 양에서 2배가 되는 시간과 4배에서 8배가 되는 시간은 같다.

③ 2문단에 따르면, 전통적인 PCR는 PCR의 최종 산물에 형광 물질을 결합시켜 발색을 통해 표적 DNA의 증폭 여부를 확인한다. 이는 3, 5문단을 통해서 볼 때 사이클마다 발색 반응이 일어나도록 하여 미지 시료에 포함된 표적 DNA의 농도를 계산하는 실시간 PCR와 다른 점이다. 따라서 전통적인 PCR는 표적 DNA의 농도를 PCR 과정 중에는 알 수 없다.

④ 3문단에 따르면, 실시간 PCR는 전통적인 PCR와 동일하게 PCR를 실시한다. 그리고 2문단에 따르면, 전통적인 PCR는 열을 가해 이중 가닥의 DNA를 2개의 단일 가닥으로 분리하므로, 이러한 가열 과정은 실시간 PCR에도 적용이 된다. 따라서 실시간 PCR는 가열 과정을 거쳐야 시료에 포함된 표적 DNA의 양을 증폭할 수 있다.

⑤ 1문단을 보면 PCR는 주형 DNA, 프라이머, DNA 중합 효소, 4종의 뉴클레오타이드가 필요하다고 하였다. 실시간 PCR도 전통적인 PCR와 동일하게 PCR를 실시하므로 표적 DNA의 증폭이 일어나려면 프라이머와 DNA 중합 효소가 필요하다.

2 반응의 적절성 평가 ④

1문단에 따르면, PCR 과정에는 프라이머가 필요하며 프라이머는 표적 DNA의 일부분과 동일한 염기 서열로 이루어진 짧은 단일 가닥 DNA이므로, 표적 DNA의 염기 서열이 알려져 있지 않으면 프라이머를 만들 수 없다. 따라서 표적 DNA의 염기 서열이 알려져 있어야 진단 검사를 통해 감염 여부를 분석할 수 있다.

오답풀이 ① 2문단에 따르면, 전통적인 PCR에서는 사이클을 충분히 수행하면 표적 DNA의 양이 증폭된다. 따라서 전통적인 PCR로 진단 검사를 할 때 시료에 포함된 바이러스의 양이 적은 감염 초기에 감염 여부를 진단할 수 없다는 반응은 적절하지 않다.

② 2문단에 따르면, 전통적인 PCR에서 DNA 증폭 여부는 최종 산물에 형광 물질을 결합시켜 발색을 통해 확인한다. 따라서 전통적인 PCR로 진단 검사를 할 때 DNA 증폭 여부 확인에 발색 물질이 필요 없다는 반응은 적절하지 않다.

③ 2문단을 보면 전통적인 PCR로 진단 검사를 할 때에는 PCR를 종료한 다음, PCR의 최종 산물에 형광 물질을 결합시켜 발색을 통해 표적 DNA의 증폭 여부를 확인한다. 즉 표적 DNA의 증폭 여부를 증폭 과정이 종료된 후 확인하기 때문에 실시간으로 확인하는 것보다 진단에 시간이 더 걸린다. 따라서 전통적인 PCR로 진단 검사를 할 때 진단에 걸리는 시간을 줄일 수 있다는 반응은 적절하지 않다.

⑤ 3문단에서 실시간 PCR로 진단 검사를 할 때에는 사이클마다 발색 반응이 일어나도록 하여 누적되는 발색을 통해 표적 DNA의 증폭을 실시간으로 확인할 수 있다고 하였다. 그러므로 DNA의 양이 더 이상 증폭되지 않을 정도로 충분히 사이클을 수행하지 않아도 일정 수준의 발색도에 도달하면 감염 여부를 확인할 수 있다. 따라서 실

시간 PCR로 진단 검사를 할 때, 감염 여부를 PCR가 끝난 후에야 알 수 있다는 반응은 적절하지 않다.

3 세부 내용 파악   ②

㉠은 이중 가닥 DNA에 결합하여 발색하는 형광 물질로, 새로 생성된 이중 가닥 표적 DNA에 결합하여 발색한다. 반면 ㉡은 표적 DNA에서 프라이머가 결합하지 않는 부위에 특이적으로 결합하도록 설계된 것으로, PCR 과정에서 이중 가닥 DNA가 단일 가닥으로 되면 표적 DNA에 결합한다. 이후 DNA 중합 효소에 의해 이중 가닥 DNA가 형성되는 과정 중에 탐침은 표적 DNA와의 결합이 끊어지고 분해되어 형광 물질과 소광 물질의 분리가 일어나면 비로소 형광 물질이 발색된다. 따라서 표적 DNA와 결합이 끊어지면서 발색 반응이 일어나는 ㉡과 달리 ㉠은 표적 DNA에 붙은 채 발색 반응이 일어난다.

오답풀이 ① ㉠은 모든 이중 가닥 DNA에 결합할 수 있으므로 2개의 프라이머끼리 결합하여 형성된 이중 가닥의 이합체에도 결합한다. 그러나 ㉠이 프라이머와 결합하여 이합체를 이룬다는 내용은 이 글에 제시되어 있지 않다.

③ ㉡은 형광 물질과 이 형광 물질을 억제하는 소광 물질이 붙어 있는 단일 가닥 DNA 단편으로, 표적 DNA에서 프라이머가 결합하지 않는 부위에 특이적으로 결합하도록 설계되어 있다. 그러나 ㉡이 형광 물질과 결합하여 이합체를 이룬다는 내용은 제시되어 있지 않다.

④ 4문단에 따르면, 이중 가닥 DNA가 형성되는 과정 중에 ㉡은 표적 DNA와의 결합이 끊어지고 분해되어 형광 물질과 소광 물질의 분리가 일어나면 비로소 형광 물질이 발색된다. 그러므로 한 사이클이 시작될 때가 아니라 끝날 때 발색 반응이 일어난다.

⑤ ㉠은 이중 가닥 표적 DNA에 결합하지만 ㉡은 이중 가닥 DNA가 단일 가닥으로 되었을 때 표적 DNA에 결합한다.

4 구체적 사례에 적용   ②

2문단에서 PCR의 과정에서 표적 DNA의 양은 한 사이클마다 2배씩 증가한다고 하였다. 이를 고려해 볼 때, 단위 시간당 시료의 표적 DNA의 증가량은 표적 DNA의 초기 농도가 높은 ⓐ가 ⓑ보다 많다. 그러므로 ㉮에는 'ⓑ보다 많겠군'이 들어가는 것이 적절하다. 또한 [A]에 따르면, Ct값은 '표적 DNA를 검출했다고 판단하는 발색도에 도달하는 데 소요된 사이클'로 정의되는데, 사이클의 값이 어떠하든 ⓐ와 ⓑ가 표적 DNA를 검출했다고 판단하는 발색도에 이르는 것은 이중 가닥 표적 DNA가 동일한 양으로 증폭되었을 때이므로 ㉯에는 'ⓑ와 같겠군'이 들어가는 것이 적절하다. 그리고 표적 DNA의 초기 농도가 높은 ⓐ는 사이클이 진행됨에 따른 표적 DNA의 증가량이 많기 때문에 ⓑ에 비해 빨리 일정 수준의 발색도에 도달할 수 있으므로 Ct값은 ⓐ가 ⓑ보다 작다. 따라서 ㉰에는 'ⓑ보다 작겠군'이 들어가는 것이 적절하다.

⚠ 출제자의 의도읽기 - |보기|에서 지문과의 연결 고리를 먼저 찾는다.

이 문제는 지문에 제시된 과학적 원리를 그림이나 도식으로 구현하여 이해 여부를 평가하는 유형으로, 최근 출제되는 고난도 유형에 해당한다. 특히 [A]로 묶인 5문단과 관련되어 있는데, 지문의 내용이 까다로워 정답률 역시 낮았다. 이러한 문제를 만났을 때에는 먼저 그림이나 도식을 꼼꼼하게 살펴보고 지문과의 연결 고리를 찾아야 한다. 이 문제에서도 |보기 2|의 빈칸 ㉮~㉰와 관련된 핵심어('표적 DNA 농도', '시간당 표적 DNA의 증가량', 'Ct값에서의 발색도', '실시간 PCR의 발색도')를 찾고, 지문에서 이와 관련된 내용을 찾아 하나씩 |보기 2|의 내용에 적용해 보면 오답 선지를 하나씩 제거할 수 있다.

수소전기차

2021학년도 9월 고1 학력평가

어떻게 썼을까?

도입
친환경차 소개

분류
친환경차의 종류와 구동
방식 설명

원리
친환경차의 구동 원리와
수소전기차의 연료전지
소개

원리
연료전지의 구조와 역할
제시

원리
연료전지의 전기에너지
생성 과정 설명

정리
수소전기차의 장점과
한계 언급

자동차에서 배출되는 오염 물질로 인한 대기 오염 및 기후 변화 문제가 심각해지면서 세계 각국은 온실가스의 배출 억제를 위해 자동차 분야 규제를 강화하고 있어 오염 물질의 배출이 적은 친환경차가 주목을 ㉮받고 있다.
　　　　　　　　　친환경차가 주목받게 된 이유
글의 화제
▶ 친환경차가 주목받게 된 배경

친환경차에는 전기차, 수소전기차, 하이브리드차가 있는데 ┌이 중 ㉠전기차와 수소전기차는 전기에너지를 운동에너지로 변환하여 주는 모터만으로 구동되고, ㉡하이브리드차는 모
└」: 전기차와 수소전기차 → 모터로 구동 / 하이브리드차 → 모터 + 엔진으로 구동 / 내연기관차 → 엔진으로 구동
친환경차의 종류
터와 함께 ㉢내연기관차처럼 연료를 연소시킬 때 발생하는 열에너지를 운동에너지로 바꿔 주는 엔진을 사용하여 구동된다. ┌내연기관차는 마찰 제동장치를 사용하므로 차가 감속할 때 운동에너지가 열에너지로 변환된 후 사라지는 반면, 친환경차는 감속 시 운동에너지를 전기에너지로 변환하여 배터리에 충전해 다시 사용할 수 있게 하는 회생 제동장치도 사용해 에
└」: 친환경차와 내연기관차의 차이점 – 내연기관차 감속 시 → 마찰 제동장치 사용 / 친환경차 감속 시 → 회생 제동장치 사용 (에너지 효율 상승)
너지 효율을 높이고 있다.」
▶ 친환경차의 종류와 구동 방식

하이브리드차는 출발할 때에는 전기에너지를 이용하여 모터를 구동하고 주행 시에는 주
하이브리드차의 특징
행 상황에 따라 모터와 엔진을 적절히 이용하므로 일반 내연기관차보다 연비가 좋고 배기가
하이브리드차의 장점
스가 저감되는 효과가 있다. 전기차와 수소전기차는 엔진 없이 모터를 사용해 전기에너지만으로 달리는 차라 할 수 있다. ┌전기차는 고전압 배터리에 충전을 해 전기에너지를 모터로 공
└」: 전기차와 수소전기차의 동력원 비교　　전기차의 구동 원리
급하여 움직이고, 수소전기차는 연료 탱크에 저장된 수소를 연료전지를 통해 전기에너지로
수소전기차의 구동 원리
변환하여 동력원으로 사용한다.」연료전지는 차량 구동에 필요한 수준의 전기에너지를 발전시키기 위해 다수의 연료전지를 직렬로 연결하여 가로로 쌓아 만드는데 이를 스택(stack)이
수소전기차를 구동할 수준의 전기에너지를 얻기 위함.
라 한다. 연료전지는 저장된 수소와 외부로부터 공급되는 공기 속 산소가 만나 일어나는 산
연료전지가 전기에너지를 생성하는 방법
화 · 환원 반응 과정을 통해 전기에너지를 생성하는데, 산화란 어떤 물질이 전자를 내어 주
산화의 의미
는 것을, 환원이란 전자를 받아들이는 것을 의미한다. 이렇게 물질이 전자를 얻거나 잃는
환원의 의미　　　　　　　　　이온화의 의미
것을 이온화라고도 하는데 물질이 전자를 얻으면 음이온이, 전자를 잃으면 양이온이 된다.
음이온과 양이온의 의미
▶ 친환경차의 구동 원리와 수소전기차의 연료전지

수소전기차에는 백금을 넣은 촉매와 고분자전해질막을 지닌 연료전지를 많이 사용하는데
중심 화제　　　　　　연료전지의 원료
다른 연료전지에 비해 출력이 크고 저온에서도 작동이 되며 구조도 간단하다. 연료전지의
수소전기차에 사용되는 연료전지의 장점
–극과 +극에 사용되는 촉매 속에 들어 있는 백금은 –극에서는 수소의 산화 반응을, +극에
백금의 역할
서는 산소의 환원 반응을 활성화한다. 그리고 두 극 사이에 있는 고분자전해질막은 양이온의 이동은 돕고 음이온과 전자의 이동은 억제하는 역할을 한다.
고분자전해질막의 역할
▶ 수소전기차에 쓰이는 연료전지의 구성 요소와 각 요소의 역할

연료전지에서 전기에너지가 생성되는 과정은┌수소를 저장한 연료 탱크로부터 수소가 –극
5문단의 중심 화제　　　└」: 연료전지에서 전기에너지가 생성되는 과정
으로, 공기공급기로 유입되는 외부의 공기 속 산소가 +극으로 공급되며 시작된다. –극에 공급된 수소는 촉매 속 백금에 의해 수소 양이온(H^+)과 전자(e^-)로 분리되고, 수소 양이온은 고분자전해질막을 통과해 +극으로, 전자는 외부 회로를 통해 +극으로 이동한다. 이렇게 전
고분자전해질막이 전자의 이동을 막기 때문임.
자가 외부 회로로 흐르며 전기에너지가 발생하는데, 생성된 전기에너지는 모터로 전해져 동력원이 되고 일부는 배터리에 축전된다. +극에서는 공급된 산소가 외부 회로를 통해 이동
외부 회로를 흐르며 전기에너지를 발생시킨 전자
해 온 전자(e^-)와 결합해 산소 음이온(O^-)이 된 후, 수소 양이온(H^+)과 만나 물(H_2O)이 되어
고분자전해질막을 통과한 수소 양이온
외부로 배출된다.」
▶ 수소전기차의 연료전지에서 전기에너지가 생성되는 과정

수소전기차에 사용되는 수소는 가솔린의 세 배나 되는 단위 질량당 에너지 밀도를 지니고
수소전기차가 수소를 연료로 사용하는 이유 ①
있어 에너지 효율이 높다. 그리고 수소와 산소의 반응을 이용하므로 오염 물질이나 온실가
수소전기차의 장점 ①
스의 배출이 적고 외부로부터 공급되는 공기를 필터로 정화하여 사용한 후 배출하므로 공기
수소전기차가 수소를 연료로 사용하는 이유 ②
를 정화하는 기능도 한다. 그러나 고가인 백금과 고분자전해질막을 사용해 연료전지를 제작
수소전기차의 장점 ②　　　　　　　　　　수소전기차의 한계 ①
해 가격이 비싸다는 점, 수소는 고압으로 압축해야 하므로 폭발할 위험성이 커 보관과 이동
수소전기차의 한계 ②
에 어려움이 있다는 점 등 해결해야 할 문제들이 남아 있다.
▶ 수소전기차의 장점과 한계

어떻게 읽을까!

글의 화제를 파악했는가?
온실가스 배출 억제를 위한 규제 강화로 친환경차가 주목받고 있음을 언급함.

친환경차와 내연기관차의 차이점을 파악했는가?
내연기관차는 마찰 제동장치를 사용해 감속 시 에너지가 사라지는 반면, 친환경차는 회생 제동장치를 사용해 감속 시 에너지를 배터리에 충전해 다시 사용함을 설명함.

전기차와 수소전기차의 구동 원리를 이해했는가?
전기차와 수소전기차 모두 모터를 사용하지만 전기차는 고전압 배터리에 충전해 전기에너지를 모터로 공급하고 수소전기차는 연료 탱크에 저장된 수소를 연료전지를 통해 전기에너지로 변환해 사용함을 설명함.

수소전기차의 연료전지에서 전기에너지가 생성되는 과정을 파악했는가?
수소전기차는 백금과 고분자전해질막을 지닌 연료전지를 사용하는데, 수소전기차의 연료전지에 저장된 수소와 외부로부터 유입되는 산소가 만나 산화 · 환원 반응을 일으켜 전기에너지를 생성하는 과정을 순차적으로 제시함.

수소전기차의 장단점을 파악했는가?
수소전기차는 에너지 효율이 높고 공기 정화 기능이 있지만, 가격이 비싸고 폭발 위험이 커서 보관과 이동에 어려움이 있음을 언급함.

원리형구조

도입	
분류	
원리	원리	원리
정리	

해제 이 글은 친환경차인 수소전기차의 특징과 구동 원리를 다른 친환경차 및 내연기관차와 비교하여 설명하고 있다. 친환경차는 내연기관차와 달리 회생 제동장치를 사용해 감속 시 운동에너지를 전기에너지로 변환해 배터리에 충전해 다시 사용할 수 있는데, 전기차, 수소전기차, 하이브리드차가 있다. 이 중 전기차와 수소전기차는 엔진 없이 모터만으로 구동되는데, 전기차는 고전압 배터리에 충전을 해 전기에너지를 모터로 공급해 움직이고, 수소전기차는 연료 탱크에 저장된 수소를 연료전지를 통해 전기에너지로 변환해 움직인다. 하이브리드차의 경우 출발할 때는 전기에너지를 이용해 모터를 구동하고 주행 시에는 상황에 따라 모터와 엔진을 적절히 이용한다. 수소전기차는 에너지 효율이 높고 공기를 정화하는 기능을 하는 반면, 가격이 비싸고 수소를 고압으로 압축해야 해서 폭발 위험성이 커 보관과 이동 시 해결해야 할 문제들이 남아 있음을 언급하고 있다.

주제 친환경차 중 수소전기차가 구동되는 과학적 원리

기출읽기 2

0 ④   1 ③   2 ④   3 ①   4 ③

글쓴이의 작문 과정 ❶ 내연기관차 ❷ 전기에너지
주제 친환경차 중 수소전기차가 구동되는 과학적 원리

0 내용 전개 방식 파악   ④

이 글은 친환경차의 종류를 전기차, 수소전기차, 하이브리드차로 나누어 각각의 구동 방식에 대해 설명한 후, 그중 수소전기차의 연료전지에서 전기에너지를 생성하는 원리와 장단점에 대해 상세하게 서술하고 있다.

오답풀이 ① 2, 3문단에서 친환경차와 내연기관차의 차이점을 비교하고 있으나, 이 둘의 영향 관계를 제시하고 있지는 않다.
② 마지막 문단에서 친환경차인 수소전기차의 한계에 대해 평가하고 있으나, 친환경차의 기원과 의의를 제시하고 있지는 않다.
③ 2, 3문단에서 친환경차인 하이브리드차, 전기차, 수소전기차의 구동 방식과 그 특징을 설명하고 있으나, 수소전기차로 발전하는 과정을 제시하고 있지는 않다.
⑤ 친환경차인 전기차, 수소전기차, 하이브리드차의 특징을 제시하고 있으나, 이들의 구동 방식에 관한 이론을 소개하고 있지는 않다.

1 세부 내용 파악   ③

6문단에서 수소전기차에 사용되는 수소는 가솔린의 세 배나 되는 단위 질량당 에너지 밀도를 지니고 있어 에너지 효율이 높고 수소와 산소의 반응을 이용하므로 오염 물질이나 온실가스의 배출이 적어 공기를 정화하는 기능을 한다고 하였다. 이를 통해 수소전기차가 수소를 연료로 사용하는 이유는 수소가 가솔린보다 에너지 효율이 높고 오염 물질이나 온실가스 등의 배출이 적으며 공기를 정화하는 기능을 하여 친환경적이기 때문임을 알 수 있다.

오답풀이 ① 6문단에서 수소전기차의 연료인 수소는 고압으로 압축해야 하므로 폭발할 위험성이 커서 보관과 이동에 어려움이 있다는 것을 알 수 있다.
② 6문단에서 수소전기차의 연료전지는 외부로부터 공급되는 공기를 필터로 정화하여 사용한 후 배출하므로 공기를 정화하는 기능을

한다는 것을 알 수 있다.
④ 6문단에서 수소전기차는 고가인 백금과 고분자전해질막을 사용해 연료전지를 제작해 가격이 비싸다고 하였으므로 백금과 고분자전해질막을 대신할 저가의 원료를 개발한다면 연료전지의 가격을 낮출 수 있다고 할 수 있다.
⑤ 3문단에서 연료전지는 차량 구동에 필요한 수준의 전기에너지를 발전시키기 위해 다수의 연료전지를 직렬로 연결하여 가로로 쌓아 만든다고 하였으므로 수소전기차를 구동할 수준의 전기에너지를 만들어 내려면 다수의 연료전지를 직렬로 연결해야 함을 알 수 있다.

2 자료 해석의 적절성 판단   ④

5문단에서 −극(ⓐ)에 공급된 수소는 촉매 속 백금에 의해 수소 양이온과 전자로 분리되고 그중 전자는 외부 회로(ⓑ)로 흐르며 전기에너지가 발생한다고 하였다. 따라서 ⓐ에서 분리된 전자는 ⓑ로 흐르며 전기에너지를 생성한다. 또 +극(ⓓ)에서는 공급된 산소가 외부 회로(ⓑ)를 통해 이동해 온 전자와 결합하여 산소 음이온이 된다. 즉 ⓓ에서 전자는 분리되지도 ⓑ에서 전기에너지를 생성하지도 않는다. 따라서 ⓐ와 ⓓ에서 분리된 전자가 ⓑ에서 만나 전기에너지를 생성한다는 설명은 적절하지 않다.

오답풀이 ① 4, 5문단에 따르면, −극(ⓐ)과 +극(ⓓ)에 사용되는 촉매 속에 들어 있는 백금은 −극에서는 수소의 산화 반응을 활성화하고 +극에서는 산소의 환원 반응을 활성화한다. 그 결과 수소는 수소 양이온과 전자로 분리되고 산소는 전자와 결합해 산소 음이온이 된다. 그런데 3문단에서 이온화는 물질이 전자를 얻거나 잃는 것이라고 하였으므로 ⓐ와 ⓓ에 들어 있는 금속인 백금이 수소와 산소의 이온화를 촉진하는 것이다.
② 4문단에 따르면, 고분자전해질막(ⓒ)은 양이온의 이동은 돕고, 음이온과 전자의 이동은 억제한다. 따라서 수소 양이온은 고분자전해질막(ⓒ)를 통과해 +극(ⓓ)으로 이동하지만 전자는 고분자전해질막(ⓒ)을 통과해 +극(ⓓ)으로 이동하지 못하고 외부 회로(ⓑ)를 통해 +극(ⓓ)으로 흘러가게 된다.
③ 5문단에 따르면, −극(ⓐ)에 공급된 수소는 촉매 속 백금에 의해 수소 양이온과 전자로 분리되고 수소 양이온은 고분자전해질막(ⓒ)을 통과해 +극(ⓓ)으로 이동한다. 그런데 3문단을 보면 이온화 과정

에서 전자를 잃으면 양이온이 된다고 하였다. 따라서 고분자전해질막(ⓒ)을 통과하여 +극(ⓓ)으로 이동하는 수소 양이온은 촉매 속 백금에 의해 −극(ⓐ)에서 전자를 잃고 이온화된 것이다.

⑤ 5문단에 따르면, +극(ⓓ)에서는 공급된 산소가 외부 회로(ⓑ)를 통해 이동해 온 전자와 결합하여 산소 음이온이 된 후, 이것이 고분자전해질막(ⓒ)을 통과한 수소 양이온과 만나 물이 만들어진다.

3 정보 간의 관계 파악 ――――――――――――――――― ①

㉠은 전기차와 수소전기차로, 3문단에 따르면 전기차는 고전압 배터리에 충전을 하여 전기에너지를 모터로 공급하여 움직이므로 따로 연료 탱크가 필요 없다. 하지만 수소전기차는 연료 탱크에 저장된 수소를 연료전지를 통해 전기에너지로 변화하여 동력원으로 사용하므로 연료 탱크가 필요하다. 한편 ㉡은 하이브리드차, ㉢은 내연기관차로, 2문단에 따르면 하이브리드차는 모터와 함께 내연기관차처럼 연료를 연소시킬 때 발생하는 열에너지를 운동에너지로 바꿔 주는 엔진을 사용하여 구동된다. 따라서 ㉡과 ㉢ 역시 연료를 저장할 연료 탱크가 필요하다. 이를 종합할 때 ㉠의 전기차만이 ㉡, ㉢과 달리 연료 탱크를 제작할 필요가 없다.

오답풀이 ② 3문단에서 하이브리드차(㉡)는 전기차(㉠)에 쓰이는 모터와 내연기관차(㉢)에 쓰이는 엔진을 모두 가지고 있으며 출발할 때에는 전기에너지를 이용하여 모터를 구동하고 주행 시에는 주행 상황에 따라 모터와 엔진을 적절히 이용한다는 것을 알 수 있다.

③ 2문단에서 내연기관차(㉢)은 마찰 제동장치를 사용하기 때문에 감속할 때 운동에너지가 열에너지로 변환된 후 사라진다고 하였다. 그리고 전기차와 수소전기차(㉠), 하이브리드차(㉡)는 친환경차로 회생 제동장치를 사용하기 때문에 감속할 때 운동에너지를 전기에너지로 변환하여 배터리에 충전하고 이를 필요할 때 다시 사용할 수 있다고 하였다. 따라서 ㉢은 ㉠, ㉡과 달리 감속할 때 발생하는 에너지를 자동차의 주행에 활용하지 못함을 알 수 있다.

④ 1문단에서 오염 물질이 배출이 적은 친환경차가 주목을 받고 있다고 하였고 3문단에서 하이브리드차는 일반 내연기관차보다 연비가 좋고 배기가스가 저감되는 효과가 있다고 하였다. 또 6문단에서 수소전기차는 오염 물질이나 온실가스의 배출이 적다고 한 것을 종합할 때 친환경차(㉠, ㉡)는 내연기관차(㉢)에 비해 배출되는 오염 물질과 온실가스의 양이 적다는 것을 알 수 있다.

⑤ 2문단에서 전기차와 수소전기차(㉠)는 전기에너지를 운동에너지로 변환하여 주는 모터만으로 구동되고 내연기관차(㉢)는 연료를 연소시킬 때 발생하는 열에너지를 운동에너지로 바꿔 주는 엔진을 사용하여 구동된다고 하였다. 반면 하이브리드차(㉡)는 출발할 때에는 전기에너지를 이용하여 모터를 구동한다고 하였다. 따라서 친환경차(㉠, ㉡)는 내연기관차(㉢)와 달리 출발할 때는 전기에너지의 힘으로 모터를 움직여야 한다는 것을 알 수 있다.

4 어휘의 문맥적 의미 파악 ――――――――――――――――― ③

㉮의 '받다'는 친환경차가 사람들의 관심을 끌었다는 문장에 사용되었으므로 '다른 사람이나 대상이 가하는 행동, 심리적인 작용 따위를 당하거나 입다.'의 의미이다. ③의 '받다'도 ㉮와 같은 의미로 사용되었다.

오답풀이 ① '사람을 맞아들이다.'의 의미로 사용되었다.

② '다른 사람의 어리광, 주정 따위에 무조건 응하다.'의 의미로 사용되었다.

④ '요구, 신청, 질문, 공격, 도전, 신호 따위의 작용을 당하거나 거기에 응하다.'의 의미로 사용되었다.

⑤ '흐르거나 쏟아지거나 하는 것을 그릇 따위에 담기게 하다.'의 의미로 사용되었다.

3 인공지능 음성 언어 비서 시스템 2022학년도 3월 고2 학력평가

도입
자연어 처리 기술 소개

과정
철자 오류 방식의 과정 중 '전처리', '오류 문자열 판단' 단계 설명

과정
철자 오류 방식의 과정 중 '교정 후보 집합 생성', '최종 교정 문자열 탐색' 단계 설명

과정
띄어쓰기 오류 보정 방식의 과정 설명

정리
자연어 처리 기술의 과제 언급

가 최근 스마트폰이나 자동차 등에서 인공지능 음성 언어 비서 시스템이 사용되고 있다. 이 시스템이 제대로 작동하기 위해서는 사용자의 음성이 올바르게 인식되어야 한다. 그런데 '불분명하게 발음하거나 여러 단어를 쉼 없이 발음하는 경우 시스템이 어떻게 이를 올바른 문장으로 인식할 수 있을까?' 이럴 때는 입력된 음성 언어를 문자 언어로 변환한 다음, 통계 데이터를 활용하여 단어나 문장의 오류를 보정하는 자연어 처리 기술이 사용된다. 이러한 기술에는 철자 오류 보정 방식과 띄어쓰기 오류 보정 방식이 있다.
▶ 자연어 처리 기술을 활용한 인공지능 음성 언어 비서 시스템

나 철자 오류 보정 방식은 교정 사전과 어휘별 통계 데이터를 ㉠기반으로 잘못된 문자열*을 올바른 문자열로 바꿔 주는 방식이다. 철자 오류 보정은 '전처리, 오류 문자열 판단, 교정 후보 집합 생성, 최종 교정 문자열 탐색' 과정을 거친다. 먼저 '전처리'는 입력 문장에서 사용자의 발음이 불분명하게 입력되어 시스템에서 처리가 불가능한 문자열을 처리가 가능한 문자열로 바꿔 주는 과정이다. 가령, '실크'가 '싫'으로 인식될 경우, '싫'이라는 음절이 국어에 쓰이지 않으므로 '실크'로 바꿔 준다. 이렇게 전처리가 끝나면 다음 단계인 '오류 문자열 판단' 단계로 넘어간다. 이 단계에서는 입력된 문장을 어절 단위의 문자열로 ㉡구분하여, 각 문자열이 교정 사전의 오류 문자열에 존재하는지 여부를 확인한다. 교정 사전이란 오류 문자열과 이를 수정한 교정 문자열이 쌍을 이루어 구축되어 있는 사전이다. 예를 들어 사람들이 자주 틀리는 어휘인 '할려고'의 경우, 교정 사전의 오류 문자열에 '할려고', 이를 수정한 교정 문자열에 '하려고'가 들어가 있다.
▶ 철자 오류 보정 방식의 과정 ①

다 처리된 문자열이 교정 사전의 오류 문자열에 존재하지 않을 경우 바로 결과 문장으로 도출되지만, 존재할 경우 '교정 후보 집합 생성' 단계로 넘어간다. 이 단계에서는 오류 문자열과 교정 문자열 모두를 교정 후보로 하는 교정 후보 집합을 ㉢생성한다. 예컨대 처리된 문자열이 '할려고'일 경우, '할려고'와 '하려고' 모두를 교정 후보로 하는 교정 후보 집합을 생성한다. 그런 다음 '최종 교정 문자열 탐색' 단계로 넘어간다. 여기서는 철자 오류가 거의 없는 교과서나 신문 기사와 같은 자료에서 어휘들의 사용 빈도를 추출한 어휘별 통계 데이터를 활용하여, 교정 후보 중 사용 빈도가 높은 문자열을 최종 교정 문자열로 선택하여 결과 문장을 도출한다. 만일 통계 데이터에서 '할려고'의 사용 빈도가 1회, '하려고'의 사용 빈도가 100회라면 '하려고'를 최종 교정 문자열로 선택하는 것이다.
▶ 철자 오류 보정 방식의 과정 ②

라 띄어쓰기 오류 보정 방식은 잘못된 띄어쓰기를 통계 데이터와 비교하여 올바른 띄어쓰기로 바꿔 주는 방식이다. 이를 위해서는 입력된 문장의 띄어쓰기를 시스템에서 처리할 수 있도록 이진법으로 변환하는 과정이 요구된다. 이 과정에서 음절의 좌나 우, 혹은 음절의 사이에 공백이 있을 때 1, 공백이 없을 때 0으로 표기한다. 가령 '동생이 밥 을 먹었다'라는 문장에서 '밥'은 음절의 좌, 우에 모두 공백이 있으므로 이를 이진법으로 나타내 '1밥1'이 되는데, 이를 편의상 '밥(11)'로 나타낸다. 같은 방법으로 '밥 을'은 두 음절의 좌, 사이, 우에 모두 공백이 있으므로 '밥을(111)'이 되고, '밥 을 먹'은 '밥을먹(1110)'이 된다. 이때 문장의 처음과 끝은 공백이 있는 것으로 처리한다. 이렇게 띄어쓰기를 이진법으로 변환한 다음, 올바르게 띄어쓰기가 구현된 문장에서 ㉣추출한 통계 데이터와 비교한다. 그 결과 빈도수가 높은 띄어쓰기 결과에 맞춰 띄어쓰기 오류를 보정한다. 만약 통계 데이터에서 '밥을(111)'의 빈도수가 낮고 '밥을(101)'의 빈도수가 높을 경우, 이에 따라 '밥 을'은 '밥을'로 띄어쓰기가 보정된다.
▶ 띄어쓰기 오류 보정 방식의 과정

마 이러한 방법들은 모두 올바른 단어나 문장에서 추출된 통계 데이터를 기반으로 보정이 이루어진다는 공통점이 있다. 보정의 정확도를 ㉤향상시키기 위해서는 통계 데이터의 양을 늘리는 것이 요구되지만, 이 경우 데이터 처리 속도가 감소하게 된다는 단점이 있다. 이

중심 화제를 파악했는가?
인공지능 음성 언어 비서 시스템의 자연어 처리 기술인 철자 오류 보정 방식과 띄어쓰기 오류 보정 방식을 소개함.

철자 오류 보정 방식은 무엇이며 어떤 과정으로 이루어지는지 파악했는가?
철자 오류 보정 방식은 교정 사전과 어휘별 통계 데이터를 기반으로 오류 문자열을 보정하는 방식이며, 전처리 → 오류 문자열 판단 → 교정 후보 집합 생성 → 최종 교정 문자열 탐색의 과정으로 이루어짐을 각 단계에 예시를 들어 제시함.

띄어쓰기 오류 보정 방식은 무엇이며 어떤 과정으로 이루어지는지 파악했는가?
띄어쓰기 오류 보정 방식은 잘못된 띄어쓰기를 통계 데이터와 비교해 오류를 보정하는 방식이며, 띄어쓰기를 이진법으로 변환 → 통계 데이터와의 비교 → 빈도수가 높은 결과에 따른 오류 보정의 과정으로 이루어짐을 각 단계에 예시를 들어 제시함.

자연어 처리 기술의 과제를 파악했는가?
보정의 정확도 향상을 위해 통계 데이터의 양을 늘리면 데이터 처리 속도가 감소하므로 이를 해결해야 함.

러한 문제점을 해결하기 위해 최근 보정의 정확도와 데이터의 처리 속도를 모두 향상시키기 위한 방안이 지속적으로 연구되고 있다.

▶ 자연어 처리 기술의 과제

원리형구조

해제 이 글은 인공지능 음성 언어 비서 시스템에서 통계 데이터를 활용해 단어나 문장의 오류를 보정하는 자연어 처리 기술인 철자 오류 보정 방식과 띄어쓰기 오류 방식을 소개하고 있다. 철자 오류 보정 방식은 교정 사전과 어휘별 통계 데이터를 기반으로 잘못된 문자열을 올바른 문자열로 바꿔 주는 방식이고, 띄어쓰기 오류 보정 방식은 잘못된 띄어쓰기를 통계 데이터와 비교하여 올바른 띄어쓰기로 바꿔 주는 방식이다. 전자는 시스템에서 처리가 가능하도록 바꾸는 '전처리', 교정 사전의 오류 문자열에 있는지를 확인하는 '오류 문자열 판단', 오류 문자열과 교정 문자열을 모두 교정 후보로 하는 '교정 후보 집합 생성', 사용 빈도가 높은 문자열을 최종 교정 문자열로 선택해 결과 문장을 도출하는 '최종 교정 문자열 탐색' 과정을 거친다. 후자는 입력 문장의 띄어쓰기를 이진법으로 변환한 뒤, 통계 데이터와 비교해 빈도수가 높은 띄어쓰기 결과에 맞춰 띄어쓰기 오류를 보정한다. 글쓴이는 자연어 처리 기술이 해결해야 할 과제로 보정의 정확도와 데이터의 처리 속도 향상을 제시하며 글을 마무리하고 있다.

주제 인공지능 음성 언어 비서 시스템의 자연어 처리 기술

0 ②   **1** ③   **2** ④   **3** ⑤   **4** ④

글쓴이의 작문 과정 ❶ 인공지능 음성 언어 비서 시스템
                    ❷ 철자 오류 보정 방식
주제   인공지능 음성 언어 비서 시스템의 자연어 처리 기술

0 글의 구조 파악   ②

이 글은 자연어 처리 기술인 철자 오류 보정 방식과 띄어쓰기 오류 보정 방식에 대해 설명하고 있다. 이를 위해 (가)에서는 화제를 제시한 뒤, (나)와 (다)에서는 철자 오류 보정 방식의 개념과 과정을 설명하고, (라)에서는 띄어쓰기 오류 보정 방식의 개념과 과정을 설명하며, (마)에서는 자연어 처리 기술의 한계를 언급하며 글을 마무리하고 있다.

1 세부 내용 파악   ③

(나)에 따르면, 철자 오류 보정 방식의 첫 번째 단계인 '전처리'에서는 국어에 쓰이는 음절에 대한 정보를 바탕으로 시스템에서 처리가 불가능한 문자열을 처리가 가능한 문자열로 바꾸어 준다. 그러나 두 번째 단계인 '오류 문자열 판단' 단계부터는 입력된 문장을 어절 단위의 문자열로 구분하여 각 문자열이 교정 사전의 오류 문자열에 존재하는지 여부를 확인하므로, 철자 오류 보정 방식이 각 단계마다 입력된 문장을 음절 단위로 구분하여 데이터를 처리한다는 설명은 적절하지 않다.

오답풀이 ① (가)에 따르면, 음성 언어 비서 시스템이 제대로 작동하기 위해서는 사용자의 음성이 올바르게 인식되어야 한다. 따라서 잘못 입력된 문장이 보정되지 않으면 음성 언어 비서 시스템이 제 기능을 발휘하지 못한다고 할 수 있다.

② (가)에 따르면, 불분명하게 발음하거나 여러 단어를 쉼 없이 발음하는 경우 입력된 음성 언어를 문자 언어로 변환한 다음, 통계 데이터를 활용하여 단어나 문장의 오류를 보정하는 자연어 처리 기술이 사용된다. 따라서 음성 인식 오류를 보정할 때 사용자의 음성 언어를 문자 언어로 변환하는 과정이 선행된다고 할 수 있다.

④ (라)에서 띄어쓰기 오류 보정 방식은 문장의 처음과 끝에 공백이 있는 것으로 처리한다는 것을 확인할 수 있다.

⑤ (마)에서 보정의 정확도를 향상시키기 위해 통계 데이터의 양을 늘리면 데이터 처리 속도가 감소한다는 것을 확인할 수 있다.

2 구체적 상황에 적용   ④

(다)에 따르면 '교정 후보 집합 생성' 단계에서는 오류 문자열과 교정 문자열 모두를 교정 후보로 하는 교정 후보 집합을 생성한다. 이에 따라 오류 문자열인 '틀어죠'와 교정 문자열인 '틀어줘' 모두를 교정 후보로 하는 교정 후보 집합을 생성한다. 따라서 '틀어죠'가 교정 사전의 오류 문자열에 있으므로 '틀어줘'만을 교정 후보로 한다는 설명은 적절하지 않다.

오답풀이 ① (나)에 따르면, '전처리' 단계에서는 입력 문자에서 사용자의 발음이 불분명하게 입력되어 시스템에서 처리가 불가능한 문자열을 처리가 가능한 문자열로 바꿔 준다. 이를 참고할 때 ㉮에서 '왋'이라는 음절은 국어에 쓰이지 않으므로 이를 교정하여 처리가 가능한 문자열인 '왈츠'로 바꿔 준다는 설명은 적절하다.

② (다)에 따르면, '오류 문자열 판단' 단계에서는 처리된 문자열이 교정 사전의 오류 문자열에 존재하지 않을 경우 바로 결과 문장으로 도출된다. 이를 참고할 때 ㉯에서 '쇼팽의'라는 문자열은 교정 사전의 오류 문자열에 해당하지 않으므로 결과 문장으로 바로 보낸다는 설명은 적절하다.

③ (나), (다)에 따르면, '오류 문자열 판단' 단계에서는 어절 단위의 문자열로 구분하여 교정 사전의 오류 문자열에 존재하는지 여부를 확인하고, 교정 사전의 오류 문자열에 존재할 경우 '교정 후보 집합 생성' 단계로 넘어간다. 이를 참고할 때 '틀어죠'라는 문자열은 교정

사전의 오류 문자열에 존재하므로 '교정 후보 집합 생성' 단계로 보낸다는 설명은 적절하다.

⑤ (다)에 따르면, '최종 교정 문자열 탐색' 단계에서는 어휘별 통계 데이터를 활용하여 교정 후보 중 사용 빈도가 높은 문자열을 최종 교정 문자열로 선택하여 결과 문장을 도출한다. 이를 참고할 때 ㉮에서 교정 후보 '틀어죠'와 '틀어줘' 중 어휘별 통계 데이터에서 사용 빈도가 높은 '틀어줘'를 최종 교정 문자열로 선택한다는 설명은 적절하다.

3 세부 내용 파악 ——————————— ⑤

(라)에 따르면, 띄어쓰기 오류 보정 방식에서는 입력 문장의 띄어쓰기를 시스템에서 처리할 수 있도록 이진법으로 변환한 다음, 올바르게 띄어쓰기가 구현된 문장에서 추출한 통계 데이터와 비교하여 빈도수가 높은 띄어쓰기 결과에 맞춰 띄어쓰기가 오류를 보정한다. 그런데 |보기|에서 ⓐ가 입력 문장, ⓑ가 결과 문장이라고 하였으므로 ⓐ에서 ⓑ로 띄어쓰기 오류 보정이 일어나려면 통계 데이터 빈도수가 ⓐ보다 ⓑ가 커야 한다. 따라서 |보기|의 '통계 데이터 빈도수 비교 결과' 중 띄어쓰기 오류 보정이 일어난 이유로 가장 적절한 것은, ⓑ의 '학생이(1000)'가 ⓐ의 '학생이(1010)'보다 빈도수가 높은 'ㅁ'이다.

오답풀이 ① ⓐ의 '생(01)'이 ⓑ의 '생(00)'보다 크므로 띄어쓰기 오류 보정이 일어난 이유로 적절하지 않다.

② ⓑ의 '학생(100)'이 ⓐ의 '학생(101)'보다 작으므로 띄어쓰기 오류 보정이 일어난 이유로 적절하지 않다.

③ ⓐ의 '이다(101)'가 ⓑ의 '이다(001)'보다 크므로 띄어쓰기 오류 보정이 일어난 이유로 적절하지 않다.

④ ⓑ의 '생이다(0001)'가 ⓐ의 '생이다(0101)'보다 작으므로 띄어쓰기 오류 보정이 일어난 이유로 적절하지 않다.

4 어휘의 문맥적 의미 파악 ——————————— ④

㉣의 '추출하다'는 '전체 속에서 어떤 물건, 생각, 요소 따위를 뽑아내다.'라는 의미를 지닌 단어이므로 '추출한'을 '고친'으로 바꿔 쓰는 것은 적절하지 않다.

오답풀이 ① '기반'은 '기초가 되는 바탕. 또는 사물의 토대.'라는 의미를 지닌 단어이므로, ㉠ '기반으로'는 '바탕으로'와 바꿔 쓸 수 있다.

② '구분하다'는 '일정한 기준에 따라 전체를 몇 개로 갈라 나누다.'라는 의미를 지닌 단어이므로, ㉡ '구분하여'는 '나누어'와 바꿔 쓸 수 있다.

③ '생성하다'는 '사물이 생겨나다. 또는 사물이 생겨 이루어지게 하다.'라는 의미를 지닌 단어이므로, ㉢ '생성한다'는 '만든다'와 바꿔 쓸 수 있다.

⑤ '향상시키다'는 '실력, 수준, 기술 따위를 나아지게 하다.'라는 의미를 지닌 단어이므로, 앞에 '정확도'가 쓰인 문맥을 고려해 볼 때 ㉤ '향상시키기'를 '높이기'와 바꿔 쓸 수 있다.

기 출 읽 기

빛의 정체와 양자역학의 탄생 2011학년도 9월 고2 학력평가

어떻게 썼을까?

도입
양자역학의 성립 과정 언급

과정
빛의 정체 탐구 과정에서 뉴턴과 토머스 영의 대립

과정
빛의 정체를 탐구한 아인슈타인의 광량자설 제시

과정
물질의 이중성을 입증한 실험 결과와 양자역학의 탄생 과정 제시

결론
양자역학의 의의 제시

어떻게 읽을까!

이 글의 화제와 앞으로 전개될 내용을 예측했는가?
양자역학이 빛의 정체를 탐구하는 과정과 관련이 있음을 화제로 제시하며 흥미를 유발함.

시간의 흐름에 따라 빛의 정체를 탐구하는 과정이 어떻게 달라졌는지 파악했는가?
입자인 동시에 파동인 빛의 이중성이 밝혀지기까지 여러 학자들의 주장과 실험 결과를 제시하여 논지를 뒷받침하고 이해를 도움.

양자역학이 지닌 가치를 파악했는가?
양자역학이 탄생하게 된 배경을 제시하고, 현대 전자 기술의 기반을 형성하는 양자역학의 효용성을 언급함.

가 상대성이론과 양자역학을 20세기의 과학혁명이라고 한다. 뉴턴의 고전역학에서는 3차원 공간에 절대성을 지닌 시간이 따로 있는 고전적 시공간을 사용하였다. 이러한 시간과 공간을 새롭게 인식하고 개념을 바꾼 것이 상대성이론이다. 그리고 양자역학은 고전역학으로는 설명할 수 없는 전자 같은 미시적 세계를 올바로 기술하기 위해서 탄생하였다. 이 양자역학의 성립은 빛의 정체를 탐구하는 과정과 깊은 관련이 있다. ▶ 상대성이론과 양자역학의 탄생

나 뉴턴은 빛이 눈에 보이지 않는 작은 입자라고 주장하였고, 이것은 그의 권위에 의지하여 오랫동안 정설로 여겨졌다. 그러나 19세기 초에 토머스 영의 겹실틈 실험은 빛의 파동성을 증명하였다. 이 실험의 방법은 먼저 한 개의 실틈을 거쳐 생긴 빛이 다음에 설치된 두 개의 겹실틈을 지나가게 하여 스크린에 나타나는 무늬를 관찰하는 것이다. 이때 빛이 파동이냐 입자이냐에 따라 ㉠결괏값이 달라진다. 즉 빛이 입자라면 일자 형태의 띠가 두 개 나타나야 하는데, 실험 결과 스크린에는 예상과 다른 무늬가 나타났다. 마치 두 개의 파도가 만나면 골과 마루가 상쇄와 간섭을 일으키듯이, 보강 간섭이 일어난 곳은 밝아지고 상쇄 간섭이 일어난 곳은 어두워지는 간섭무늬가 연속적으로 나타난 것이다. 그러나 19세기 말부터 빛의 파동성으로는 설명할 수 없는 몇 가지 실험적 사실이 나타났다. ▶ 빛의 정체에 대한 뉴턴과 토머스 영의 대립

다 1905년에 아인슈타인은 빛은 광량자라고 하는 작은 입자로 이루어졌다는 광량자설을 주장하였다.

[A] 금속에 자외선을 쪼일 때 그 표면에서 전자가 방출되는 현상을 광전효과라고 한다. 빛을 입자라고 가정하면 광전 효과는 두 입자의 충돌로 생각할 수 있다. 이때 에너지가 한계진동수에 해당하는 에너지보다 작으면 전자는 금속 내부에 갇혀 표면에서 방출되지 못한다. 그러나 진동수가 한계진동수보다 큰 경우 전자는 운동에너지를 얻어서 방출된다. 이때 방출되는 전자를 광전자라고 한다.

그러나 아인슈타인의 광량자설은 입자설의 부활을 의미하는 것이 아니다. 빛의 파동성은 명백한 사실이었으므로 이것은 빛이 파동이면서 동시에 입자인 이중적인 본질을 가지고 있다는 것을 의미하는 것이었다. ▶ 빛의 이중성을 밝힌 아인슈타인의 광량자설

라 그렇다면 파동인 줄 알았던 빛이 입자성도 갖고 있다면, 입자인 전자도 파동의 성질을 갖고 있지 않을까? 1924년 드 브로이는 빛이 이중성을 갖고 있다면 입자인 전자나 양성자도 이중성을 가질 수 있을 것이라고 주장하였다. 그 뒤에 데이비슨과 거머는 전자의 에돌이 실험을 ⓐ통해 빛의 경우와 같은 결과를 얻었다. 이것은 물질이 이중성을 가지고 있다는 주장을 뒷받침하는 것이었다. 이 실험 결과는 당시 입자와 파동을 서로 반대의 성질로 규정하여 양립할 수 없는 것으로 여겼던 고전역학의 물리학적 상식을 흔들어 놓았다. 이것을 설명하기 위해 양자역학이 탄생한 것이다. ▶ 물질의 이중성 입증 과정에서 탄생한 양자역학

마 이렇게 탄생한 양자역학은 현대 전자 기술의 기반을 형성하고 있다. 컴퓨터를 포함한 모든 전자 기술의 소형화에 가장 중요한 역할을 하는 것이 반도체인데, 그 반도체가 어떻게 존재할 수 있는지 미시적 세계를 다루고 있는 것이 양자역학이기 때문이다. ▶ 양자역학의 의의

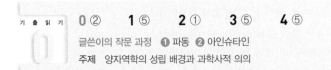

해제 이 글은 빛의 정체를 탐구하는 과정에서 탄생한 양자역학을 설명하고 있다. 빛은 입자라고 본 뉴턴, 빛은 파동이라고 증명한 토머스 영, 빛은 파동인 동시에 입자임을 증명한 아인슈타인 등 빛의 정체에 관한 연구를 바탕으로 입자인 전자의 이중성을 입증한 드 브로이 및 데이비슨과 거머 등 여러 학자들의 주장과 실험 결과를 통해 양자역학이 탄생하게 되었다. 이렇게 탄생한 양자역학은 현대 전자 기술의 기반을 형성하고 있다.

주제 양자역학의 성립 배경과 과학사적 의의

기출읽기 0 ②   1 ⑤   2 ①   3 ⑤   4 ⑤

글쓴이의 작문 과정 ❶ 파동 ❷ 아인슈타인
주제 양자역학의 성립 배경과 과학사적 의의

0 글의 구조 파악 ②

(가)에서는 빛의 정체를 탐구하는 과정에서 양자역학이 탄생되었다고 화제를 제시한 뒤, (나)와 (다)에서 빛은 입자라고 본 뉴턴과 빛은 파동이라고 입증한 토머스 영의 의견 대립과 빛은 파동인 동시에 입자임을 증명한 아인슈타인의 견해를 제시하고 있다. 그리고 (라)와 (마)에서는 입자인 전자의 이중성을 입증한 드 브로이 및 데이비슨과 거머 등 여러 학자들의 주장과 실험 결과를 소개하면서 양자역학의 탄생 과정과 이렇게 탄생한 양자역학은 현대 전자 기술의 기반이 되었음을 밝히고 있다.

1 세부 내용 파악 ⑤

(라)에서 데이비슨과 거머의 전자의 에돌이 실험 결과는 당시 입자와 파동을 서로 반대의 성질로 규정하여 양립할 수 없는 것으로 여겼던 고전역학의 물리학적 상식을 흔들어 놓았으며 이를 설명하기 위해 양자역학이 탄생한 것이라고 하였다.

오답풀이 ① (나)에서 뉴턴의 빛의 입자설이 오랫동안 정설로 여겨졌지만 토머스 영의 실험적 검증을 통해 빛의 파동성이 증명되었다고 하였다.
② (나)에 따르면 토머스 영의 실험은 빛의 파동성을 증명함으로써 빛의 실체가 입자라는 기존 학설에 의문을 제기하였다.
③ (다)에서 아인슈타인의 광량자설은 입자설의 부활을 의미하는 것이 아니라고 하였다. 토머스 영의 겹실틈 실험으로 밝혀진 빛의 파동성에 더하여 빛이 입자라는 사실을 증명함으로써 파동이면서 동시에 입자인 빛의 이중적인 본질을 규명한 것이라고 하였다. 따라서 아인슈타인의 광량자설은 뉴턴의 학설을 뒷받침하기 위한 것이 아니다.
④ (라)에 따르면 빛이 이중성을 갖고 있다면 입자인 전자나 양성자도 이중성을 가질 수 있을 것이라는 드 브로이의 주장은 데이비슨과 거머의 전자의 에돌이 실험을 통해 양자역학을 탄생시킨 계기가 되었다.

⚠ 출제자의 의도읽기 – 긍정형 질문인 경우 지문의 내용을 왜곡하고 있는 선지가 없는지 파악한다.

'윗글의 내용과 일치하는 것은?'과 같은 발문의 문제에서 정답 이외의 선지는 지문에서 설명한 내용과 다른 왜곡된 내용을 담고 있는 경우가 많다. 예를 들어 ① 을 보면, 뉴턴의 빛의 실체에 대한 주장은 토머스 영의 실험적 검증을 통해 '정설'이 아니라 '거짓'으로 드러났다는 것을 (나)에서 확인할 수 있다. 이처럼 출제자는 지문의 내용을 선지로 만들면서 지문의 내용과 어긋난 진술을 담거나 선후 관계 및 인과 관계를 뒤바꾸어 혼동을 일으키게 한다. 따라서 내용 확인 문제 중 특히 긍정형 질문은 선지 안에서 진술된 내용들이 서로 배치되지 않으면서 지문의 내용과 잘 부합하는지를 정확히 파악해야 함정을 피할 수 있다.

2 세부 내용 추론 ①

(나)에서 토머스 영의 겹실틈 실험의 결과 스크린에는 예상과 다른 무늬가 나타났는데, 마치 두 개의 파도가 만나면 골과 마루가 상쇄와 간섭을 일으키듯이, 보강 간섭이 일어난 곳은 밝아지고 상쇄 간섭이 일어난 곳은 어두워지는 간섭무늬가 연속적으로 나타났다고 하였다. 따라서 스크린에는 밝은 무늬와 어두워지는 무늬가 연속적으로 나타나야 하므로 ①이 결괏값으로 가장 적절하다.

3 반응의 적절성 파악 ⑤

|보기|와 (라)를 참고할 때, 하이젠베르크의 불확정성원리에서 전자의 입자성과 파동성이 서로 공존한다는 것은 양자역학과 관련이 있다. 또한 (마)에서 양자역학은 현대 전자 기술의 기반을 형성한다고 하였으므로 불확정성원리가 전자 기술 발전에 장애가 된다고 보는 것은 적절하지 않다.

오답풀이 ① |보기|와 (라)를 참고할 때, 하이젠베르크의 이론에서는 전자의 입자성과 파동성이 서로 공존한다고 했으므로 물질의 이중성에 대한 설명과 관련이 있다.
② |보기|에 따르면 고전역학에서는 전자의 위치와 운동량은 전자가 어떤 상태에 있는지 항상 동시 측정이 가능하다고 생각했다. 반면 불확정성원리에서는 임의의 전자의 위치와 운동량을 정확히 알 수 없기 때문에 측정이 불가능하다고 생각했다. 이로 볼 때 고전역학과 불확정성원리는 전자의 존재 형태에 대한 견해가 다름을 알 수 있다.

③ |보기|에 따르면 고전역학에서는 전자의 위치와 운동량은 전자가 어떤 상태에 있든지 항상 동시 측정이 가능하다고 생각하고 그 물리량의 측정값이 불확정하다는 것은 측정 기술이 불충분하기 때문인 것으로 여겼다. 따라서 고전역학은 전자의 물리량을 측정할 수 있는 기술 개발에 관심이 많았을 것으로 짐작할 수 있다.

④ (가)에서 양자역학은 고전역학으로 설명할 수 없는 전자와 같은 미시적 세계를 올바로 기술하기 위해 탄생하였다고 하였다. 불확정성원리는 양자역학과 관련이 있으므로 불확정성원리는 고전역학과 달리 미시적 세계에 대한 설명으로 적합하다고 할 수 있다.

4 다른 상황에 적용 ⑤

[A]에서 에너지가 한계진동수에 해당하는 에너지보다 작으면 전자는 금속 내부에 갇혀 표면에서 방출되지 못하지만, 진동수가 한계진동수보다 큰 경우에 전자는 운동에너지를 얻어서 방출되는데, 이때 방출되는 전자를 광전자라고 한다고 하였다. 따라서 ㉮ '땅'은 바위가 박혀 있는 곳이므로, 전자가 갇혀 있는 [A]의 금속에 해당하고, ㉯ '같은 크기'는 바위를 움직이게 하므로, 전자의 방출이 가능하게 하는 [A]의 '한계진동수'에 해당한다. 그리고 ㉰ '바위'는 땅에서 튀어나왔으므로, 금속에서 방출되는 전자 즉 [A]의 '광전자'에 해당한다.

1

우주 탐사선과 스윙바이의 원리 2017학년도 9월 고1 학력평가

우주 탐사선이 지구에서 태양계 끝까지 날아가기 위해서는 일정 속도 이상에 이르러야 한다. 그러나 탐사선의 추진력만으로는 이러한 속도에 도달하기 어렵다. 추진력을 마음껏 얻을 수 있을 정도로 큰 추진체가 달린 탐사선을 만들 수 없기 때문이다. 대신에 탐사선을 다른 행성에 접근시키는 '스윙바이(Swing-by)'를 통해 속도를 얻는다. 스윙바이란, 말 그대로 탐사선이 행성에 잠깐 다가갔다가 다시 멀어지는 것이다. 탐사선이 행성에 다가갔다가 멀어지는 것만으로 어떻게 속도를 얻을 수 있는지 그 원리에 대해 알아보자. ▶ 탐사선이 스윙바이를 하는 이유

탐사선이 스윙바이를 하는 이유 / 화제 제시 / 스윙바이의 개념 / 중심 화제 = 앞으로 다룰 내용

원리
탐사선이 스윙바이로 속도를 얻는 과정 설명

스윙바이의 원리를 이해하기 위해서는 행성이 정지한 채로 있지 않고 태양 주위를 공전한다는 점을 떠올려야 한다. 그리고 뒤에서 바람이 불면 달리기 속도가 빨라지듯이 외부의 영향으로 물체의 속도가 변한다는 점도 기억해야 한다. 탐사선을 행성에 접근시켜 행성의 공전을 이용하는 스윙바이는 그림과 같이 나타낼 수 있다. 탐사선이 공전하는 행성에 접근하여 중력의 영향권인 중력장에 진입할 때에는 행성의 공전 방향과 탐사선의 진입 방향이 서로 달라 탐사선의 속도 증가는 크지 않다. 그런데 탐사선이 곡선 궤도를 그리며 방향을 바꾸어 행성의 공전 방향에 가까워지면 탐사선의 속도는 크게 증가된다. 왜냐하면 탐사선이 행성에서 멀어지는 방향이 행성의 공전 방향에 가까울수록 스윙바이를 통한 속도 증가의 효과는 크기 때문이다. ▶ 스윙바이의 원리

스윙바이의 원리를 이해하기 위한 전제 조건 ① / 스윙바이의 원리를 이해하기 위한 전제 조건 ② / 스윙바이의 과정 / 행성으로부터 벗어날 때의 운동 방향을 행성의 공전 방향과 일치시킴. / 탐사선의 속도 변화에 영향을 주는 행성의 공전 방향

원리
탐사선의 속도와 행성의 중력과의 관계 제시

탐사선의 속도 증가에 행성의 중력도 영향을 미친다고 생각할 수도 있다. 탐사선이 행성에 다가가다 보면 행성이 끌어당기는 중력의 영향으로 탐사선의 속도가 증가하기 때문이다. 그러나 스윙바이를 마친 후 탐사선의 '속도의 크기' 변화에 행성의 중력이 영향을 미치지는 못한다. 왜냐하면 탐사선이 행성 중력의 영향권에서 벗어나면서 중력의 영향으로 얻은 만큼의 속도를 잃기 때문이다. 탐사선을 롤러코스터에 비유한다면 쉽게 이해할 수 있다. 롤러코스터는 높은 곳에서 낮은 곳으로 내려갈 때 속도가 증가하지만, 가장 낮은 지점을 지나 다시 위로 올라가면서 속도가 감소한다. ▶ 탐사선의 속도에 행성의 중력이 미치는 영향

탐사선의 속도 증가에 중력도 영향을 미친다고 생각하는 이유 / 스윙바이를 마친 후 중력의 영향권을 벗어남. / 스윙바이 후 탐사선의 '속도 크기' 변화에 행성의 중력이 영향을 미치지 못하는 이유

정리
운동량 보존 법칙에 따라 스윙바이를 마친 후의 속도 변화 설명

㉠스윙바이는 행성의 공전 속도를 훔쳐 오는 것이다. 그런데 운동량 보존 법칙에 따라 스윙바이를 통해 탐사선과 행성이 주고받은 운동량은 같다. 이 말은 탐사선의 속도가 빨라진 것처럼 행성의 속도는 느려졌다는 것을 의미한다. 서로 주고받은 운동량은 질량과 속도 변화량을 곱한 것이므로 행성에 비해 질량이 작은 탐사선은 속도가 크게 증가하지만, 질량이 매우 큰 행성은 속도가 거의 줄어들지 않는다. 실제로 지구와의 스윙바이를 통해 초속 8.9km의 속도를 얻은 '갈릴레오 호'로 인해 지구의 공전 속도는 1억 년 동안 1.2cm쯤 늦어지게 되었다. ▶ 운동량 보존 법칙에 따른 탐사선과 행성의 속도 변화

외부의 힘이 작용하지 않으면 운동량의 합은 변하지 않음. / 운동량 보존 법칙 / 스윙바이가 행성의 공전 속도를 훔쳐온다는 것의 실제 의미 / 운동량=질량×속도 변화량 / 행성의 공전 속도 변화가 매우 작은 이유 – 질량이 매우 크기 때문 / 『 』: 스윙바이 후 지구의 속도가 줄어든 사례

공전 방향 / 탐사선 / 행성 / 중력장 / 공전 방향

어떻게 읽을까!

중심 화제를 파악했는가?
우주 탐사선이 속도를 얻는 방법인 스윙바이의 개념 및 스윙바이를 하는 이유를 제시함.

스윙바이의 원리를 파악했는가?
탐사선이 공전하는 행성에 접근하여 스윙바이를 하는 과정을 그림을 통해 제시하면서 행성의 공전 방향이 탐사선의 속도 변화에 미치는 영향을 중심으로 스윙바이의 원리를 설명함.

탐사선의 속도와 행성 중력의 관계를 파악했는가?
중력의 영향으로 얻은 만큼의 속도를 잃기 때문에 탐사선의 속도 변화에 행성의 중력은 영향을 미치지 못함을 롤러코스터에 빗대어 설명함.

운동량 보존 법칙에 따라 스윙바이와 행성의 속도 간의 관계를 이해했는가?
운동량 보존 법칙에 따라 스윙바이를 통해 탐사선과 행성이 주고받은 운동량은 같으므로 탐사선의 속도가 빨라진 만큼 행성의 속도는 느려짐을 설명함.

원리형구조

도입	
원리	원리
정리	

해제 이 글은 우주 탐사선이 행성의 공전을 이용하여 속도를 얻는 스윙바이의 원리에 대해 설명하고 있다. 탐사선은 행성에 접근한 후, 행성으로부터 벗어날 때의 운동 방향을 행성의 공전 방향과 일치하도록 함으로써 속도를 증가시킨다. 반면 탐사선은 행성 중력의 영향권에서 벗어나면서 중력의 영향으로 얻은 만큼의 속도를 잃기 때문에 탐사선의 속도 크기 변화에 행성의 중력은 영향을 미치지 못한다. 스윙바이가 일어날 때 탐사선이 행성의 운동량을 얻는 만큼 행성의 공전 속도는 느려지지만 행성과 탐사선의 질량 차이가 매우 크기 때문에 실질적으로 행성의 속도는 거의 줄어들지 않는다.

주제 스윙바이의 원리

0 중심 화제 파악   ①

이 글은 우주 탐사선이 행성의 공전을 이용하여 속도를 얻는 스윙바이의 원리를 중점적으로 다루고 있으므로 '스윙바이의 원리'는 표제로 적절하다. 그리고 행성의 공전과 중력이 탐사선의 속도에 미치는 영향, 행성의 공전 속도에 스윙바이가 미치는 영향 등 탐사선과 행성의 운동량(속도) 변화를 중심으로 스윙바이의 원리를 설명하고 있으므로 '탐사선과 행성의 운동량 변화를 중심으로' 역시 부제로 적절하다.

오답풀이 ② 이 글에 탐사선의 속도가 스윙바이를 통해 증가된다는 점이 언급되어 있지만, '탐사선의 속도 증가와 한계'를 중점적으로 다루지 않았으므로 이는 표제로 적절하지 않다. 그리고 '스윙바이의 문제점과 보완 방안'에 대해서도 구체적으로 설명하지 않았으므로 부제도 적절하지 않다.

③ 이 글에는 스윙바이가 탐사선의 속도 증가를 위해 필요하다는 점, 탐사선이 스윙바이를 통해 속도를 얻는 과정은 설명되어 있지만, '스윙바이의 등장 배경과 유형'은 언급되지 않았으므로 이는 표제로 적절하지 않다.

④ 이 글에는 '공전하는 행성의 속도 변화 과정'이 일부 언급되어 있지만, 이것을 중점적으로 다루지 않았으므로 이는 표제로 적절하지 않다. 그리고 '운동량 보존 법칙'은 마지막 문단에만 언급되어 있으므로 부제로 적절하지 않다.

⑤ 이 글에는 우주 탐사선이 행성에 접근하여 스윙바이를 통해 속도를 얻는 원리가 언급되어 있지만, '탐사선이 행성에 접근하는 원리'를 중점적으로 다루지는 않았으므로 이는 표제로 적절하지 않다.

1 세부 내용 파악   ②

3문단에서 스윙바이를 하는 탐사선의 속도 증가와 행성 중력과의 관계를 설명하고 4문단에서 스윙바이로 인해 행성의 공전 속도가 느려졌다는 내용이 제시되었을 뿐, 스윙바이 동안에 행성의 중력이 변한다는 내용은 이 글에서 제시되어 있지 않다.

오답풀이 ① 1문단에서 탐사선의 추진력만으로는 지구에서 태양계 끝까지 날아가기 위한 속도에 도달하기 어려우므로 탐사선이 속도를 얻기 위해 스윙바이를 한다는 것을 확인할 수 있다.

③ 2문단에서 스윙바이란 탐사선을 행성에 접근시켜 행성의 공전을 이용하는 것으로, 스윙바이는 행성의 공전을 이용하여 속도를 얻으므로 스윙바이를 할 때 행성의 공전이 중요함을 확인할 수 있다.

④ 2문단에서 탐사선이 스윙바이를 할 때 곡선 궤도를 그리며 행성의 공전 방향에 가까워지면 탐사선의 속도가 크게 증가되어 스윙바이를 통해 속도를 효과적으로 얻을 수 있다는 것을 확인할 수 있다.

⑤ 4문단을 보면 운동량 보존 법칙에 따라 스윙바이를 통해 탐사선과 행성이 주고받은 운동량이 같으며 이때의 운동량은 질량과 속도 변화량을 곱한 것이므로 질량이 작은 탐사선은 속도가 크게 증가하지만 질량이 매우 큰 행성은 속도가 거의 줄어들지 않는다는 것을 알 수 있다. 즉 탐사선보다 행성의 질량이 매우 크기 때문에 탐사선에 비해 행성의 속도 변화는 매우 작다는 것을 확인할 수 있다.

2 시각 자료에 적용   ④

2문단에 따르면 탐사선이 행성의 공전 방향에 가까워지면 탐사선의 속도가 크게 증가한다. 이러한 내용과 |보기| 그래프의 기울기를 참고할 때 ⓒ는 ⓐ, ⓑ, ⓓ에 비해 탐사선이 행성의 공전 방향에 가장 가까운 상태에 있다고 볼 수 있다. 즉 ⓑ의 기울기보다 ⓒ의 기울기가 급격하게 기울어져 있는 것으로 보아 ⓑ보다 ⓒ에서 탐사선 속도의 크기 변화가 크다는 사실을 알 수 있다.

오답풀이 ① |보기|의 ⓐ에서는 시간의 흐름에 따라 탐사선의 속도 크기가 변하지 않는다. 이 글에 따르면 이러한 상태는 탐사선이 중력의 영향권인 중력장에 진입하기 전으로 행성의 중력에 영향을 받지 않는 상태에 해당한다.

② |보기|의 ⓑ에서는 시간의 흐름에 따라 탐사선의 속도 크기가 점차 증가한다. 2문단에서 탐사선이 공전하는 행성에 접근하여 중력장에 진입할 때는 탐사선의 진입 방향과 행성의 공전 방향이 서로 달라 탐사선의 속도 증가는 크지 않다고 하였으므로 이러한 상태는 탐사선이 공전하는 행성에 접근하여 중력의 영향권인 중력장에 진입할 때와 관련 있다.

③ |보기|의 ⓓ에서 탐사선의 속도는 ⓒ에서보다 다소 떨어졌으나 ⓐ와 ⓑ에서보다는 크게 향상된 속도를 유지하고 있다. 3문단에서 스윙바이를 마친 후 탐사선은 행성의 중력이 영향을 미치지 못해 속도를 잃게 된다고 하였으므로 ⓓ는 탐사선이 스윙바이를 마치고 행성으로부터 멀어져 가는 구간이라고 할 수 있다.

⑤ |보기|의 ⓑ~ⓒ에서는 시간의 흐름에 따라 탐사선 속도의 크기가 급격하게 커진다. 2문단에서 탐사선이 공전하는 행성에 접근하여 중력의 영향권인 중력장에 진입한 후, 곡선 궤도를 그리며 방향을 바꾸어 행성의 공전 방향에 가까워지면 탐사선의 속도가 크게 증가한다고 했으므로 탐사선이 ⓑ~ⓒ에서 방향을 바꾸어 행성의 공전 방향에 가까워진다고 할 수 있다.

3 구체적 사례에 적용   ②

|보기|에서 '화살'은 '궁수'가 시속 150km로 쏜 것이지만, 시속 30km로 '달리는 말' 위에서 궁수가 말의 진행 방향으로 쏜 것이기 때문에 속도가 빨라져 시속 180km로 날아가게 된다. 이는 이 글에서 '탐사선'이 '공전하는 행성'에 접근하여 행성의 공전 방향에 가까워지면 탐사선의 속도가 증가하는 것과 유사하다. 즉, 이 글의 '공전하는 행성'과 |보기|의 '달리는 말'은 각각 '탐사선', '화살'의 속도를 빨라지게 하므로 유사하다.

① |보기|의 '어떤 사람'은 '탐사선'을 발사한 주체와 관련 있을 뿐, '공전하는 행성'과는 거리가 있으므로 적절하지 않다.

③ |보기|의 '화살'은 이 글의 '탐사선'과 유사한 역할을 할 뿐, '공전하는 행성'과는 거리가 있으므로 적절하지 않다.

④ |보기|의 '정면에 있는 과녁'은 이 글의 '탐사선'이 향하는 목적지와 관련이 있을 뿐, '공전하는 행성'과는 거리가 있으므로 적절하지 않다.

⑤ |보기|의 '옆에 서 있는 사람'은 '탐사선'의 진행을 관찰하는 대상과 관련이 있을 뿐, '공전하는 행성'과는 거리가 있으므로 적절하지 않다.

4 세부 내용 추론 ③

4문단에 따르면 운동량 보존 법칙에 따라 스윙바이를 통해 탐사선과 행성이 주고받은 운동량은 같다. 즉 탐사선이 얻은 운동량은 행성이 잃은 운동량과 같으므로 탐사선의 속도는 빨라지고 행성의 속도는 느려진 것이다.

① 4문단에 따르면 행성에 비해 질량이 작은 탐사선은 속도가 크게 증가하지만, 상대적으로 질량이 매우 큰 행성은 속도가 거의 줄어들지 않는다. 즉 탐사선이 얻은 속도와 행성이 잃은 공전 속도는 같지 않다.

② 4문단에 따르면 질량이 작은 탐사선은 속도가 크게 증가하지만, 질량이 매우 큰 행성은 속도가 거의 줄어들지 않는다. 즉 운동량 보존 법칙에 따라 탐사선이 얻고 행성이 잃은 운동량은 같으나 질량 차이로 인하여 탐사선이 얻은 속도가 행성이 잃은 공전 속도보다 크다는 것을 알 수 있다.

④ 4문단에 따르면 운동량 보존 법칙에 따라 스윙바이를 통해 탐사선과 행성이 주고받은 운동량은 동일하다. 즉 탐사선이 얻은 운동량은 행성이 잃은 운동량과 같다.

⑤ 4문단에 따르면 운동량 보존 법칙에 따라 스윙바이를 통해 탐사선과 행성이 주고받은 운동량은 동일하다. 이때 탐사선은 운동량을 얻어 속도가 크게 증가하고, 행성은 운동량을 잃지만 질량이 매우 크기 때문에 속도가 거의 줄어들지 않는다. 따라서 운동량을 얻은 것은 탐사선이다.

2 슈퍼문 2015학년도 수능 B형

어떻게 썼을까?

의문
슈퍼문 발생에 대한 의문 제기

전제
타원, 장축, 이심률의 용어 정의

대답
슈퍼문 발생의 의문 해결

첨가
지구의 공전 궤도와 일식 현상의 관계 설명

정리
이심률에 따른 천문 현상의 변화 제시

우리는 가끔 평소보다 큰 보름달인 '슈퍼문(supermoon)'을 보게 된다. 실제 달의 크기는 일정한데 이러한 현상이 발생하는 까닭은 무엇일까? 이 현상은 달의 공전 궤도가 타원 궤도라는 점과 관련이 있다.
<small>슈퍼문 발생에 대한 의문 제기 → 독자의 관심 유도 및 전개될 내용 안내   슈퍼문이 발생하는 이유</small>
<small>중심 화제</small>
▶ 슈퍼문의 발생에 대한 의문

타원은 두 개의 초점이 있고 두 초점으로부터의 거리를 합한 값이 일정한 점들의 집합이다. 두 초점이 가까울수록 원 모양에 가까워진다. 타원에서 두 초점을 지나는 긴지름을 가리켜 장축이라 하는데, 두 초점 사이의 거리를 장축의 길이로 나눈 값을 이심률이라 한다.
<small>장축의 개념</small>
<small>이심률의 개념</small>
두 초점이 가까울수록 이심률은 작아진다.
<small>타원의 개념</small>
▶ 타원, 장축, 이심률의 개념

달은 지구를 한 초점으로 하면서 이심률이 약 0.055인 타원 궤도를 돌고 있다. 이 궤도의 장축상에서 지구로부터 가장 먼 지점을 '원지점', 가장 가까운 지점을 '근지점'이라 한다.
<small>원지점, 근지점의 개념</small>
지구에서 보름달은 약 29.5일 주기로 세 천체가 '태양-지구-달'의 순서로 배열될 때 볼 수 있는데, 이때 보름달이 근지점이나 그 근처에 위치하면 슈퍼문이 관측된다. 슈퍼문은 보름
<small>슈퍼문이 관측되는 조건</small>
달 중 크기가 가장 작게 보이는 것보다 14% 정도 크게 보인다. 이는 지구에서 본 달의 겉보기 지름이 달라졌기 때문이다. 지구에서 본 천체의 겉보기 지름을 각도로 나타낸 것을 각지
<small>슈퍼문이 크게 보이는 이유</small>
름이라 하는데, 관측되는 천체까지의 거리가 가까워지면 각지름이 커진다. 예를 들어, 달과 태양의 경우 평균적인 각지름은 각각 0.5° 정도이다.
<small>각지름의 개념</small>
<small>각지름의 특징. 근일점에서 관측한 태양의 각지름 > 원일점에서 관측한 태양의 각지름</small>
▶ 달의 타원 궤도와 슈퍼문의 관측

지구의 공전 궤도에서도 이와 같은 현상이 나타난다. 지구 역시 태양을 한 초점으로 하는 타원 궤도로 공전하고 있으므로, 궤도상의 지구의 위치에 따라 태양과의 거리가 다르다.
<small>지구와 태양의 거리가 위치에 따라 다른 이유</small>
달과 마찬가지로 지구도 공전 궤도의 장축상에서 태양으로부터 가장 먼 지점과 가장 가까운 지점을 갖는데, 이를 각각 원일점과 근일점이라 한다. 지구와 태양 사이의 이러한 거리
<small>원일점과 근일점의 개념</small>
차이에 따라 일식 현상이 다르게 나타난다. 세 천체가 '태양-달-지구'의 순서로 늘어서고, 달이 태양을 가릴 수 있는 특정한 위치에 있을 때, 일식 현상이 일어난다. 이때 달이 근지점
<small>일식 현상이 발생하기 위한 조건</small>
이나 그 근처에 위치하면 대부분의 경우 태양 면의 전체 면적이 달에 의해 완전히 가려지는 개기 일식이 관측된다. 하지만 일식이 일어나는 같은 조건에서 달이 원지점이나 그 근처에
<small>개기 일식의 개념 및 관측 조건</small>
위치하면 대부분의 경우 태양 면이 달에 의해 완전히 가려지지 않아 태양 면의 가장자리가 빛나는 고리처럼 보이는 금환 일식이 관측될 수 있다.
<small>금환 일식의 개념 및 관측 조건</small>
▶ 지구의 공전 궤도와 일식 현상

이러한 원일점, 근일점, 원지점, 근지점의 위치는 태양, 행성 등 다른 천체들의 인력에 의해 영향을 받아 미세하게 변한다. 현재 지구 공전 궤도의 이심률은 약 0.017인데, 일정한 주
<small>지구의 이심률(0.017) < 달의 이심률(0.055). 지구의 공전 궤도가 원에 더 가까움.</small>
기로 이심률이 변한다. 천체의 다른 조건들을 고려하지 않을 때 지구 공전 궤도의 이심률만이 현재보다 더 작아지면 근일점은 현재보다 더 멀어지며 원일점은 현재보다 더 가까워지게
<small>이심률의 변화에 따른 근일점, 원일점의 변화</small>
된다. 이는 달의 공전 궤도상에 있는 근지점과 원지점도 마찬가지이다. 천체의 다른 조건들을 고려하지 않을 때 천체의 공전 궤도의 이심률만이 현재보다 커지면 반대의 현상이 일어난다.
▶ 천체의 공전 궤도의 이심률과 근일점, 원일점, 근지점, 원지점의 위치

어떻게 읽을까!

이 글의 화제를 파악했는가?
문답을 통해 슈퍼문이 관측되는 이유를 과학적 원리를 바탕으로 생각해 보도록 안내함.

과학적 원리를 통해 의문에 대한 답을 찾았는가?
달의 공전 궤도는 타원 궤도이며, 달의 겉보기 지름의 변화로 슈퍼문이 관측됨을 설명함.

지구의 공전 궤도에서 나타나는 일식 현상의 이유를 찾았는가?
지구의 공전 궤도를 설명하며 지구와 태양 사이의 거리 차이에 따른 일식 현상의 발생 과정을 설명함.

천문 현상과 관련된 요소들 간의 변화 관계를 이해했는가?
이심률이 달라지면 원일점, 근일점, 원지점, 근지점 등의 위치가 다른 천체들의 인력에 영향을 받아 미세하게 변함을 밝힘.

문답형 구조

의문
전제 — 대답
첨가
정리

해제 이 글은 평소보다 큰 보름달인 슈퍼문이 발생하는 이유를 설명하고 있다. 슈퍼문은 달의 공전 궤도가 타원 궤도라는 점과 관련이 있다. 타원은 두 개의 초점이 있는데 두 초점이 가까울수록 타원은 원 모양에 가까워지며 이심률은 작아진다. 슈퍼문은 보름달이 근지점이나 그 근처에 위치할 때 관측되는데, 지구의 공전 궤도에서도 이와 같은 현상인 일식 현상이 발생한다. 일식 현상이 일어날 때 달이 근지점이나 그 근처에 위치하면 개기 일식이 관측되고, 달이 원지점이나 그 근처에 위치하면 금환 일식이 관측된다. 이러한 원일점, 근일점, 원지점, 근지점의 위치는 태양, 행성 등 다른 천체들의 인력에 영향을 받아 미세하게 변한다.

주제 달과 지구의 공전 궤도에 따른 천문 현상의 변화

0 내용 전개 방식 파악 ——————————— ⑤

ㄴ. 이 글에서는 천문 현상과 관련된 용어인 타원, 장축, 이심률, 원지점, 근지점, 각지름 등의 개념을 정의하고 있다.

ㄷ. 이 글에서는 '실제 달의 크기는 일정한데 이러한 현상이 발생하는 까닭은 무엇일까?'라는 질문을 던진 후 이에 대한 답을 찾아 가는 내용 전개 방식을 활용하여 달의 크기가 달라 보이는 이유를 설명하고 있다.

ㄹ. 이 글에서는 약 0.055, 약 29.5일, 0.5°, 약 0.017 등 구체적인 수치를 제시하여 천문 현상과 관련된 진술에 객관성을 확보하고 있다.

오답풀이 ㄱ. 이 글에서는 슈퍼문에 대해 설명하고 있지만, 슈퍼문에 대한 여러 학자의 관점을 제시하고 있지 않으며 이를 상호 비교하고 있지도 않다.

1 세부 내용 파악 ——————————— ②

3문단에서 달 공전 궤도의 이심률은 약 0.055이고, 5문단에서 지구 공전 궤도의 이심률은 약 0.017이라고 하였다. 2문단에 따르면 타원에서의 두 초점이 가까울수록 이심률은 작아지고, 두 초점이 가까울수록 원 모양에 가까워진다. 따라서 현재의 달 공전 궤도(약 0.055)보다 작은 현재의 지구 공전 궤도(약 0.017)가 원 모양에 더 가깝다는 것을 알 수 있다.

오답풀이 ① 5문단에 따르면 태양, 행성 등 다른 천체들의 인력에 영향을 받아 원일점, 근일점, 원지점, 근지점의 위치가 미세하게 변한다. 원지점, 근지점의 변화는 장축의 길이 변화를 의미하므로 달의 공전 궤도의 이심률(두 초점 사이의 거리÷장축의 길이) 역시 변화될 것임을 알 수 있다.

③ 4문단에 따르면 금환 일식은 태양 면이 달에 의해 완전히 가려지지 않을 때 관측된다. 즉 이 현상은 '태양-달-지구'의 순서로 늘어섰을 때 달보다 태양이 더 크게 보이는 것이다. 3문단에 따르면, 각지름은 지구에서 본 천체의 겉보기 지름을 각도로 나타낸 것이므로 금환 일식이 일어날 때 지구에서 관측되는 태양의 각지름은 달의 각지름보다 클 것임을 알 수 있다.

④ 3문단에 따르면 보름달이 근지점이나 그 근처에 위치하면 슈퍼문이 관측된다. 따라서 지구에서 보이는 보름달의 크기는 달 공전 궤도상의 근지점일 때보다 원지점일 때가 더 작게 보인다는 것을 알 수 있다.

⑤ 4문단에 따르면 원일점과 근일점은 지구가 공전 궤도의 장축상에서 태양으로부터 각각 가장 먼 지점과 가장 가까운 지점을 의미한다. 3문단에서는 관측되는 천체까지의 거리가 가까워지면 각지름이 커진다고 하였다. 따라서 지구 공전 궤도상의 근일점에서 관측한 태양의

각지름이 원일점에서 관측한 태양의 각지름보다 더 클 것임을 알 수 있다.

2 어휘의 문맥적 의미 파악 ——————————— ④

ⓐ는 움직임의 방향을 나타내는 격조사로 사용되었다. '시장은 간부들을 현장으로 불렀다'라는 문장의 '으로' 역시 이와 유사한 의미로 사용되었다.

오답풀이 ① '어떤 물건의 재료나 원료'를 나타내는 격 조사이다.
② '어떤 일의 방법이나 방식'을 나타내는 격 조사이다.
③ '지위나 신분 또는 자격을 나타내는 격 조사이다.
⑤ '원인이나 이유'를 나타내는 격 조사로 쓰이고 있다.

3 구체적 사례에 적용 ——————————— ④

5문단에서 지구 공전 궤도의 이심률만이 현재보다 더 작아지면 근일점은 현재보다 더 멀어지며 원일점은 현재보다 더 가까워지고, 이와 반대로 지구 공전 궤도의 이심률만이 현재보다 커지면 근일점은 현재보다 더 가까워지며 원일점은 현재보다 더 멀어진다고 하였다. |보기|에서 '조차'는 지구와 달, 지구와 태양 사이의 거리가 가까울수록 커진다고 설명하면서 이심률에 따른 조차의 변화를 추론하는 과정에서 천체의 다른 모든 조건들은 고정되어 있고, 다만 지구의 공전 궤도의 이심률과 지구와 달, 지구와 태양 사이의 거리만이 조차에 영향을 준다고 가정하고 있다. 따라서 지구 공전 궤도의 이심률만이 커지면, 이심률 변화 전보다 1월의 근일점은 더 가까워지고 7월의 원일점은 더 멀어지게 된다. 이때 천체의 다른 모든 조건들은 고정되어 있기 때문에 달과 지구의 근지점에는 변화가 없고, 지구가 태양에 더 가까워짐으로써 A 지점에서 1월에 나타나는 조차는 이심률 변화 전의 1월의 조차보다 더 커지게 된다는 것을 추론할 수 있다.

오답풀이 ① |보기|의 A 지점에서 조차는 1월에 가장 크고 7월에 가장 작다. 그리고 지구와 달, 지구와 태양 사이의 거리가 가까울수록 조차가 커진다고 했으므로 7월보다 1월에 태양과 지구 사이의 거리가 더 가깝다는 것을 추론할 수 있다. 또한 선지에 제시된 조건이 1월과 7월 모두 슈퍼문이 관측되었다는 것으로, 1월과 7월 모두 지구와 달 사이의 거리는 근지점이나 그 근처에 있음을 알 수 있다. 즉 지구와 달의 거리는 1월과 7월 모두 근지점으로 서로 같다. 따라서 지구 공전 궤도의 이심률에 변화가 없다면 |보기|의 A 지점에서의 조차는 7월에 슈퍼문이 관측되었을 때보다 1월에 슈퍼문이 관측되었을 때가 더 클 것임을 알 수 있다.

② 3문단에 따르면 근지점에 있을 때는 원지점에 있을 때보다 지구와 달 사이의 거리가 가깝다. 이를 참고할 때, |보기|에서 지구와 달 사이의 거리가 가까울수록 조차가 커진다고 하였으므로 근지점일 때 조차가 커짐을 알 수 있다. 따라서 지구 공전 궤도의 이심률에 변화가 없다면 보름달이 관측된 1월에 달이 근지점에 있을 때보다 원지점에 있을 때, A 지점에서의 조차는 더 작을 것임을 알 수 있다.

③ 3문단에 따르면 보름달이 근지점이나 그 근처에 위치하면 슈퍼

문이 관측된다. |보기|에서 지구 공전 궤도의 이심률에 변화가 없다면, 7월에 슈퍼문이 관측될 때는 7월에 원지점에 위치한 보름달이 관측될 때보다 지구와 달 사이의 거리가 더 가깝다는 것을 알 수 있다. 따라서 A 지점에서의 조차는 7월에 슈퍼문이 관측될 때가 7월에 원지점에 위치한 보름달이 관측될 때보다 더 클 것임을 알 수 있다.

⑤ 5문단에 따르면 천체의 공전 궤도의 이심률만이 현재보다 커지면 근일점은 현재보다 더 가까워지며 원일점은 현재보다 더 멀어지게 된다. 달이 원지점에 있다고 하였고, |보기|에서 천체의 다른 모든 조건들이 고정되어 있다고 했으므로 달과 지구의 거리에는 변화가 없다. 이때 지구 공전 궤도의 이심률만이 더 커지면 지구가 태양에서 더 멀어지게 되므로 달이 원지점에 있을 때 A 지점에서 7월에 나타나는 조차는 이심률이 변하기 전의 7월의 조차보다 더 작아질 것임을 알 수 있다.

동서양의 천문 이론 2019학년도 수능

어떻게 썼을까?

도입
서양 우주론의 개혁이 중국에 미친 영향 소개

과정
고대 서양 우주론과 코페르니쿠스 우주론의 대립 제시

과정
16세기 후반 브라헤와 케플러의 우주론 소개

과정
17세기 후반 태양 중심설을 증명한 뉴턴 소개

전환
16세기 말 중국에 유입된 서양 천문학 제시

과정
17세기 웅명우와 방이지의 광학 이론 소개

□ : 시대의 흐름

16세기 전반에 서양에서 태양 중심설을 지구 중심설의 대안으로 제시하며 시작된 천문학
분야의 개혁은 경험주의의 확산과 수리 과학의 발전을 통해 형이상학을 뒤바꾸는 변혁으로
이어졌다. 서양의 우주론이 전파되자 중국에서는 중국과 서양의 우주론을 회통하려는 시도
가 전개되었고, 이 과정에서 자신의 지적 유산에 대한 관심이 제고되었다.
▶ 중국의 우주론에 영향을 미친 서양의 우주론

복잡한 문제를 단순화하여 푸는 수학적 전통을 이어받은 코페르니쿠스는 천체의 운행을
단순하게 기술할 방법을 찾고자 하였고, 그것이 @일으킬 형이상학적 문제에는 별 관심이
없었다. 고대의 아리스토텔레스와 프톨레마이오스는 우주의 중심에 고정되어 움직이지 않
는 지구의 주위를 달, 태양, 다른 행성들의 천구들과, 항성들이 붙어 있는 항성 천구가 회전
한다는 지구 중심설을 내세웠다. 그와 달리 코페르니쿠스는 태양을 우주의 중심에 고정하고
그 주위를 지구를 비롯한 행성들이 공전하며 지구가 자전하는 우주 모형을 ⓑ만들었다. 그
러자 프톨레마이오스보다 훨씬 적은 수의 원으로 행성들의 가시적인 운동을 설명할 수 있었
고 행성이 태양에서 멀수록 공전 주기가 길어진다는 점에서 단순성이 충족되었다. 그러나
아리스토텔레스의 형이상학을 고수하는 다수 지식인과 종교 지도자들은 그의 이론을 받아
들이려 하지 않았다. 왜냐하면 그것은 지상계와 천상계를 대립시키는 아리스토텔레스의 이
분법적 구도를 무너뜨리고, 신의 형상을 ⓒ지닌 인간을 한갓 행성의 거주자로 전락시키는
것으로 여겨졌기 때문이다.
▶ 아리스토텔레스와 프톨레마이오스, 코페르니쿠스의 우주론

16세기 후반에 브라헤는 코페르니쿠스 천문학의 장점은 인정하면서도 아리스토텔레스 형
이상학과의 상충을 피하고자 우주의 중심에 지구가 고정되어 있고, 달과 태양과 항성들은
지구 주위를 공전하며, 지구 외의 행성들은 태양 주위를 공전하는 모형을 제안하였다. 그러
나 케플러는 우주의 수적 질서를 신봉하는 형이상학인 신플라톤주의에 매료되었기 때문에,
태양을 우주 중심에 배치하여 단순성을 추구한 코페르니쿠스의 천문학을 받아들였다. 하지
만 그는 경험주의자였기에 브라헤의 천체 관측치를 활용하여 태양 주위를 공전하는 행성의
운동 법칙들을 수립할 수 있었다. 우주의 단순성을 새롭게 보여 주는 이 법칙들은 아리스토
텔레스 형이상학을 더 이상 온존할 수 없게 만들었다.
▶ 브라헤와 케플러의 우주론

[A] 17세기 후반에 뉴턴은 태양 중심설을 역학적으로 정당화하였다. 그는 만유인력 가설
로부터 케플러의 행성 운동 법칙들을 성공적으로 연역했다. 이때 가정된 만유인력은
두 질점이 서로 당기는 힘으로, 그 크기는 두 질점의 질량의 곱에 비례하고 거리의 제
곱에 반비례한다. 지구를 포함하는 천체들이 밀도가 균질하거나 구 대칭을 이루는 구
라면 천체가 그 천체 밖 어떤 질점을 당기는 만유인력은, 그 천체를 잘게 나눈 부피 요
소들 각각이 그 천체 밖 어떤 질점을 당기는 만유인력을 모두 더하여 구할 수 있다. 또
한 여기에서 지구보다 질량이 큰 태양과 지구가 서로 당기는 만유인력이 서로 같음을
증명할 수 있다. 뉴턴은 이 원리를 적용하여 달의 공전 궤도와 사과의 낙하 운동 등에
관한 실측값을 연역함으로써 만유인력의 실재를 입증하였다.
▶ 태양 중심설을 만유인력을 통해 증명한 뉴턴

16세기 말부터 중국에 본격 유입된 서양 과학은, 청 왕조가 1644년 중국의 역법(曆法)을
기반으로 서양 천문학 모델과 계산법을 수용한 시헌력을 공식 채택함에 따라 그 위상이 구
체화되었다. 브라헤와 케플러의 천문 이론을 차례대로 수용하여 정확도를 높인 시헌력이 생
활 리듬으로 자리 잡았지만, 중국 지식인들은 서양 과학이 중국의 지적 유산에 적절히 연결
되지 않으면 아무리 효율적이더라도 불온한 요소로 ⓓ여겼다. 이에 따라 서양 과학에 매료
된 학자들도 어떤 방식으로든 ㉠서양 과학과 중국 전통 사이의 적절한 관계 맺음을 통해 이
문제를 해결하고자 하였다.
▶ 중국 전통과 서양 과학을 연결하려는 시도

17세기 웅명우와 방이지 등은 중국 고대 문헌에 수록된 우주론에 대해서는 부정적 태도를

어떻게 읽을까!

첫 문단의 내용을 통해 앞으로 전개될 내용을 예측했는가?
서양의 우주론이 중국 우주론에 미친 영향 관계를 제시함.

서양 우주론의 초기 발전 과정을 파악했는가?
지구 중심설을 내세운 고대 우주론과 태양 중심설을 내세운 코페르니쿠스의 우주론을 비교함.

시간의 흐름에 따른 서양 우주론의 변화를 파악했는가?
지구 중심설을 수용한 브라헤의 우주론과 태양 중심설을 수용한 케플러의 우주론을 비교한 뒤, 뉴턴이 만유인력을 통해 태양 중심설을 역학적으로 입증하였음을 제시함.

16세기 말 중국 천문학의 특징을 파악했는가?
청 왕조가 서양 천문학을 수용한 시헌력을 채택하면서 서양 과학과 중국 천문학을 연결하려는 시도들이 나타남.

견지하면서 성리학적 기론(氣論)에 입각하여 실증적인 서양 과학을 재해석한 독창적 이론을 제시하였다. 수성과 금성이 태양 주위를 회전한다는 그들의 태양계 학설은 브라헤의 영향이었지만, 태양의 크기에 대한 서양 천문학 이론에 의문을 제기하고 기(氣)와 빛을 결부하여 제시한 광학 이론은 그들이 창안한 것이었다.

성리학적 기론에 입각하여 실증적인 서양 과학을 재해석함.
▶ 웅명우와 방이지의 우주론

과정
17세기 후반 왕석천과 매문정의 학문적 성과 소개

17세기 후반 왕석천과 매문정은 서양 과학의 영향을 받아 경험적 추론과 수학적 계산을 왕석천과 매문정의 우주론 통해 우주의 원리를 파악하고자 하였다. 그러면서 서양 과학의 우수한 면은 모두 중국 고전에 이미 ⓔ갖추어져 있던 것인데 웅명우 등이 이를 깨닫지 못한 채 성리학 같은 형이상학에 17세기 학자들에 대한 비판적 태도 몰두했다고 비판했다. 매문정은 고대 문헌에 언급된, 하늘이 땅의 네 모퉁이를 가릴 수 없을 것이라는 증자의 말을 땅이 둥글다는 서양 이론과 연결하는 등 서양 과학의 중국 기원론을 뒷받침하였다.
▶ 왕석천과 매문정의 우주론

과정
18세기 이후 중국 천문학의 경향 제시

중국 천문학을 중심으로 서양 천문학을 회통하려는 매문정의 입장은 18세기 초를 기점으로 중국과 서양의 우주론을 회통하려는 시도는 중국의 공식 입장으로 채택됨. 로 중국의 공식 입장으로 채택되었으며, 이 입장은 중국의 역대 지식 성과물을 망라한 총서인 『사고전서』에 그대로 반영되었다. 이 총서의 편집자들은 고대부터 당시까지 쏟아진 천문 관련 문헌들을 정리하여 수록하였다. 이와 같이 고대 문헌에 담긴 우주론을 재해석하고 확 중국 천문학의 발전 경향 인하려는 경향은 19세기 중엽까지 주를 이루었다.
▶ 18세기 이후 중국 천문학의 경향

시간의 흐름에 따른 중국 천문학의 변화를 파악했는가?
17세기 성리학적 기론에 입각하여 서양 과학을 재해석한 웅명우와 방이지의 광학 이론과 서양 과학의 영향을 받아 경험적 추론, 수학적 계산을 통해 우주의 원리를 파악한 왕석천과 매문정 등의 학문적 성과를 제시함.

18세기 이후 중국 천문학의 경향을 파악했는가?
중국 천문학을 중심으로 서양 천문학을 회통하려는 중국 천문학의 발전 경향을 설명함.

통시형구조

도입
과정 | 과정 | 과정
전환
과정 | 과정 | 과정

해제 이 글은 서양 우주론의 발전 과정과 이에 영향을 받은 중국 우주론의 전개 양상을 살펴보고 있다. 고대 아리스토텔레스와 프톨레마이오스는 지구 중심설을 내세웠는데, 이는 천상계와 지상계를 대립시키는 형이상학적 관념으로부터 비롯된 것이었다. 이후 코페르니쿠스가 내세운 태양 중심설은 브라헤와 케플러의 연구에 의해 그 정당성이 입증되었고 17세기 후반 뉴턴이 만유인력의 실재를 증명하면서 태양 중심설을 역학적으로 입증하였다. 한편 중국은 16세기 말부터 유입된 서양 과학의 영향을 받아 서양 과학과 중국의 지적 유산을 결합하여 우주의 원리를 파악하고자 하였다. 17세기 초 웅명우와 방이지 등은 성리학적 기론에 입각하여 서양 과학을 재해석한 독창적 이론을 제시하였고 서양의 경험적 추론과 수학적 계산을 받아들였던 17세기 후반 왕석천과 매문정은 서양 과학의 우수한 면은 중국 고전에 이미 갖추어져 있는 것으로 여겼다. 이처럼 중국 천문학을 중심으로 서양 천문학을 회통하려는 경향은 18세기 초를 기점으로 중국의 공식 입장으로 채택되어 19세기 중엽까지 주를 이루었다.

주제 서양 우주론의 발전과 이에 영향을 받은 중국 우주론

기출읽기
3
| 0 ② | 1 ② | 2 ⑤ | 3 ④ | 4 ⑤ |
| 5 ② | 6 ② |

글쓴이의 작문 과정 ❶ 서양 ❷ 중국
주제 서양 우주론의 발전과 이에 영향을 받은 중국 우주론

0 세부 내용 파악
②

5문단에는 1644년 청 왕조가 중국의 역법을 기반으로 서양 천문학 모델과 계산법을 수용하여 만든 시헌력을 공식 채택했다는 내용이, 6문단에는 17세기 웅명우와 방이지 등이 실증적인 서양 과학을 재해석하여 독창적인 광학 이론을 창안했다는 내용이, 7문단에는 17세기 후반 왕석천와 매문정이 서양 과학의 영향을 받아 우주의 원리를 파악하고자 하였다는 내용이 제시되어 있다. 즉 5~7문단에는 서양 우주론의 영향으로 변화된 중국의 우주론이 소개되어 있으므로 '점검 결과'는 '예측과 다름'이 아니라 '예측과 같음'이 되어야 한다.

오답풀이 ① 2문단에서 아리스토텔레스와 프톨레마이오스의 지구 중심설과 코페르니쿠스의 태양 중심설의 개념을 소개하고 있으므로

'예측과 같음'이라는 '점검 결과'는 적절하다.
③ 2문단을 보면 코페르니쿠스가 서양에서 태양 중심설을 제기한 사람임을 알 수 있으므로 '질문의 답이 제시됨'이라는 '점검 결과'는 적절하다.
④ 중국에서 서양의 우주론을 접하고 회통을 시도한 사람으로 6문단에서는 17세기 웅명우와 방이지를, 7문단에서는 17세기 후반 왕석천과 매문정을 소개하고 있으므로 '질문의 답이 제시됨'이라는 '점검 결과'는 적절하다.
⑤ 이 글에서 중국에 서양의 우주론을 전파한 서양의 인물이 누구인지 언급되지 않았으므로, '질문의 답이 언급되지 않음'이라는 '점검 결과'는 적절하다.

1 글쓴이의 집필 의도 파악
②

이 글의 주제는 '서양 우주론의 발전과 이에 영향을 받은 중국 우주론'이므로, 이러한 집필 의도가 가장 잘 드러나는 질문은 서양의 우주론과 중국의 우주론의 영향 관계를 묻는 ②이다.

오답풀이 ① 이 글에서 서양의 우주론이 어떤 과정을 거쳐 발전하였

는지 부분적으로 언급하고 있지만, 이는 전체 주제를 포괄하는 내용은 아니므로 이 글의 집필 의도가 드러나는 질문으로 적절하지 않다.

③ 이 글에서 서양의 천문학이 중국의 천문학보다 우수하다고 밝히고 있지 않았으므로 이 글의 집필 의도가 드러나는 질문으로 적절하지 않다.

④ 이 글에는 서양의 천문학자들과 중국의 천문학자들이 주장한 우주론이 언급되어 있다. 하지만 해당 우주론들이 지닌 의의가 무엇인지는 다루고 있지 않으므로 전체 주제를 포괄하는 내용으로 볼 수 없어 이 글의 집필 의도가 드러나는 질문으로 적절하지 않다.

⑤ 이 글에서 서양의 천문학자들이 중국의 천문학자들을 비판한 내용은 언급되어 있지 않으므로 이 글의 집필 의도가 드러나는 질문으로 적절하지 않다.

2 세부 내용 파악 　　　　　　　　　　　　　⑤

3문단에 따르면 경험주의자였던 케플러는 브라헤의 천체 관측치를 활용하여 태양 주위를 공전하는 행성의 운동 법칙들을 수립하였다. 따라서 서양에서는 경험적 추론에 기초한 우주론이 제기되었음을 알 수 있다. 그리고 7문단에 따르면 왕석천과 매문정은 서양 과학의 영향을 받아 경험적 추론과 수학적 계산을 통해 우주의 원리를 파악하고자 하였다. 따라서 중국에서도 서양과 마찬가지로 경험적 추론에 기초한 우주론이 제기되었다고 할 수 있다.

<u>오답풀이</u> ① 2문단에 따르면 서양에서는 우주론을 정립하는 과정에서 지상계와 천상계를 대립시키는 아리스토텔레스의 이분법적 구도를 무너뜨렸으므로 형이상학적 사고에 대한 재검토가 이루어졌다고 볼 수 있다. 그리고 7문단에 따르면 왕석천과 매문정은 웅명우 등이 성리학 같은 형이상학에 몰두했다고 비판했으므로, 중국 역시 우주의 원리를 파악하는 과정에서 형이상학적 사고에 대한 재검토가 이루어졌다고 볼 수 있다.

② 7문단에 따르면 왕석천과 매문정은 서양 과학의 우수한 면은 모두 중국 고전에 이미 갖추어져 있던 것이라고 주장하였다. 이를 통해 서양 천문학의 전래가 중국에서 자국의 우주론 전통을 재인식하는 계기가 되었음을 알 수 있다.

③ 5문단에 따르면 16세기 말부터 서양 과학이 중국에 본격 유입되었고, 청 왕조가 중국의 역법을 기반으로 서양 천문학 모델과 계산법을 수용한 시헌력을 공식 채택함에 따라 그 위상이 구체화되었다. 이를 통해 서양의 천문학적 성과가 중국에 자리 잡게 된 데에는 국가의 역할이 작용하였음을 알 수 있다.

④ 8문단에 따르면 중국 천문학을 중심으로 서양 천문학을 회통하려는 매문정의 입장이 18세기 초를 기점으로 중국의 공식 입장으로 채택되었다. 이를 통해 중국에서는 18세기에 자국의 고대 우주론을 긍정하는 입장이 주류가 되었음을 알 수 있다.

3 생략된 정보 추론 　　　　　　　　　　　　　④

3문단에 따르면 '서양의 우주론'에서 브라헤는 우주의 중심에 지구가

고정되어 있고, 달과 태양과 항성들은 지구 주위를 공전한다고 주장하였다. 이러한 브라헤의 우주론은 코페르니쿠스 천문학의 장점은 인정하면서도 아리스토텔레스 형이상학과의 상충을 피하고자 설정한 모델이므로, 아리스토텔레스의 형이상학에서 자유롭지 못한 것으로 볼 수 있다.

<u>오답풀이</u> ① 2문단에 따르면 아리스토텔레스는 천상계와 지상계를 대립시킨 형이상학을 고수하였다. 그러나 아리스토텔레스는 우주의 중심에 고정되어 움직이지 않는 지구의 주위를 달, 태양, 다른 행성들의 천구들과 항성들이 붙어 있는 항성 천구가 회전한다는 지구 중심설을 내세웠으므로 항성 천구가 고정되었다는 내용은 아리스토텔레스의 우주론에 대한 설명으로 적절하지 않다.

② 2문단에 따르면 프톨레마이오스는 많은 수의 원을 사용하여 행성들의 가시적 운동을 설명하였다. 그러나 행성이 태양에서 멀수록 공전 주기가 길어진다는 점에서 단순성을 충족시킨 것은 프톨레마이오스의 우주론이 아니라 코페르니쿠스의 태양 중심설에 해당하므로 프톨레마이오스의 우주론에 대한 설명으로 적절하지 않다.

③ 2문단에 따르면 코페르니쿠스는 태양을 우주의 중심에 고정하고 지구와 행성이 그 주위를 공전한다고 보았다. 또한 코페르니쿠스의 우주론은 행성이 태양에서 멀수록 공전 주기가 길어진다는 점에서 단순성이 충족되었다. 따라서 지구와 행성이 태양을 공전한다는 코페르니쿠스의 우주론은 이전의 지구 중심설보다 단순하다는 것을 알 수 있다. 그러나 코페르니쿠스의 우주론은 지상계와 천상계를 대립시키는 아리스토텔레스의 이분법적 구도를 무너뜨리는 것이었으므로 코페르니쿠스의 우주론과 아리스토텔레스의 형이상학의 양립이 가능하다는 것은 코페르니쿠스의 우주론에 대한 설명으로 적절하지 않다.

⑤ 3문단에 따르면 케플러는 우주의 수적 질서를 신봉하는 형이상학인 신플라톤주의에 매료되어 코페르니쿠스의 천문학을 받아들였고, 브라헤의 천체 관측치를 활용하여 태양 주위를 공전하는 행성의 운동 법칙들을 수립하였다. 그런데 신플라톤주의는 경험주의적 근거가 아니라 형이상학과 관련이 있으므로 케플러가 신플라톤주의에서 경험주의적 근거를 찾았다는 것은 케플러의 우주론에 대한 설명으로 적절하지 않다.

4 세부 내용 추론 　　　　　　　　　　　　　⑤

6문단에 따르면 성리학적 기론에 입각하여 실증적인 서양 과학을 재해석한 웅명우와 방이지 등은 중국 고대 문헌에 수록된 우주론에 대해서 부정적 태도를 견지하였다. 따라서 성리학적 기론을 긍정한 학자들이 중국 고대 문헌의 우주론을 근거로 서양 우주론을 받아들여 새 이론을 창안했다는 진술은 ㉠에 대한 이해로 적절하지 않다.

<u>오답풀이</u> ① 6문단에 따르면 중국의 웅명우와 방이지 등은 성리학적 기론에 입각하여 실증적인 서양 과학을 재해석했다. 그리고 7문단에 따르면 매문정은 중국 고대 문헌에 언급된 증자의 말(우주론)을 서양 이론과 연결했다. 따라서 중국에서 서양 과학을 수용한 학자들은 자국의 지적 유산에 서양 과학을 접목하려 했다고 볼 수 있다.

② 8문단에 따르면 중국 천문학을 중심으로 서양 천문학을 회통하려는 매문정의 입장이 중국의 공식 입장으로 채택되었고, 이 입장은 중국의 역대 지식 성과물을 망라한 총서인 『사고전서』에 그대로 반영되었다.

③ 6문단에 따르면 수성과 금성이 태양 주위를 회전한다는 웅명우, 방이지 등의 태양계 학설은 서양의 브라헤의 영향을 받았지만, 그들은 태양의 크기에 대한 서양 천문학 이론에 의문을 제기하고 기와 빛을 결부한 광학 이론을 창안하였다. 즉 방이지는 서양 우주론의 영향을 받았지만 서양의 이론과 구별되는 새 이론의 수립을 시도하였음을 알 수 있다.

④ 7문단에 따르면 매문정은 서양 과학의 영향을 받아 경험적 추론과 수학적 계산을 통해 우주의 원리를 파악하고자 하였다. 그리고 중국 고대 문헌에 언급된 증자의 말을 땅이 둥글다는 서양 이론과 연결하였으므로 매문정은 중국 고대 문헌에 나타나는 천문학적 전통과 서양 과학의 수학적 방법을 모두 활용하였음을 알 수 있다.

5 구체적 사례에 적용   ②

|보기|에 따르면 태양의 중심에 있는 질량이 m인 질점이 지구 전체를 당기는 만유인력은, 지구의 구 껍질들의 합계와 동일한 질량을 갖는 지구 중심의 질점을 당기는 만유인력과 같다. 한편 지구의 중심에 있는 질량이 m인 질점이 태양 전체를 당기는 만유인력은, 태양의 구 껍질들의 합계와 동일한 질량을 갖는 태양 중심의 질점을 당기는 만유인력과 같다. 그런데 [A]에 따르면 지구보다 태양의 질량이 크므로 지구 껍질들의 질량 합계는 태양 껍질들의 질량 합계보다 작다. 또한 만유인력은 두 질점의 질량의 곱에 비례하므로, 태양의 중심에 있는 질점과 지구의 중심에 있는 질점의 질량이 m으로 동일하다면 만유인력의 크기는 다르다는 것을 추론할 수 있다.

오답풀이 ① 밀도가 균질한 하나의 행성을 구성하는 동심의 구 껍질이 같은 두께일 때, 하나의 구 껍질의 반지름이 클수록 부피도 커지게 되므로 그에 따라 질량도 커진다. [A]에 따르면 만유인력은 두 질점의 질량의 곱에 비례하기 때문에 하나의 구 껍질의 반지름이 클수록 태양을 당기는 만유인력도 커진다는 것을 추론할 수 있다.

③ |보기|에서 구를 구성하는 부피 요소들이 P를 당기는 만유인력들의 총합은, 그 구와 동일한 질량을 갖는 질점이 그 구의 중심 O에서 P를 당기는 만유인력과 같다고 하였다. 그리고 [A]에 따르면 만유인력은 두 질점의 질량의 곱에 비례하고 거리의 제곱에 반비례한다. 질량이 M인 지구와 질량이 m인 달은 둘의 중심 사이의 거리만큼 떨어져 있고, 두 질점의 질량은 지구와 달의 질량과 같은 M, m이며 두 질점 사이의 거리도 지구와 달의 중심 사이의 거리와 같으므로 질량이 M인 지구와 질량이 m인 달은 질량이 M, m인 두 질점 사이의 만유인력과 동일한 크기의 힘으로 서로 당긴다는 것을 추론할 수 있다.

④ 태양을 구성하는 하나의 부피 요소와 지구 사이에는 만유인력이 작용한다. [A]에서 천체가 그 천체 밖 어떤 질점을 당기는 만유인력은, 그 천체를 잘게 나눈 부피 요소들 각각이 그 천체 밖 어떤 질점을 당기는 만유인력을 모두 더하여 구할 수 있다고 하였다. 따라서 태양을 구성하는 하나의 부피 요소를 질점으로 볼 경우 태양을 구성하는 하나의 부피 요소와 지구 사이에 작용하는 만유인력은, 지구를 구성하는 모든 부피 요소들 각각이 태양을 구성하는 부피 요소를 당기는 만유인력들을 모두 더하여 구할 수 있음을 추론할 수 있다.

⑤ 반지름 R, 질량이 M인 지구와 지구 표면에서 높이 h에 중심이 있는 질량이 m인 구슬 사이에는 만유인력이 작용한다. [A]에 따르면 만유인력은 두 질점의 질량의 곱에 비례하고 거리의 제곱에 반비례하므로 각 질점의 질량과 두 질점 사이의 거리가 동일한 경우라면 만유인력의 크기도 같다고 할 수 있다. 지구와 구슬의 질량은 M, m, 두 질점의 질량은 각각 M, m으로 동일하고 지구의 중심에서 구슬의 중심까지의 거리는 $R+h$(지구의 반지름+지구의 표면부터 구슬 중심까지의 높이)이고, 두 질점 사이의 거리 역시 선지에서 R+h라고 하였다. 즉 각 질점의 질량과 두 질점 사이의 거리가 동일하므로 지구와 구슬 사이의 만유인력은 두 질점 사이의 만유인력과 크기가 같음을 추론할 수 있다.

6 어휘의 문맥적 의미 파악   ②

'고안하다'는 '연구하여 새로운 안을 생각해 내다.'라는 의미이므로 문맥상 '규칙이나 법, 제도 따위를 정하다.'를 의미하는 ⓑ의 '만들다'와 바꿔 쓰기에 적절하다.

오답풀이 ① '진작하다'는 '떨쳐 일어나다. 또는 떨쳐 일으키다.'라는 의미이므로 문맥상 '어떤 사태나 일을 벌이거나 터뜨리다.'를 의미하는 ⓐ의 '일으키다'와 바꿔 쓰기에 적절하지 않다.

③ '소지하다'는 '물건을 지니고 있다.'라는 의미이므로 문맥상 '본래의 모양을 그대로 간직하다.'를 의미하는 ⓒ의 '지니다'와 바꿔 쓰기에 적절하지 않다.

④ '설정하다'는 '새로 만들어 정해 두다.'라는 의미이므로 문맥상 '마음속으로 그러하다고 인정하거나 생각한다.'를 의미하는 ⓓ의 '여기다'와 바꿔 쓰기에 적절하지 않다.

⑤ '시사되다'는 '어떤 것이 미리 간접적으로 표현되다.'라는 의미이므로 문맥상 '있어야 할 것을 가지거나 차리다.'를 의미하는 '갖추다'의 피동 표현인 ⓔ의 '갖추어지다'와 바꿔 쓰기에 적절하지 않다.

기 출 읽 기

제한능력자제도 2021학년도 9월 고1 학력평가

어떻게 썼을까?

도입
의사무능력자의 법률행위의 효력 설명

전개
제한능력자와 제한능력자제도의 개념과 효력 소개

문제
제한능력자의 계약 상대방을 보호하는 제도 소개

해결
상대방의 확답촉구권의 개념과 특징 설명

해결
상대방의 철회권·거절권의 개념과 특징 설명

해결
제한능력자의 속임수의 개념과 구체적 사례 제시

의사능력이란 '자기의 행위의 의미나 결과를 합리적으로 예견할 수 있는 정신적인 능력 내지 지능'을 의미한다. 사람이 자신의 법률행위에 의하여 권리를 취득하거나 의무를 부담할 수 있으려면 의사능력이 있어야 한다. 따라서 의사능력이 없는 의사무능력자의 법률행위는 무효, 즉 법률행위의 효력이 처음부터 발생하지 않은 것으로 본다.

하지만 의사무능력자가 자기에게 불리한 법률행위를 무효화하려면 법률행위 당시 자신에게 의사능력이 없었다는 점을 증명하여야 하는데, 이를 증명하는 것이 쉽지 않다. 이에 민법에서는 의사무능력자 여부, 즉 의사능력의 유무와 관계없이 나이나 법원의 결정이라는 일정하고 객관적인 기준에 따라 제한능력자를 규정하고 있다. 구체적으로 만 19세 미만의 미성년자, 그리고 가정법원으로부터 심판을 받은 피성년후견인과 피한정후견인 등이 제한능력자에 해당되는데, 이들은 독자적으로 완전하고 유효한 법률 행위를 할 수 있는 행위능력자와 구분되며, 자신의 의사무능력을 증명할 필요가 없다. 제한능력자는 단독으로 재산상의 법률행위를 한 경우 10년 내에 취소권을 행사할 수 있는데, 이를 제한능력자제도라고 한다. 이때 제한능력자의 법률행위의 취소 여부는 제한능력자 측, 즉 제한능력자 본인이나 그의 법정대리인의 의사에 따라서만 결정된다. 제한능력자 측에서 취소권을 행사할 경우 법률행위는 처음부터 무효인 것으로 보지만, 행위를 취소하지 않을 경우에는 그 법률행위에 대해서는 그대로 효력이 유지된다.

미성년자는 주민등록증과 가족관계등록부를 통해, 피성년후견인과 피한정후견인은 후견등기부를 통해 확인할 수 있다. 하지만 제한능력자의 계약 상대방이 이를 항상 확인하지는 않으므로 계약을 한 후 자신이 계약을 한 상대방이 제한능력자라는 사실을 뒤늦게 알게 되는 경우가 있다. 제한능력자 측은 자신의 법률행위에 대해 10년 내에 취소할 수 있는 취소권을 갖기 때문에 제한능력자의 계약 상대방은 불이익을 당할 수도 있다. 「이에 민법은 제한능력자를 보호함으로써 불이익을 당하게 되는 상대방을 위해 '상대방의 확답촉구권', '상대방의 철회권·거절권', '제한능력자의 속임수'와 같은 제도를 운영하고 있다.」

먼저 ⓐ상대방의 확답촉구권은 제한능력자의 계약 상대방이 1개월 이상의 기간을 정해 계약 취소 여부에 대한 확답을 요구할 수 있는 권리이다. 이때 확답촉구는 제한능력자에게는 할 수 없으며, 제한능력자의 법정대리인이나 제한능력자가 행위능력자가 된 경우에만 요구할 수 있다. 특별한 절차가 필요한 행위를 제외하고 확답촉구를 받은 사람은 상대방이 설정한 유효기간 내에 취소 여부에 대한 확답을 해야 하며, 유효기간 내에 확답을 하지 않으면 제한능력자와 계약한 법률행위는 취소할 수 없는 것으로 확정된다.

상대방의 철회권·거절권은 제한능력자의 계약 상대방이 법률행위의 효력 발생을 원하지 않는 경우 제한능력자 측에게 행사할 수 있는 권리이다. ⓑ상대방의 철회권은 제한능력자의 계약 상대방이 계약 당시 제한능력자와 계약한 사실을 알지 못했을 때 계약을 철회할 수 있는 권리이고, ⓒ상대방의 거절권은 제한능력자의 계약 상대방이 계약 당시 제한능력자와 계약한 사실을 인지했는지의 여부와 상관없이 제한능력자가 단독행위를 한 경우에 상대방이 거절할 수 있는 권리이다. 다만 위의 철회권·거절권은 제한능력자 측에서 해당 법률행위에 대해 취소권을 행사하지 않겠다는 의사를 표시하기 전까지만 권리가 인정된다.

「제한능력자의 속임수는 제한능력자가 속임수를 써서 자신을 행위능력자로 믿게 한 경우나 미성년자나 피한정후견인이 속임수를 써서 법정대리인의 동의가 있는 것으로 믿게 한 경우에는 제한능력자의 취소권을 박탈하는 것이다. 예를 들어 미성년자인 갑이 자신이 성년인 것처럼 신분증을 위조하는 등의 적극적인 사기수단을 써서 을과 계약을 하는 법률행위를 했다면 갑의 취소권이 배제됨은 물론이고 갑의 법정대리인의 취소권까지 배제되는 것이다.」

어떻게 읽을까!

중심 화제를 이해했는가?
법률에서의 의사능력과 관련지어 의사무능력자의 법률행위가 무효임을 밝힘.

제한능력자의 의미와 제한능력자제도의 특징을 파악했는가?
의사무능력자에 해당하는 제한능력자에 대한 규정을 설명하고, 제한능력자가 단독으로 재산상의 법률행위를 한 경우 10년 내에 취소권을 행사할 수 있는 제한능력자제도에 대해 설명함.

제한능력자의 계약 상대방을 보호하는 세 가지 제도를 이해했는가?
제한능력자와의 계약에서 불이익을 당할 수 있는 계약 상대방을 위해 마련된 제도인 상대방의 확답촉구권, 상대방의 철회권·거절권, 제한능력자의 속임수를 병렬적으로 설명함.

이처럼 민법에서는 「제한능력자제도를 통해 제한능력자가 행한 재산상의 법률행위를 일정
한 요건하에 취소할 수 있게 하여 제한능력자를 보호하고 있다.」 또한 제한능력자의 법률행
위로 인해 불이익을 당할 수 있는 상대방을 보호하는 제도 역시 규정함으로써 제한능력자의
계약 상대방이 입을 수 있는 손해를 최소화하고 있다.

「 」: 제한능력자제도의 의의
제한능력자제도의 설정 취지
제한능력자의 계약 상대방을 보호하는 제도의 의의
▶ 제한능력자제도와 계약 상대방 보호 제도의 의의

제한능력자제도와 계약 상대방
보호 제도의 의의를 파악했는가?
민법에서는 제한능력자와 계약
상대방을 모두 보호하는 제도를
마련하고 있음을 밝힘.

수습형구조

도입
전개
문제
해결 | 해결 | 해결
정리

해제 이 글은 제한능력자의 법률 행위와 관련된 제한능력자제도에 대해 설명하고 있다. 법률 행위를 하려면 의사능력이 있어야
야 하기 때문에 의사무능력자의 법률행위는 무효로 본다. 민법에서는 의사무능력자 여부를 나이나 법원의 결정에 따라 규정하
는데, 이때의 의사무능력자를 제한능력자라고 한다. 만 19세 미만의 미성년자, 가정법원의 결정에 따른 피성년후견인과 피한정
후견인이 제한능력자에 해당하는데, 제한능력자제도란 이들이 단독으로 재산상의 법률행위를 하면 10년 이내에 본인 또는 법정
대리인의 의사에 따라 계약을 취소할 수 있는 제도를 말한다. 한편 민법에서는 제한능력자제도로 인해 계약 상대방이 불이익을
당할 수 있으므로, 상대방의 확답촉구권, 상대방의 철회권·거절권, 제한능력자의 속임수와 같은 제도를 통해 계약 상대방이 입
을 수 있는 피해를 최소화하고 있다.

주제 제한능력자제도와 계약 상대방 보호 제도의 특징 및 의의

---

0 ② **1** ② **2** ③ **3** ④

글쓴이의 작문 과정 ❶ 제한능력자제도 ❷ 제한능력자의 속임수
주제 제한능력자 제도와 계약 상대방 보호 제도의 특징 및 의의

0 내용 전개 방식 파악 ②

2문단에서 의사무능력자가 자기에게 불리한 법률행위를 무효화하려
면 법률행위 당시 자신에게 의사능력이 없었다는 점을 증명해야 하
는데, 이를 증명하는 것이 쉽지 않으므로 제한능력자제도가 필요함
을 밝히고 있다. 그리고 이어서 제한능력자의 유형과 제한능력자제
도의 개념, 취소권 행사 등 제한능력자제도의 특징을 설명하고 있다.

오답풀이 ① 이 글은 제한능력자제도의 발전 과정과 전망은 제시하
고 있지 않다.
③ 마지막 문단에서 제한능력자제도의 의의를 드러내고 있으나, 그
제도가 변화된 원인은 언급하고 있지 않다.
④ 제한능력자제도와 그로 인해 불이익을 당하게 되는 상대방을 위
한 제도를 각각 제시하고 있을 뿐 제한능력자제도를 바라보는 상반
된 입장과 절충안을 제시하고 있지 않다.
⑤ 제한능력자제도의 영향력을 분석하거나 사회적 인식의 변화 양
상을 서술하고 있지 않다.

1 세부 내용 파악 ②

2문단에 따르면 민법에서는 의사능력의 유무와 관계없이 나이나 법
원의 결정이라는 일정하고 객관적인 기준에 따라 제한능력자를 규
정하고 있다. 그리고 제한능력자는 단독으로 재산상의 법률행위를
한 경우 10년 내에 취소권을 행사할 수 있다고 하였는데, 이는 제한

능력자가 재산상의 법률행위를 법적으로 보호받음을 의미한다. 따
라서 의사능력이 있는 제한능력자도 제한능력자에 포함되므로, 이
경우에도 재산상의 법률행위를 법의 의해 보호받을 수 있다.

오답풀이 ① 2문단을 보면 민법에서는 나이나 법원의 결정이라는 기
준에 따라 제한능력자를 규정하는데, 나이 기준에 의거할 때 만 19
세 미만의 미성년자는 제한능력자에 해당한다고 하였으므로, 미성
년자는 법원의 결정을 따로 받지 않고 제한능력자로 규정된다.
③ 3문단에서 제한능력자에 해당하는 미성년자는 주민등록증과 가
족관계등록부를 통해, 피성년후견인과 피한정후견인은 후견등기부
를 통해 확인할 수 있다고 하였다.
④ 2문단에서 제한능력자는 10년 내에 취소권을 행사하여 재산상의
법률행위를 처음부터 무효로 만들 수 있다고 하였다.
⑤ 2문단에서 제한능력자는 의사무능력을 증명할 필요가 없으며 취
소권을 행사할 수 있다고 하였다. 따라서 제한능력자로 규정된 자는
재산상의 법률행위를 취소하기 위해 자신의 의사무능력을 증명할
필요가 없음을 알 수 있다.

2 정보 간의 관계 파악 ③

4문단에서 상대방의 확답촉구권(ⓐ)은 제한능력자의 계약 상대방이
제한능력자에게 직접 행사할 수 없으며 제한능력자의 법정대리인이
나 제한능력자가 행위능력자가 된 경우에만 요구할 수 있다고 하였
다. 반면 5문단에서 상대방의 철회권(ⓑ)·거절권(ⓒ)은 제한능력자
의 계약 상대방이 제한능력자 측에게 행사할 수 있는 권리라고 하였
으므로, ⓒ는 제한능력자 측에게 직접 행사할 수 있다. 그런데 2문단
의 '제한능력자 측, 즉 제한능력자 본인이나 그의 법정대리인'이라는
표현을 통해 ⓒ는 제한능력자 측인 제한능력자 본인에게 직접 행사

할 수 있음을 알 수 있다. 따라서 ⓐ는 제한능력자의 계약 상대방이 제한능력자에게 직접 행사하여 자신의 권리를 보장받을 수 있다는 내용은 적절하지 않다.

오답풀이 ① 2문단에서 제한능력자 측은 제한능력자 본인과 그의 법정대리인을 의미함을 알 수 있고, 5문단에서 상대방의 철회권(ⓑ)은 제한능력자의 계약 상대방이 제한능력자 측에게 행사할 수 있는 권리라고 하였다. 따라서 ⓑ는 제한능력자의 계약 상대방이 제한능력자 본인과 제한능력자의 법정대리인에게 모두 행사할 수 있다.

② 5문단에서 상대방의 철회권(ⓑ) · 거절권(ⓒ)은 제한능력자의 계약 상대방이 법률행위의 효력 발생을 원하지 않는 경우에 제한능력자 측에게 행사할 수 있는 권리라고 하였다.

④ 5문단에서 철회권(ⓑ) · 거절권(ⓒ)은 모두 제한능력자 측에서 해당 법률행위에 대해 취소권을 행사하지 않겠다는 의사를 표시하기 전까지만 그 권리가 인정된다고 하였다.

⑤ 3문단에서 민법은 제한능력자를 보호함으로써 불이익을 당하게 되는 상대방을 위해 '상대방의 확답촉구권(ⓐ)', '상대방의 철회권(ⓑ) · 거절권(ⓒ)'과 같은 제도를 운영하고 있다고 하였다.

⚠ 출제자의 의도읽기 – 정보 간의 관계를 파악할 때에는 정보 간의 공통점과 차이점을 모두 살펴본다.

정보 간의 관계를 파악해야 하는 문제에서는 각 정보에 담긴 내용을 파악하는 것도 중요하지만, 정보 간의 공통점과 차이점이 무엇인지 파악하는 것도 중요하다. 공통점인데 차이점인 것처럼 선지를 구성하기도 하고, 차이점인데 공통점인 것처럼 선지를 구성하기도 한다. 예를 들면, ⓐ는 제한능력자에게 직접 행사할 수 없고, ⓒ는 직접 행사할 수 있다는 차이점이 있는데, ③에서는 ⓐ와 ⓒ가 제한능력자에게 권리를 직접 행사할 수 있다는 공통점으로 내용을 구성하고 있다. 따라서 이러한 오답의 함정에 빠지지 않으려면 공통점과 차이점을 명확히 구분하고, 선지의 내용이 ⓐ, ⓑ, ⓒ 모두에 해당하는 설명인지, 아니면 일부에만 해당하는 설명인지를 판단해야 한다.

---

3 구체적 사례에 적용   ④

6문단에서 제한능력자의 속임수란 제한능력자가 속임수를 써서 자신을 행위능력자로 믿게 한 경우나 미성년자나 피한정후견인이 속임수를 써서 법정대리인의 동의가 있는 것으로 믿게 한 경우에는 제한능력자의 취소권을 박탈하는 것이라고 하였다. |보기|에서 17세였던 A가 법정대리인의 동의서를 위조해 판매자를 믿게 한 것은 미성년자가 속임수를 써서 법정대리인의 동의가 있는 것으로 믿게 한 경우에 해당한다. 따라서 이 경우에는 제한능력자의 속임수에 따라 A의 취소권이 박탈되어 A는 계약을 취소할 수 없게 된다.

오답풀이 ① 2문단에서 제한능력자가 단독으로 재산상의 법률행위를 한 경우에는 10년 내에 자신의 법률행위를 취소할 수 있다고 하였다. 따라서 A가 성년이 되었더라도 계약을 한 후 10년이 지나지 않았기 때문에 계약을 취소하는 것은 가능하다.

② 2문단에서 제한능력자의 법률행위의 취소 여부는 제한능력자 본인이나 그의 법정대리인의 의사에 따라서만 결정된다고 하였다. 여기서 제한능력자에게 계약 취소권이 있으며 이를 행사할 수 있음을 알 수 있다. 따라서 A는 법정대리인의 동의를 얻지 않아도 계약을

취소할 수 있는 권리가 있다.

③ 2문단에서 제한능력자 측은 10년 내에 취소권을 행사하여 자신의 법률행위를 처음부터 무효인 것으로 만들 수 있다고 하였다. 따라서 A의 법정대리인이 1년 뒤에 계약 사실을 알았다 하더라도 계약을 취소하는 것이 가능하다.

⑤ 2문단에서 제한능력자 측은 취소권을 행사할 수 있다고 하였다. 따라서 판매자가 계약 취소를 인정하지 않아도 A의 법정대리인이 취소권을 행사하여 계약을 취소할 수 있다.

민법과 형법 2018학년도 6월 고1 학력평가

도입
'법'의 개념과 특징 제시

인간은 집단생활을 하기 때문에 분쟁이 발생할 수밖에 없다. 그래서 문제가 발생하는 것을 예방하거나 문제를 원만히 해결하기 위해 규칙을 만든다. 여러 규칙 중 사회 구성원들의 합의에 따라 만들어지고 강제성을 가진 규칙을 <u>법</u>이라고 한다. 이때 강제성은 공공의 이익을 실현하기 위해 사회 구성원들이 동의할 때만 발휘될 수 있다. 이러한 법은 몇 가지 특징이 있는데 먼저 법은 <u>행동의 결과</u>를 중시한다. 왜냐하면 다른 사람이 행동을 평가할 수 있고 그 변화도 확인할 수 있어야 하기 때문이다. 그리고 법은 국민의 자유와 권리를 보호한다. 만약 법이 없다면 권력자나 국가 기관이 멋대로 권력을 휘두를 수 있을 것이다. 마지막으로 법은 <u>최소한의 간섭</u>만 한다. 개인이 처리해도 되는 일까지 법이 간섭한다면 사람들은 숨이 막혀 평온하게 살기 힘들 것이다. ▶ 법의 개념과 특징

어떻게 읽을까!

중심 화제를 파악했는가?
중심 화제인 법의 개념과 강제성을 설명한 후 법의 특징 세 가지를 이유와 함께 제시함.

전개
민법의 개념과 원칙 설명

대표적인 법에는 ㉠민법과 형법이 있다. 민법은 국가 기관이 아닌, 사람들 간의 권리관계를 다루는 법률로서 재산 관계와 가족 관계로 구성되어 있다. 근대 사회에서 형성된 민법의 원칙은 오늘날까지도 중요하게 여겨지고 있다. 중요 원칙 중 하나는 개인의 사유 재산에 대해 절대적 지배를 인정하고 국가를 비롯한 단체나 개인은 다른 사람의 사유 재산 행사에 간섭하지 못한다는 것이다. 그리고 다른 사람에게 끼친 손해는 그 행위가 위법이고 동시에 고의나 과실에 의한 경우에만 책임을 진다는 원칙도 있다. 그런데 이 원칙들은 경제적 강자가 경제적 약자를 지배하는 수단으로 악용되기도 하여 20세기에 들면서 제한이 생겼다. 그 결과 개인의 사유 재산에 대한 지배는 여전히 보장되지만 공공복리에 적합하도록 행사해야 한다는 것과 같은 수정된 원칙들이 적용되고 있다. ▶ 민법의 개념과 원칙

대표적인 법인 민법과 형법의 차이점을 이해했는가?
민법에서 다루는 대상과 원칙을 먼저 설명하고, 형법의 대상과 원칙을 설명함으로써 민법과 형법의 차이를 부각함.

전개
형법의 개념과 원칙 설명

반면, 형법은 범죄와 형벌을 규정하는 법률로서 ㉡'죄형법정주의'라는 기본 원칙이 있다. 죄형법정주의는 범죄의 행위와 그 범죄에 대한 처벌을 미리 법률로 정해 두어야 한다는 것이다. 그래서 범죄 발생 당시에는 없었던 법이 나중에 생겨도 그것을 소급해서 적용할 수 없다. 또한 민법과 달리 어떤 사항을 직접 규정한 법규가 없을 때, 그와 비슷한 사항을 규정한 <u>법규를 유추하여 적용할 수도 없다.</u> ▶ 형법의 개념과 죄형법정주의 원칙

부연
범죄 사건의 처리 과정 제시

[A]

형법을 위반한 범죄가 발생하면, 먼저 수사 기관이 수사를 한다. 수사를 개시하는 단서로는 고소, 고발, 인지가 있는데, 이 중 고소는 피해자가 하는 반면 고발은 제3자가 한다. 일반적으로 범죄는 수사 기관이 인지하는 것만으로도 수사를 시작할 수 있다. 하지만 명예훼손죄, 폭행죄 등은 수사를 진행했더라도 피해자가 원하지 않으면 처벌하지 않는다. 수사 결과 피의자가 죄를 범했다고 의심할 만한 충분한 이유가 있다면 구속 영장을 받아 체포해 구속한다. 만약 범죄를 실행 중인 경우는 구속 영장 없이 체포 가능한데, 이 경우 <u>48시간 이내에 구속 영장을 신청</u>해야 하고, 법원은 신청서가 접수된 시간으로부터 48시간 이내에 <u>구속 영장의 발부 여부를 결정</u>해야 한다. 수사 결과 범죄 혐의가 인정되면 검사는 재판을 청구하는데 이를 기소라고 한다. 이때 검사는 피의자의 나이, 환경, 동기 등을 참작하여 기소를 하지 않을 수 있다. 기소로 재판 절차가 시작되면 법원은 사건을 심리하여 범죄 사실이 확인된 경우 유죄를 선고한다. 유죄가 인정되면 법원이 형을 선고하고 집행 절차에 들어간다. ▶ 형법을 위반한 범죄 발생 후의 사건 처리 과정

형법을 위반한 범죄 사건의 처리 과정을 이해했는가?
수사 개시부터 구속 영장 발부, 체포, 구속, 기소, 재판, 형의 선고와 집행까지의 과정을 차례로 제시함.

첨가
동물의 법적 책임 여부 언급

그런데 만약 동물이 위법한 행동을 하여 다른 사람에게 손해를 끼치면 어떻게 될까? 결론부터 말하면 동물은 아무런 책임이 없다. 법에서는 인간 이외의 것들은 생명의 유무와 상관없이 모두 물건으로 보는데 물건에는 법적 권리가 없다. 법적 권리가 없는 것은 의무와 책임도 없다. 그러므로 동물은 민, 형법상의 책임을 지지 않아도 된다. 다만 손해를 입은 사람은 민법에 따라 동물의 점유자에게 배상을 받을 수 있다. ▶ 동물의 위법한 행동에 대한 법적 처리

법적 책임이 적용되는 범위를 파악했는가?
인간 이외의 모든 것은 물건에 해당해 법적 권리가 없음을 근거로 동물의 위법한 행동은 책임을 물을 수 없음을 언급함.

해세 이 글은 법의 특징을 소개하고 대표적인 법으로 민법과 형법의 개념과 원칙을 설명하고 있다. 법은 사회 유지를 위해 사회 구성원들의 합의를 바탕으로 만들어지는 강제성을 지닌 규칙으로, 대표적으로는 민법과 형법이 있다. 민법은 국가 기관이 아닌 사람들 간의 권리관계를 다루는 법률이고, 형법은 범죄와 형벌을 규정하는 법률이다. 형법을 위반한 범죄가 발생하면 수사 기관에서 수사가 이루어지고 법적 절차에 따라 재판이 진행되면서 형의 선고와 집행 절차에 들어간다. 이러한 법률은 인간에게만 적용이 되며, 인간 이외의 것들은 모두 물건으로 보기 때문에 법적 권리가 없으므로 법적 의무와 책임도 없다.

주제 법의 특징 및 민법과 형법의 원칙과 적용

기출읽기 1

0 ①   **1** ⑤   **2** ③   **3** ④   **4** ②

5 ④

글쓴이의 작문 과정 **❶** 형법 **❷** 죄형법정주의
주제 법의 특징 및 민법과 형법의 원칙과 적용

0 내용 전개 방식 파악   ①

1문단에서 법을 만든 이유와 법의 세 가지 특징을 제시하고, 2~3문단에서 대표적인 법인 민법과 형법의 개념과 원칙을 설명하고 있다. 그리고 4문단에서 형법을 위반한 범죄에 대한 수사와 재판, 집행에 이르기까지의 과정을 제시한 후, 5문단에서 동물이 위법한 행동을 하여 다른 사람에게 손해를 끼쳤을 경우의 법적 처리에 대해 추가로 언급하고 있다. 따라서 이 글은 법의 기본적인 특징을 제시하고, 민법과 형법에 어떤 원칙이 적용되는가를 설명한 글이라고 할 수 있다.

오답풀이 ② 법이 제정된 이유를 1문단에서 밝히고 있으나, 민법과 형법이 만들어진 배경이나 이유를 설명하고 있지는 않다.
③ 이 글은 법의 개념과 원칙을 언급하며 민법과 형법이 다루는 대상이 다르다고 설명하고 있다. 따라서 민법과 형법이 공통적으로 어떤 대상을 다루고 있는지 설명하고 있다는 것은 적절하지 않다.
④ 5문단에서 법적 권리는 오직 인간만이 가진다고 언급하고 있으나, 법이 적용되는 대상의 범위가 어디까지인지에 대해서는 언급하지 않았다. 또한 민법은 재산 관계와 가족 관계로 구성되고, 형법은 범죄와 형벌을 규정한다고 하였을 뿐, 이들 법이 적용되는 대상의 범위를 어떻게 구분할 수 있는지에 대해서도 구체적으로 언급하지 않았다.
⑤ 법의 유형으로 민법과 형법을 언급하였으나, 민법과 형법이 어떤 과정을 통해 원칙을 마련했는지는 제시하지 않았다. 다만 민법의 원칙들이 악용되기도 하여 20세기에 들면서 제한이 생겨 수정된 원칙들만 적용되었다며, 원칙이 수정된 과정을 제시하고 있다.

1 핵심 내용 파악   ⑤

1문단에서 법은 '여러 규칙 중 사회 구성원들의 합의에 따라 만들어지고 강제성을 가진 규칙'이라고 하면서, 이때 '강제성은 공공의 이익을 실현하기 위해 사회 구성원들이 동의할 때만 발휘될 수 있다.'

라고 하였다. 따라서 강제성이 발휘되려면 반드시 공공의 이익을 실현하기 위한 목적에서만 가능하다.

오답풀이 ① 1문단에 따르면 법은 집단생활에서 발생하는 문제를 예방하거나 해결하기 위해 만들어진 것으로, 사회 구성원들의 합의에 따라 정해진 규칙이다.
② 1문단에서 법은 국민의 자유와 권리를 보호하는데, 이는 법이 없다면 권력자나 국가 기관이 멋대로 권력을 휘두를 수 있기 때문이라고 하였다.
③ 1문단에서 법은 최소한의 간섭만 하는데 이는 개인이 처리해도 되는 일까지 법이 간섭한다면 사람들은 숨이 막혀 평온하게 살기 힘들 것이기 때문이라고 하였다.
④ 1문단에서 법은 행동의 결과를 중시하는데 그 이유는 다른 사람이 행동을 평가할 수 있고 그 변화도 확인할 수 있어야 하기 때문이라고 하였다.

2 세부 내용 파악   ③

2문단에서 '다른 사람에게 끼친 손해는 그 행위가 위법이고 동시에 고의나 과실에 의한 경우에만 책임을 진다는 원칙도 있다.'라고 하였다. 여기서 과실에 의한 경우에만 책임을 진다는 것은 의도하지 않은 실수로 손해를 끼친 경우에도 책임을 물을 수 있다는 의미이다.

오답풀이 ① 2문단에서 민법의 원칙들이 경제적 강자가 경제적 약자를 지배하는 수단으로 악용되기도 하여 20세기에 들면서 제한이 생기고, 수정된 원칙들이 적용되고 있다고 하였다.
② 2문단에서 민법은 국가 기관이 아닌, 사람들 간의 권리관계를 다루는 법률이라고 하였다.
④ 2문단에 따르면 20세기에 들면서 민법의 원칙들에 제한이 생겼는데, 개인의 사유 재산에 대한 지배는 여전히 보장되지만 공공복리에 적합하도록 행사해야 한다는 것과 같은 수정된 원칙이 적용되고 있다고 하였다.
⑤ 2문단에 따르면 민법의 원칙은 근대 사회에 형성되었는데, 민법의 중요 원칙 중 하나는 개인의 사유 재산에 대한 절대적 지배를 인정하고 국가를 비롯한 단체나 개인은 다른 사람의 사유 재산 행사에 간섭하지 못한다는 것이라고 하였다.

3 핵심 개념 이해   ④

3문단에서 죄형법정주의는 법률로 정해 둔 범죄만 처벌한다는 원칙으로, 범죄 발생 당시에는 없었던 법이 나중에 생겨도 그것을 소급해서 적용할 수 없다고 하였다. 즉, 죄형법정주의는 범죄의 행위와 그 범죄에 대한 처벌을 미리 법률로 정해 두고 그 법률에 있는 범죄와 형벌로만 적용해야 한다는 원칙이므로 '법률이 없으면 범죄도 없고 형벌도 없다.'라는 말이 죄형법정주의와 관련된다.

오답풀이 ① 착한 사람은 법이 없어도 죄를 짓지 않고, 나쁜 사람은 법적 제재를 피해 교묘히 죄를 저지른다는 뜻이다. 이는 착한 사람과 나쁜 사람 모두에게 법은 필요하지 않으므로 법이 최소화되어야 한다는 의미를 담고 있다. 따라서 법률로 정해 둔 범죄만 처벌할 수 있다는 죄형법정주의와는 관련이 없다.
② 법에서 중요한 것은 논리보다 경험이라는 뜻으로 법의 관습적 성격이 중요하다는 의미를 담고 있다. 따라서 법의 논리를 따르는 죄형법정주의와는 관련이 없다.
③ 형법의 적용에는 부작용이 따를 수도 있다는 뜻으로 죄형법정주의와는 관련이 없다.
⑤ 법학의 바탕은 철학이 되어야 한다는 뜻으로 죄형법정주의와는 관련이 없다.

4 세부 내용 추론   ②

[A]에서 수사를 개시하는 단서로는 고소, 고발, 인지가 있다고 하였으므로 Ⓐ에 들어갈 말은 '고소'이다. 수사 결과 피의자가 죄를 범했다고 의심할 만한 충분한 이유가 있다면 수사 기관은 구속 영장을 받아 체포한다고 하였으므로 Ⓑ는 체포이다. 수사 결과 범죄 혐의가 인정되면 검사는 재판을 청구하는데 이를 기소한다고 하였으므로 Ⓒ는 기소이다. 그런데 [A]에서 범죄는 수사 기관이 인지하는 것만으로도 수사를 시작할 수 있다고 하였으므로 명예훼손죄와 폭행죄는 피해자의 고소(Ⓐ)가 없어도 수사 기관의 인지에 따라 사건을 수사하고 기소할 수 있음을 알 수 있다. 다만, '명예훼손죄와 폭행죄는 수사를 진행했더라도 피해자가 원하지 않으면 처벌하지' 않을 수 있다.

오답풀이 ① [A]에서 고소(Ⓐ)는 피해자가 한다고 하였다.
③ [A]에서 범행을 실행 중인 범인을 체포(Ⓑ)하였을 경우 수사 기관은 48시간 이내에 구속 영장을 신청해야 한다고 하였다.
④ [A]에서 기소(Ⓒ)를 할 때 검사는 피의자의 나이, 환경, 동기 등을 참작하여 기소를 하지 않을 수도 있다고 하였다.
⑤ [A]에 따르면 재판에서 심리를 담당하는 주체는 법원이며, 범인의 기소(Ⓒ)의 여부는 검사가 결정한다는 것을 알 수 있다.

⚠ **출제자의 의도읽기** - |보기에서 제시한 흐름을 바탕으로 선지의 적절성을 판단한다.

|보기에서 범죄 발생 후에 사건을 처리하는 과정을 흐름도에 따라 제시하고 있으므로 이를 지문과 연관 지어 살펴봐야 한다. 흐름도의 빈칸에 들어갈 내용을 지문에서 찾아야 하므로 |보기와 지문을 면밀히 대응시켜야 한다. 예를 들어, 범죄 발생 후 수사 개시부터 수사 진행, 기소, 재판 등의 과정을 지문에서 찾아내고 꼼꼼하게 확인할 필요가 있다.

5 구체적 사례에 적용   ④

3문단에서 형법은 어떤 사항을 직접 규정한 법규가 없을 때, 그와 비슷한 사항을 규정한 법규를 유추하여 적용할 수 없다고 하였으므로, '형법 제257조 ①을 유추하여 적용'하는 것은 적절하지 않다. 또한 C는 B의 점유자일 뿐 사람의 신체를 상해한 자가 아니므로 형법에 따른 책임을 질 필요가 없다. 즉 징역이나 벌금의 처벌은 받지 않는다.

오답풀이 ① 5문단에 따르면, 법에서는 인간 이외의 것들은 생명의 유무와 상관없이 물건으로 보기 때문에, 법적 책임이 없다. 따라서 법적으로 B는 동물과 마찬가지로 물건에 해당하므로 법적 책임이 없다.
② 3문단에서 민법과 달리 형법은 법규를 유추하여 적용할 수 없다고 하였는데, 이는 민법은 유추 적용이 가능하다는 말이기도 하다. 또한 5문단에서 손해를 입은 사람은 민법에 따라 동물의 점유자에게 배상을 받을 수 있다고 하였다. 따라서 민법 제759조 ①을 유추 적용한다면 C는 B를 사실상 지배하고 있는 점유자이므로 손해를 배상할 책임이 있다.
③ 3문단에서 설명한 죄형법정주의의 원칙을 고려할 때, A는 법적 권리를 가지고 있고 사람의 신체를 상해한 자에 해당하므로 형법 제257조 ①에 따라 책임을 져야 한다.
⑤ 3문단에서 죄형법정주의에 따르면 형법은 범죄 당시에는 없었던 법이 나중에 생겨도 그것을 소급해서 적용할 수 없다고 하였으므로, 형법 제 257조에 향후 B가 사람을 다치게 한 행위에 관한 조항이 추가된다고 해도 이번 사건에 대해서는 B를 처벌할 수 없다.

2 근로자의 법적 권리 2018학년도 6월 고2 학력평가

문제
단시간 근로자의 법적 보호와 관련된 문제 상황 제시

해결
근로 계약의 개념과 근로 계약서의 내용 설명

해결
최저임금에 대한 규정과 법적 제재 규정 제시

해결
임금 지급 방식과 임금 체불 시 해결 방법 제시

해결
부당 해고에 대한 규정과 법적 제재 제시

어떻게 읽을까!

이 글에서 다루려는 문제 상황을 파악했는가?
근로자 중에서도 단시간 근로자가 법적인 보호를 받지 못하는 문제를 언급함.

근로자란 직업의 종류를 불문하고 사업장에서 임금을 받을 목적으로 일하는 사람을 의미한다. 정규직 근로자에서부터 단시간 근로자 즉 아르바이트까지 근로자에 포함된다. 그런데 단시간 근로자의 경우 법적으로는 엄연한 근로자이면서도 여러 가지 이유에서 법적인 보호에서 벗어나 있는 경우가 많다.
　　　　　　　　　　　　　　▶ 근로자의 개념과 단시간 근로자가 법적 보호를 받지 못하는 문제

사업주가 근로자를 채용할 경우에는 근로 조건을 ㉠명시(明示)한 근로 계약서를 작성해야 한다. 근로 계약이란 근로자가 근로 조건에 대해서 사업주와 약속하는 것을 말한다. 이러한 약속은 구두로 하기보다는 나중에 문제가 생겼을 때를 대비하여 반드시 문서로 작성해야 한다. 근로 계약서에는 일을 하기로 한 기간, 일할 장소, 해야 할 일, 하루에 일해야 하는 시간과 쉬는 시간, 쉬는 날, 임금과 임금을 받는 날 등 중요한 내용이 반드시 나타나 있어야 한다. 근로 계약서는 사업주와 근로자 본인이 작성해야 하며, 다른 사람이 대신할 수는 없다. 또 1일 근로 시간이 4시간인 경우에는 30분 이상, 8시간인 경우에는 1시간 이상의 쉬는 시간이 주어져야 하고, 1주간의 정해진 근로 일수대로 일한 근로자에게는 1주에 1일의 유급 주휴일이 보장되어야 한다. 4인 이하의 사업장을 제외하고는 휴일에 근무할 경우 임금의 50%를 ㉡가산(加算)하여 받을 수 있으며, 1년간 정해진 근로 일수에 따라 성실히 근무한 경우에는 연차 유급 휴가를 보장받을 수 있다. 다만 1주간의 정해진 근로 시간이 15시간 미만일 경우에는 퇴직금, 유급 주휴일, 연차 휴가 규정이 적용되지 않는다. 만약 사업주가 근로 계약서 작성을 거부할 경우 신고할 수 있으며, 이 경우 사업주는 500만 원 이하의 벌금형을 받을 수 있다. 사업주가 근로 계약서를 작성하고 근로자에게 이를 ㉢교부(交附)하지 않았을 경우에도 처벌 대상이 된다.
　　　　　　　　　　　　　　▶ 근로 계약의 개념과 근로 계약서에 작성되는 내용

근로 계약서를 작성할 때 들어갈 내용을 파악했는가?
근로 계약서에 들어갈 중요한 내용(근로 시간, 장소, 업무 내용, 1일 근로 시간과 쉬는 시간, 쉬는 날, 임금과 임금 받는 날 등)과 작성 요령, 휴가 규정, 근로 계약서에 대한 사업주의 거부나 근로 계약서 미교부와 관련된 규정 등을 제시함.

모든 근로자는 최저임금법에서 정한 최저임금 이상의 임금을 받을 권리가 있다. 보호자의 동의를 얻어 일을 하는 만 18세 미만의 연소 근로자도 동일한 적용을 받는다. 근로자로 채용된 이후에 기업의 필요에 따라 교육이나 연수를 받고 있는 수습 근로자의 경우, 일하기 시작한 날부터 3개월 이내에는 최저임금의 90%를, 3개월이 지나면 최저임금 전액을 지급받아야 한다. 하지만 단순노무직 근로자이거나 계약 기간이 1년 미만인 근로자의 경우에는 수습 기간에도 100% 임금을 지급받아야 한다. 만약 사업주가 최저임금 미만의 임금을 지급할 경우에는 최저임금법 제28조에 의해 3년 이하의 징역 또는 2,000만 원 이하의 벌금형에 처해질 수 있다.
　　　　　　　　　　　　　　▶ 최저임금에 대한 규정과 규정 위반 시 법적 제재

임금에 관한 근로자의 권리를 파악했는가?
최저임금에 대한 규정과 함께, 최저 임금 미만의 임금 지급 시 법적 제재, 임금 체불 및 미지급 시 법적 대처 방법을 제시함.

임금은 '정기적으로', '해당 근로자에게 직접', '전액을', '현금으로' 지급해야 한다. 임금은 일, 주, 월 단위로 지급할 수 있고, 현물이나 상품권은 안 되며, 통장으로 지급하는 것은 가능하다. 이 기준을 지키지 못하면 임금 체불이 된다. 대표적인 임금 체불 사례를 보면, 정기적으로 지급하기로 한 날에 지급하지 않는 경우, 임금 중 일부만 지급하는 경우, 퇴사 후 14일 이내에 당사자 간 약속 없이 임금을 지급하지 않는 경우 등이다. 그리고 일을 하기 위해 출근하였으나 갑자기 일이 없어 집으로 되돌아가야 하는 경우, 그 이유가 사업주에게 있다면 4인 이하의 사업장을 제외하고는 평균 임금의 70%에 해당하는 휴업 수당을 받아야 한다. 만약 임금을 받지 못하면 독촉장을 발송하거나 고용노동부에 진정서를 제출하여 문제를 해결할 수 있다.
　　　　　　　　　　　　　　▶ 임금의 지급 방법과 임금 체불에 대한 법적 대처 방법

근로자가 부당한 대우를 받았을 때의 대처 방법을 파악했는가?
부당 해고, 그리고 근로 중 다쳤을 때나 폭언과 같은 부당 대우를 받았을 때의 대처 방법인 법 규정을 제시함.

사업주는 근로 계약 기간이 끝나기 전에 정당한 이유 없이 근로자를 해고할 수 없다. 아르바이트로 일하는 경우에도 근로기준법에서 정한 해고 관련 내용 등이 동일하게 적용된다. 만약 사업주에게 부당하게 해고를 당했을 경우 일정 금액의 해고 수당을 받을 수 있다. 다만 일용 근로자로서 3개월을 연속 근무하지 않은 경우, 2개월 이내의 기간을 정하여 근무하는 경우, 계절적 업무에 6개월 이내의 기간을 정하여 근무하는 경우, 3개월 이내의 수습 기간을 정하여 근무 중인 경우에는 해고 수당을 ㉣청구(請求)할 수 없다. 정당한 이유 없이 근로

해결
근로 중 상해나 부당 대우에 관한 규정과 해결 방법 제시

자를 해고한 경우에는 <u>5년 이하의 징역 또는 3,000만 원 이하의 벌금형에 처해질 수 있다.</u>
근로자를 부당 해고한 경우의 처벌 사항 ▶ 부당 해고에 대한 규정과 법적 제재

일하다 다쳤을 경우 사업주가 보험에 가입하지 않았거나 근로자 본인의 ㉤<u>과실(過失)</u>

을 이유로 치료비 지급을 거부하더라도 치료비를 본인이 부담할 필요는 없다. <u>산업재해보상</u>
산재보험에 따라 치료 및 보상을 받을 수 있기 때문

<u>보험법(산재보험)</u>에 따라 근로복지공단에서 치료 및 보상을 받을 수 있기 때문이다. 또한 근
근로 중 상해에 대한 치료비 지급 규정이 담김.

로기준법 제7조, 제8조에 따르면 사업주 또는 관리자가 근로자에게 기분이 나쁠 정도의 폭
근로 중 부당 대우에 대한 처리 규정 · 부당 대우의 예

언이나 지나친 성적 농담을 하는 경우 또는 신체적인 체벌을 하는 경우에는 위법이므로 고

용노동부나 경찰서 등 관련 기관에 신고할 수 있다. ▶ 근로자의 상해와 부당 대우에 관한 법적 권리와 법적 대처 방법
부당 대우 시 해결 방법

수습형구조

해제 이 글은 단시간 근로자를 비롯해 근로자에게 보장되어 있는 다양한 법적 보호 장치를 설명하고 있다. 사업주는 근로자를 채용할 때 근로 조건을 명시한 근로 계약서를 작성하는데, 근로 계약서는 사업주와 근로자 본인이 작성해야 하며, 근로 기간, 일할 장소, 해야 할 일, 하루 근로 시간과 휴게 시간, 쉬는 날, 임금과 임금을 받는 날 등 중요한 내용이 반드시 나타나 있어야 한다. 사업주가 근로 계약서 작성을 거부하거나 근로자에게 작성한 근로 계약서를 교부하지 않으면 처벌 대상이 된다. 모든 근로자는 최저임금을 보장받으며, 임금은 정기적으로 해당 근로자에게 전액 현금으로 지급해야 한다. 만약 임금 체불이나 부당 해고, 근로 중 상해, 부당 대우 등이 발생할 경우 근로자는 관련 법 규정에 따라 보호받을 수 있다.

주제 근로자의 법적 권리와 보호 장치

기출읽기 0 ② 1 ③ 2 ③ 3 ⑤ 4 ①
5 ①

글쓴이의 작문 과정 ❶ 근로자 ❷ 근로 계약서
주제 근로자의 법적 권리와 보호 장치

0 내용 전개 방식 파악 ②

2문단에서 근로 계약에 관한 약속은 구두로 하기보다는 나중에 문제가 생겼을 때를 대비해 반드시 문서로 작성해야 한다며 근로 계약서를 작성하는 이유를 제시하고 있으나, 유추의 방식은 사용하지 않았다.

오답풀이 ① 1문단에서 근로자는 직업의 종류를 불문하고 사업장에서 임금을 받을 목적으로 일하는 사람을 의미한다고 정의하고 있다.
③ 4문단에서 대표적인 임금 체불 사례로 정기적으로 지급하기로 한 날에 지급하지 않는 경우, 임금 중 일부만 지급하는 경우, 퇴사 후 14일 이내에 당사자 간 약속 없이 임금을 지급하지 않는 경우를 제시하고 있다.
④ 5문단에서 해고 수당을 청구할 수 없는 경우로 '일용 근로자로서 3개월을 연속 근무하지 않을 경우, 2개월 이내의 기간을 정하여 근무하는 경우, 계절적 업무에 6개월 이내의 기간을 정하여 근무하는 경우, 3개월 이내의 수습 기간을 정하여 근무 중인 경우'를 열거의 방식으로 제시하고 있다.
⑤ 6문단에서 '일하다 다쳤을 경우 사업주가 보험에 가입하지 않았거나 근로자 본인의 과실을 이유로 치료비 지급을 거부하더라도 치료비를 본인이 부담할 필요는 없다. 산업재해보상보험법(산재보험)에 따라 근로복지공단에서 치료 및 보상을 받을 수 있기 때문이

다.'라며 일하다 다쳤을 때 보상을 받을 수 있는 사실을 인과의 방식으로 제시하고 있다.

1 세부 내용 파악 ③

2문단에서 1주간의 정해진 근로 시간이 15시간 미만일 경우에는 퇴직금, 유급 주휴일, 연차 휴가 규정이 적용되지 않는다고 하였다. 따라서 1주일의 근로 시간이 15시간 미만이면 연차 휴가 규정이 적용되지 않으므로 연차 휴가를 보장받을 수 없다.

오답풀이 ① 1문단에서 단시간 근로자인 아르바이트도 근로자에 포함되는데, 단기간 근로자의 경우 근로자임에도 여러 가지 이유로 법적인 보호에서 벗어나 있는 경우가 많다고 하였다.
② 2문단에서 근로 계약이란 근로자가 근로 조건에 대해서 사업주와 약속하는 것이라고 하였다.
④ 5문단에서 아르바이트로 일하는 경우에도 근로기준법에서 정한 해고 관련 내용이 동일하게 적용된다고 하였다.
⑤ 6문단에서 근로기준법 제7조, 제8조에 따르면 사업주 또는 관리자가 근로자에게 폭언이나 지나친 성적 농담을 하는 경우 위법이라고 하였다.

2 세부 내용 추론 ③

6문단에서 사업주 또는 관리자가 근로자에게 신체적인 체벌을 한 경우에는 위법이므로 고용노동부나 경찰서 등 관련 기관에 신고할 수 있다고 하였다. 아르바이트도 단시간 근로자로서 근로자에 포함되므로 아르바이트를 하다가 사업주에게 체벌을 받았을 경우에는 고용노동부나 경찰서 등 관련 기관에 신고할 수 있다. 따라서 ③의 질문

은 이미 이 글에 답변이 제시되어 있으므로 추가 질문으로 적절하지 않다.

오답풀이 ① 2문단에서 사업주가 근로 계약서 작성을 거부할 경우에 사업주는 500만 원 이하의 벌금형을 받을 수 있다는 내용을 확인할 수 있지만, 어디에 신고해야 하는지는 제시되지 않았으므로 이와 관련하여 추가 질문을 할 수 있다.
② 5문단에서 사업주가 정당한 이유 없이 근로자를 해고할 수 없다는 내용은 확인할 수 있지만, 해고할 수 있는 정당한 이유에 대해서는 제시하지 않았으므로 이와 관련하여 추가 질문을 할 수 있다.
④ 3문단에서 단순노무직 근로자는 수습 기간에도 최저임금 전액을 받을 수 있다는 내용을 확인할 수 있지만, 단순노무직에 해당하는 일이 어떤 것들인지는 제시하지 않았으므로 이와 관련하여 추가 질문을 할 수 있다.
⑤ 4문단에서 임금을 받지 못했을 경우 독촉장을 발송하거나 고용노동부에 진정서를 제출하여 문제를 해결할 수 있다는 내용은 확인할 수 있지만, 그 외의 방법은 제시하지 않았으므로 이와 관련하여 추가 질문을 할 수 있다.

3 구체적 사례에 적용 ⑤

2문단에서 근로 계약서는 사업주와 근로자 본인이 작성해야 하며, 다른 사람이 대신 작성할 수는 없다고 하였다. 따라서 ⑪에서 내용의 확인 및 서명은 사업주와 근로자 본인만이 할 수 있으며 다른 사람이 대신할 수 없다.

오답풀이 ① 2문단에서 1일 근로 시간이 4시간인 경우에는 30분 이상 쉬는 시간이 주어져야 한다고 하였다. ㉮를 보면 박○○ 군의 근로 시간은 5시간으로, 4시간이 넘는 근로 시간에 해당하므로 30분 이상의 쉬는 시간이 명시되어야 한다.
② 2문단에서 1주간의 정해진 근로 일수대로 일한 근로자에게는 1주에 1일의 유급 주휴일이 보장되어야 하는데, 다만 1주일간의 정해진 근로 시간이 15시간 미만인 경우에는 유급 주휴일이 적용되지 않는다고 하였다. ㉯를 보면 박○○ 군은 매주 5일 근무이므로, 정해진 근로 일수대로 1주일간 일했다면 박○○ 군은 1주간 총 25시간을 일했으므로 1일의 유급 주휴일을 보장받을 수 있다.
③ 3문단에서 모든 근로자는 최저임금법에서 정한 최저임금 이상의 임금을 받을 권리가 있다고 하였으므로, ㉰에는 최저임금 이상이 명시되어야 한다.
④ 3문단에서 만 18세 미만의 연소 근로자는 보호자의 동의를 얻어 일을 한다고 하였으므로, 박○○ 군이 만 18세 미만의 연소자일 경우에는 ㉱와 같이 친권자 또는 후견인의 동의서가 구비되어야 한다.

4 구체적 사례에 적용 ①

2문단에서 근로자가 휴일에 근무할 경우 4인 이하의 사업장을 제외하고는 임금의 50%를 가산하여 받을 수 있다고 하였다. |보기|는 직원이 10여 명인 식당에 근무하게 되면서 작성한 근로 계약서라고

하였으므로, 휴일에 근무할 경우 임금의 50%를 가산받을 수 있다. 따라서 박○○ 군은 휴일인 토요일에 근무하였으므로 가산된 임금을 적용받을 수 있다.

오답풀이 ② |보기|의 근로 계약서에 명시된 근로 계약 기간은 5월 1일~6월 20일로, 2개월 이내의 기간으로 정해져 있다. 5문단에서 2개월 이내의 기간을 정하여 근무하는 경우는 해고 수당을 청구할 수 없다고 하였으므로, 근로 기간 중이라도 박○○ 군은 해고 수당을 받을 수 없다.
③ 6문단에서 일하다 다쳤을 경우에는 근로자 본인의 과실을 이유로 사업주가 치료비 지급을 거부하더라도 근로자는 근로복지공단에서 치료 및 보상을 받을 수 있다고 하였으므로, 본인 과실로 다쳤더라도 박○○ 군은 치료 및 보상을 받을 수 있다.
④ 4문단에서 일을 하기 위해 출근하였으나 갑자기 일이 없어져 집으로 되돌아가야 하는 경우, 그 이유가 사업주에게 있다면 4인 이하의 사업장을 제외하고는 휴업 수당을 받아야 한다고 하였으므로, 박○○ 군은 휴업 수당을 요구할 수 있다.
⑤ 6문단에서 일하다 다쳤을 경우 사업주가 보험에 가입하지 않았다는 이유로 치료비 지급을 거부하더라도 근로복지공단에서 치료 및 보상을 받을 수 있다고 하였으므로, 사업주가 산업재해보상보험에 가입하지 않았다는 이유로 박○○ 군이 치료 및 보상을 받을 수 없는 것은 아니다.

5 단어의 사전적 의미 파악 ①

㉠ '명시(明示)'의 사전적 의미는 '분명하게 드러내 보임.'이다. ①의 '물체를 환히 꿰뚫어 봄.'에 해당하는 단어는 '투시(透視)'이다.

3 국민참여재판

2020학년도 6월 고2 학력평가

도입
국민참여재판 소개

전개
국민참여재판에 필요한 배심원과 예비배심원의 수 제시

전개
배심원후보자 추출 과정 설명

전개
배심원과 예비배심원의 확정 과정 제시

전개
배심원의 평의 및 평결 과정 제시

전개
배심원의 평결 효력과 재판장의 판결 선고 과정 제시

국민참여재판이란, 일반 국민이 형사재판에 배심원으로 참여하여 법정 공방을 지켜본 후 피고인의 유·무죄에 대한 판단을 ㉠내리고 적정한 형을 제시하면 재판부가 이를 참고하여 판결을 선고하는 제도이다. 『국민의 형사재판 참여에 관한 법률』에 규정된 범죄 중 피고인이 신청하는 경우에 한해 진행되며, 피고인이 원한다 하더라도 적절하지 않다고 판단되는 경우 법원은 국민참여재판으로 진행하지 않을 수 있다. ▶ 국민참여재판의 개념과 진행 요건

국민참여재판에서 배심원 선정은 매우 중요하다. 배심원을 선정하기 전 법원은 먼저 필요한 배심원의 수와 예비배심원의 수를 결정한다. 법정형이 사형, 무기징역 등에 해당하는 사건의 경우에는 9인의 배심원이, 그 외의 경우에는 7인의 배심원이 재판에 참여하게 된다. 다만 피고인이 공소 사실의 주요 내용을 인정했을 경우에는 5인의 배심원이 참여할 수 있다. 또한 법원은 배심원의 결원 등에 대비하여 5인 이내의 예비배심원을 둘 수 있는데, 이들은 평의와 평결만 참여할 수 없을 뿐 배심원과 동일한 역할을 수행한다. 배심원과 예비배심원을 합한 수만큼 인원을 선정한 후, 추첨을 통해 예비배심원을 선정한다. 누가 예비배심원인지는 평의에 들어가기 직전에 공개한다. ▶ 배심원과 예비배심원의 수 결정

배심원 선정을 위해 해당 지방법원은 사전에 작성한 배심원후보예정자명부 중에서 필요한 수의 '배심원후보자'를 무작위로 추출하여 그들에게 배심원선정기일을 통지한다. 통지를 받은 배심원후보자는 법률에 규정되어 있는, 배심원이 될 수 없는 사유에 해당되지 않는 한 배심원선정기일에 출석해야 하며, 정당한 사유 없이 출석하지 않을 경우 과태료가 부과된다. ▶ 배심원후보자에 대한 추출과 통지 및 배심원후보자의 출석 의무

선정기일에 '출석한 배심원후보자'들 중에서 필요한 배심원과 예비배심원을 합한 수만큼을 추첨한다. 이렇게 선정된 '추첨된 배심원후보자'를 대상으로 검사와 변호인은 배심원 선정을 위해 여러 가지 질문을 하게 된다. 답변을 듣고 자신들에게 불리한 결정을 할 우려가 있다고 판단되는 경우 검사와 변호인은 재판부에 배심원후보자에 대한 기피신청을 할 수 있다. 기피신청에는 기피 이유를 제시하고 기피 여부를 재판부가 판단하는 '이유부기피신청'과 기피 이유를 제시하지 않아도 재판부에서 무조건 기피신청을 받아들여야 하는 '무이유부기피신청'이 있다. 일반적으로 '이유부기피신청'을 먼저 하고, 이것이 재판부에 의해 받아들여지지 않으면 '무이유부기피신청'을 한다. 다만 '무이유부기피신청'은 '이유부기피신청'과 달리 검사와 변호인 모두에게 인원 제한이 있는데, 배심원이 9인인 경우에는 각 5인, 배심원이 7인인 경우에는 각 4인, 배심원이 5인인 경우에는 각 3인까지 가능하다. 만약 기피신청이 받아들여지면, 추첨되지 않은 배심원후보자를 대상으로 그 인원만큼 다시 추첨하여 배심원후보자를 뽑고 질문과 기피신청을 반복하여 필요한 수만큼의 배심원과 예비배심원을 확정한다. ▶ 배심원후보자에 대한 질문과 기피신청을 통해 배심원과 예비배심원을 확정하는 과정

배심원 및 예비배심원 선정이 종결되면, 이들은 재판부와 함께 증거조사를 지켜보게 된다. 증거조사가 끝나면 재판장은 사건의 쟁점과 적용할 법률, 판단 원칙 등을 설명하고, 배심원 중 누가 예비배심원인지 알려 준 후 배심원들에게 평의실로 이동하여 평의를 시작하게 한다. 평의가 시작되면 배심원은 법정에서 보고 들은 증거와 진술을 바탕으로 피고인의 유·무죄를 의논하게 된다. 배심원 사이에 유·무죄에 관한 의견이 만장일치로 정해지면 그에 따라 평결서를 작성하여 재판부에 제출한다. 만약 의견이 일치되지 않으면 반드시 재판부의 의견을 듣고 다시 평의를 진행한 후 다수결로 평결서를 작성하게 된다. 그리고 평결이 유죄인 경우에는 재판부와 함께 피고인에게 부과할 적정한 형에 대해 토의한 후 양형에 대한 최종 의견을 재판부에 알려 준다. ▶ 배심원의 평의와 평결 과정

이후 재판장은 피고인에게 유·무죄 여부와 유죄인 경우 그 형에 대한 판결을 선고하게 된다. 배심원의 평결과 양형 의견은 재판장이 판결을 할 때 권고적 효력만을 가진다. 하지

중심 화제를 이해했는가?
일반 국민이 직접 형사재판에 배심원으로 참여하는 국민참여재판을 소개함.

국민참여재판에 대해 이해했는가?
국민참여재판에서 배심원 선정이 중요함을 밝히고 재판에 필요한 배심원과 예비배심원의 수를 설명함.

배심원 선정부터 확정까지의 과정을 이해했는가?
배심원후보예정자명부에서 무작위로 추출한 배심원후보자들 중, 추첨을 통해 필요한 수만큼 인원을 선정하고, 질문과 기피신청을 거쳐 배심원과 예비배심원을 확정하는 과정을 설명함.

선정된 배심원과 재판부가 재판에서 하는 일을 이해했는가?
배심원이 평의를 시작하여 의견이 만장일치로 정해지면 평결서를 작성하여 제출하는 평의와 평결 과정을 설명하고, 재판관이 이를 참고하여 형을 선고하고 판결을 종결하기까지의 과정을 제시함.

만 재판장은 판결 선고 시 피고인에게 배심원의 평결 결과를 알려 주어야 하며, 만약 배심원
의 평결 결과와 다른 판결을 선고할 때에는 피고인에게 반드시 그 이유를 설명하고 판결서
_{재판장이 할 일 ④}
에도 그 이유를 기재해야 한다. 재판장이 판결 종결을 알리면 배심원의 임무 역시 모두 끝나
_{재판장이 할 일 ⑤}
게 된다.
_{재판장이 할 일 ⑥}

▶ 배심원의 평결 효력과 재판장의 판결 선고

집중형구조

해제 이 글은 국민참여재판에서 배심원을 선정하여 확정하는 과정과 재판에서 배심원이 하는 일을 설명하고 있다. 국민참여
재판은 일반 국민이 형사재판에 배심원으로 참여하여 법정 공방을 지켜본 후 피고인의 유·무죄에 대한 판단을 내리고 적정
한 형을 제시하면 재판부가 이를 참고하여 판결을 선고하는 제도이다. 국민참여재판에서는 배심원 선정이 중요한데, 먼저 법
원은 재판에 필요한 배심원의 수와 예비배심원의 수를 결정하고, 배심원후보예정자명부에서 필요한 수의 배심원후보를 무
작위로 추출하여 통보한다. 그리고 선정기일에 출석한 배심원후보들 중에서 필요한 수만큼의 배심원후보를 추첨을 통해
선정한다. 추첨한 배심원후보를 대상으로 검사와 변호인이 질문과 기피신청을 하는 과정을 통해 필요한 수만큼 배심원과
예비배심원을 확정하는데, 이렇게 확정이 되면 배심원들은 재판부와 함께 증거조사를 지켜보고, 사건의 쟁점과 적용할 법률,
판단 원칙에 대해 재판장에게 들은 후, 평의와 평결 과정을 거쳐 양형에 대한 최종 의견을 재판부에 알려 준다. 재판장은 배
심원의 평결을 참고하여 판결하며, 재판장이 판결 종결을 알리면 배심원의 임무는 모두 끝난다.

주제 국민참여재판의 배심원 선정 과정과 배심원이 하는 일

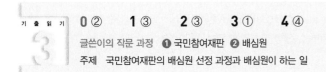

3

0 ② 1 ③ 2 ③ 3 ① 4 ④

글쓴이의 작문 과정 ❶ 국민참여재판 ❷ 배심원
주제 국민참여재판의 배심원 선정 과정과 배심원이 하는 일

0 내용 전개 방식 파악 ②

1문단에서 국민참여재판이라는 제도의 특징을 설명하고 있으며,
2~6문단까지 배심원 선정부터 판결에 이르기까지 국민참여재판의
전 과정을 절차에 따라 제시하고 있다. 따라서 이 글은 특정 제도가
진행되는 절차와 그 특징을 제시하고 있다.

오답풀이 ① 이 글에서는 국민참여재판의 개념과 배심원 선정 과정,
재판에서 배심원의 임무 등에 대해 다루고 있을 뿐, 국민참여재판의
형성 배경이나 발달 과정은 언급하고 있지 않다.
③ 국민참여재판의 진행 절차가 나타나 있을 뿐, 제도의 변화 과정
이나 전망 등에 대해서는 언급하고 있지 않다.
④ 국민참여재판은 피고인의 신청에 의해 진행될 수 있다고, 배심원
들의 최종 의견이 판결에 참고가 된다는 점에서 국민참여재판이 피
고인에게 유리한 제도임을 추측할 수는 있으나, 이 글에는 국민참
여재판을 실시했을 때의 장점과 단점이 직접적으로 언급되어 있지
않다.
⑤ 이 글에는 국민참여재판의 문제점이나 그 원인에 대한 언급은 제
시되어 있지 않다.

1 세부 내용 파악 ③

3문단에서 배심원후보자로 뽑히면 정당한 사유가 없는 한 배심원선
정기일에 반드시 출석해야 한다고 하였고, 4문단에서 선정기일에 출
석한 배심원후보들 중에서 추첨을 통해 필요한 수만큼의 인원을

선정한다고 하였다. 그리고 선정한 배심원후보들을 대상으로 검
사와 변호사가 질문과 기피신청을 하는 과정을 거친 후 배심원이 확
정된다고 하였다. 따라서 배심원후보자가 배심원선정기일에 출석하
지 않으면 배심원으로 선정될 수 없다.

오답풀이 ① 2문단에서 예비배심원은 평의와 평결만 참여할 수 없을
뿐 배심원과 동일한 역할을 수행한다고 하였으므로 예비배심원은
평의와 평결에는 참여할 수 없다는 것을 알 수 있다. 따라서 예비배
심원이 재판이 끝날 때까지 모든 과정을 배심원과 함께 수행한다는
것은 적절하지 않다.
② 1문단에서 국민참여재판은 피고인이 신청하는 경우에 한해 진행
된다고 하였다.
④ 6문단에서 재판장은 피고인에게 유·무죄 여부와 유죄인 경우
그 형에 대한 판결을 선고하게 된다고 하였으므로 국민참여재판에
서 직접 판결을 선고하는 사람은 배심원이 아니라 재판장임을 알 수
있다.
⑤ 6문단에서 재판장이 배심원의 평결 결과와 다른 판결을 선고할
때에는 피고인에게 반드시 그 이유를 설명하고 판결서에도 그 이유,
즉 평결 결과와 다른 판결을 한 이유를 기재해야 한다고 하였다.

2 구체적 사례에 적용 ③

4문단에서 기피신청에는 기피 이유를 제시하고 기피 여부를 재판부
가 판단하는 '이유부기피신청'이 있다고 하였다. ③에서 '추첨된 배심
원후보자에게 제기된 기피 이유가 재판부에 의해 정당하다고 인정
된 경우'는 재판부가 '이유부기피신청'을 받아들인 경우에 해당한다.
그런데 |보기|에서는 '이유부기피신청이 받아들여진 후보자 수'가
1차에 3명, 2차에 2명이므로 모두 5명이다. 즉 추첨된 배심원후보자
에게 제기된 기피 이유가 재판부에 의해 정당하다고 인정된 경우는

모두 9명이 아니라 5명임을 알 수 있다.

오답풀이 ① 1차에서 추첨된 배심원후보자 수는 14명으로, 14명은 재판에 필요한 배심원과 예비배심원의 인원수이다. 확정된 배심원 수를 보면, 1차에서 8명, 2차와 3차에서 각 3명씩 확정되어 모두 14명이 확정되었으므로, 3차에 걸쳐 필요한 수만큼의 배심원과 예비배심원을 모두 확정하였음을 알 수 있다.

② 2문단에서 법정형이 사형, 무기징역에 해당하는 사건의 경우에는 9인의 배심원이 재판에 참여할 수 있고, 5인 이내의 예비배심원을 둘 수 있다고 하였다. |보기|에서 1차에 추첨된 배심원후보자 수가 14명인 것을 보면 |보기|는 모두 9명의 배심원이 필요한 재판임을 알 수 있다. 4문단에서 검사와 변호인은 배심원이 9인인 경우에는 각 5명까지 '무이유부기피신청'을 할 수 있다고 하였다. 그런데 |보기|에서 '무이유기피신청이 받아들여진 후보자 수'는 4명이다. '무이유기피신청'은 재판부에서 무조건 기피신청을 받아들여야 하므로 '무이유기피신청이 받아들여진 후보자 수'는 곧 '무이유기피신청을 한 후보자 수'와 같다. 따라서 |보기|에서 '무이유부기피신청'을 한 인원은 모두 4명밖에 되지 않으므로 검사와 변호인 모두 최대 인원만큼 '무이유기피신청'을 한 것은 아님을 알 수 있다.

④ 4문단에서 추첨된 배심원후보자를 대상으로 검사와 변호인이 질문을 하고 이를 바탕으로 기피신청을 하며 기피신청이 받아들여지면, 추첨되지 않은 배심원후보자를 대상으로 그 인원만큼 다시 추첨하여 배심원후보자를 뽑고 질문과 기피신청을 반복해 필요한 수만큼의 배심원과 예비배심원을 확정한다고 하였다. |보기|를 보면 출석한 배심원후보자들 중 1, 2, 3차에 걸쳐 추첨된 배심원 수는 모두 23명이다. 이 23명이 배심원 선정을 위한 질문을 받은 후, 배심원 14명이 모두 확정된 것이므로, 배심원선정기일에 출석한 40명 중 추첨되지 못한 17명은 관련된 질문을 받지 못했음을 알 수 있다.

⑤ 2문단에서 법원은 필요한 배심원의 수와 예비배심원의 수를 결정하는데 배심원의 경우 최대 9인, 배심원의 결원에 대비한 예비배심원은 최대 5인을 둘 수 있다고 하였다. |보기|를 보면 필요한 배심원 수와 예비배심원의 수를 합한 수만큼을 1차에서 추첨하였는데, 모두 14명이 추첨되었다. 배심원은 최대 9명, 예비배심원은 최대 5명까지 가능한 만큼, 이는 배심원과 예비배심원을 모두 최대 인원만큼 선정하기로 결정했음을 알 수 있다.

3 단어의 문맥적 의미 파악 ───────── ①

㉠의 '내리다'는 '판단, 결정을 하거나 결말을 짓다.'라는 뜻으로 사용되었다. ①의 '해답을 내렸다'에서 '내리다'도 어떤 문제에 대한 결정을 하거나 결말을 지었다는 뜻으로 사용되었으므로 문맥상 ㉠과 의미가 가장 유사하다.

오답풀이 ② '윗사람으로부터 아랫사람에게 상이나 벌 따위가 주어지다.'라는 뜻으로 사용되었다.

③ '값이나 수치, 온도, 성적 따위가 이전보다 떨어지거나 낮아지다.'라는 뜻으로 사용되었다.

④ '위에 있는 것을 낮춘 곳 또는 아래로 끌어당기거나 늘어뜨리다.'

라는 뜻으로 사용되었다.

⑤ '명령이나 지시 따위를 선포하거나 알려 주다.'라는 뜻으로 사용되었다.

4 구체적 사례의 적용 ───────── ④

5문단에서 배심원 사이에 유·무죄에 관한 의견이 만장일치로 정해지면 그에 따라 평결서를 작성하여 재판부에 제출하고, 만약 의견이 일치되지 않으면 반드시 재판부의 의견을 듣고 다시 평의를 진행하여 다수결로 평결서를 작성한다고 하였다. |보기|의 평결서를 보면 피고인의 유·무죄에 대한 배심원들의 의견이 만장일치가 되지 않았고, 다수결의 의견으로 평결서를 작성했음을 알 수 있다. 따라서 |보기|의 사례에서는 배심원들이 만장일치를 이루지 못해 재판부의 의견을 듣고 다시 평의를 진행하는 과정을 거쳤을 것임을 알 수 있다.

오답풀이 ① 3문단에서 해당 지방법원은 사전에 작성한 배심원후보예정자명부 중에서 필요한 수의 '배심원후보자'를 무작위로 추출하여 그들에게 배심원선정기일을 통지한다고 하였다. 따라서 △△지방법원에서 국민참여재판의 배심원으로 참석해 달라는 등기우편을 받은 김한국 씨는 해당 지방법원에서 사전에 작성한 배심원후보예정자명부에 포함되어 있었을 것임을 알 수 있다.

② 2문단에서 예비배심원은 평의와 평결에 참여할 수 없다고 하였으므로, 김한국 씨가 예비배심원으로 선정되었다면 평의와 평결에는 참여할 수 없을 것이다. 그러나 |보기|에서 김한국 씨는 평의와 평결에 참여하였으므로, 예비배심원이 아닌 배심원으로 선정되었음을 알 수 있다.

③ 2문단에서 법정형이 사형, 무기징역 등에 해당하는 사건의 경우에는 9인의 배심원이, 그 외의 경우에는 7인의 배심원이 재판에 참여하게 된다고 하였다. 그런데 |보기|에서 '2:5의 의견'으로 평결서가 작성되었다는 것을 보면 배심원이 모두 7명임을 알 수 있으므로 해당 사건은 법정형으로 사형이나 무기징역을 선고할 수 있는 사건은 아님을 알 수 있다.

⑤ 5문단에서 평결이 유죄인 경우에는 재판부와 함께 피고인에게 부과할 적정한 형에 대해 토의한 후 양형에 대한 최종 의견을 재판부에 알려 준다고 하였다. 따라서 양형에 대한 논의는 유죄로 평결이 된 경우에만 이루어지는데 |보기|에서는 평결과 판결이 모두 무죄이므로, 양형에 대한 논의는 이루어지지 않았을 것임을 알 수 있다.

한 권으로 끝내는
국어문법의 모든 것!

중등편

고등편

단계별 훈련을 통해 국어문법의 모든 개념을

빠르고 완벽하게 학습할 수 있는

국어문법 기본서